JN112290

現代組織の

情報セキュリティ・マネジメント【改訂版】

―その戦略と導入・策定・運用―

税所哲郎
【著】

東京 白桃書房 神田

改訂版はじめに

本書は，2012年９月に出版した『現代組織の情報セキュリティ・マネジメント―その戦略と導入・策定・運用―』の改訂版である。

現代は，情報化社会の時代と言われている。情報化社会では，情報通信技術（ICT：Information and Communication Technology）による情報処理だけではなく，スマートフォンやタブレット，IoT（Internet of Things），ビッグデータ等が普及したことによるインターネット等のオープンネットワークを利用した産業やビジネス，サービス等が多く創出している。

このような時代の流れが激しい情報化社会では，コンピュータや情報システム，情報ネットワーク等に関する技術のみでなく，これらを活用した医療・健康・介護や教育・人材，防災，ビジネスモデル，法令等の劇的な環境変化も例外ではない。

この時代の流れが激しい状況において，初版の刊行時以降の約７年もの間で，白桃書房の大矢栄一郎社長から改訂版出版の許諾をいただきながらも，諸般の事情で改訂作業に取り組むことができなかったことは心残りであった。このような中で，今回，情報化社会の状況に基づいて，改訂版としての全面改訂作業を行うことができたことは望外の喜びである。

筆者は，経営情報，情報戦略，情報セキュリティ，情報システムの観点から研究を始め，その後，経営戦略へも関心を広げて，経営学の観点から情報セキュリティ・マネジメントも考察するようになった。

今回，このような学問への関心分野の発展が，本書の改訂版の構成や内容に見られていると思っている。なお，最新の暗号技術，及び近年のICT活用の潮流であるデジタルトランスフォーメーション（DX）やビッグデータ，ブロックチェーン，人工知能（AI）の情報セキュリティ，及び情報セキュリティにおける人材育成等については，触れることができなかったが，これらの内容についての考察は今後の課題である。

本書は，筆者がこれまで教えを受けてきた先学の研究内容と研究仲間との意見交換，学生からの多くの意見等を交えて執筆したものである。執筆においては，可能な限りにおいて，平易な文章表現を心がけるとともに，多くの図表を活用した。

また，本書の礎にさせていただいた恩師の中央大学研究開発機構フェロー・機構教授の辻井重男先生，青山学院大学総合文化政策学部教授の堀内正博先生の教えとともに，改めてお名前を挙げないが多くの示唆を与えていただいた先輩諸氏及び研究仲間，数多くのご意見をいただいた学生の皆さんに対して深く感謝する次第である。

本書の出版に際しては，出版状況が厳しいなかで改訂版の出版を快くお引き受けいただいた白桃書房の大矢栄一郎代表取締役社長に，ひとかたならぬお世話になりました。この場を借りて，お礼を申し上げたい。

最後に，私事にわたるが，筆者が実業界からアカデミックの世界に転身することを一番喜んでくれた，父の泰彦と母のトシエ，そして，本書において初版とともに改訂版の執筆から出版に至るまでの間，私を支えて励まし続けてくれた，妻の紀子と娘の真子にも感謝の意を表したいことを，一言付け加えることをお許し願いたい。

大船観音を望む自宅にて
2020年２月吉日
税所哲郎

はじめに

情報通信技術（ICT：Information Communication Technology）の飛躍的な発展により，あらゆる情報のデジタル化が行われるとともに，様々な情報の連携や統合，蓄積が行われるようになって，個人や企業等の組織を取り巻く環境は大きく変容している。

全世界に網の目のように張り巡らされたインターネットを中心とするオープンネットワーク（Open Network）では，Webサイトや電子メール等のツールを用いて，地理的な距離（物理的な遠隔地にある地域間）を克服して，その場所に関係なく任意の相手と自由に情報を交換することが可能になっている。また，情報交換や情報発信においては，それらの行為が及ぼす変化に対して適応するには時間のズレや遅れを伴うタイムラグ（Time Lag）があって，これまでは自らが必要とするときに，何時でも，何処でも，何度でも情報を利用することはできなかった。しかし，現在は，即時，または同時であるリアルタイム（Real Time）に情報を利用できるようになっている。

このように，今までは互いに接触ができなかった個人や組織がオープンネットワークを介して結びついており，私たちは様々な利便性，及び多くのメリットを享受し，情報化社会として広がっているのである。

また，情報化社会の影響は，企業や大学，行政機関等の組織における情報処理から意思決定，実行（経営戦略）まで，あるいは私たち個人における生活，及び文化，政治，経済，環境，医療，福祉，教育等の幅広い領域に及んでいる。特に，農業分野や自動車分野，鉄道分野，交通・物流分野，電力分野，家電分野，医療分野への広がりを見せて，クラウド・コンピューティング（Cloud Computing），農業クラウド（Agricultural Cloud），グリーンSCM（Green Supply Chain Management），テレマティクス（Telematics），スマートグリッド（Smart Grid），スマートハウス（Smart House），スマートシティ（Smart City），スマートコミュニティ（Smart Community）等の新しいキーワードとともに新産業分野や新社会システムの創造や発展へと進展しようとしている。

これらの新しい創造や発展では，デジタル関連機器等を利用したICTによる通信能力や演算能力を活用したビジネスモデルの構築，例えば社会インフラに電力需給を自律的に調整する機能を持たせたり，環境に配慮した物流コストの削減や業務効率化サービスの機能を持たせたりして，個人や組織を取り巻く環境を変革しようとしている。

ところで，情報化社会の実現のためには，デジタル関連機器等の新規開発や技術の発展，それらの利活用だけでない。それは，パスワードや暗証番号，IDカード（ICカード），指紋・虹彩・声紋・筆跡照合等の「識別・認証技術」，ファイアウォールや侵入検知システム，リアルタイム追跡，ログ管理・解析，安全なログ保管，フィルタリング等の「アクセス管理技術」，暗号や差分解読・線形解読，暗号鍵回復等の「守秘技術」，電子透かしやデジタル署名・電子捺印等の「完全性保持技術」等，私たちが安全・安心にオープンネットワークを利用するための情報セキュリティに関する“要素技術（Element Technology）”の上に成り立っている。加えて，その他の情報セキュリティ技術である耐力保持技術や相互接続性保証，システムセキュリティの分析・評価等による“システム技術（System Technology）”，あるいは社会心理学的分析や信頼形成要因分析，セキュリティ技術の地政学的な分析といった“社会的技術（Social Technology）”も大きく影響している。

その一方で，情報化社会を生活していくうえにおいて，個人や組織が様々な利便性や多くのメリットを享受することが増えるに従って，不正アクセスやコンピュータウイルス，情報漏洩，フィッシング詐欺，著作権侵害，標的型攻撃，インターネットサービスの不正利用等といった情報セキュリティに関する事件や事故といったセキュリティ・インシデント（Security Incident）が数多く発生している。例えば，大手企業（重工業企業）からの情報流出や衆議院・参議院を標的としたサイバー攻撃，スマートフォンの普及に伴うスマートフォンを狙ったウィルスの増加，東日本大震災に伴う震災情報を装ったウィルスメールの出現，オンラインゲームの普及に伴うゲーム会社の運営するネットワークサービスからの大規模な情報漏洩，相次ぐWebサイトの改竄といった内容で具現化しており，これらは社会的な問題として深刻化している。

ICTが進歩するに従って，私たちの日常生活においても，あるいは企業経営等においても，コンピュータや情報通信はなくてはならない必須の存在になってきている。これは，パソコンやインターネット，携帯電話等の大衆化によって，ICTがすべての人の生活に直接影響する時代になっていることを示している。また，日々の技術進化は激しい変化を見せており，提供するメーカーやベンダー等も予測できない用途で，個人や組織が利活用している。

これらの情報セキュリティに関する事件や事故，犯罪，トラブルの多くは，情報化社会に参加している個人や組織による故意や過失によって引き起こされているとも言われている。このような状況にあって，従来の技術中心の情報セキュリティに頼った方法では，諸問題を防ぐといった情報セキュリティ対策では，様々な脅威から情報資産を守ることは不可能となっている。

それは，情報化社会における個人や組織は，自らの利便性やメリットの追求だけではなく，情報化社会を生活しているという社会的責任を重んじ，道徳的な観点からその活動が評価される時代であることをよく認識しなければならないためである。このため，個人は自らの持つ専門知識，情報力，的確な判断力に加え，倫理観を持って企業活動を支え，あるいは，組織のトップマネジメントは経営者として倫理観を第一義に事業を推進しなければならない。

筆者は，大学卒業後約20年間，大手金融機関の情報部門に所属して，主にユーザーサイドにおける情報システムの関連業務（システム開発，システム保守，システム企画，システム調査･研究，システム監査･検査，コンプライアンス等）の実務に携わってきた。その後，大学へ転身して経営情報，及び情報セキュリティ，経営戦略，情報戦略，情報システムに関する研究･教育活動を行ってきた。

企業における情報システム関連業務の実務に携わっている間に，情報システムの形態は大きく様変わりし，ネットワークを通じた端末には処理装置や記憶装置を搭載せずにデータの処理や保存はすべて大型汎用コンピュータが行う「メインフレーム・システム（Mainframe System）」の時代から，プリンターやスキャナー，外部ハードディスク等のハードウェア資源やアプリケーションソフト，データベース等の情報資源を集中管理するサーバー（コンピュータ），及びサーバーの管理する資源（ファイルやメール等）を利用するクライアント（コンピュータ）の組み合わせで処理を行う「クライアント・サーバー・システム（Client Server System）」の時代へと，その中心となるシステム構成の内容が劇的に変化している。

また，大学に転身してからも情報システムの分野では，新しいコンピュータ技術や情報ネットワーク技術，及びデジタル機器（スマートフォンやタブレット端末等）が登場して低廉化が進み，さらにはユーティリティ（高性能・高機能等）やユーザビリティ（使いやすさ・わかりやすさ等）の向上に関しても競争が激しい。時間軸でとらえると，大学での経験は企業経験の半分以下の期間であるが，その技術進化を見ると，商品・製品のライフサイクルや技術発展にスピード感があり，数十倍と思われるくらいである。

これまでの業務経験や研究・教育活動，及びコンピュータのシステム構成の変化から実感したことは，個人や組織のいずれの利用者の立場においても，現在のクライアント・サーバー・システムによるシステム運営のもとで情報セキュリティ対策を実施するに当たって，従来のメインフレーム・システムと同様の発想による情報セキュリティ技術を適用した対策を実施していれば，様々な脅威から情報資産を守ることが可能であると思い込んでいる利用者が多いことである。また，具体的な情報セキュリティの対応策の企画や実施等に関しても，企業ならば情報システム部門やシステム監査部門，業務監査部門等，個人ならばISP（Internet Services Provider）や情報システムベンダー，パソコン量販店等の第三者に実務を任せたままで，個人自らの意識や行動，あるいは自らの組織の情報処理や意思決定，経営戦略に応じた情報セキュリティ対策のアクションプランを実施しない利用者も多く見受けられる。

しかし，実際の情報化社会において，私たち個人や組織が，信頼して安心・安全に情報システムを利用していくためには，要素技術やシステム技術，社会的技術である情報セキュリティ技術における研究の推進とその適用だけでなく，個人や組織が情報を取り扱う際の基本的な方針（情報セキュリティポリシー），及びそれに基づいた具体的な計画，計画の実施・運用，一定期間ごとの方針・計画の見直しまで含めた，総合科学としてのリスクマネジメント体系を実践するための情報セキュリティ・マネジメント戦略が必要なのである。

例えるならば，情報セキュリティ・マネジメントとは，組織における情報資産との関係において，要素技術やシステム技術，社会的技術のみでなく，どちらかが欠けても機能しない自動車における両輪の１つなのである。このような情報セキュリティ・マネジメントのレベルを向上させるには，すべての個人や組織における日々の地道な努力と繰り返しが必要であるとともに，いかに日常活動において情報セキュリティ・マネジメントを意識した行動ができるかが重要となってくるのである。

ところで，近年，わが国においても情報セキュリティ・マネジメントについては，認定制度である情報セキュリティ・マネジメント・システム（ISMS：Information Security Management System）適合性評価制度（ISO/IEC 27001）が認知され，数多くの組織において広く導入されている。ISMSでは，単なる組織内でのICTの取り扱い手順だけでなく，組織全体での制度的対策や管理的な手続きによる対応であるPDCAサイクル等に基づく組織行動が求められている。

また，情報化社会における現代組織の情報セキュリティについては，組織が保有する情報資産の「機密性」，「完全性」，「可用性」を継続的にして確保するといった“安全性”そのものを自らの組織の強みとして認識，そのことを組織自身が社会的信用を得るためのアピールとして，あるいはビジネスツールの重要な手段の１つとしてとらえて，経営戦略の一環として利用している。

そこで，本書では，情報化社会における現代組織の情報セキュリティ・マネジメント戦略について，そのISMSに基づく理論的基礎の構築とフレームワークの確立を行うとともに，それらの考え方を支えている情報セキュリティ技術について，以下の章立てを行って考察している。

第１章　現代組織と情報セキュリティ・マネジメント戦略
第２章　現代組織への情報セキュリティ・マネジメント戦略の導入
第３章　現代組織の情報セキュリティポリシー策定と運用
第４章　情報化社会の基礎的な情報セキュリティ技術
第５章　情報化社会の応用的な情報セキュリティ技術

本書の取り扱う領域は，情報化社会において導入すべき情報セキュリティ・マネジメント戦略の内容，及び情報化社会を安全・安心に生きていくために必要となる基礎的・応用的な情報セキュリティ技術にわたって考察している。現代組織における情報システムの信頼感や安全・安心を支えることによって，情報セキュリティの１つの柱である情報セキュリティ・マネジメント戦略に対する重要性への理解について，幾分かの貢献をしたいというところにある。

本書の特徴の１つは，本文中に可能な限り図表を多用して考察を行ったことである。情報セキュリティ・マネジメントに関する実際のセキュリティポリシー等については，他の分野の文章と同様に，小さな文字の専門用語で書かれていて，読みづらくかつ解りづらいものが多い。文字による文章だけの説明に加えて，多くの図表を用いた表現を展開することで，読みやすさと理解しやすさに配慮し，視覚に基づくイメージでの理解ということを心がけている。

さらに，詳しい索引のほかに，より深く学ぶときに役立つような相当数の参考文献や参考Webサイトを付した。これは研究の前提として，情報セキュリティ・マネジメントを深く学ぶときに数多くの資料を同時に収集して，その内容を修めることは困難であるという現実的問題にも合致したものである。

誌面の関係上，基礎的・応用的な情報セキュリティ技術に関しては，取り扱う範囲が広すぎて内容的にはやや拡散し，各項目で考察を尽くせなかった感も否めないではないが，これは今後の研究課題としたい。もちろん，本書の内容についての最終責任は，すべて筆者が負うことは言うまでもないことである。

わが国は，これからも，情報化社会のさらなるステップを駆け上がり，高度情報化社会として，また，その先の新しい情報化社会へブレーキかけることなく急ぎ足で上っていき，新しいビジネスモデル，新しいコミュニティ，そして新しい文化が生まれていくことになろう。個人や組織においても，情報セキュリティ技術の側面だけでなく，情報セキュリティ・マネジメントという視点に立って，情報化社会における情報システムの活用に伴う課題や問題点を解決する能力を自ら身につけることが必要である。それらの能力が，これからの時代に活躍して，そして成功していくための必要かつ最低の条件となることは間違いないことである。本書が，その条件を達成するための考え方の一助となれば幸いである。

税所哲郎

◆目次

第5章
情報化社会の応用的な情報セキュリティ技術 259

第1章

現代組織と情報セキュリティ・マネジメント戦略

今日の情報化社会[1]において，企業や病院，大学，特定非営利活動法人（NPO法人[2]），非政府組織（NGO法人[3]），市役所，県庁，省庁，及び各種団体等の現代組織[4]における情報セキュリティ・マネジメント戦略とは，それぞれの組織が保有する情報資産[5]を情報セキュリティの３要素の観点から継続的な保護を行うことである。情報セキュリティの３要素とは「機密性（Confidentiality）」，「完全性（Integrity）」，「可用性（Availability）」のことで，現代組織では３要素に対する取り組みを経営戦略[6]の一環として導入し，各組織は保有する情報資産に対して，継続的な運用と管理を行っていく必要がある。

情報化社会における現代組織では，情報セキュリティの３要素について，それぞれの要素の観点から情報資産を個別に維持・改善するだけではない。つまり，情報セキュリティ・マネジメント戦略では，当該組織を取り巻く環境変化や組織内の事業方針やトップマネジメントとの関係，さらに外部諸機関との関係等において，情報セキュリティの３要素を確立･連携したうえで並立させて，どのようにマネジメントして情報セキュリティを継続的に保護していくかを意味している。

ところで，従前の大型汎用コンピュータ（メインフレーム[7]）のみを用いた業務データの大量一括集中処理方式の時代には，「情報システム[8]」と「コンピュータシステム」という言葉はほぼ同義語であった。この時代のコンピュータ利用では，ダム端末（Dumb Terminal）によるTSS（時間分割サービス[9]）の利用形態が中心で，端末が接続先の大型汎用コンピュータの処理結果を受け取り，その文字列を表示するだけのシンプルな機能であった。また，情報システムの構成もハードウェアやソフトウェア，ミドルウェア等の大部分の情報資産は，コンピュータルームやコンピュータセンター等の限られたエリアや施設の中での集中管理が可能であった。

したがって，大型汎用コンピュータ時代の情報セキュリティ・マネジメント戦略では，組織内の情報システム部門等が中心となってコンピュータルームやマシンルーム，コンピュータ室，コンピュータセンター等にある情報資産（コンピュータ資源[10]やハードウェアリソース等[11]）に対して，「機密性」，「完全性」，「可用性」の観点から重点的に対応していた。また，この時代においては，そのような考え方での情報セキュリティ対策は十分であった。

しかし，近年では，組織内にLAN[12]やWAN[13]等のネットワークを配置し，そのネットワークに接続したパソコン（クライアント）やコンピュータ（サーバー）によるクライアント・サーバー[14]を用いた業務データの分散処理方式，あるいは分散処理方式と大量一括集中処理方式との併用による利用形態が一般的となっている。また，今日の分散処理方式の時代では，エンドユーザー自らが自由に使用できる複数のクライアントとデータやプリンター，メール等の管理を行うサーバーに役割（処理機能）を分担（分散）させているシステム構成であるために，管理すべき情報資産がその組み合わせごとに増大し，かつユーザー認証を含めての情報セキュリティ対策が複雑化している。

したがって，分散処理方式時代（大量一括集中処理方式併用を含む）の情報セキュリティ・マネジメント戦略では，組織が取り扱う業務データが業務部門ごとのサーバーや利用者ごとのクライアント，及び大型汎用コンピュータだけでなくクラウド・コンピューティング（Cloud Computing）による外部組織を含めた様々な場所に情報資産が拡散して存在，かつ継続的な保護が必要な情報資産の範囲が拡大し，その管理と運用もその組み合わせごとに複雑化する状況になっている。

特に，クラウド・コンピューティングは，**図1-1**に示している「クラウド・コンピューティングの概要」にあるように，インターネット等のコンピュータ・

図1-1　クラウド・コンピューティングの概要

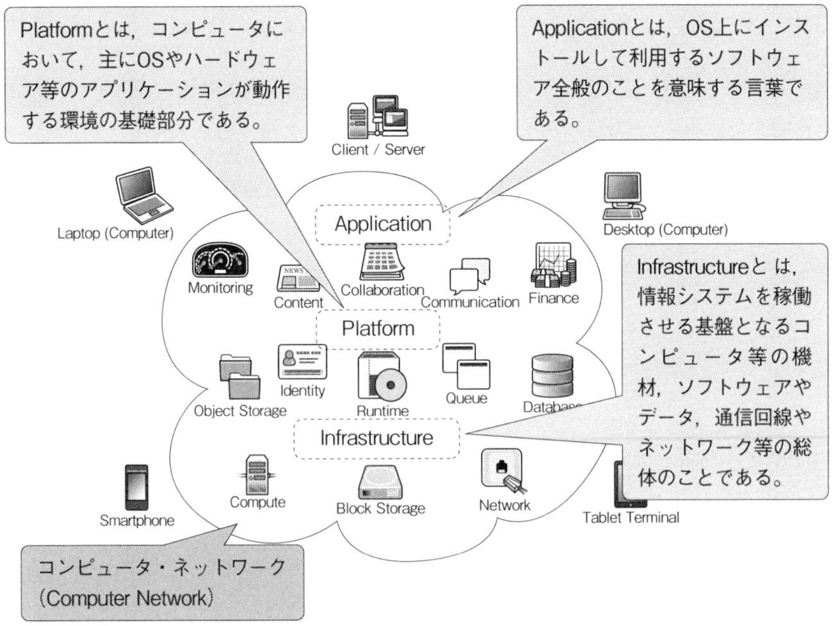

出所：Sam Johnston (2009), "Cloud Computing Structure", Wikimedia. 〈https://commons.wikimedia.org/wiki/File:Cloud_computing.svg〉(2020年2月9日確認) を加筆・修正のうえ作成。

ネットワークを経由して，組織外部のコンピュータ資源をサービスの形で提供する利用形態であり，情報セキュリティ・マネジメント戦略においては，その運用と管理が複雑化・高度化・困難化している。このような利用形態は，コンピュータ処理の使用形態であり，それ自体は新しい技術ではなく，特定の技術を指す用語では無い。

このように，クラウド・コンピューティングとは，コンピュータ・ネットワークをベースとしたコンピュータ資源の利用形態のことである。一般的には，クラウド・プラットフォームからインターネット経由で，処理能力やデータベースストレージ，アプリケーション，及び他の情報通信技術（ICT）[15] におけるリソースをオンデマンド（On Demand）で，かつ従量制料金で利用するシステムのことを指している。

自らの組織外のコンピュータ資源を利用するクラウド・コンピューティングでは，提供されるサービスの種類によって，①SaaS，②PaaS，③IaaSの３つに大別できる。

①SaaS（Software as a Service）は，インターネット経由のクライアントからの要求に応じてデータを送ったり，サービスを提供したりするオンデマンドで提供される電子メールやグループウェア，CRM（Customer Relationship Management），SCM（Supply Chain Management）等のソフトウェアパッケージを提供する利用形態である。したがって，SaaSでは，サービスプロバイダーが実行，及び管理している完成したサービス製品を利用できる。

②PaaS（Platform as a Service）は，インターネット経由のクライアントからの要求に応じてデータを送ったり，サービスを提供したりするオンデマンドで提供される仮想化されたアプリケーションサーバーやデータベース等のアプリケーション実行用のプラットフォーム（ソフトウェアやハードウェア，サービスを動かすための基盤）を提供する利用形態である。したがって，PaaSでは，ICT基盤となる情報基盤（インフラストラクチャ）を組織内で管理する必要性がなくなり，アプリケーションの管理に集中できる。

③IaaS（Infrastructure as a Service）は，インターネット経由のオンデマンドで提供されるサーバー仮想化やデスクトップ仮想化，共有ディスク等の技術を利用してハードウェアリソース（メモリやCPU，データベースストレージ等）を提供する利用形態である。したがって，IaaSでは，クラウドの基本要素から成り，ネットワーキング機能，コンピュータ，データベースストレージ領域へのアクセスを提供する。

ところで，現代組織における情報セキュリティ・マネジメント戦略では，情報資産が組織内外の広範囲なエリアに分散して存在することになり，エンドユーザーや外部組織を巻き込んだ全体的な対策基準の策定と取り組みが必須となっている。また，分散処理方式時代（大量一括集中処理方式併用を含む）が主流の複雑な利用形態である現代組織にこそ，情報セキュリティ・マネジメント戦略を確実に実施していくことが求められている。

情報化社会における現代組織の情報セキュリティ・マネジメント戦略が目指すところは，単に情報資産の安全を確保する取り組みを採用した受身の意味合いだけではない。それは，今日の情報化社会では，インターネット環境の下での組織における情報資産を情報セキュリティの3要素である「機密性」，「完全性」，「可用性」の観点から継続的な確保について，積極的な取り組みを行い，それを自らの組織の強みとしてとらえて，組織外の第三者に対してアピールすることが重要である。そして，そのことを当該組織自身が社会的信用を得るための方策，あるいはビジネスツール[16)]の重要な手段のひとつとしてとらえて，企業等における経営戦略の一環として組織外部に向かって，その取り組みを積極的にアピールしなければならない。

そこで，本章では，今日の情報化社会において，現代組織が情報セキュリティ・マネジメント戦略を策定・展開し，組織内外で有効に機能させ，普及・推進させるうえで必要な組織構成員[17)]や外部組織が認識，理解するための基本的な概念について考察する。

1.1 情報セキュリティ·マネジメント戦略の概念

インターネットに代表されるオープンネットワーク[18)]の普及が世界中の隅々まで拡大し，世界的規模で情報化社会が到来している。情報化社会では，インターネットを介して，企業等の組織活動のみならず，私たち個人の身近な生活においても，様々な場面で，その利便性は飛躍的に向上している。

情報化社会については，1990年代からのインターネットの導入と利活用，及び携帯電話やスマートフォン，タブレット等のデバイスの登場，SNS[19)]の爆発的な普及，そしてICTの高度化に伴って，広く個人生活やビジネス等の一般的に用いられる社会概念である。情報化社会では，グローバルに張り巡らされたインターネットをインフラストラクチャとして，時間的制約や地理的格差，及び国・地域，文化の違いを超えて，必要な情報を何時でも，何処でも，何度でも，誰でも入手し，利活用（共有）することができる。

また，近年のインターネットの活用では，クラウド・コンピューティングの普及もあり，低予算で，参加するすべての組織や個人に対して，あらゆる社会活動が公平で安全・安心，かつ正確・確実に情報の利活用（共有）が行われることが求められている。しかし，情報化社会の急速な進展は，利便性の向上やメリットの享受とともに，同時に組織外からの攻撃の増加，つまり見知らぬ第三者からの攻撃である脅威[20]の可能性を増やす要因にもなっている。

このことは，ICTに関して，ある特定の基本的な知識を有している者であれば，誰もが悪意のある第三者に成り得て，組織が保有している情報資産の脆弱性を狙って容易に侵入し，情報の盗聴や改竄，削除，成りすまし等の攻撃を仕掛けることができる。さらに，悪意のある第三者の攻撃では，インターネットを介して，組織の情報（機密情報や商品情報，個人情報等）が勝手に公開される，見ず知らずの者から（知人からも）匿名の誹謗や中傷を受ける，あるいは不特定多数の人間間で機密情報が売買されることがある。

一方，電子メールやWebサイト[21]等の利用では，コンピュータウイルス[22]等による被害が拡大しており，情報化社会における情報セキュリティに対する問題意識が広まっている。しかし，情報化社会における組織や個人では，インターネットによる利便性やメリットばかりを享受するだけで，情報セキュリティ対策が施されていない場合も少なくないのも事実である。また，一旦，情報化社会の利便性やメリットを享受してしまうと，インターネットを無くしてしまうことは不可能であることからも，現代組織における情報セキュリティ・マネジメント戦略の重要性は非常に高いと言える。

情報化社会の利便性やメリットを有効活用するためにも，さらに情報化社会を安全・安心に生き抜いていくためにも，現代組織において，特にその重要性や必要性が高まっていることが情報セキュリティ・マネジメント戦略の導入と展開の本質である。

1.1.1 情報セキュリティ・マネジメントとは何か

情報化社会において，現代組織における経営戦略の一環として，組織外部に向かって積極的にアピールし，その重要性がますます高まっている「情報セキュリティ・マネジメント」とは，そもそもどのようなものであろうか？

情報セキュリティ（Information Security）とは，単純に言い表せれば「情報資産の安全を確保すること」である。しかし，情報セキュリティの概念は，一般的な「安全」という言葉とは異なる意味合いがある。それは，一般的な「セーフティ（Safety）」という単語も安全と訳される言葉であるが，「セキュリティ（Security）」の安全とは意味合いが少し異なるからである。

セーフティは，一般的には無事や無難なものとして，予期せぬ事態から起こるリスクを回避するといった「能動的」な活動に伴う脅威が存在している場合に用いられる。これに対して，セキュリティは，一般的には危険や不安等がない，組織内に厳しい基準を設けて予防措置を徹底させて，リスク発生時の安全性を図るといった，何らかの外部の脅威について主に「受動的」である問題に対する表現として用いられているからである。

しかし，最近では，情報セキュリティという用語（単語）を，あらゆる分野

図1-2 情報化社会における情報セキュリティの３要素

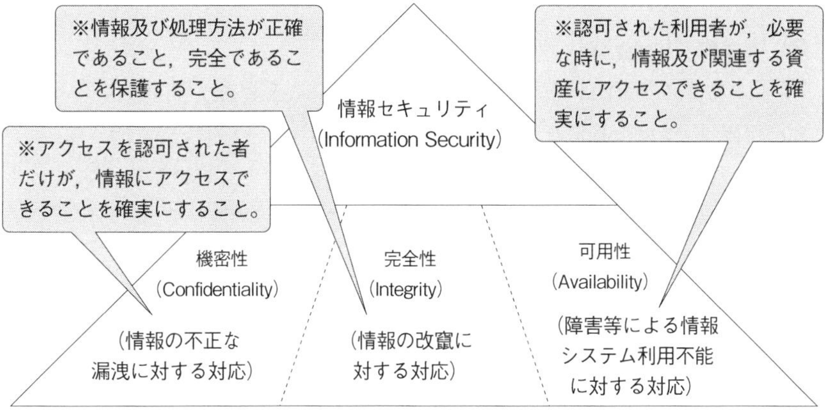

出所：筆者作成。

の幅広い意味合いで用いており，情報セキュリティに関する技術を積極的に活用した電子決済システムや電子社会システム[23]のモデル，あるいはその先を見据えた次世代のスマートシティやスマートコミュニティ[24]の社会システムモデル等でも重要視されている。

現代組織が継続的に確保すべき情報セキュリティの内容として，図1-2の「情報化社会における情報セキュリティの３要素」を取り上げることができる。これは，1992年に経済協力開発機構（OECD）[25]が『情報システムのセキュリティのためのガイドライン』で提示した概念で，（1）機密性，（2）完全性，（3）可用性を維持・改善し，悪意を持った第三者からの攻撃とともに不正行為・災害・障害といった様々な脅威から情報資産を継続的に保護することである。

情報セキュリティ・マネジメント戦略の展開は，情報化社会における利便性の向上やメリットの享受を実現しながら，かつ同時にシームレス[26]な環境におけるインターネットの利活用において，現代組織における情報資産の継続的な保護を達成し，安全・安心な社会の構築を目的としたのである。図1-2における情報セキュリティの３要素は，その頭文字をとって「CIA」と呼ばれており，その内容は以下の通りである。

（1）機密性（Confidentiality）：

アクセスを認可された者だけが，情報にアクセスできることを確実にすることである。

（2）完全性（Integrity）：

情報，及び処理方法が完全，かつ確実であることを保護することである。

（3）可用性（Availability）：

認可された利用者が，必要な時に，情報及び関連する資産にアクセスできることを確実にすることである。

したがって，企業や大学，行政機関，各種団体等の現代組織においては，このような情報セキュリティ対策の意味合いや目標等を踏まえて，情報セキュリティ・マネジメントを検討しなければならない。つまり，単に情報セキュリティの３要素であるCIAを継続的に維持・改善するだけでない。情報化社会に

図1-3　情報化社会における情報セキュリティ管理指針

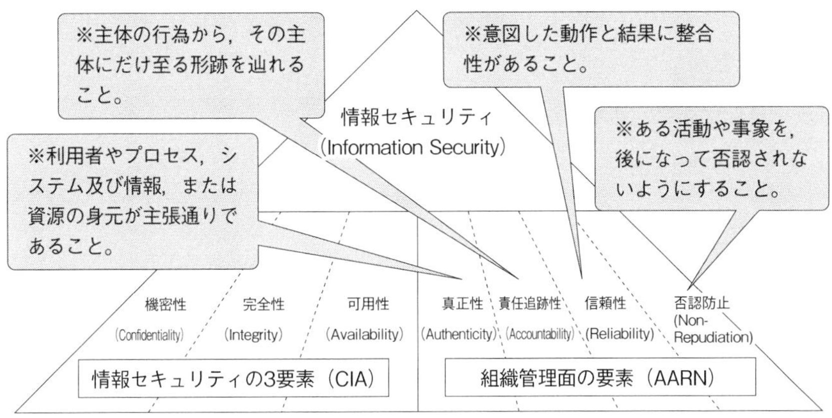

出所：筆者作成。

おける組織を取り巻く外部環境の変化（法律や税制の改正等）や組織内部のトップマネジメント，事業分野との関係等の特殊性を考慮して，それぞれの組織でどのように情報セキュリティを確保していくかということを意味する。

ところで，ISO/IEC 13335-1：2004[27)]では，**図1-3**に示している「情報化社会における情報セキュリティ管理指針」にあるように，システム管理者向けの情報セキュリティ管理指針として，CIAとともに(4) 真正性，(5) 責任追跡性，(6) 信頼性の３要素を取り上げている。さらに，2006年にもうひとつの要素である(7) 否認防止を加えての４要素として，情報セキュリティ対策を維持・改善し，継続していくことの重要性を示している。

この管理指針では，情報システムそのものに対する要求項目ではなく，情報システムとその利用者（エンドユーザー）との関係における要求が提示されている。つまり，組織管理の前提である人的資源管理（ヒューマンリソース・マネジメント）に関わる内容として重要な要件が提示され，情報セキュリティの管理策が強化されているのである。**図1-3**に示しているように，組織管理面における情報セキュリティの４要素は，その頭文字をとって「AARN」と呼んでおり，その内容は以下の通りである。

（4）真正性（Authenticity）：

利用者，プロセス，システム，及び情報，または資源の身元が，主張通りであることを保証することである。

（5）責任追跡性（Accountability）：

主体の行為から，その主体にだけ至る形跡をたどれることを保証することである。

（6）信頼性（Reliability）：

意図した動作と結果に整合性があることである。

（7）否認防止（Non-Repudiation）：

ある活動，または事象が起きたことを，後になって否認されないように証明することである。

図1-4　情報化社会における様々な脅威

機密性・完全性・可用性の影響と原因	
（1）物理的脅威	人間の行為 （確信，故意，過失，確信犯，未必の故意，認識のある過失，認識のない過失等による脅威）
	自然災害・人為的災害 （停電や火事，事故，及び暴風，突風，豪雨，豪雪，洪水，地震，雷，地すべり，その他の異常な現象等による脅威）
（2）論理的脅威	人間の過失よる障害 （データ喪失，オペレーションミス，手順ミス，プログラム障害，SQL障害，JCL障害，データ障害等による脅威）
	悪意ある第三者からの攻撃 （盗聴，改竄，成りすまし，成り代わり，踏み台，ウイルス，スパム，フィッシング，キー・ロガー，サービス妨害等による脅威）

出所：筆者作成。

1.1.2 情報化社会が直面する脅威

現代組織が直面する脅威は，**図1-4**に示している「情報化社会における様々な脅威」にあるように，人間の行為によるもの，自然災害や人為的災害，あるいは人間の過失による障害や悪意のある第三者からの攻撃といったものまでの幅広く様々なものがある。

このような脅威は，組織や個人が保有の情報システムに関連する情報資産に影響を与えて損失を招く潜在的な原因のことで，一般的には，(1) 物理的脅威と(2) 論理的脅威の２つに大別できる。

(1) 物理的脅威

物理的脅威（Physical Threats）とは，**図1-5**に示している「情報化社会における物理的脅威の例」にあるように，組織や個人が保有するハードウェア，ソフトウェア，データ，ファームウェア，ネットワーク設備，コンピュータ関

図1-5　情報化社会における物理的脅威の例

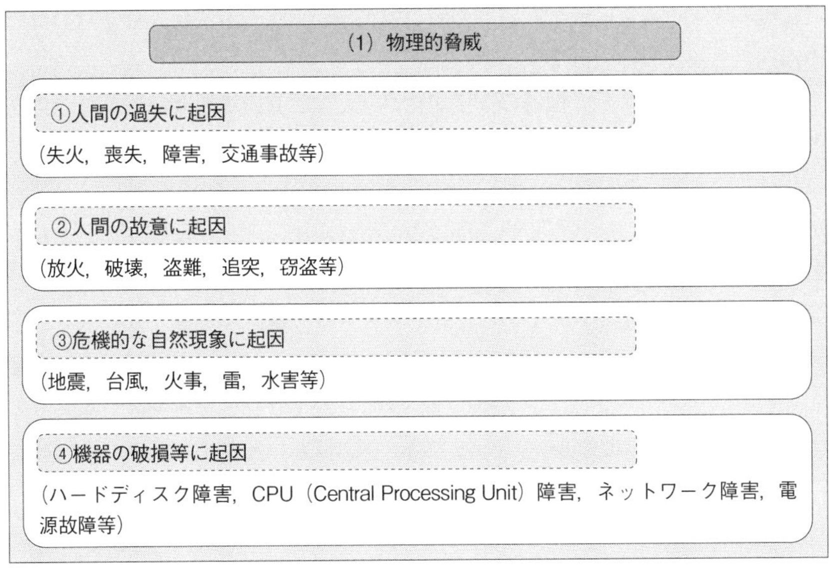

出所：筆者作成。

連の施設･設備やこれらのシステム資源に関わる人間に物理的な被害が発生し，情報システムの安全･安心，かつ安定的な運用や管理ができなくなってしまい，通常の業務に対して甚大な影響を及ぼす恐れのある脅威のことである。

物理的脅威の代表的な形態としては，人間の行為である①人間の過失に起因する失火や喪失，障害，交通事故等，②人間の故意に起因する放火，破壊，盗難，追突，窃盗等，及び自然災害・人為的災害である③危機的な自然現象（自然災害）に起因する地震，台風，火事，雷，水害等，④機器の破損・故障等に起因するハードディスク障害，CPU障害，ネットワーク障害，電源故障等があげられる。

物理的脅威の対策については，情報システム（情報資産）を設置する建物や設備，機器，回線等を対象とした物理的な手段を用いることになる。例えば，コンピュータビルやマシンルームに対する防火，防犯，防水，停電，耐震，免震等に関する対策，あるいはバックアップセンターの設置とホットサイト，ウォームサイト，コールドサイトによる運営[28)]といった手段である。

具体的な物理的脅威の対策としては，コンピュータ棟やマシンルームへの耐震構造物の採用や耐火構造物の採用，スプリンクラーや炭酸ガス消火装置，免震装置の導入，地震に備えた機器の固定の実施，テロや不法侵入者発見のための赤外線感知装置の設置等がある。

一方で，情報システム機器の高性能化が進んでおり，電源及び発熱負荷の高密度化といった日々進化するICTへの対応といった側面も物理的な対策に必要なことである。近年では，東日本大震災や熊本地震等の影響もあって，施設･設備が丈夫で頑丈，壊れにくい設計になっていること，及び情報システムが予期しないエラーや障害，トラブル，情報セキュリティ上のリスク等に柔軟に対応できる堅牢性が求められている。それとともに，施設・設備では省エネルギーを中心にした環境保全性も重要視されており，コンピュータルームやコンピュータセンター，コンピュータ棟，マシンルーム，コンピュータ室，端末室等に求められる物理的な手段の要件は，様々な観点から高度化･多様化している。

（2）論理的脅威

論理的脅威（Logical Threats）とは，**図1-6**に示している「情報化社会にお

図1-6　情報化社会における論理的脅威の例

(2) 論理的脅威
①人間の過失に起因する脅威 ●誤操作（データ喪失，オペレーションミス，手順ミス等） ●論理的障害（プログラム障害，SQL（Structured Query Language）障害，JCL（Job Control Language）障害，データ障害等）
②人間の故意に起因する脅威 ●コンピュータ犯罪（不正使用，改竄，データ消去等） ●ネットワーク犯罪（盗聴，成りすまし，成り代わり，不正アクセス等） ●サイバーテロリズム（システムの論理的な破壊）

出所：筆者作成。

ける論理的脅威の例」にあるように，物理的脅威に該当しないすべての脅威のことである。例えば，開発している情報システムにおいて，ソフトウェアが設計された機能を達成できないといったことから，データの内容が意図しないものになる，といった論理的な被害を発生させる脅威のことである。

論理的脅成の代表的な形態としては，人間の過失による障害である①人間の過失に起因する脅威と悪意ある第三者からの攻撃である②人間の故意に起因する脅威がある。①人間の過失に起因する脅威は，データ喪失，オペレーションミス，手順ミス等の「誤操作」，プログラム障害，データベース言語（問い合せ言語）のSQL（Structured Query Language）障害，ジョブ制御用言語（スクリプト言語）のJCL（Job Control Language）障害，データ障害等の「論理的障害」があげられる。また，②人間の故意に起因する脅威には，不正使用，改竄，データ消去等の「コンピュータ犯罪」，盗聴，成りすまし，成り代わり，不正アクセス等の「ネットワーク犯罪」，システムの論理的な破壊である「サイバーテロリズム」があげられる。

論理的脅威の対策については，ハードウェアやソフトウェアの信頼性，及び安全性確保のために情報システム（情報資産）に施す手段を用いることになる。例えば，企業の情報システムにおいて，単体システムのハードウェアやソフトウェアの信頼性・安全性の確保だけではなく，全社システムや統合システム，企業間ネットワーク全体の信頼性・安全性の確保といった手段である。

具体的な論理的脅威の対策としては，情報システムの利用では，アクセス用ID（Digital IDentity）[29]とパスワードを採用して許可した利用者しか操作を許さないためのアクセスコントロールを行う，あるいはセキュリティ機能を用いて権限者以外の使用や書き換えをシステム的に防止し許可された照会や処理しか許可しないための制御を行う，といった手段である。また，組織内の秘匿すべきデータが部外者に解読されないように暗号化して，第三者への漏洩を防護する対策等も含まれる。

さらに，論理的脅威の対策では，組織における情報システムの管理体制を充実させることで，直接・間接に情報システム資源への侵害を排除する仕組みである人的対策も含まれる。例えば，コンピュータビルやマシンルーム等に対する立ち入り許可制の採用である。関係者に対して，入退室用ICカード（Integrated Circuit Card）や入館許可証を発行して，コンピュータルームやコンピュータセンター，コンピュータ棟，マシンルーム，コンピュータ室，端末室等への出入りをする際には，入退室管理システムや警備員によりチェック（所持品検査等を含む）することがあげられる。その他にも，組織の敷地内や建物内への監視カメラの導入や警備員による定期的な巡回を行って，部外者の侵入を阻止するといったこともある。

加えて，組織内部の関係者が第三者からの脅迫や誘惑等の人的脅威に晒されないように，関係要員の倫理教育の徹底や適切な人事ローテーションの実施，就労状況の監督，作業結果の報告とチェック等の実施によって，情報システム（情報資産）の安全性を向上させることも必要である。このように，論理的脅威に対しては，関連する業務に対する業務監査（システム監査・審査を含む）を徹底させることで，不法・違法な行動の発生を抑止することも必要である。

情報化社会に潜む多種多様な脅威の中で，組織や個人が安全・安心に情報資産を利用していくためには，情報セキュリティ対策が有効に機能していることが非常に重要となっている。

現在，現代組織における情報セキュリティ・マネジメント戦略が，単に情報化社会の脅威に対する防御手段としての受身の意味合いだけではなく，情報化社会における安全性を組織の強みとしてとらえ，そのことを組織自身が社会的信用を得るための重要な手段（経営戦略のひとつ）として利用している。

1.1.3 情報資産と情報セキュリティ・マネジメント

情報資産とは，組織や個人がその価値を認識している「情報」や「情報システム」，及び「これらが適切に保護され，使用され機能するために必要な要件」であり，何らかの保護を必要としている情報システム全体の構成要素，またはその一部の要素である。これは，単にハードウェアやソフトウェア，ネットワークのみならず，データの内容や仕組み，携わる人間，施設に至るまでの様々なものが含まれる。

組織や個人が保有する情報資産は，ある脅威についての発生源から受け手に沿って，その大きさや確実さを評価する情報セキュリティアセスメント[30]の結果

表1-1　情報セキュリティ・マネジメント戦略における情報セキュリティアセスメントの内容

情報セキュリティ・マネジメント戦略	情報セキュリティアセスメント		
		情報セキュリティ分析	
			情報セキュリティ因子の特定（把握）
			情報セキュリティ算定（定性的・定量的）
		情報セキュリティ評価	
	情報セキュリティ対策		
		脅威の回避	
		脅威の最適化（脅威の低減）	
		脅威の移転	
		脅威の保有（受容）	
		脅威の予防（暫定的・恒久的）	
	脅威の保有		
		残余脅威の確認（認識）	
	情報セキュリティコミュニケーション		

注：情報資産に対する様々な脅威が情報セキュリティ問題となる。
出所：筆者作成。

に基づく内容，及びそれらの依存関係を確定させる。そして，それぞれの情報資産と多種多様な脅威に対する重み付けを行なったうえで，情報セキュリティ対策を実施しなければならない。

ところで，**表1-1**に示している「情報セキュリティ・マネジメント戦略における情報セキュリティアセスメントの内容」にあるように，情報セキュリティアセスメントは，それひとつで完結するマネジメントプロセスではない。それは，現代組織において，様々な脅威から事態発生時の危機管理までの一連の活動であるマネジメントプロセスの一環で，その中で情報セキュリティに関しての脅威の把握，脅威の分析と評価に対する活動として位置付けられるものが情報セキュリティアセスメントとなる。

したがって，**図1-7**に示している「情報化社会における情報セキュリティ対策」

図1-7　情報化社会における情報セキュリティ対策

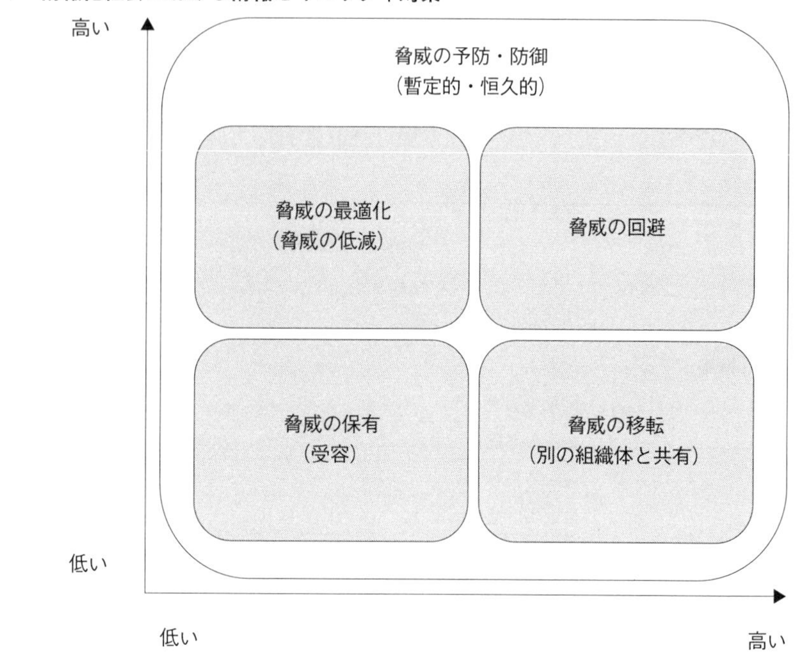

出所：筆者作成。

にあるように，組織が保有のすべての情報資産に対して，同様の情報セキュリティ対策が必要ではなく，その脅威の出現頻度と影響度合いに基づいて，脅威の回避，脅威の最適化（脅威の低減），脅威の移転（別の組織体と共有[31]），脅威の保有（受容）といった脅威の予防・防御（暫定的・恒久的）が選択される。

情報資産に対する脅威には，**表1-2**に示している「情報化社会における主な脅威の事例」にあるように，脅威は情報・データ，ソフトウェア，ハードウェア，ファームウェア，施設・設備，サービス，及び情報に接する人々までといった広範囲にわたって影響し，情報漏洩（盗聴，トロイの木馬，キーロガー等）やフッシング詐欺，偽装店舗，不正受注，コンピュータウイルス，スパム，ワーム，バックドア等，その種類と内容は多岐にわたる。

例えば，電子的なデータはもちろんのこと，**図1-8**に示している「コンピュータにおけるシステム構成の概念図」にあるように，それらを処理するコンピュータ本体や通信装置等のシステムの物理的な構成要素であるハードウェア，及びハードウェアの基本的な制御を直接行うために機器に組み込まれたソフトウェアであるファームウェア（Firmware），及びシステムソフトウェアであるOS（Operating System[32]）やミドルウェア（Middleware），アプリケーションソフト（Application Software），開発言語等のソフトウェアも含まれる。さらに，アプリケーションソフトで作成されたデータや各種場面で記録（作成）された紙媒体の情報，会話情報，及びコンピュータルーム等の設備や情報システム棟の建物といったものも情報資産に該当する。

組織においては，このような情報資産に対する情報セキュリティ・マネジメントを実施して，それぞれの情報資産ごとに対する脅威（問題）の各種対策を行っていくことになる。その他，組織に対する情報セキュリティ・マネジメントでは，自らの組織に対する情報セキュリティアセスメントにより必要なセキュリティの範囲とレベルを決定する。そして，組織ごとの明確なプラン（戦略）を持って，組織内の資源配分を行い，情報資産に対する情報セキュリティ対策を行い，より安全・安心な情報システムの構築を目指していくのである。

現在，わが国では，組織や個人を含めたブロードバンド[33]のユーザーが急増，電子商取引も身近に行われており活発化してきている。また，住基ネット[34]やマ

表1-2　情報化社会における主な脅威の事例

不正アクセス（Illegal Access）	他人のユーザーIDやパスワードを使って，本来自分が利用する権限を有していないコンピュータを不正に使用する行為や，OS（Operating System）やアプリケーションソフト等に存在するセキュリティ上の弱点を攻撃してコンピュータを不正利用する行為，保存されているデータやプログラムを改竄する行為，コンピュータを利用不能な状態に追い込んだりする行為のことである。
サービス拒否（妨害）攻撃（DoS攻撃：Denial of Service attack）	他人のユーザーIDやパスワードを使って，本来自分が利用する権限を有していないコンピュータを不正に使用する行為や，OS（Operating System）やアプリケーションソフト等に存在するセキュリティ上の弱点を攻撃してコンピュータを不正利用する行為，保存されているデータやプログラムを改竄する行為，コンピュータを利用不能な状態に追い込んだりする行為のことである。
成りすまし（Spoofing）	他人のユーザーIDやパスワードを盗用し，その人のふりをしてネットワーク上で活動することである。本来は，その特定の人しか見ることができない機密情報を盗み出したり，悪事を働いてその人のせいにしたりする。杜撰なパスワード管理等が原因の場合，なりすまされた本人が損害を負担する責任を問われることもある。
盗聴（Sniffing）	ネットワーク上に流れるパケットを取得して解析し，パスワード等の重要な情報を不正に取得する行為である。
トロイの木馬（Trojan Horse）	正体を偽ってコンピュータへ侵入し，データ消去やファイルの外部流出，他のコンピュータの攻撃等の破壊活動を行うプログラムである。
キーロガー（Key Logger）	キーボード入力を監視して記録するソフトウェアである。元々はデバッグ等のツールであったが，近年では，こっそり仕掛けてパスワード盗難等の行為に悪用されている。
フィッシング（Phishing）	金融機関等からの正規のメールやWebサイトを装い，暗証番号やクレジットカード番号等の個人情報を搾取する詐欺である。
改竄（Falsification）	ネットワーク上を流れる情報が窃取し，情報が書き換えられて受信者に届けられたり，受信者自身が受信した情報を書き扱える等，不正に情報の改変操作を行う行為である。
否認・否定（Denial/Contradiction）	電子商取引等で，送信者が送信の事実を否定したり，受信者が受信の事実を否定する行為である。
コンピュータウイルス（Computer Virus）	自己伝染，潜伏，発病等の機能を持ち，ユーザーの意図しない動作（コンピュータの誤動作，システム破壊，ファイル消去，データ改竄，ユーザー情報の無差別送信，バックドアの設定等）をするプログラムのことである。
バックドア（Backdoor）	クラッカーにより侵入を受けたサーバーに設けられた不正侵入を行うための裏口である。バックドアが設置されていると，管理者が不正侵入に気づいて侵入路を塞いでもクラッカーは前回侵入時に設置したバックドアから再び不正侵入を行うことができる。コンピュータウイルス感染時に，外部操作を受け入れるための窓口としてバックドアを設置する場合もある。
ワーム（Worm）	自己増殖を繰り返しながら破壊活動を行うプログラムである。以前はCD-ROMやフロッピーディスク等に潜伏して感染するものが主流だったが，近年では，インターネットの普及により，電子メール等を介して爆発的な速度で自己増殖するものが出現している。
スパムメール（Spam Mail）	電子メールを使った広告や勧誘等の行為で，不特定多数に一方的に送り付けられるユーザーにとって不要なメールのことである。
踏み台（Springboard）	他のコンピュータやネットワークへ不正侵入するための足場として，リソースが不正使用される行為である。
デマ情報（Misinformation）	偽のウイルス情報やセキュリティホール情報等の虚偽情報のことである。
サイバーテロリズム（Cyberterrorism）	ネットワークを介して企業のコンピュータに侵入し，プラント等の制御系システムをコントロール不能にして，その結果として企業活動をストップさせたり，混乱に陥れる行為である。

出所：筆者作成。

図1-8　コンピュータにおけるシステム構成の概念図

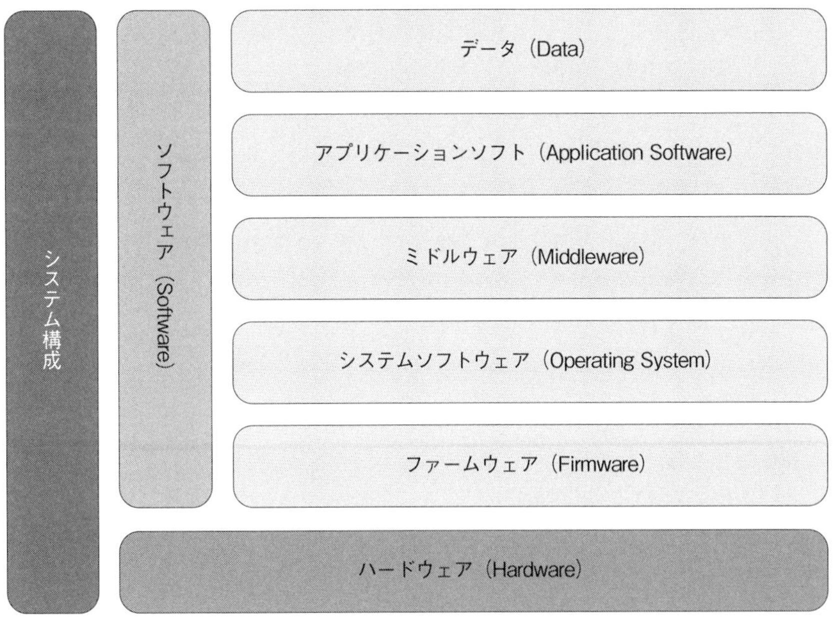

出所：筆者作成。

イナンバーカード[35]を代表とする電子政府による電子的な行政サービスの提供も行われており，インターネットを基盤とする，次なる情報化社会の段階である高度情報化社会に向かって進展している。

一方，2000年初めから続いた中央省庁へのホームページ書換え事件等の不正アクセス行為，米国の有名サイトへのサービス拒否攻撃，さらにはサービス拒否攻撃を発展させたかたちでの分散サービス妨害，成りすましによる詐欺行為等，インターネットが高度化するにつれて増加するクラッカー[36]の存在に見られるように，情報資産に対する攻撃の手口も日々巧妙になり，組織や個人に対して与える脅威は高度化・多様化・複雑化している。

情報化社会においては，組織も個人も様々な脅威から情報資産を防御することが急務となっている。しかし，情報セキュリティ対策として，組織の特性を無視した一般的な対応のみでは悪意のある第三者からの攻撃を防ぐことはできない。つまり，様々な形態や規模の組織があるなかでは，どのような組織に対しても，同じ情報セキュリティ対策を推進することは現実的ではない。これは，例えば，業種や業態，規模が全く違う企業において，一律に同じ構成のファイアウォール[37)]によるアクセス制御を行うだけでは，新たな攻撃手法や既存攻撃の進化した攻撃手法は，ファイアウォールをすり抜けてサーバーやデータベース等に対する攻撃が行われることになり，すべての攻撃を防ぐことはできない。

このことは，組織に対する様々な脅威の対応への遅れ（脅威に対する認識不足を含む）が情報資産への影響を拡大させ，組織としての社会的信用を失墜させてしまう恐れがあることを示唆している。そのため，企業等では情報システムへのアクセス状況を常時監視し，不正アクセスをリアルタイムに検知する仕組みを導入して，脅威を水際で防御することも検討しなければならない。また，これらのことは，情報化社会における新たな問題として注視されている。

1.2
情報化社会に潜在する様々な脅威

情報化社会では，**図1-9**に示している「情報化社会における組織に対する脅威の概念図」にあるように，現代組織に対しての様々な脅威が潜在しているが，その影響を完全にコントロールすることは不可能である。かつての大型汎用コンピュータによる大量一括集中処理方式時代においては，それぞれの情報システムが独立して稼働していたため，悪意ある者からの攻撃によって，その脅威が現実化しても，他の情報システムに大きな影響を与えることは少なかった。

しかし，最近の情報化社会におけるインターネットに接続した分散処理方式時代では，世界中に存在する無数のコンピュータシステム（情報システム）がネットワークでシームレスに接続され，さらにテレビ放送や電話網，電力網等とも融合化するといったデジタル統合化が実現されようとしている。

世界中の情報システムがインターネットという血管によって自律的に統合されて，あたかもひとつの生き物のように活動して，成長・拡大している。これは，スマートシティやスマートコミュニティ実現に向けて，情報化社会，電子

図1-9　情報化社会における組織に対する脅威の概念図

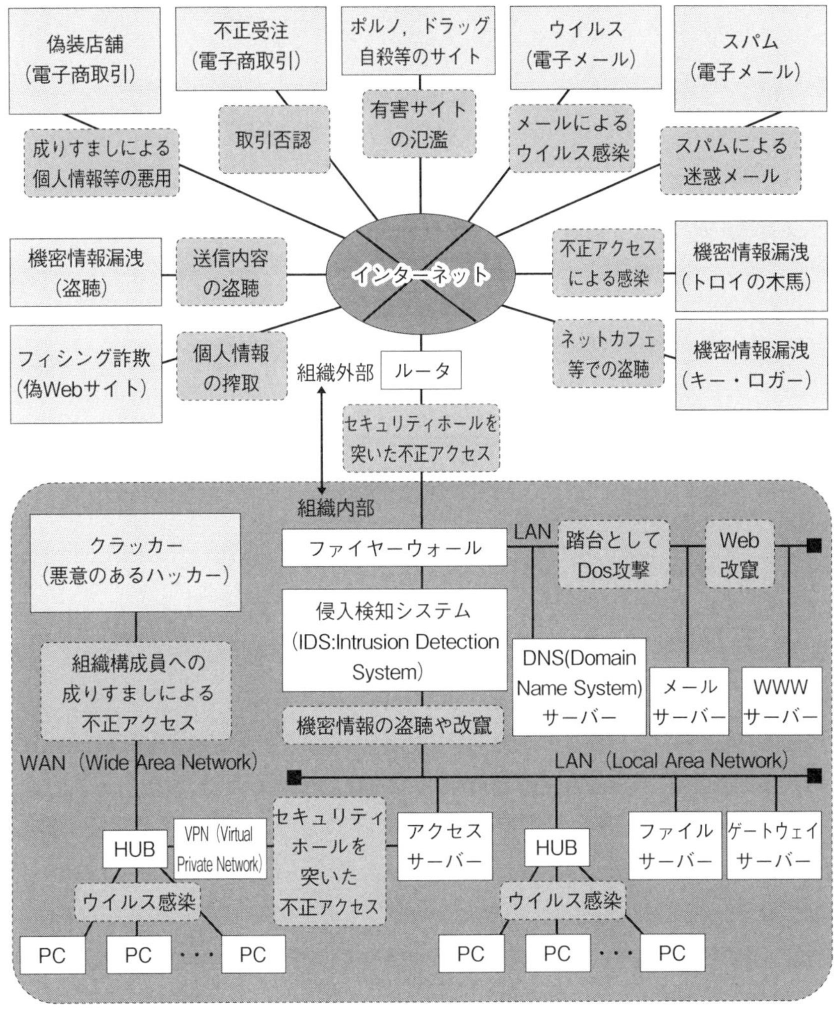

出所：筆者作成。

社会，IT社会，デジタル社会，情報ネットワーク社会，ユビキタス社会等と呼ばれる社会概念が，技術の進歩とともに，さらに発展しているのである。

このような情報化社会では，それぞれの情報資産に潜在する脅威は，その組織内にある情報資産だけの脅威にとどまらずに，他の組織とも密接に結びついた形態での情報資産としても脅威となる。つまり，インターネットにおいて，様々な情報資産を結合させることは，大きな利益と同時に，大きな損失をもたらすような投機的脅威（リスク）を生み出しているのである。

情報化社会では，情報資産の電子化（デジタル化）によって，インターネットを介して無数の情報資産が結合されるオープンネットワーク環境が構築されている。そこで，以降では，それらの情報資産に潜在している脅威の連鎖について考察する。

1. 2. 1 情報セキュリティ・マネジメントと脅威の連鎖

最近のインターネット等を利用したオープンネットワーク環境での脅威は，企業や病院，大学，特定非営利活動法人（NPO法人），市役所，県庁，省庁，及び各種団体等の現代組織だけでなく，個人にまで被害を与えることも多くなってきている。組織や個人において，かつてのスタンドアロン[38)]の形態でパソコンを利用していた時代には，情報セキュリティ対策にそれほど留意していなくても，また意識していなくても，ほとんど被害に遭うことはなかった。

ところが，パソコンをインターネットに接続したオープンネットワーク環境では，知らない間に予想もしない場所で発生した犯罪に巻き込まれる可能性が生じることがある。例えば，中南米の知らないような国で作られたコンピュータウイルスに感染してしまうこととか，アジアの見知らぬ会社からの請求書が届くといったこととか，中東の怪しい団体から直接招待状が送られてくるといったことが実際に発生しており，時間や距離，場所に関係なく，常に脅威にさらされているのである。

また，企業や政府，行政機関，各種団体等の組織，及び個人，どの利用者レベルにおいても一律に脅威は連鎖しており，その脅威は時間的・空間的・物理的な壁を越えて影響してくる。したがって，自国と関係のない，地球の裏側の第三国で発生したネットワーク犯罪の脅威が，数秒後には自分達の身に降りかかってくるかもしれないのである。

このような脅威の連鎖は，**図1-10**に示している「情報化社会における脅威

図1-10　情報化社会における脅威の発生と連鎖

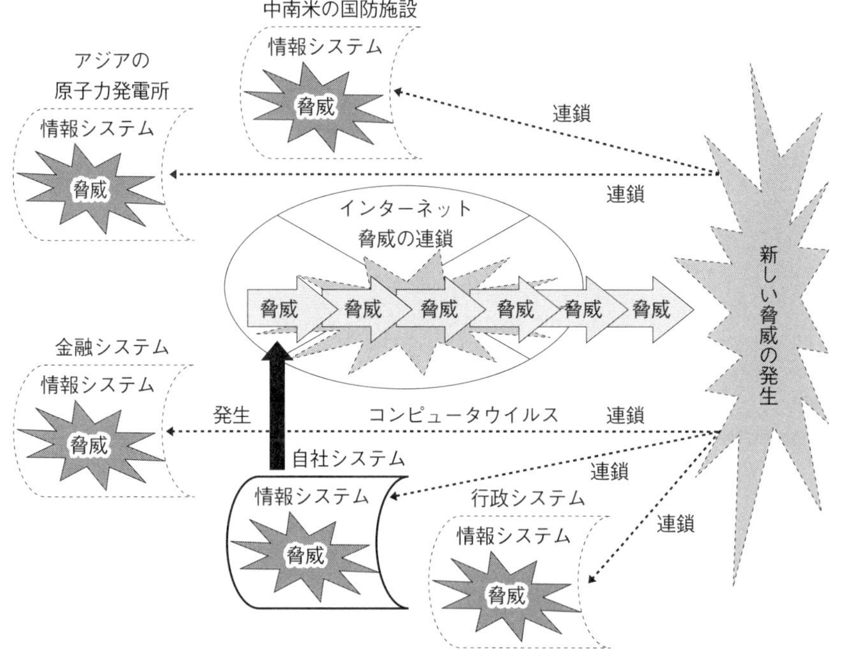

出所：筆者作成。

の発生と連鎖」にあるように，当該組織だけではなく，クラッカー等のネットワーク犯罪者自身も予想していない被害を引き起こす可能性もある。例えば，友人に悪戯しようと思って作ったコンピュータウイルスが，あっという間に短時間に世界中のコンピュータに感染してしまい，中南米の国防施設やヨーロッパの原子力発電所のコンピュータを誤作動させたり，世界的な金融危機の引き金になったりすることもあり得るのである。

したがって，かつては，子供の悪戯といって笑ってすませられたことも，現在の情報化社会では，本人の過失によるものだとしても，そのことが世界を巻き込んだ大事件に発展しかねない状況である。

今日の脅威の連鎖を招く原因には，誰でも自由に接続して利活用できるインターネットの特性にある。従来の公衆回線や専用線を中心とするコンピュータネットワークやパソコン通信には，すべての情報ネットワークをコントロールする機能が存在し，それらのリスクを管理する仕組みを容易に組み込むことが可能であった。また，脅威が発生した場合には，組織と外部の情報ネットワークを寸断すればよかった。

しかし，通信プロトコルTCP/IP[39]を用いて全世界のコンピュータ（情報システム）を相互に常時接続を可能にしたインターネットでは，インターネット全体を管理する仕組み自体が存在していない。つまり，インターネットに接続する組織の情報システム自体，あるいは利用者自身（個人）が，能動的に情報ネットワークに対する情報セキュリティ対策を講じて，様々な脅威に対しての情報セキュリティ対策をコントロールしなければならないのである。

ところで，誰でもが自由に参加できるインターネットそのものについては，悪意ある第三者によるネットワーク犯罪を防止するための全体的な仕組みである情報セキュリティ対策を実施することは現実的には不可能である。それは，インターネットの代表的な特徴が，情報システム間や情報ネットワーク間を容易に相互接続して，多大な利益をもたらす反面，それらに潜在する脅威を連鎖させ，ネットワーク犯罪者も予想できないような被害を招くリスクを抱え込んでいるからである。

1. 2. 2 情報セキュリティ・マネジメントと脆弱性

前述したように，インターネットを代表とするオープンネットワーク環境は，様々な国家や地域，あるいは組織，個人等の情報システム間や情報ネットワーク間を容易に相互接続することで，多大な利益をもたらしている。しかし，その反面，**表1-3**に示している「情報化社会が抱える脆弱性の例」にあるように，ネットワーク犯罪の脅威を連鎖させ，情報化社会が抱える多くの脆弱性を狙って，悪意のある第三者からの被害が増大させる事態が発生している。

ところで，情報化社会が抱える脆弱性については，(1) 情報化社会の匿名性，(2) コピーの容易性と真正性，(3) 被害の不透明性，(4) 脅威伝播の高速性と浸透度合の深化，(5) 情報セキュリティの依存性，(6) 技術の進歩に追いつけない法律の不備の６つに大別することができる。

表1-3　情報化社会が抱える脆弱性の例

	項　　目	内　　容
情報化社会が抱える脆弱性	(1) 情報化社会の匿名性	①誹謗・中傷やデマ情報の発生，流布の助長
		②不正アクセスの助長
		③コンピュータ・ウイルス蔓延の助長
	(2) コピーの容易性と真正性	①デジタルコンテンツにおける違法コピーの助長
		②成りすましの助長
	(3) 被害の不透明性	①情報漏洩の助長
		②ネット犯罪の助長
	(4) 脅威伝播の高速性と浸透度合の深化	①伝播速度の高速性の助長
		②浸透度合の深化の助長
	(5) 情報セキュリティの依存性	①情報セキュリティ依存の助長
		②ビジネス機会拡大の助長
	(6) 技術の進歩に追いつけない法律の不備	①インターネットによる情報共有化
		②昔ながらの法制度の整備
		③自己責任の徹底

出所：筆者作成。

(1) 情報化社会の匿名性

第1の脆弱性は，情報化社会における匿名性が抱える問題である。

誰も監視していない自分の部屋で，パソコンの画面に向かって操作すれば，他人に知られずに犯罪を起こすことができる環境があり，ネットワーク犯罪を助長する温床の大きな要因のひとつとなっている。

①誹謗・中傷やデマ情報の発生，流布の助長

情報化社会では，その匿名性が高いので，物理的社会よりも他人を誹謗・中傷したり，デマ情報を流布したりしやすいことである。

例えば，匿名掲示板では，自分を名乗らないで，他人を誹謗・中傷する書き込みされる可能性がある。

②不正アクセスの助長

国境を越えた不正アクセスでは，地理的障壁や政治的障壁等で，現実的にイ

ンターネットを介して追跡することが困難であることである。

例えば，SNSや電子メール等を利用して，他国等の遠隔地に居住して，政治的不安定な独裁国における民主化デモが誘導される可能性がある。

③コンピュータウイルス蔓延の助長

ウイルスプログラム作成者の意図に反して，インターネットを介して不特定多数のコンピュータ上で実行されることである。

例えば，自分のプログラミング技術をアピールや誇示するために作成したウイルスプログラムが，作成者の意図とは別に，悪意を持った第三者により拡散される可能性がある。

（2）コピーの容易性と真正性

第2の脆弱性は，コピーの容易性と真正性が抱える問題である。

コンピュータで取り扱う情報は，すべて電子化（デジタル化）されており，その複写が容易で，かつオリジナルと複写を見分けられないし，経年劣化も起きない。このようなコピーの容易性と真正性が，インターネットを介した違法コピーや成りすましの大きな要因のひとつとなっている。

例えば，デジタル化された情報は，複写元と複写先でまったく同じものが作成されるために，詐欺等の犯罪に利用される可能性がある。

①デジタルコンテンツにおける違法コピーの助長

不正コピー防止の仕組みが外されてしまえば，簡単に複写可能となる。一度複写可能なデジタルコンテンツ（デジタル機器で再生できる静止画，動画，音楽，文章等の情報）が流されてしまえば，瞬く間に世界中に広まってしまうことである。

例えば，全世界で大ヒットしている映画や音楽を，インターネットを介して，無償で見聞きできる可能性がある。

②成りすましの助長

通信相手が間違いなく本人であることと，及び送信内容の正当性（真正性）

が保証されなければ，安心してインターネットを介したコミュニケーションを行えないことである。

例えば，通信相手が本人でない場合，あるいは送信内容が改竄されている場合，詐欺等の犯罪に利用される可能性がある。

(3) 被害の不透明性

第3の脆弱性は，被害の不透明性が抱える問題である。

情報化社会では，盗聴等によって重要情報や機密情報[40]，プライバシー等が漏洩しても，物理的社会（リアルワールド）でその被害が明確にならない限り，被害者はその影響に気付かないことが多い。このような被害の不透明性が，ネットワーク犯罪を助長する大きな要因のひとつとなっている。

①情報漏洩の助長

情報化社会では，盗聴やトロイの木馬，キーロガー，フィシング詐欺等によって重要情報や機密情報，プライバシー等が漏洩した場合，物理的社会で実際に影響が出て，その被害が明確にならない限り，被害者はその影響に気づかないことが多い。

例えば，フィッシング詐欺により，クレジットカード番号やアカウント情報（ユーザーID，パスワード等のアクセス情報）といった個人情報が盗み出されたとしても気が付かず，成り代わり等の犯罪に利用される可能性がある。

②ネット犯罪の助長

情報化社会の犯罪には，意識的に犯罪行為をチェックする仕組みを情報システムや作業プロセスに組み込まなければ，継続的に情報が盗聴され，重要情報や機密情報，プライバシー等が漏洩していることさえ気づかないことが多い。

例えば，何もチェック機能がない情報システムでは，悪意のある第三者からの脅威のひとつである盗聴が行われた場合，利用者（エンドユーザー）の自覚がなく情報漏洩が継続して行われる可能性がある。

（4）脅威伝播の高速性と浸透度合の深化

第4の脆弱性は，脅威伝播の高速性と浸透度合の深化が抱える問題である。

現在，ADSL[41]の普及と使用料金の低価格化，さらにCATV[42]インターネット接続サービスや光ファイバー通信[43]のインターネット接続サービスの提供も増大して，ブロードバンドユーザーが増加している。インターネットの高速化は，同時にインターネットが抱える脅威の伝播速度を高速化させている。

つまり，ISDN[44]等でインターネットを利用していた時には，その通信速度の遅さから，多くの情報が不正に送信される前に通信回線を切断して，被害を最小限で食い止めることが可能であった。しかし，インターネット利用の高速化は，短時間により多くの被害を生み出す可能性が出てきたことも大きな要因のひとつとなっている。

①伝播速度の高速性の助長

CATVインターネット接続サービスや光通信インターネット接続サービスによる通信回線の高速化では，ブロードバンドユーザーが増加するにつれて，短時間により多くの被害を生み出すといったことである。

例えば，電話回線によるインターネットの利用では処理時間が長かったが，光回線によるインターネットの利用では処理時間が短い。このことは，自社のパソコンが踏み台にされた攻撃を行った場合も同じで，短時間で膨大なユーザーのコンピュータに脅威が感染し，被害が拡散する可能性がある。

②浸透度合の深化の助長

コンピュータウイルスやワームの伝染速度が従来以上に加速化し，新種ウイルス発見からアンチウイルスソフト（ワクチンソフト）が用いるパターンファイルが提供されるまでの間に，影響度がわからない被害を伴うことである。

例えば，物理的社会では，目に見えた形で被害の把握が可能である。しかし，情報化社会では，目に見えない情報が脅威を受ける対象であり，その被害の状況と影響範囲が把握できない可能性がある。

(5) 情報セキュリティの依存性

第5の脆弱性は，情報セキュリティの依存性が抱える問題である。

インターネットの利用者であるユーザーが，的確に情報セキュリティ・マネジメントを講じられるユーザーは，ごく少数である。個人のユーザーでは，2001年のコンピュータウイルスの大発生が起きるまでは，ほとんどの人が何の対策も講じていなかった実態がある。

一方，企業や政府，行政機関，各種団体等の組織におけるユーザーでも，一部の専門家やセキュリティベンダーに対策を依存しているのも大きな要因のひとつである。

①情報セキュリティ依存の助長

インターネットの利用者であるユーザーが，その脅威や脆弱性の真の意味を理解し，的確に情報セキュリティ対策を講じられるユーザーは，ごく少数である。大部分のユーザーは，社内の専門家や社外の専門家（システムコンサルタントやシステムアナリスト等），セキュリティベンダーに情報セキュリティ対策を依存していることである。

例えば，自社（自分）の情報システム構成やPCについて，その情報セキュリティ対策の目的と内容を理解しているエンドユーザーは多くはない。エンドユーザーは，情報セキュリティ対策を理解できずに，社内ICT部門や社外セキュリティベンダーに導入や運用等を依存している可能性がある。

②ビジネス機会拡大の助長

ISP[45)]がウイルスチェックサービスを顧客獲得のビジネス機会拡大の有力な営業ツールになるところに，自社（自分）の安全を他人に依存（転嫁）する日本人の情報セキュリティ対策の依存体質が見えることである。

例えば，ISPが提供するサービスを100％信用して，面倒な情報セキュリティ対策の目的と内容を理解していない場合があり，認識（意識）が低いために外部に依存して，社外の専門家やセキュリティベンダーの提案する内容を正しく吟味できない可能性がある。

(6) 技術の進歩に追いつけない法律の不備

第6の脆弱性は，技術の進歩に追いつけない法律の不備が抱える問題がある。

ICTの進歩は，ICTの専門家でも追いつくのが大変なほど速く，かつ高度なものになっている。これはインターネットによる情報共有化が挙げられ，今やどんな僻地や過疎地，奥地にいたとしても，インターネット利用の環境さえあれば，世界中で開発されている情報を簡単に入手できる環境となっているからである。このようなICT進歩の構造に対して，その技術が生み出す新たな技術的犯罪を抑止するための法律作りが昔ながらの方法で行われていることも大きな要因のひとつとなっている。

①インターネットによる情報共有化

インターネットの利用で，世界中で開発されているICTは簡単に入手することでき，世界中で同時並行的に開発された技術が世界中で共有化され，さらなる技術進歩を生み出す構造になっている。

例えば，インターネットは誰もが自由に参加できるオープンネットワークで，そこで開発された新しい技術は，インターネットを介して，直ぐに世界中で共有化される可能性がある。

②昔ながらの法制度の整備

新たな技術的犯罪を抑止するための法律作りが，昔ながらの方法で行われているため，相当大きな被害が出ても対応できる法制度が整備されていないという状況が生まれている。

例えば，日本は制定法主義であり，成文化し制定した成文法を第一義的な法源とする。そして，裁判では，裁判官は紛争の解決に際して法律にのみ拘束され，条文の解釈・運用を補完するものとして判例も重視されるが，最新技術に法律が追い付いていない，対応できていない可能性がある。

③自己責任の徹底

情報化社会においては，このような法律面での脆弱性があることを踏まえて，それぞれのインターネット利用者が自己責任（自分の身は自分で守る）という意識を高めて，安全・安心で，快適なインターネットの利用を心がけていくことが重要である。

例えば，インターネットの利用においては，自分の身は自分で守ることは分かっているつもりでも，対応できていない可能性がある。

1.3 情報セキュリティ・マネジメントにおける社会的責任と義務

ICTの急速な発展と普及とともに，企業や病院，大学，特定非営利活動法人，市役所，県庁，省庁，及び各種団体等の現代組織，及び個人のインターネット利用者が増加しているが，安全・安心で快適な情報化社会を形成していくためには，組織や個人が情報セキュリティ・マネジメントに関して，それぞれが応分の社会的責任と義務を果たさなくてはならない。

これは現実の物理的社会においても，安全・安心で快適に暮らしていくためには，人々の節度ある生活態度やモラルの遵守が必要であるのと同じように，情報化社会においても組織と個人が他人に迷惑をかけないための社会的責任と義務を負う必要がある。

前節までのインターネットによる脅威とその連鎖，情報化社会の脆弱性を踏まえて，今後の組織と個人の情報化社会での情報セキュリティ・マネジメントにおける社会的責任と義務について論じていく。

1.3.1 情報セキュリティ・マネジメントにおける個人の責任と義務

誰でもが自由に参加できるインターネットに対して，その脆弱性を抑制するための仕組みや組織，資格，構造，プロセス，規則，ルール等が存在しない以上，それらを利用するためには，参加する組織と個人の利用者が応分の責任と義務を果たしていかなくてはならない。したがって，組織と個人のそれぞれの利用者が，インターネットの利便性や便益，メリットを一方的に享受するだけでなく，情報セキュリティ・マネジメントに関して応分の責任と義務を果たすことが必要である。

情報セキュリティに関する専門的な知識を持っている技術者や担当者等が様々な対応を行っている組織と違って，個人では置かれた立場に基づいて，それぞれが自己責任のもとで対応を行っていく必要がある。つまり，対応の意識に温度差がある個人においては，その重要性を各自が認識しなければならない。インターネットを利用するうえでの応分の責任と義務を果たすことによって，情報化社会の秩序が守られるとともに，その利便性や便益，メリットも継続されていくのである。

また，インターネットの利用者が個人としての応分の責任と義務を果たすことなく，インターネットの運営に対して何らかの統制の考え方や思想的な仕組み等を持ち込むことになれば，サイバーパトロール[46]等において常に公的機関から監視される社会（サイバー空間[47]）となってしまい，現在の自由かつ柔軟で楽しい情報化社会が崩壊しかねないことになる。

ところで，個人におけるインターネットの利用者は，現実の物理的社会と同様に，**表1-4**に示している「情報化社会における個人の責任と義務」にあるように，(1) ネチケット主旨の理解と心がけ，(2) 個人利用者のセキュリティ設定，(3) 電子メールにおけるウイルスチェックの徹底，(4) 電子証明書で当該サイトの正当性を確認，(5) 暗号通信の利用による盗聴の防止，(6) 法律の遵守，といったインターネットに参加するそれぞれの個人の良心に支えられていることを認識する必要がある。

表1-4　情報化社会における個人の責任と義務

個人の責任と義務	項　　目
情報化社会における秩序の維持	(1) ネチケット主旨の理解と心がけ
	(2) 個人利用者のセキュリティ設定
	(3) 電子メールにおけるウイルスチェックの徹底
	(4) 電子証明書で当該サイトの正当性を確認
	(5) 暗号通信の利用による盗聴の防止
	(6) 法律の遵守

出所：筆者作成。

（1）ネチケットにおける主旨の理解と心がけ

ここでは，インターネットのすべての利用者がオープンネットワークにおける倫理的基準を理解したうえで，ネチケットを配慮したインターネット利用を心がけることが必要である。

ネチケット[48)]においては，電子メールやメーリングリスト[49)]，WWW上の電子掲示板，チャット[50)]，NetNews[51)]等のインターネット上のサービスを利用する際に守るべき最低限のルールをまとめたものを参照し，その内容を理解したうえで心がけする。

また，ネチケットでは，特定の人物に対する攻撃，誹謗や中傷，差別的な用語を用いないといったことの一般の物理的社会（リアルワールド）においても通用する常識的な内容とともに，チェーンメール[52)]の禁止や大容量メール配信の禁止，文字コードの制限等のネットワーク特有のものまで幅広く存在している。さらに，ネチケットは，ファイルサーバーから匿名FTP[53)]でコンテンツをダウンロードする場合は，利用者のメールアドレスを入力するといった特殊な作業等も含まれる。

（2）個人利用者のクライアントセキュリティ設定

ここでは，クライアントOSやWebブラウザ等のセキュリティホールを突く攻撃を防御することが必要である。

インターネット利用者自らが，クライアントセキュリティの設定を怠って自分自身が影響や損失を被るのは自己責任である。しかし，電子メールのメーラー等に登録している取引先や顧客，友人，知人等に影響を及ぼすようでは，情報化社会の責任と義務を果たしているとはいえない。

少なくともシステムベンダーが提供するセキュリティパッチ[54)]を当て，Webブラウザやメーラー等のセキュリティ機能を適切に，かつ最新の機能状態に設定しなければならない。また，ウイルス対策ソフトウェアであるアンチウイルスソフトウェアを導入し，常に最新のパターンファイルを更新，及び維持して，定期的にウイルスチェック（ウイルスの検出・除去）を行っておくこともインターネット利用における基本的な責任と義務といえる。

（3）電子メールにおけるウイルスチェックの徹底

ここでは，他人から電子メールによる添付ファイルを受信した場合だけでなく，自分が送信するメールの添付ファイルについてもウイルスチェックすることが必要である。

たとえ故意でなく過失によるものであっても，自分の送信したメールの添付ファイルにコンピュータウイルスが潜んでいたら，無意識のうちに他人に影響を与えていることになる。一度，ウイルスに感染したメールの添付ファイルを送信すると，その送信者は情報セキュリティ・マネジメントの観点において受信者から信用されなくなり，そのことが人間関係の崩壊につながることになる。

メール受信時のウイルスチェックは当然のこととして，メール送信時においても添付ファイルのウイルスチェックを個人利用者の義務であることを認識すべきことである。

（4）電子証明書で当該サイトの正当性の確認

ここでは，電子商取引時においては，電子証明書で当該サイトの正当性の確認を行うことが必要である。

今後，PKI[55]が日常的に，簡単に誰でも利用できる環境が整備されたら，国家に認定された認証局が発行する電子証明書によって，当該取引相手のサイトの正当性を確認しなければならない。

そのためには，電子商取引の利用者は，電子証明の仕組みを理解し，SSL[56]，S/MIME[57]，SET[58]等の利用の仕方を覚えて，証明書で自らの正当性を証明できないサイトとは，電子商取引を行わないようにする必要がある。

（5）暗号通信の利用による盗聴の防止

ここでは，電子メールやWebサイト等で個人情報や企業情報，取引情報，新商品情報等の重要情報や機密情報，プライバシー等を通信する場合には，情報セキュリティ技術のひとつである情報（データ）の暗号化[59]による送受信を行うことが必要である。

メールの暗号化や復号の操作を行えば，第三者に情報を盗まれることなく，情報化社会に参加するための責任と義務を果たしていると言える。ただし，添付ファイルにウイルスが潜んでいる場合，暗号化してからウイルスチェックを行ってもウイルスを検出することはできない。必ずウイルスチェックを行ってから，暗号化する手順を覚える必要がある。

また，暗号メールを受信したときは，その添付ファイルにいきなりウイルスチェックを適用してもウイルスは検出できないので，一旦，添付ファイルを保存した上で，保存ファイルを復号してからウイルスチェックを行い，マクロを手動で実行させることも必要である。

（6）法律の遵守

ここでは，情報セキュリティ・マネジメントに関する法律を理解し，遵守することが必要である。

インターネットに参加する組織及び個人の利用者は，著作権法や不正アクセス禁止法等の法律の枠組みを理解し，デジタルコンテンツのコピー，外部の第三者に乗っ取られて不正アクセスの中継地点や迷惑メールの発信源等に利用されてしまう踏み台，あるいは自らがクラッカーにならないようにすることが社会的責任であるとともに義務といえる。

インターネット上には，マクロ感染型ウイルス[60)]を簡単に作成できるツールを配布するアングラサイト[61)]等が存在するが，興味本位で，あるいは何気なく，いかがわしいWebサイトへ誘導されて，そのようなWebサイトへアクセスすると思わぬ被害に遭うことも多い。したがって，インターネットの利用者が個人としての応分の責任と義務を果たすことが必要である。

1.3.2 情報セキュリティ・マネジメントにおける組織の責任と義務

情報化社会では，現実の物理的社会（リアルワールド）では考えられないようなインターネットによる仮想空間（サイバー空間）を形成している。そして，その概念はますます大きくひろがっており，様々な参加者のもとでのビジネスはもちろんのこと，教育，行政，医療等の数多くの活動が展開されている。

このような仮想空間では，大きなコストもかけることなく，シンプルなビジネスモデルやビジネススキームによるビジネスが展開できる。したがって，大小様々な組織がビジネスチャンスととらえたことで，仮想空間によるマーケットが急拡大している。したがって，企業や病院，大学，NPO法人，NGO法人，市役所，県庁，省庁，及び各種団体等の現代組織が，何らかの形で情報化社会に参加せざるを得ない状況である。

しかし，情報化社会の組織では，インターネットにおいて展開されるマーケット拡大の有望性やビジネスチャンスのみに着目し，インターネットが包含する脅威や脅威の連鎖が組織にもたらすビジネスリスクを把握していないことが多い。また，現実の物理的社会では，多少組織のイメージや信用力が低下しても，競争相手の店舗が近くにないといった地域特性やその商品に代替物がないといったことによって，廃業や倒産に追い込まれるほどの被害を受けないことも背景にある。

しかし，インターネットにおいて形成されるマーケットでは，取り扱われるすべての商品やサービスはネット上で取引されるとともに，何時でも，何処でも，何度でも，取引することが可能となっている。加えて，インターネット上のマーケットでは，時間的・空間的・物理的な障壁が存在せず，信用情報や評判，噂等の伝播速度も，現実の物理的社会とは比べものにならないほど速い。また，ネット顧客は移り気であり，現実の物理的社会における暖簾や店舗，店員への愛着や信用による優良顧客の獲得は期待できないのが実態である。

情報化社会におけるネットビジネスは，スケーラビリティ[62)]の高低が激しく，組織の情報セキュリティに関する信用失墜は，事業停止や倒産，廃業につながりかねない大きな脅威になっている。また，情報化社会の組織は，自らのビジネスリスク抑制も含めて，情報セキュリティ・マネジメントの重要性を認識して，その社会的責任と義務を果たすことが求められている。

ところで，組織におけるインターネットの利用者は，現実の物理的社会と同様に，**表1-5**に示している「情報化社会における組織の責任と義務」にあるように，(1) プライバシーポリシーの提示，(2) プライバシーマークの取得と提示，(3) 情報セキュリティポリシーの提示，(4) 情報セキュリティ対策の実施，(5) 正当性を証明するための電子証明書の送付，(6) 法律が要求する情報セキ

表1-5　情報化社会における組織の責任と義務

組織の責任と義務	項　　目
情報化社会における秩序の維持	(1) プライバシーポリシーの提示
	(2) プライバシーマークの取得と提示
	(3) 情報セキュリティポリシーの提示
	(4) 情報セキュリティ対策の実施
	(5) 正当性を証明するための電子証明書の送付
	(6) 法律が要求する情報セキュリティ・マネジメント要件への対応
	(7) その他の責任と義務

出所：筆者作成。

ュリティ・マネジメント要件への対応，(7) その他の責任と義務，といったインターネットに参加するそれぞれの組織の良心に支えられていることを認識する必要がある。

(1) プライバシーポリシーの提示

ここでは，当該組織と取引する顧客の個人情報保護[63]に関する組織の情報セキュリティ・マネジメント基本方針と，情報セキュリティ・マネジメント対策基準，情報セキュリティ・マネジメント運用ガイドラインであるプライバシーポリシー[64]を組織内外に対して提示して，その取り組みを継続的に実施する必要がある。プライバシーポリシーでは，その取り組みにおいて，当該組織のWebサイトやアンケート等で収集する個人情報の種類や利用目的，利用方法，保管や破棄等についての方針をホームページ等で公開する。

例えば，わが国を代表する大手製造業（**図1-11**）や大手ネットビジネス企業（**図1-12**）等のように，多くの組織において個人情報を取り扱う場合には，プライバシーポリシーを策定し，組織の内外に対してその方針を提示している。また，これまで，まったく関係がなく必要ないと見られてきた業種・業態であるマスコミ分野の新聞社（**図1-13**）や教育分野の専門学校（**図1-14**），医療分野の病院（**図1-15**）等においても，それぞれがプライバシーポリシーを策定し，その内容を自社のホームページ上で公開（掲示）している。

今後は，電子商取引であるB2B[65]やB2C[66]等のeビジネス[67]を展開する組織だけで

図1-11　日立製作所（製造業）における個人情報保護方針の例（一部抜粋）

株式会社日立製作所　個人情報保護に関して（保護方針と要旨）

Privacy Notice Highlights

制定日 2005年 4月 1日
改定日 2010年 4月 1日
株式会社 日立製作所 代表執行役 執行役社長

1. 個人情報保護に関する当社の考え方

株式会社日立製作所(以下「当社」といいます。)は、トータルソリューションを提供できるグローバルサプライヤーとして、当社の技術情報や、お客さまからお預かりする情報をはじめ様々な情報を取扱っております。このことから、当社ではこれら情報価値を尊重するために、情報管理体制の確立とその徹底に努めて参りました。

このような経緯を踏まえ、当社における個人情報保護について、規則の制定および管理体制の確立を図ると共に、個人情報保護方針を定め、役員および従業員に周知させるとともに、一般の方が、容易に入手できる措置を講じるものとします。

そして、この方針に従い個人情報の適切な保護に努めます。

2. 個人情報保護方針

・(1) 個人情報管理規則の策定および個人情報保護マネジメントシステムの継続的改善

当社は、役員および従業員に個人情報保護の重要性を認識させ、個人情報を適切に利用し、保護するための個人情報管理規則を策定し、個人情報保護マネジメントシステムを着実に実施します。更に、維持し、継続的に改善します。

・(2) 個人情報の収集・利用・提供および目的外利用の禁止

当社は、事業活動において、個人情報をお預かりしていることを考慮し、それぞれの業務実態に応じた個人情報保護のための管理体制を確立すると共に、個人情報の収集、利用、提供において所定の規則に従い適切に取扱います。また、目的外利用は行わない、およびそのための措置を講じます。

・(3) 安全対策の実施並びに是正

当社は、個人情報の正確性および安全性を確保するため、情報セキュリティに関する諸規則に則り、個人情報へのアクセス管理、個人情報の持ち出し手段の制限、外部からの不正アクセスの防止等の対策を実施し、個人情報の漏洩、滅失またはき損の防止に努めます。 また、安全対策上の問題が確認された場合など、その原因を特定し、是正措置を講じます。

・(4) 法令・規範の遵守

当社は、個人情報の取扱いに関する法令、国が定める指針その他の規範を遵守します。また、当社の個人情報管理規則を、これらの法令および指針その他の規範に適合させます。

・(5) 個人情報に関する本人の権利尊重

当社は、個人情報に関して本人から情報の開示、訂正もしくは削除、または利用もしくは提供の拒否を求められたとき、および苦情、相談の申し出を受けたときは、個人情報に関する本人の権利を尊重し、誠意をもって対応します。

出所：日立製作所のホームページ〈http://www.hitachi.co.jp/utility/privacy/〉(2020年２月９日確認)

図1-12　Yahoo! JAPAN（ネットビジネス）における個人情報保護方針の例（一部抜粋）

（2009年12月1日改定）
（2013年7月1日改定）
（2015年10月7日改定）

第2章　プライバシーポリシー

当社がお客様、取引先をはじめとした皆さま（以下本章で「お客様等」といいます）のプライバシーに関連する情報を取り扱う際の基本方針（プライバシーポリシー）は、以下のとおりです。

注：本プライバシーポリシーに基づき、当社がプライバシーに関連する情報を具体的にどのように取り扱うかについては、Yahoo! JAPANプライバシーセンターをご参照ください。

本プライバシーポリシーは、当社が取り扱う、個人としてのお客様等を直接的または間接的に識別できるすべての情報（以下「パーソナルデータ」といいます）について適用されます。

1. パーソナルデータの取得

当社は、以下の場合にパーソナルデータを取得いたします。

(1)　端末操作を通じてお客様等にご入力いただく場合
(2)　お客様等から直接または書面等の媒体を通じてご提供いただく場合
(3)　お客様等によるサービス、商品、広告、コンテンツ（以下これらをまとめて「サービス等」(*) といいます）の利用・閲覧に伴って自動的に送信される場合
(4)　上記の他、お客様等の同意を得た第三者から提供を受ける場合など、適法に取得する場合

* サービス等は、パートナー (**) 向けおよびご本人以外のお客様等向けのサービス、商品、広告、コンテンツを含みます。

** パートナーとは、グループ企業 (***) ならびに当社の情報提供元および広告主、広告配信先その他の提携先をいいます。

*** グループ企業とは、Zホールディングス株式会社ならびにその親会社、子会社および関連会社（「財務諸表等の用語、様式及び作成方法に関する規則」にいう「親会社」「子会社」および「関連会社」をいいます）をいいます。グループ企業についてはこちらをご確認ください。

2. パーソナルデータの利用目的

当社は、以下のことを行うためパーソナルデータを利用 (****) いたします。パーソナルデータの具体的な活用事例については、こちらをご確認ください。

(1)　お客様等に適した当社のサービス等をご提供するため
(2)　お客様等からのお問い合わせに対応するため
(3)　商品の配送、代金請求、ポイント付与等をするため
(4)　お客様等に当社およびパートナーのサービス等に関するお知らせをするため
(5)　当社のサービス等の安全なご提供を確保するため。これには、利用規約に違反しているお客様を発見して当該お客様に通知をしたり、サービス等を悪用した詐欺や不正アクセスなどの不正行為を調査・検出・予防したり、これらに対応することが含まれます
(6)　当社のサービス等の改善および当社の新たなサービス等を検討するため
(7)　当社のサービス等のご利用状況等を調査、分析するため

上記にかかわらず、当社が第三者からパーソナルデータの提供を受ける際に、当該パーソナルデータの利用目的について別途定めがある場合は、その定めに従い当該パーソナルデータを利用します。

**** 本条に定める利用には、当社が取り扱うお客様等のYahoo! JAPAN ID、パートナーのID、広告ID（Advertising Identifier(IDFA)およびGoogle Advertising Identifier(AAID)を含みますがこれに限りません）、クッキーその他の各種識別子を紐づけて管理し、利用する場合を含みます。

出所：Yahoo! JAPANのホームページ〈http://docs.yahoo.co.jp/docs/info/terms/chapter1.html#cf2nd〉（2020年2月9日確認）

図1-13　日本経済新聞社（マスコミ）における個人情報保護方針の例（一部抜粋）

日本経済新聞社の個人情報の取り扱い

個人情報の利用目的や取り扱いについての詳細　情報開示手続き方法やお問い合わせ、苦情対応窓口

日本経済新聞社の個人情報取り扱いについての考え方　画面を印刷

日本経済新聞社は新聞発行事業を中核とした言論報道機関です。当社はその事業を展開するための要ともいえる個人情報を扱うにあたって、ご本人の権利や利益を不当に侵害しないよう最大限配慮し、尊重することが必要であり、責務であると位置づけています。そのような観点から社内体制を整備し個人情報保護法等関係法令を順守します。

当社においては、関連法令や取り扱う業務の特質から個人情報を以下のように分類したうえで適切に取り扱っています。

日本経済新聞社 代表取締役社長
○○○○

1、報道、著述の用に供する目的の個人情報の取り扱いについて
（個人情報保護法の義務規定の対象とならない分野）

報道、著述の用に供する目的の個人情報は個人情報保護法における個人情報取扱事業者の義務規定の対象に含まれませんが、同法の趣旨を尊重しつつ報道倫理等に照らし自主的に適切な取り扱いを徹底しています。
具体的には――

1. 新聞の編集、発行
2. 出版物の編集、発行
3. インターネットや電子媒体等による新聞電子版等著作物、記事データベースの配信提供

――などの目的で利用する個人情報がそれに当たります。
この分野の個人情報については「**報道、著述に関わる個人情報の取り扱いについて**」をご参照下さい。

2、報道、著述の用に供する目的に該当しない個人情報の取り扱いについて
（個人情報保護法の義務規定の対象となる分野）

当社の報道機関としての活動を支えるため広い分野で展開している各種の事業活動において利用し報道、著述目的に当たらない個人情報については報道機関としての社会的役割を自覚しつつ厳正に取り扱います。基本的には以下の取り扱い方針に沿って取り扱っています。

1. 個人情報は利用目的をできる限り特定し、その範囲内で利用します。
2. 個人情報の取得に際しては、法令による例外を除き利用目的をご本人にあらかじめ明示、または通知、ホームページ等で公表いたします。
3. 取得は適正な方法で行い、データ内容は最新、正確な内容に保たれるよう努めます。
4. 漏えい等を防止するためのデータセキュリティー対策や従業者、委託先の管理、監督などを含めた組織的、人的、物理的及び技術的な安全管理措置を適宜講じます。
5. 法令で認められた場合や、個人情報保護委員会への届出などオプトアウトによる第三者提供の手続きをとっているものを除き、ご本人の同意なく個人データを第三者に提供しません。
6. 「要配慮個人情報」はご本人の同意がある場合や法令で認められた場合を除き、取得しません。
7. 「匿名加工情報」を第三者に提供することがありますが、氏名や住所などを削除して本人の特定ができないように加工したうえで提供します。
8. 保有個人データに関する、ご本人からの開示等の請求については、法令に基づいて対応します。また個人情報の苦情に対しても社内体制を整備し適切に対応するよう努めます。
9. 社内管理体制を適宜点検し、必要事項を講じていきます。

出所：日本経済新聞社のホームページ〈http://www.nikkei.co.jp/privacy/〉（2020年２月９日確認）

図1-14　大原学園グループ（教育産業）における個人情報保護方針の例（一部抜粋）

大原学園グループ

お問合せ

専門学校 | 資格の講座（社会人講座） | 集中資格取得コース | 所在地一覧

○ 大原学園グループ　プライバシーポリシー

大原学園グループでは、お客様のプライバシーを尊重し、お客様の個人情報の保護を重要な責務と考え、個人情報保護に関する法令を遵守するとともに、個人情報に関して次のような取組みを実施しています。

◆ 個人情報の定義

個人情報とは、お客様を識別できる情報を指します。具体的には、氏名、生年月日、電話番号、住所、メールアドレス、勤務先等の情報で、このうちのひとつまたは複数の組合せにより、お客様個人を特定することのできる情報です。

◆ 安全管理措置の実施

お客様の個人情報は大原学園グループの情報セキュリティ規程に従って安全に管理するよう努め、紛失・破壊・改ざん・漏えい、外部からの不正アクセスなどの危険に対する合理的かつ適切な安全対策を実施しています。また、最高プライバシー責任者（ＣＰＯ）のもと、個人情報の取扱部門には個人情報管理者を配し、個人情報を適切に管理するとともに、従業員に対して関連諸規程の周知徹底を実施しています。

◆ 利用目的の明示・公表

お客様の個人情報を書面あるいはWebでの記載によりご提供いただく場合、お客様に対し予めその目的を明示致します。また、公開情報あるいは委託等により取得した場合は、間接取得時の利用目的として速やかに公表致します。なお、お客様からご提供いただいた個人情報は明示あるいは公表した目的以外に無断で利用することはありません。

◆ 第三者への提供

お客様からご提供いただいた個人情報は、関連する法令で定める場合及びお客様の同意を得た場合を除き、第三者に開示または提供することはありません。ただし、大原学園グループ内で共同利用する場合及び業務を委託する場合は第三者提供には該当しないものとします。

◆ 共同利用の管理

大原学園グループで保有するお客様の個人情報の各項目は、ご提供時に明示した利用目的あるいは公表している利用目的の範囲内において総合的なサービス向上を図るために大原学園グループで共同利用する場合があります。なお、お客様の個人情報を安全かつ適切に利用するために共同利用管理室を設置し、安全管理措置の徹底に努めています。

◆ お客様の個人情報に関する窓口について

ご提供いただいたお客様ご自身の個人情報について、お問合せ、または開示、訂正、利用停止等をご希望される場合、お客様の個人情報をご提供いただいた窓口等に直接あるいは電話でお申し出ください。また、Webサイトからご提供いただいた場合には、個人情報Web窓口までお申し出ください。
なお、開示、訂正、利用停止等をご希望の場合、法令で禁止されている場合や教育活動に与える影響がある場合を除き、ご本人であることが確認できた場合に限り、対応させていただきます。
個人情報Web窓口　webcontact@mail.o-hara.ac.jp

出所：大原学園グループのホームページ〈http://www.o-hara.ac.jp/about/privacy/〉（2020年２月９日確認）

図1-15　群馬病院（医療法人）における個人情報保護方針の例（一部抜粋）

プライバシーポリシー

群馬病院では病院の基本理念に従い、最良の医療が提供できるように努力しています。
また、大切な個人情報とプライバシーを保護する目的で、以下に提示する様々な取り組みをしています。

治療を目的とした個人情報の利用と情報の共有

私たちの病院では看護師や医師、その他の職員が取得した情報はあなたの診療記録等に記録され、最良の治療が行われる為に利用されます。最良の治療が受けられるよう、個人情報を他の病院の医師に提出し意見を求めることがあります。

医療保険事務や外来、病棟管理、会計、経理、医療安全対策、病院感染対策、個人情報保護対策に利用されます。群馬病院以外の病院や診療所、行政との連携に利用

私たちは継続的に良い治療をうけられるよう、診療に関する報告書のコピー、処方箋のコピーなどの個人情報を治療に引き継ぐ医師、診療所、病院、介護施設に提供することがあります。
病の疫学調査などにあなたの疾患が当てはまる場合には、個人情報の一部が行政機関に報告されます。

検体検査業務委託などの場合

採血や病理検査などで検査を外部業者に委託した場合、検体誤認防止するため情報を利用します。

医療保険事務のうち、審査支払機関へのレセプト提出や同機関からの照会に個人情報を利用します。

病名や病態の告知について
私たちは最良の治療が継続できるようご本人に病名や病態を告知しています。
しかし、病名を知る権利と知らなくても良い権利がありますので、告知を受けたくない方は主治医にお申し出ください。

ご本人だけに告知をしたり、告知するご家族を希望通りに限定することもできますので、その際には主治医にお申し出ください。

学会・研究会での利用（個人を特定できないように加工工夫した上での利用を前提とします）

個人情報が医師、看護師、その他職員の勉強会などの教育目的で利用されることがあります。
学会や研究会であなたの個人情報が医療の発展の目的として利用されることがあります。
学会や研究会では氏名等の個人を特定できるような情報は発表しませんが、あなたの医療情報を利用する目的で同意書を書いて頂くことがありますのでご協力下さい。

診療録情報の公開

私たちは原則として診療録情報の公開を行っております。
診療録情報公開のお申し込みは相談室までお申し出下さい。
迅速に公開するよう努力しますが、最良の治療の継続に支障をきたす場合などには診療録を公開しないことがあります。その際には、速やかに文書でお知らせします。質問や苦情は相談室で承ります。

プライバシーの保護

当院ではプライバシーの保護が重要な課題であると考えています。

外来の際にご自分の名前を呼ばれたくないときにはお申し出下さい。
入院の際に病室にご自分の名前を表示したくないときにはお申し出下さい。

個人情報取り扱い責任者

当院の個人情報取り扱い責任者は院長です。
大切な個人情報が漏れた場合もしくは、情報が漏れていると思われる時には相談室にお申し出下さい。相談室はすぐに医療情報取り扱い責任者に報告し対処します。

医療情報の訂正等の申し立て

当院ではあなたからお預かりした大切な医療情報を保存しています。
名前などの訂正がありましたら相談室にお申し出下さい。

個人情報保護規定

詳細につきましては、「個人情報保護規定（群馬病院）」（PDF）をご覧ください。

出所：群馬病院のホームページ〈http://www.ph-gunma.com/outpatient/pp.html〉（2020年２月９日確認）

なく，Webサイトを開設している一般的な組織においても，プライバシーポリシーとして個人情報保護方針をホームページ上に掲示し，顧客の個人情報保護を適切に取り扱っていることを明示・アピールすることが必要である。一般的には，経済産業省が告示している個人情報保護ガイドライン[68]に基づいて，プライバシーポリシーとして個人情報保護方針を策定する。

(2) プライバシーマークの取得と提示

ここでは，個人情報の取り扱いについて，プライバシーマーク制度を導入して，一定の基準を満たして適正に管理していることを組織内外に対して提示する必要がある。プライバシーマークとは，**図1-16**に示している「プライバシーマークのホームページ」にあるように経済産業省の個人情報漏洩対策の一環として，個人情報について適切な保護措置を講ずる体制を整備している組織を評価して，JIPDEC[69]をはじめとする指定審査機関（**図1-17**）が適格性を認定し，その個人情報に対する取り組みを証明する制度のことである。認定された事業者（組織）は，プライバシーマーク付与事業者（**図1-18**）として，広く一般に公開されることになる。なお，取り扱う個人情報については，コンピュータ上における電子媒体のデジタル情報だけでなく，紙等に表記された紙媒体のアナログ情報も含まれる。

また，社会信頼性の獲得という観点では，消費者の個人情報保護意識の高まりに応えて，組織の個人情報保護に対する取り組み姿勢や管理能力に対しての社会的信用が得られるとともに，取引先や消費者，顧客に対して安心感を提供することで，組織イメージの向上を図って信頼関係を結ぶことできる。

ただし，同制度の導入は，その組織における個人情報の保護を保証・確約するものではなく，あくまでも個人情報保護に関しての取り組みについてPDCAサイクル（PDCA Cycle，Plan-Do-Check-Act Cycle）を活用した取り組みの実態を確認・認定していることを意味するのみである。**図1-19**に示している「PDCAサイクルの概念図」にあるように，PDCAサイクルは事業活動における情報管理や生産管理，品質管理等の管理業務を円滑に進める手法のひとつで，計画の「P（Plan）」，実施の「D（Do）」，監視の「C（Check）」，改善の「A（Act）」という事業活動のマネジメントサイクルの4段階を繰り返すことによって，業

図1-16　プライバシーマークのホームページ

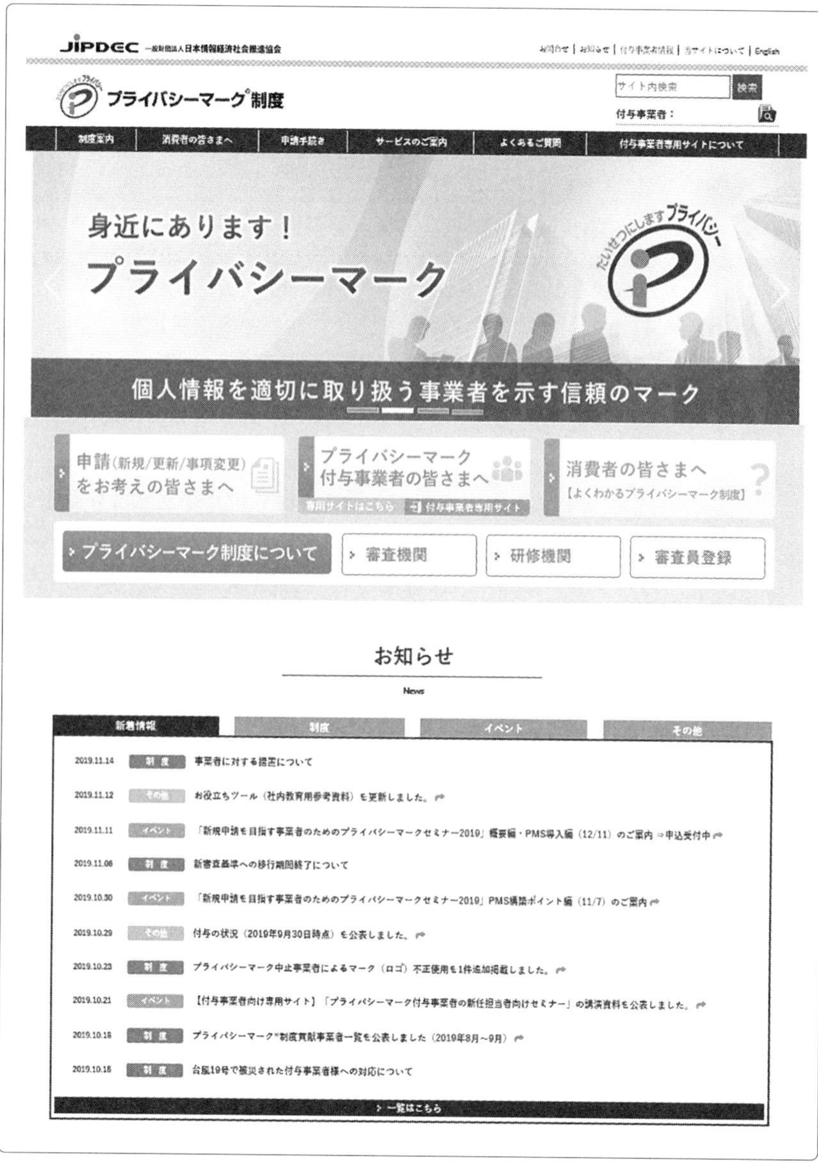

出所：日本情報経済社会推進協会のホームページ〈http://privacymark.jp/〉（2020年２月９日確認）

図1-17　プライバシーマーク指定審査機関の一覧

プライバシーマーク指定審査機関一覧

2020年1月31日更新

※保健・医療・福祉分野の事業者は、「一般財団法人医療情報システム開発センター」（審査機関コード14）へ、ご照会・ご申請願います。

【表記について】

審査機関の名称：「審査機関コード：審査機関名［審査機関略称］」

支援サービス：各機関で実施している主な支援サービス等を記載しています。実施状況の記載がないものにつきましては、各審査機関へお問合せください。

- 11：一般社団法人情報サービス産業協会 ［JISA］
- 12：一般社団法人日本マーケティング・リサーチ協会 ［JMRA］
- 13：公益社団法人全国学習塾協会 ［JJA］
- 14：一般財団法人医療情報システム開発センター ［MEDIS-DC］
- 15：一般社団法人全日本冠婚葬祭互助協会 ［全互協］
- 16：一般社団法人日本グラフィックサービス工業会 ［JaGra］
- 17：一般社団法人日本情報システム・ユーザー協会 ［JUAS］
- 18：公益財団法人くまもと産業支援財団 ［KPJC］
- 19：一般社団法人中部産業連盟 ［中産連］
- 20：一般財団法人関西情報センター ［KIIS］
- 21：一般財団法人日本データ通信協会 ［JADAC］
- 22：一般社団法人コンピュータソフトウェア協会 ［CSAJ］
- 23：特定非営利活動法人みちのく情報セキュリティ推進機構 ［TPJC］
- 24：一般社団法人日本印刷産業連合会 ［日印産連］
- 25：一般財団法人放送セキュリティセンター ［SARC］
- 26：一般社団法人北海道ＩＴ推進協会 ［DPJC］
- 27：特定非営利活動法人中四国マネジメントシステム推進機構 ［中四国MS機構］
- 28：一般社団法人モバイル・コンテンツ・フォーラム ［MCF］

出所：日本情報経済社会推進協会のホームページ〈https://privacymark.jp/system/about/agency/member_list.html〉（2020年２月９日確認）

務を継続的に改善していくのである。

当該組織の実態の確認は，PDCAサイクルが継続的に行われた取り組みが行われていなければ，プライバシーマークの取消し及び一時停止されることになる。そして，**図1-20**に示している「プライバシーマーク付与事業者数の推移」にあるように，最新版のプライバシーマーク付与事業者数として，JIPDECのホームページ上で広く一般に公開されることになる。

したがって，情報セキュリティ・マネジメントを厳正に取り組む組織のスタ

図1-18　プライバシーマーク付与事業者の検索結果（東京都・サービス業・学術研究機関で検索）

検索トップ　ROBINSとは　ユーザー会員登録申込み　English

サイバー法人台帳
ROBINS

ROBINSは、企業に関する情報を「第三者」が確認を行い、「信頼できる情報」として、登録、検索、公開する企業情報データベースです。

ROBINSビジネスレポート（β版）はユーザー会員用の新しいサービスです。＞詳細はこちら

← 戻る

プライバシーマーク付与事業者検索

JIPDECは、プライバシーマーク制度に基づき、当検索結果に示される事業者に対して、プライバシーマークを付与しております。

検索結果に関する注記

1. 当検索結果は、事業者の申請書類に基づく情報を表示しています。
2. 有効期間を過ぎている事業者は、現在、更新手続中です。更新手続中の場合は、引き続き、プライバシーマークの使用を認めています。
3. 表示する情報に誤り・変更等がございましたら、プライバシーマーク推進センターまでご連絡下さい。
4. 業種は、「日本標準産業分類（総務省）」に基づいたプライバシーマーク制度独自の分類で表記しています。
5. 事業者名および所在地には、JIS第一・第二水準以外の文字が使用されている場合があります。このサイトでは、該当する文字をJIS第一・第二水準の文字に縮退し、公表しています。

事業者名称(全角)　例：A商事株式会社

都道府県　東京都

登録番号（半角）※枝番なしの8桁　例：12345678

業種　大分類　サービス業　中分類　92 学術研究機関

検索

9件中1から9件を表示

プライバシーマーク登録番号	枝番	事業者名称（日本語）	本店の所在地	業種	有効期間満了日	審査機関
10920004	06	一般財団法人計量計画研究所	東京都新宿区市谷本村町　番　号	92 学術研究機関	2019/10/02	JIPDEC
17001838	03	一般財団法人日本宇宙フォーラム	東京都千代田区神田駿河台三丁目　番地	92 学術研究機関	2020/03/16	JUAS
21000118	06	公益財団法人日本交通公社	東京都港区南青山二丁目　番　号	92 学術研究機関	2020/03/09	JADAC
21000182	06	公益財団法人未来工学研究所	東京都江東区深川二丁目　番　号	92 学術研究機関	2020/06/08	SARC
10920007	05	株式会社メディサイエンスプラニング	東京都港区赤坂一丁目　番　号	92 学術研究機関	2020/05/26	JIPDEC
17003514	01	一般財団法人日本エネルギー経済研究所	東京都中央区勝どき１丁目　番　号	92 学術研究機関	2021/01/22	JUAS
22000200	02	一般財団法人日本生涯学習総合研究所	東京都港区西新橋一丁目　番　号	92 学術研究機関	2021/04/10	CSAJ
10920006	06	株式会社ＤＮＡチップ研究所	東京都港区海岸一丁目　番　号	92 学術研究機関	2021/05/12	JIPDEC
10920001	08	一般社団法人環境情報科学センター	東京都千代田区九段南三丁目　番　号	92 学術研究機関	2021/10/18	JUAS

＜前へ｜1｜次へ＞

あなたの企業を正式登録するには　ROBINSに関するお問い合わせ　利用規約　公開文書　運営会社

JIPDEC

Copyright 2012-2019 JIPDEC All Rights Reserved.

出所：日本情報経済社会推進協会のホームページ〈https://robins.jipdec.or.jp/robins/reference_ImportSearchAction.do〉（2020年２月９日確認）

図1-19　PDCAサイクルの概念図

出所：筆者作成。

ンスを取引先や消費者，顧客に対してアピールすることにより，競合他社との差別化を図ることができ，商品やサービス等の受注にあたっては重要な選考基準となる。一方，個人情報漏洩の防止という観点では，組織内の個人情報保護をはじめとする情報管理に対する意識高揚や教育の対応を図ることで，万が一の事態を未然に防ぐことができる。

また，プライバシーマーク取得を目的として，組織内規程の整備並びに入退室をはじめとした組織内のプライバシーマーク・マネジメントの強化といった組織内の体制作りと対応を行うことで，組織内部からの情報漏洩を未然に防ぐことができるのである。

（3）情報セキュリティポリシーの提示

ここでは，B2BやB2C等のeビジネスを行う組織は，取引相手に対して情報セキュリティポリシーやプライバシーポリシーを提示する必要がある。情報セ

図1-20 プライバシーマーク付与事業者数の推移

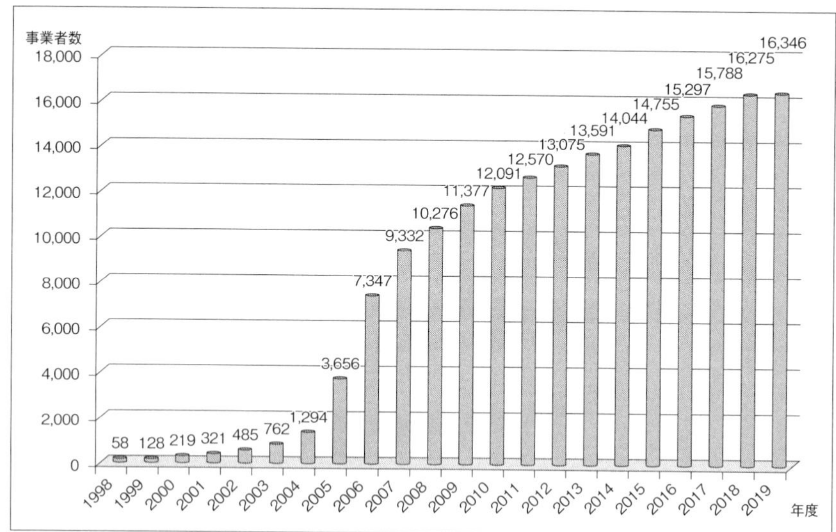

注：2019年9月30日時点は16,346であるが，2020年2月9日時点は16,413となっている。付与事業者数は，2019年9月30日までに付与適格決定を受けた事業者から，新たに付与，及び合併，中止等によりプライバシーマーク使用を中止・取消しされた事業者を除く付与事業者数である。

出所：日本情報経済社会推進協会のホームページ〈https://privacymark.jp/certification_info/jdi6lq00000017af-att/pmark_data_20190930.pdf〉（2020年2月9日確認）

キュリティポリシー（プライバシーポリシー）は，組織が保有する情報資産（個人情報）を保護するために策定するもので，様々な組織が導入している。

例えば，地方自治体である地方都市（**図1-21**）や高等教育機関の大学（**図1-22**），民間企業の持株会社（**図1-23**）といった営利ビジネスに直接結びつかない組織においても情報セキュリティポリシーの策定が増加している。このように，多種多様な組織が，情報資産の機密性・完全性・可用性を確保するために，情報セキュリティ対策を定めて活動を推進している。

特に，最近の分散オブジェクト技術[70]に基づくWebアプリケーションサーバー[71]の構成は，異業種組織間の業務システムの処理連携を容易に実現することが可能となり，エクストラネット[72]を構築してeビジネスを行う企業が急速に増加してきている。

したがって，情報セキュリティ対策を講じていない組織と情報の電子的なや

図1-21　群馬県前橋市（地方自治体）における情報セキュリティポリシーの例（一部抜粋）

出所：前橋市のホームページ〈https://www.city.maebashi.gunma.jp/soshiki/seisaku/johoseisaku/gyomu/7/3861.html〉（2020年2月9日確認）

り取りを行うことになると，その組織のリスクが他の組織に対して波及するという脅威がある。したがって，組織の情報セキュリティポリシーやプライバシーポリシーを掲げて，様々な脅威に対して情報セキュリティ対策を講じておくことが，情報化社会に参入するうえでの組織における社会的責任になる。

（4）情報セキュリティ対策の実施

ここでは，情報の電子的なやり取りを行う組織においては，情報セキュリテ

図1-22　群馬大学（高等教育機関）における情報セキュリティポリシーの例（一部抜粋）

国立大学法人群馬大学情報セキュリティポリシー

平成 20 年　9 月 18 日制定
平成 20 年 12 月 19 日改正

国立大学法人群馬大学情報システム運用基本方針

1　情報システムの目的

国立大学法人群馬大学（以下「本学」という。）情報システムは、本学の基本理念すなわち「意欲的・創造的で、国際的視野を持った人材の育成、最先端の創造的学術研究の推進、大学構成員の自主性・自律性の尊重、大学自治の確立、開かれた大学への改革」を実現するために、本学のすべての教育・研究活動及び運営の基盤として設置され、運用されるものである。

2　運用の基本方針

前項の目的を達するため、本学情報システムは、円滑で効果的な情報流通を図るために、別に定める運用統一基準により、優れた秩序と安全性をもって安定的かつ効率的に運用される。

なお、運用統一基準は「国立大学法人群馬大学情報システム運用統一基準」及び「国立大学法人群馬大学医療情報システム運用統一基準」からなる。

3　利用者の義務

本学情報システムを利用する者や運用の業務に携わる者は、本方針及び運用統一基準に沿って利用し、別に定める運用と利用に関する実施基準を遵守しなければならない。

4　罰則

本方針に基づく基準等に違反した場合の利用の制限及び罰則は、それぞれの基準に定めることができる。

出所：群馬大学のホームページ〈https://www.media.gunma-u.ac.jp/content/files/security/policy-current.pdf〉（2020年２月９日確認）

ィ対策を実施する必要がある。Webサイトやサーバー等の分散オブジェクト技術の向上によって，電子商取引や電子マネー，電子カルテ等の電子的なサービスを提供する組織は，システム障害や攻撃等によってサービスが停止に追い

図1-23　NTTグループ（通信・大手持株会社）における情報セキュリティポリシーの例（一部抜粋）

NTTグループ

NTTグループ内検索

文字表示　小　中　大

NTTグループについて　NTT(持株会社)について

▶ニュースリリース　▶各社へのご案内　▶商品・サービス　▶社会環境活動・災害対策　▶会社案内　▶株主・投資家情報　▶研究開発　▶採用のご案内

NTT HOME > NTTグループ情報セキュリティポリシー

情報セキュリティポリシー

NTTグループ情報セキュリティポリシー

私たちNTTグループは常に安心・安全なサービスを提供し続け、いつまでも皆様に信頼される企業でありつづけたいとの考え方のもと、情報通信産業の責任ある担い手として、以下の方針に従い、情報セキュリティの確保に努めブロードバンド・ユビキタス社会の健全な発展に貢献してまいります。

1.ブロードバンド・ユビキタス社会における情報セキュリティの重要性を深く認識し、安心・安全で便利なコミュニケーションネットワーク環境の構築に努め、情報セキュリティの確保に取り組んでまいります。

2.情報を保護することは、NTTグループの事業活動の基本であり、企業としての重要な社会的責任であることをNTTグループ会社の役員・従業員が十分に認識し、通信の秘密の厳守はもとより個人情報保護法等の関連法令等を遵守してまいります。

3.情報セキュリティの管理体制を整備し、情報への不正なアクセス、情報の紛失・改ざん・漏洩の防止等に向けた物理面、システム面での厳格なセキュリティ対策の実施、社員教育の徹底、委託先への適切な監督等、情報の保護に向けた必要な取り組みを継続的に実施してまいります。

▲ このページの先頭へ

▸更新履歴　▸サイトマップ　▸お問い合わせ　▸著作権　▸プライバシーポリシー　▸情報セキュリティポリシー　▸ウェブアクセシビリティポリシー　▸個人情報保護について

Copyright © 2005 日本電信電話株式会社

出所：NTTグループのホームページ〈http://www.ntt.co.jp/g-policy/〉（2020年２月９日確認）

込まれたり，内部から顧客情報等の機密情報が漏洩したり，サーバーそのものがコンピュータウイルスに感染したりする可能性がある。

したがって，自分の組織構成員はもちろんのこと，取引先や消費者，顧客，ステークホルダー等に影響を与える可能性が高いので，それぞれの組織においては情報セキュリティ対策を実施する必要がある。

組織が情報セキュリティ・マネジメントを確保するための体制を確立し，様々な脅威や脆弱性から生じるリスクを適切な水準にコントロールすることは，情報化社会で活動する組織の社会的な責任であるとともに義務でもある。

今後，ファイアウォールの設置やコンピュータウイルス対策，セキュリティパッチの実施といった基本的な情報セキュリティ対策を講じていない組織においては，情報化社会における社会的な責任を放棄していると見なされる。

（5）電子証明書の送付

ここでは，eビジネス等を展開する組織は，自らが開設したサイトの正当性を証明するために電子証明書を送付する必要がある。情報化社会において，eビジネス等の電子商取引を展開している組織は，これからは自らが開設したWebサイトの正当性を自ら証明するために，PKIに公開鍵等の登録を行って電子証明書を顧客に送信する責任と義務が生じる。

インターネットの抱える脅威や脅威の連鎖，そして脆弱性を考慮して，ホームページの改竄や電子商取引における成りすましを防止するとともに，電子メールにおける盗聴等による情報漏洩の脅威を抑制しなければならない。

したがって，電子商取引等においては，取引先や消費者，顧客に対して電子証明書を送付し，当該サイトの正当性を証明したり，電子メールを送信した組織の正当性や改竄の有無を確認させたりして，安全・安心で，かつ効率的なインターネット上でのビジネスを行える環境を整えることが重要になっている。

（6）法律が要求する情報セキュリティ・マネジメント要件への対応

ここでは，情報化社会で適切に活動していく組織においては，最低限の法律が要求する情報セキュリティ・マネジメント要件を満たしている必要がある。情報化社会における法律の適用については，様々な情報セキュリティ・マネジメント要件を提示されており，それらの内容を遵守しなければならない。

例えば，不正競争防止法[73)]では，企業が経営を行ううえで機密情報としているトレードシークレット（Trade Secret）の保護について，例えば部署や社員層ごとに極秘，部外秘，社内限，一般といった管理レベルを作成し，組織内で運用，全体の組織で機密情報を保護する体制の確立を求めている。なお，管理レベルの詳細については，第2章の「2.1 現代組織における情報セキュリティ・マネジメントの必要性」において，詳細に考察している。

また，不正アクセス禁止法[74)]では，利用者ごとに識別符号（属性）を設定し，利用者の属性に応じてアクセスできるリソース・機能・情報等を事前に確認する。そして，実際の利用時にユーザー認証等を行うアクセスコントロール（Access Control）を行うことが必須要件になっている。

このように，情報セキュリティに関連する法律が要求している様々な情報セキュリティ・マネジメント要件にそれぞれ対応することも，情報化社会で活動する組織がインターネット上でのビジネスに参画する責任と義務である。

（7）その他の責任と義務

ここでは，情報化社会の組織においては，その組織の業種・業態・規模等によって，適切な情報セキュリティ対策を実施していく必要がある。また，情報化社会において，インターネット上でのビジネスを展開する組織では，これまでの社会的な責任や義務に関する項目以外にも，その組織の特性や事業の性質，規模の大小，社会への影響等によって，様々な責任と義務が発生する。

例えば，航空会社では，管制塔をコントロールするシステムが停止すると実際の飛行機の運航はもちろんのこと，飛行機の離発着に連絡する鉄道やバス等の交通機関にも影響を与えることになり，現実の物理的社会の人々に対しても多大の影響を及ぼすのである。

また，水道会社（水道局）では，上水道及び下水道をコントロールするシステムが停止すると，実際の飲料水や汚水の管理への影響のみでなく，清涼飲料水メーカーやビールメーカー，あるいは水を大量に利用する清掃会社やメッキ会社等にも影響を与えることになって，現実の物理的社会の人々に対しても多大の影響を及ぼすのである。

さらに，サイバーテロリズム[75]によって，ダム（水力発電者）や火力発電所，原子力発電所の送電制御システムが悪意のある第三者により攻撃された場合に，電力供給が停止することもある。一方，サイバーテロリズムではないが，東日本大震災による大津波の影響よって，福島原子力発電所が停止したことは記憶に新しいことで，その物理的社会に対する影響の大きさがわかる。

したがって，人間の生命や実社会の影響が大きいシステムについては，インターネットではなく専用線を利用する，あるいは２重３重のリスク対応を行うといった脅威の回避も，組織における重要な社会的責任のひとつである。

注

1）　情報化社会（Information Society）とは，必要な情報に対して，何時でも，何処でも，誰でも，何度でも，利用すること（情報を共有すること）が可能で，情報が諸資源と同等の価値を有し，それらを中心として機能する社会のことである。情報化社会と類似の社会概念として，電子社会（Electronic Society），IT社会（Information Technology Society），情報ネットワーク社会（Information Network Society），デジタル社会（Digital Society），ユビキタス社会（Ubiquitous Society）等の言葉があるが，これらは本書では同義語として取り扱うこととする。

2）NPO（Nonprofit Organization：特定非営利活動）法人とは，特定非営利活動促進法に基づいて特定非営利活動を行うことを主たる目的とし，同法の定めるところにより設立，特定の公益的・非営利活動を行うことを目的とする法人のことである。非営利とは，団体の構成員に収益を分配せず，主たる事業活動に充てることを意味していて，収益を上げることを制限するものではない。

3）NGO（Non-Governmental Organizations：非政府組織）法人とは，民間人や民間団体のつくる機構・組織であり，国内・国際の両方がある。一般的に，国際的な目的を有しており，軍縮や飢餓救済，環境保護等の問題に関わる活動を行っている。

4）組織とは，一定の目的のために結合した人の集団や財産について権利能力（法人格）が認められる団体，例えば公法人や私法人，（一般・公益）社団法人や（一般・公益）財団法人，営利法人や公益法人・中間法人等を指している。

5）情報資産（Information Asset）とは，情報やデータ，書類だけでなく，それらを取り扱う幅広い仕組みまでを含めた概念で，ハードウェアからソフトウェア，設備，要員，建物，文書までも包括する。経済産業省・日本ネットワークセキュリティ協会では，情報資産を「その情報そのものと，情報を収集したり処理したり保管したりするための装置を情報資産といいます。」と定義をしている。情報資産の詳細については，第２章で詳しく取り上げる。

6）企業における経営戦略（Management Strategy, Corporate Strategy）の内容は，一般的に経営理念（Corporate Identity）のもと，コア・コンピタンス（Core Competence），事業ドメイン（事業領域：Business Domain），中長期ビジョン（３～５年後の将来像：Mid and Long Term Vision）を検討したうえで策定される。

7）メインフレーム（Mainframe）は，企業の基幹業務システム等に用いられる汎用大型コンピュータのことである。電源や中央演算処理装置（CPU：Central Processing Unit），記憶装置を始めとするほとんどのパーツが多重化されており，並列処理による処理性能の向上と耐障害性の向上が図られている。ネットワークを通じて端末が接続されて，利用者は端末を通じてコンピュータを利用する。端末は，自らは処理装置や記憶装置を搭載せず，データの処理や保存はすべて中央コンピュータが行い，中央集権的な構造になっている。メインフレームは，大型汎用コンピュータの他，汎用コンピュータ，汎用機，汎用大型コンピュータ，ホストコンピュータ，大型汎用計算機等とも呼ばれる。

8）本書においては，特に断りがない場合は，情報化社会におけるコミュニケーション・ツールや情報インフラである情報ネットワークについても，情報システム（Information System）として取り扱うことにする。

9）タイムシェアリングシステム（TSS：Time Sharing System）は，１台のメインフレーム（のCPU）をユーザー単位に時分割で共有（タイムシェア）し，複数ユーザーで同時にコンピュータを利用するシステムである。

10）コンピュータ資源（Computer Resource）とは，プロセッサやメモリ，スイッチ等のプログラムが扱う対象である。

11）ハードウェアリソース（Hardware Resource）とは，メモリやCPU，ストレージ等のコンピュータを動作させるための各種資源のことである。

12）LAN（Local Area Network）は，構内ネットワークとも言い，広くても一施設内程度の規模で用いられるコンピュータネットワークのことである。また，LANでは，限られた範囲内にあるコンピュータや通信機器，情報機器等をケーブルや無線電波等で接続し，相互にデータ通信できるようにしている。

13）WAN（Wide Area Network）とは，電話回線や専用線を使って，本社（例えば，東京）－支店（例えば，福岡）間等の地理的に離れた地点にあるコンピュータ同士を接続し，データをやり取りするネットワークのことである。

14）クライアント・サーバー・システム（Client Server System）は，サービスを受ける側のクライアント（ユーザーの要求プログラム，または要求を処理するシステム）とサービスを提供する側のサーバーからなる分散処理（個々の資源を管理するとともに，クライアントからの要求に応じるプログラム，またはシステムで，印字データを一時的に蓄えておくプリンターサーバーや蓄積してあるファイル（データ）を提供するファイルサーバー，データベース用の照会言語であるSQL（Structured Query Language）サーバー等）の独自の機能を持つシステムのことである。

15）情報通信技術（ICT：Information and Communication Technology）とは，情報処理（コンピュータ処理）や情報伝達（通信処理），決定システム（意思決定），コミュニケーション（共同）の工学，及びその社会的な応用技術の総称のことである。ICTは，オープンネットワークによる情報・知識の共有が念頭に置かれた表現である。本書では，情報技術（IT：Information Technology）とICTを同義語として取り扱うこととする。

16）ビジネスツール（Business Tool）としては，情報セキュリティ対策において，その機器を提供するコンピュータメーカー，ネットワークを提供する通信会社，またソフトウェアを提供するソフトウェア開発会社等がある。さらに，セキュリティに関する外部監査を行う監査法人，サポートを行うコンサルティング会社等においても，ビジネスツールとして利用している。

17）組織構成員とは，組織を構成するメンバーのことで，例えば，企業における社長や会長，役員，部長，課長，及び一般社員等，大学における教員，職員，校医，及び学生等，病院における医師，看護師，助産師，理学療法士，及び職員等がある。

18）オープンネットワーク（Open Network）とは，インターネットのようにシステム全体を統治する管理者が存在しない，誰でもが参加し，利活用が可能なネットワークのことである。本書では，特に断りがない場合には，インターネットを指し示すこととする。

19）SNS（Social Networking Service）は，インターネットを介して人間関係やコミュニケーションを構築できるスマートフォンやPC用のサービスの総称である。SNSには，

Facebook，mixi，Google+，GREE，mobage，LinkedIn等がある。

20）脅威（Threat）とは，悪意のある第三者（攻撃者）が，ターゲット（標的）となるサーバーへ直接的に被害を与えたりして，悪意のある第三者が直接被害者に攻撃を行うのではなく攻撃者が周到に用意したトラップ（罠）に被害者が引っ掛かることによって被害を受けることである。

21）Webサイトは，WWW（World Wide Web）上にあり，一般に特定のドメイン名の下にある複数のWebページの集まりのことである。WWWは，インターネットやイントラネットで標準的に用いられるドキュメントシステムである。1989年に，欧州原子核研究機構（CERN）のTim Berners-Leeが所内の論文閲覧システムとして，考案したものを基礎としている。

22）コンピュータウイルス（Computer Virus）とは，他人のコンピュータに勝手に入り込んで，画面表示をでたらめにしたり，無意味な単語を表示したり，ディスクに保存されているファイルを破壊したりするプログラムのことである。ウイルスは，インターネットからダウンロードしたファイル，他人から借りたDVD（Digital Versatile Disc）やUSB（Universal Serial Bus）メモリ等を通じて感染する。

23）電子社会システム（Electronic Social System）は，電子政府，電子商取引，電子マネー，電子カルテ，電子投票，電子納税，電子認証，電子証明書等，電子○○○という様々な形態で実現されている。

24）スマートコミュニティ（Smart Community）では，太陽光や太陽熱，水力，風力，バイオマス，地熱等の再生可能エネルギーを最大限活用し，一方でエネルギーの消費を最小限に抑えていく社会システムのことである。スマートコミュニティの実現のためには，家庭やビル，交通システム等をオープンネットワークで繋げて，変化する電力の需要と供給をICTによってコントロールし，地域で無駄なく安定したエネルギーを有効活用することが求められる。

25）経済協力開発機構（OECD：Organization for Economic Co-operation and Development）は，1960年12月14日パリで署名され1961年9月30日に発足，先進国間の自由な意見交換・情報交換を通じて，経済成長，貿易自由化，途上国支援に貢献することを目的としている。わが国は，1964年4月28日にOECD加盟国となっている。なお，OECDは，1992年11月26日の理事会で採択した『情報セキュリティに関するガイドライン』の見直し作業を2001年10月より行っており，2002年8月7日に『情報システム及びネットワークのセキュリティのためのガイドライン―セキュリティ文化の普及に向けて』として，ガイドラインの改訂版を公表している。その詳細は，同機構のホームページ〈http://www.oecd.org/〉（2020年2月9日確認）を参照のこと。

26）シームレス（Seamless）とは，継ぎ目のないという意味で，転じて複数のサービスの間にあるハードルを低くし，ユーザーは，あたかも同じサービスを利用しているかのように複数のサービスを利用できるという意味である。

27）ISO/IEC 13335-1（Information Technology-Security Techniques-Management of Information and Communications Technology Security-Part 1: Concepts and Models for Information and Communications Technology Security Management：情報技術―セキュリティ技術―情報通信技術セキュリティマネジメント―第１部：情報通信技術セキュリティマネジメントの概念及びモデル）は，2004年の第１版として発行された技術的内容及び対応国際規格の構成である。

28）企業等の組織における情報システムのバックアップセンター等の代表的な運用方式には，①ホットサイト，②ウォームサイト，③コールドサイトの３つがある。①ホットサイト（Hot Site）は，遠隔地に設けたセンターに本番システムの運用とほぼ同じシステムを導入し，常時データのコピー等を行いながら稼働状態で待機させて，障害発生時に直ちに切り替えて運用を引き継ぐ方式である。また，②ウォームサイト（Warm Site）は，本番システムと同等の機材やソフトウェア等は用意しているが，データの同期等は行わずに，非稼働状態で待機させておき，障害発生後にシステムを起動して運用を引き継ぐ方式である。さらに，③コールドサイト（Cold Site）は，施設や通信回線等だけ確保して，障害が発生してから必要な機材の搬入や設定作業等を行う方式である。遠隔地に建物や通信回線等の最低限のインフラを確保して，障害が発生してから，必要な機材の搬入や設定作業，バックアップデータの導入等を行って運用を引き継ぐ方式である。

29）IDには２つの意味があり，混同されることが多い。第１のIDは，Digital Identityのことで，情報システムにおける利用者の投影のことである。一般的なID管理では，Digital Identityのことを指している。第２のIDは，Identifierのことで，利用者を特定するための識別子のことである。このIDは，用途や役職，業務等に応じて複数持つことも可能である。

30）情報セキュリティアセスメント（Information Security Assessment）では，現実に組織が保有する情報資産について，どのような脅威が存在するのか，調査して洗い出して分析し，そのインパクトを評価して，情報セキュリティ対策を決める必要がある。例えば，情報セキュリティリスク評価，詳細リスク分析・調査，ネットワーク脆弱性診断，Webアプリケーション脆弱性診断等があり，情報システムや組織内ネットワーク，Webサイトのセキュリティホールを発見し，必要な対策を実施することになる。

31）脅威の移転では，脅威を別の組織体と共有することにより，脅威による（負の）影響を分散化させる。例えば，損害保険に加入し，ある事象が発生した場合の損失を保険で賄うこと等が該当する。

32）OSは，クライアントOSとサーバーOSに大別できる。クライアントOSは，ユーザー端末で動くOSのことで，ユーザーごとに使用する。一方，サーバーOSは，全員で共有する機器で動作するOSのことで，プリンターサーバー，ファイルサーバー，Webサーバー，メールサーバー，データベースサーバー，業務サーバー等のミドルウェアが動作する。クライアントOSは単体，あるいは一台だけでの環境で使用し，高機能ではない。また，クライアント・サーバー環境で，サーバーとして使用するのがサーバーOSである。

33）ブロードバンド（Broadband）とは，高速な通信回線の普及によって実現される次世代のコンピュータ・ネットワークと，その上で提供される大容量のデータを活用した新たなサービスである。光ファイバー通信やCATV（Community Antenna TeleVision）， xDSL（x Digital Subscriber Line）等の有線通信技術や，FWA（Fixed Wireless Access），IMT-2000（International Mobile Telecommunication 2000）といった無線通信技術を用いて実現される。概ね500kbps以上の通信回線がブロードバンドと言われている。

34）正式名称を「住民基本台帳ネットワーク」と言い，各地方自治体が管理する住民基本台帳を電子化し，コンピュータ・ネットワークを介して共有するシステムである。すべての国民の住民票に11桁のコード番号をつけて一元的に管理することで，行政サービスの合理化の推進や住民サービスの向上が図られるとされている。また，氏名・性別・生年月日・住所の４情報と住民票コードにより，全国共通の本人確認が可能となる。国民の個人情報は，市町村と都道府県，及び総務大臣指定の情報処理機関である財団法人地方自治情報センターがそれぞれ設置・運用するサーバーに保存される。すべてのサーバーは閉じられた専用の回線網（IP-VPN：Internet Protocol -Virtual Private Network）で相互に接続され，自治体や政府機関が必要に応じて利用したり，転居等の際に情報を交換したりする。その詳細は，総務省「住民基本台帳等」のホームページ〈http://www.soumu.go.jp/main_sosiki/jichi_gyousei/daityo/gaiyou.html〉（2020年２月９日確認）を参照のこと。

35）マイナンバーカードは，住民の申請により無料で交付される本人確認のための身分証明書のカードである。このカードには，住民本人の顔写真と氏名，住所，生年月日，性別が記載されており，税・社会保障・災害対策の法令で定められた手続きを行う場合の番号確認に利用できる。その詳細は，内閣府「マイナンバー（社会保障・税番号制度）」のホームページ〈https://www.cao.go.jp/bangouseido/card/index.html〉（2020年２月９日確認）を参照のこと。

36）クラッカー（Cracker）とは，悪意をもって他人のコンピュータのデータやプログラムを盗み見たり，改竄や破壊等を行ったりする者のことである。クラッカーの多くは，悪意のあるハッカー（Hacker）で，インターネット等のオープンネットワークを通じて外部から侵入し，悪さを働くのである。

37）ファイアウォール（Firewall）とは，組織内のコンピュータネットワークへ外部から侵入されるのを防ぐシステム，または，そのようなシステムが組みこまれたコンピュータのことである。なお，ファイアウォールについては，その内容を，第５章「5.2.4 ファイアウォール」で考察している。

38）スタンドアロン（Stand Alone）は，コンピュータを他のコンピュータと接続せずに利用する形態である。以前は，パソコンはスタンドアロンで使用するのが普通であったが，企業ではLANが普及し，家庭でもインターネットやCATVに接続することが当たり前になってきたため，現在はスタンドアロンのコンピュータは減少している。

39）TCP/IP（Transmission Control Protocol/Internet Protocol）とは，インターネットやイントラネットで標準的に使われるプロトコル（通信手順，通信規約）のことである。UNIXに標準で実装されたため，世界で急速に普及し，現在，インターネットを利用する際のデファクトスタンダード（De Facto Standard：事実上の標準）として最も普及している。

40) 機密情報（Confidential Information）とは，企業等の組織が発展，生存していくための最も重要な情報である。様々な組織では，この機密情報にランク付けをして，アクセス権限の設定を行うといった，日々，情報の維持や管理を行っている。

41) ADSL（Asymmetric Digital Subscriber Line）では，電話の音声を伝えるには利用しない高い周波数帯を使ってデーター通信を行うことで，xDSL（x Digital Subscriber Line）技術の一種である。一般の電話に使われている1対の電話線を使って通信する。

42) CATV（ケーブルテレビ：Community Antenna TeleVision）とは，テレビの有線放送サービスのことである。山間部や人口密度の低い地域等，地上波テレビ放送の電波が届きにくい地域でもテレビの視聴を可能にする目的で開発された技術である。近年，多チャンネルや電話サービス，高速なインターネット接続サービス等を武器に，都市部でも加入者を増やしている。

43) 光ファイバー通信（Optical Fiber Communication）では，コンピュータの電気信号について，レーザーを使って光信号に変換することで，変換後のレーザー光を光ファイバーに通してデータを送信する。

44) ISDN（Integrated Services Digital Network）は，電話やFAX，データ通信を統合して扱うデジタル通信網のことである。現在，NTTがINSネットの名称でサービスを提供している。

45) ISP（Internet Services Provider）とは，インターネットへの接続業者のことで，電話回線やISDN（Integrated Services Digital Network：サービス総合デジタル網）回線，ADSL（Asymmetric Digital Subscriber Line：非対称デジタル加入者線）回線，光ファイバー回線，データ通信専用回線等を通じて，企業や家庭のコンピュータをインターネットに接続する。

46) サイバーパトロール（Cyber Patrol）とは，インターネット上で行うパトロールのことで，ネットパトロールのことである。各都道府県警察や警察庁，文部科学省から委託された民間団体や法人等が，インターネット上の違法情報や有害情報等を洗い出して，プロバイダへの削除要請等の適切な対応をする。各都道府県警は，違法行為を取り締まるための捜査を行い，被害者からの相談や情報提供も受け付ける。その詳細は，例えば「NPO情報セキュリティ研究所」のホームページ〈http://home.cyber-patrol.net/index.php〉（2020年2月9日確認）を参照のこと。

47) サイバー空間（Cyber Space）は，コンピュータ・ネットワーク上に構築された仮想的空間のことである。総務省では，「インターネットは，その上で多様なサービスのサプライチェーンやコミュニティなどが形成され，いわば一つの新たな社会領域（「サイバー空間」）となっている」と指摘している。その詳細は，総務省「サイバー空間の在り方に関する国際議論の動向」のホームページ〈http://www.soumu.go.jp/menu_seisaku/ictseisaku/cyberspace_rule/index.html〉（2020年2月9日確認）を参照のこと。

48) ネチケット（Netiquette）は，「ネットワーク（Network）」+「エチケット（Etiquette）」を一語にまとめた造語で，インターネット等のネットワークを利用する人が守るべき倫理的基準である。

49）メーリングリスト（Mailing List）は，電子メールを使って，特定のテーマについての情報を特定のユーザーの間で交換するシステムである。複数のユーザーを1つのグループとしてメールサーバーに登録し，情報を同時配信することにより実現している。

50）チャット（Chat）は，オープンネットワークを通じて，リアルタイムに文字ベースの会話を行うシステムである。1対1で行うものや，同時に多人数（n 対 n）が参加して行うものがある。

51）NetNewsは，インターネットにおける電子掲示板システムのことである。ニュースといっても新聞社や放送局から伝えられる情報が掲載されるわけではなく，利用者が情報を交換しあうシステムなので，誰でも記事を投稿したり閲覧したりすることができる。

52）チェーンメール（Chain Mail）とは，不幸の手紙のように不特定多数の人々の間を増殖しながら転送されることを目的とした電子メールのことである。ネットワークやメールサーバーに過剰に負荷をかけるため，忌避される。電子メールは郵便に比べ転送が容易なため，時としてねずみ算式に数が膨れ上がってネットワークに負荷をかけたり，誤った情報が広まったりする。

53）FTP（File Transfer Protocol）は，インターネットやイントラネット等のTCP/IPネットワークでファイルを転送する時に使われるプロトコルである。現在のインターネットでは，HTTP（HyperText Transfer Protocol）やSMTP（Simple Mail Transfer Protocol）/POP（Post Office Protocol）とともに頻繁に利用されるプロトコルである。

54）セキュリティパッチ（Security Patch）とは，ソフトウェアに保安上の弱点であるセキュリティホールが発覚した時に配布される修正プログラムのことである。

55）PKI（Public Key Infrastructure：公開鍵基盤）は，公開鍵暗号を用いた技術・製品全般を指す言葉である。RSAや楕円曲線暗号等の公開鍵暗号技術，SSLを組み込んだWebサーバー/ブラウザ，S/MIMEやPGP等を使った暗号化電子メール，デジタル証明書を発行する認証局構築サーバー等が含まれる。

56）SSL（Secure Socket Layer）は，Netscape Communications社が開発した，インターネット上で情報を暗号化して送受信するプロトコルである。現在，インターネットで広く使われているWWWやFTP等のデータを暗号化し，プライバシーに関わる情報やクレジットカード番号，企業秘密等を安全に送受信することができる。

57）S/MIME（Secure Multipurpose Internet Mail Extensions）は，電子メールの暗号化方式の標準である。RSA Data Security社によって提案されて，IETF（Internet Engineering Task Force）によって標準化された。RSA公開鍵暗号方式を用いてメッセージを暗号化して送受信する。この方式で暗号化メールをやり取りするには，受信者側もS/MIMEに対応している必要がある。RSA Data Security Inc. は1986年設立，1995年に認証システム事業をベリサインに分社化し，新会社を設立する。1996年にSecurity Dynamics Technologies Inc.に買収され，1999年にRSA Security Inc. と社名を変更している。その詳細は，同社のホームページ〈https://www.rsa.com/〉（2020年2月9日確認）を参照のこと。

58) SET（Secure Electronic Transactions）は，インターネットを通じたクレジットカード決済を行うための技術仕様である。Visa International社やMasterCard International社等のクレジットカード会社のほか，Microsoft社，Netscape Communications社，IBM社等が共同で規格を策定している。

59) 暗号化（Encryption）は，インターネット等のネットワークを通じて文書や画像等のデジタルデータをやり取りする際に，通信途中で第三者に盗み見られたり，改竄されたりされないように，決まった規則に従いデータを変換しなくてはならない。暗号化，復号には暗号表に当たる鍵を使うが，対になる2つの鍵を使う公開鍵暗号と，どちらにも同じ鍵を用いる共通鍵暗号がある。暗号については，第4章「4.3 共通鍵暗号方式」「4.3 公開鍵暗号方式」で考察している。

60) マクロ感染型ウイルス（Macro Virus）は，ワープロ文書等のアプリケーションソフトに埋め込まれて実行されるマクロと呼ばれる簡易プログラムの仕組みを悪用したコンピュータウイルスである。

61) アングラサイト（Underground Site）とは，インターネット上では表沙汰にできないようなソフトウェアの違法コピー，違法音楽，クラッキング，荒らし行為，違法アダルト画像，違法薬物等について扱ったアンダーグラウンドサイトのことである。わが国では，2000年2月13日に不正アクセス禁止法が施行され，さらに地下に潜った活動を展開して高度化している。

62) スケーラビリティ（Scalability）は，組織のコンテンツ・インフラストラクチャーに必須で，組織全体のコンテンツ・アプリケーション用に非構造化の企業コンテンツ資産を管理する役割を担っている。そのため，コンテンツ・インフラストラクチャーは大容量のコンテンツを処理できるだけでなく，高いパフォーマンス要件を満たすことのできる能力を備えている必要がある。スケーラビリティ要件は，コンテンツ・インフラストラクチャーのあらゆるコンポーネントに適用，コンテンツ・リポジトリ，コンテンツ・サービス，及びコンテンツを利用するコンテンツ・アプリケーションが含まれる。

63) 特に，自治体では「個人情報の保護に関する条例」を制定して，保護対象の電子化された住民データについて，職員や外注先企業等による横流しや漏洩の防止を目的としている。最近では，国民のプライバシー意識の向上に伴い，行政機関が保有する情報だけでなく，民間の保有する信用情報や紙ベースで処理される情報等を対象とする事例も増えている。

64) プライバシーポリシー（Privacy Policy）とは，企業や政府，行政機関，各種団体等の多くの組織が策定した，自組織のWebサイト等における個人情報の収集・利用に関する方針のことである。

65) B2B(Business to Business)は，電子商取引における取引形態の一種である。B(Business)は企業のことで，B2Bとは企業と企業の電子取引，つまり，企業間電子商取引である。特定の企業同士で行う取引や不特定多数の企業と行うe-マーケットプレイス（e-Market-place）取引等，様々な形態がある。

66) B2C（Business to Consumer）は，電子商取引における取引形態の一種である。B

（Business）は企業をC（Consumer）は個人のことで，企業と一般消費者との間での電子取引である。企業がインターネット上に商店を構え，一般消費者向けに商品販売するオンラインショップ形態，ゲーム等のコンテンツを販売する形態，携帯電話等のPDA（Personal Digital Assistants）を対象にした形態等が存在する。

67）eビジネス（e-business）とは，企業活動におけるあらゆる情報交換・蓄積手段を電子化し，経営効率を向上させるビジネスのことである。または，その結果もたらされる電子化された企業活動の諸形態ことである。電子商取引（Electronic Commerce）より，さらに進んだ企業の包括的な電子化構想であり，社内での連絡やデータ管理から取引先との商談まで，業務の一切をネットワーク化された情報システムで行おうという戦略である。元々はIBM社が同社製品の販売促進戦略として打ち出したスローガンであるが，現在では一般的な用語として用いられることが多い。

68）2004年10月22日厚生労働省経済産業省告示第4号（2009年10月9日改正）に『個人情報の保護に関する法律についての経済産業分野を対象とするガイドライン』を経済産業省のホームページで公開された。しかし，改正個人情報保護法の全面施行日（2017年5月30日）をもって，このガイドラインは廃止された。

69）JIPDECとは，一般財団法人日本情報経済社会推進協会（Japan Information Processing Development Corporation）のことで，中立的な公益法人として経済産業省をはじめ国の情報化政策との密接な連係の下で，日本の情報化の発展に貢献するため，プライバシーマーク制度，インターネット上の情報の信頼性の確保，情報利活用に向けた調査研究・提言，電子署名法に基づく指定調査機関業務，標準企業コード/OSI識別子登録・管理，認定個人情報保護団体，セキュリティマネジメントの推進に関する事業を行っている。その詳細は，同協会のホームページ〈http://www.jipdec.or.jp/〉（2020年2月9日確認）を参照のこと。

70）分散オブジェクト技術（Distributed Object Technology）は，共通の呼び出し規約に従って動作するソフトウェア部品（オブジェクト）をネットワーク上の複数のコンピュータに配置し，それらを連携動作させることによりシステムを構築する技術である。ソフトウェアを機能に応じて分割・部品化することにより，再利用性が高まり，一部を修正しても全体を構築し直さずに済むといった開発効率の向上が期待できる。また，分割したソフトウェアを複数のコンピュータで役割分担して実行することにより，効率的な資源の活用が可能となる。

71）Webアプリケーションサーバー（Web Application Server）は，ユーザーからの処理要求を受け付けて，データベース等の業務システムの処理に橋渡しする機能を持ったサーバーソフトウェアである。ミドルウェアの一種で，ユーザーが利用するWebブラウザ等のフロントエンド（クライアント）とデータベース管理システム等のバックエンドの中間に位置する。

72）エクストラネット（Extranet）は，複数の企業間でイントラネットを相互接続したネットワークで，インターネットや専用回線を用いて接続される。なお，電子商取引や電子データ交換は，ネットワークを通じてリアルタイムに行うことで取引の効率化を図る。

73) 不正競争防止法は，商道徳に反する行為を禁止し，正当な経済競争を促進させる法律である。もともと不正競争防止法は，著名な商標やパッケージを真似た商品を販売する業者に対し，差し止めや損害賠償，刑事罰を請求するもので1934年に制定された。最近では，著名な企業のドメイン名を先に取得して悪用することや，退職する社員が不正に企業の顧客情報や企業秘密を盗み出すこと等を禁ずる不正競争法改正が2001年，2004年に行われている。

74) 不正アクセス禁止法（不正アクセス行為の禁止等に関する法律）は，コンピュータの不正利用を禁止する法律である。他人のユーザーIDやパスワードを使って，本来自分が利用する権限を持っていないコンピュータを不正に使用する行為や，OSやアプリケーションソフト等に存在するセキュリティ上の弱点を攻撃してコンピュータを不正利用したり，保存されているデータやプログラムを改竄したり，コンピュータを利用不能な状態に追い込んだりする行為を禁じている。1999年に国会で可決・成立，一部を除き2000年2月から施行された。

75) サイバーテロリズム（Cyber Terrorism）は，インターネット等のオープンネットワーク上で行われる大規模な破壊活動である。人に危害を加えたり，社会機能に打撃を与えたりするような，深刻，かつ悪質なものである。社会的なインフラとしてのインターネットやコンピュータの重要度が高まるに連れて，サイバーテロリズムの脅威も日増しに増大している。コンピュータウイルスの配布やデータの書き換えや破壊，サーバーや通信回線をパンクさせて停止に追い込む等の様々な手口がある。直接的な物理的破壊活動は伴わず，情報の破壊や改竄，漏洩，機器や回線の停止等によって被害をもたらす行為である。

第2章

現代組織への 情報セキュリティ・マネジメント戦略の導入

第1章では，情報化社会に潜む様々な脅威が情報システムに波及し，各種側面において脆弱性が表面化・顕在化して，多くのリスクが発生すること，そして，その脅威を可能な限り抑制するべく情報セキュリティを確保するための組織と個人における社会的責務（社会的責任と義務）について考察した。

そこで，組織と個人の社会的責務を果たしたうえで，企業や大学，行政機関，各種団体等の組織における情報セキュリティの確保を確実なものにしていく必要がある。そのためには，現代組織は経営戦略の一環として，情報セキュリティ・マネジメント戦略を確立させることが必要であり，その管理枠組みを理解し，それぞれの組織特性にあった具体的なプロセスと作業手順を確立していかなくてはならない。

このための管理方策として必要となるのが，情報セキュリティ・マネジメントの管理枠組みである。情報セキュリティ・マネジメント戦略では，企業や行政機関，各種団体等の組織における経営戦略の実践として，情報セキュリティ対策を確実に実施するための管理枠組みの具体的な手順を確立し，情報資産の「機密性（Confidentiality）」，「完全性（Integrity）」，「可用性（Availability）」の3要素であるCIAを継続的に，確保・保証していく活動を実施する。

そのための基礎となる改善手法が，第1章で取り上げた情報セキュリティ・マネジメントにおける重要な管理枠組みであるPDCAサイクルの導入である。この管理枠組みでは，組織における情報資産に関する保護の基本方針や適用範囲を明確化する情報セキュリティポリシーの策定から運用，その見直しといった改善までを継続的に実施していくことになる。なお，この考え方は，組織の場合だけでなく，個人の場合にも当てはめて，適用させることが可能である。

ここで取り扱う情報セキュリティ・マネジメントの管理枠組みの構築については，**図2-1**に示している「PDCAサイクルによる情報セキュリティ・マネジメントの実践」にあるように，組織におけるすべての情報資産を洗い出して，分析・評価を行い，どのように保護し，管理，保証を継続的に行っていく。

つまり，組織に導入した情報セキュリティ・マネジメント戦略においては，その基本方針や適用範囲を明確化するための情報セキュリティポリシーの策定を行う。そして，その見直しと改善までを一連の作業として，情報セキュリティ対策の計画を立て（Plan），実行し（Do），その評価（Check）に基づいて，改善（Action）を実施することになる。

したがって，情報セキュリティ・マネジメント戦略では，この実践プロセス（工程）においては，継続的に何度も何度も繰り返して実践する仕組み（考え方）

図2-1　PDCAサイクルによる情報セキュリティ・マネジメントの実践

出所：筆者作成。

であるPDCA（Plan-Do-Check-Action）サイクルを実施していくことになる。

PDCAサイクルでは，**図2-1**に示しているように，初めの段階（1回目）では，情報セキュリティ対策における「Plan（計画）」機能として，情報セキュリティポリシーを策定し，その目的や適用範囲等を定義しなければならない。そして，次の段階（1回目）では，「Do（実施）」機能として，情報セキュリティポリシーに基づく情報セキュリティ対策を講じて情報システムの運用を行うことになる。

その結果の段階（1回目）では，情報セキュリティ対策を実施したうえでの「Check（検証）」機能として，それまでの情報セキュリティ対策の内容や水準についての分析・評価を行うことになる。最終的な段階（1回目）では，情報セキュリティ対策を評価したら，「Action（行動）」機能として，情報セキュリティ対策の見直しを行って，継続的に改善を加えていくのである。

そして，改善プロセス（1回目）の結果が，次のプロセス（2回目）における情報セキュリティ対策の「Plan（計画）」機能のインプットとして，次のPDCAサイクルへ引き継がれていくのである。このように，情報化社会における現代組織においては，継続的改善によって情報セキュリティ機能の水準向上を図ることになる。

そこで，本章では，情報化社会における現代組織の経営戦略の一環として，様々な組織に対して情報セキュリティ・マネジメント戦略を導入させるために，まず必要となる情報セキュリティ・マネジメント全体像の把握，及びその内容について考察する。

2.1
現代組織における情報セキュリティ・マネジメントの必要性

情報セキュリティを理解するためには，現代組織に情報セキュリティ・マネジメント戦略を導入することの意義についての具体的な内容の理解が必要である。また，情報セキュリティ・マネジメント戦略のプロセス実施にあたっては，情報セキュリティ・マネジメント・システム（Information Security

Management System：以下，ISMS）の仕組みを理解することも重要である。そこで，わが国の現代組織において，日本国内のISMS活動を認証するISMS適合性評価制度を意識した情報システムの導入を行うことも考慮しなければならない。

ISMS適合性評価制度は，ISMS活動が国際標準規格「ISO/IEC 27001[1]」に準拠していることを情報マネジメントシステム認定センターが認定する，情報セキュリティ・マネジメント認証評価制度である。ISMSは，組織が情報を適切に管理し，機密を守るための包括的な枠組みのことで，1999年の英国規格BS 7799-1：1999，及び2000年の国際標準ISO/IEC 17799に基づいて定められている。なお，ISO/IEC 27002は，組織におけるISMSの仕様を定めた規格のことで，2007年に発行・標準化されている。

情報マネジメントシステム認定センターでは，「ISMSとは，個別の課題ごとの技術対策の他に，組織のマネジメントとして，自らのリスクアセスメントにより必要なセキュリティレベルを決め，プランを持ち，資源配分して，システムを運用することである。」と定義[2]している。つまり，現代組織におけるISMSでは，情報システム，コンピュータシステムにおける情報セキュリティ技術[3]の対策だけでなく，組織における情報資産（個人情報を含む）を取り扱う際の基本的な方針，及び基本方針に基づいた具体的な計画，計画の実施・運用，一定期間ごとの方針・計画の見直しまで含めた，総合的なリスクマネジメント体系のことを指している。

ところで，情報セキュリティ・マネジメント戦略の組織への導入では，**図2-2**に示している「ISO/IEC 27000シリーズの主な体系」，及び**表2-1**に示している「ISO/IEC 27000シリーズの体系と概要」にあるように，組織はセクターや業種，業態，業界，規模，サプライヤー，及び技術，セキュリティ・インシデント[4]等に基づき提示している規格項目の内容を遵守することになる。

現在，ISMS適合性評価制度は，国際標準規格であるISO/IEC 27000シリーズ（ISMS規格群），及び国内標準規格の日本工業規格[5]（JIS Q 27001）の基準を参考にして構築されており，ISMS認証取得の組織は増加傾向にある。また，**図2-3**に示している「ISMS認証登録数の推移」にあるように，ISMS認証取得の組織は増加傾向にあり，大小を含む多くの組織がISMSを導入，確立，運用，

図2-2　ISO/IEC 27000シリーズの主な体系

（2019年5月20日現在のISO/IEC 27001シリーズ）

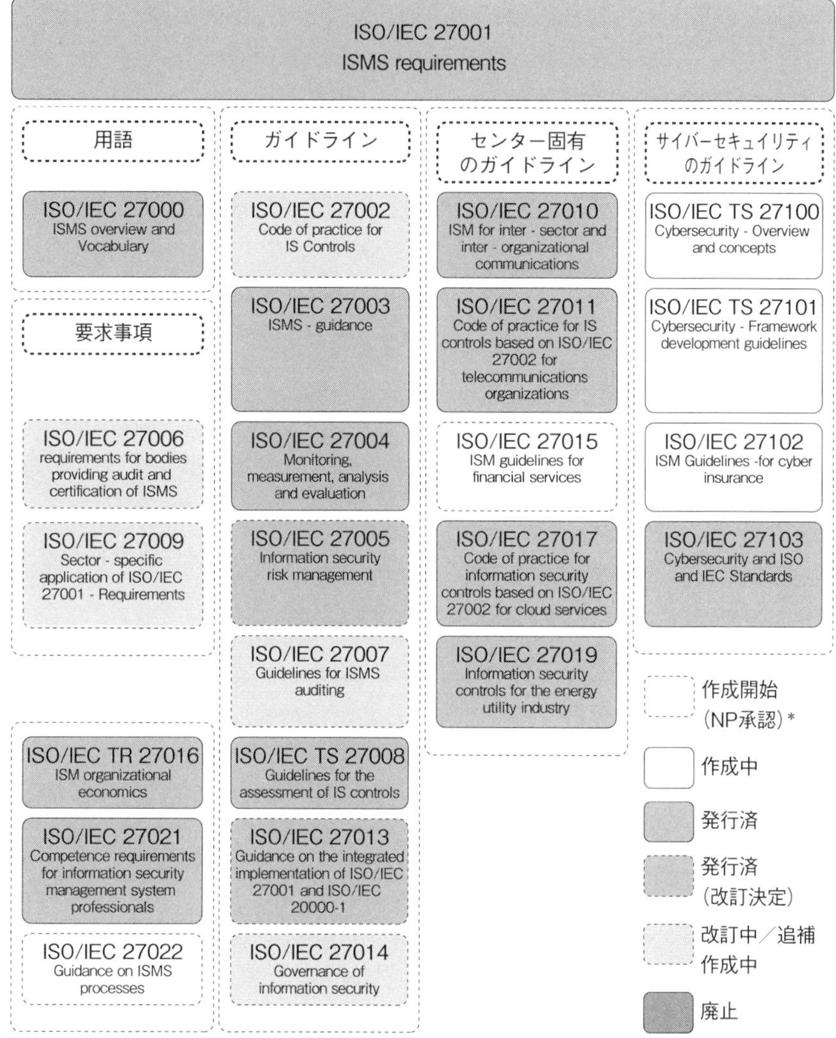

出所：情報マネジメントシステム認定センターのホームページ〈https://www.jipdec.or.jp/smpo/u71kba000000jjgv-att/27000family_20190520.pdf〉（2020年２月９日確認）

表2-1　ISO／IEC 27000シリーズの体系と概要

ISO27000シリーズ：発行・改定年	内容
ISO/IEC 27000:2018	Information technology—Security techniques—Information security management systems—Overview and vocabulary 情報技術—セキュリティ技術—情報セキュリティ管理システム—概要と語彙
ISO/IEC 27001:2005 （改訂）	Information technology—Security techniques—Information security management systems—Requirements 情報技術—セキュリティ技術—情報セキュリティ管理システム—要件
ISO/IEC 27001:2013	Information technology—Security techniques—Information security management systems—Requirements 情報技術—セキュリティ技術—情報セキュリティ管理システム—要件
ISO/IEC 27001:2013/Cor 1:2014	Information technology—Security techniques—Information security management systems—Requirements—Technical Corrigendum 1 情報技術—セキュリティ技術—情報セキュリティ管理システム—要件—技術的正誤表1
ISO/IEC 27001:2013/Cor 2:2015	Information technology—Security techniques—Information security management systems—Requirements—Technical Corrigendum 2 情報技術—セキュリティ技術—情報セキュリティ管理システム—要件—技術的正誤表2
ISO/IEC 27002:2005 （改訂）	Information technology—Security techniques—Code of practice for information security management 情報技術—セキュリティ技術—情報セキュリティ管理の実践規範
ISO/IEC 27002:2013	Information technology—Security techniques—Code of practice for information security controls 情報技術—セキュリティ技術—情報セキュリティコントロールの実践規範
ISO/IEC 27002:2013/Cor 1:2014	Information technology—Security techniques—Code of practice for information security controls—Technical Corrigendum 1 情報技術—セキュリティ技術—情報セキュリティコントロールの実践規範—技術的正誤表1
ISO/IEC 27002:2013/Cor 2:2015	Information technology—Security techniques—Code of practice for information security controls—Technical Corrigendum 2 情報技術—セキュリティ技術—情報セキュリティコントロールの実践規範—技術的正誤表2
ISO/IEC WD 27002	Information security controls 情報セキュリティコントロール
ISO/IEC 27003:2010 （改訂）	Information technology—Security techniques—Information security management system implementation guidance 情報技術—セキュリティ技術—情報セキュリティ管理システムの実装ガイダンス
ISO/IEC 27003:2017	Information technology—Security techniques—Information security management systems—Guidance 情報技術—セキュリティ技術—情報セキュリティ管理システム—ガイダンス
ISO/IEC 27004:2009 （改訂）	Information technology—Security techniques—Information security management—Measurement 情報技術—セキュリティ技術—情報セキュリティ管理—測定
ISO/IEC 27004:2016	Information technology—Security techniques—Information security management—Monitoring, measurement, analysis and evaluation 情報技術—セキュリティ技術—情報セキュリティ管理—監視，測定，分析，評価
ISO/IEC 27005:2008 （改訂）	Information technology—Security techniques—Information security risk management 情報技術—セキュリティ技術—情報セキュリティリスク管理
ISO/IEC 27005:2011 （改訂）	Information technology—Security techniques—Information security risk management 情報技術—セキュリティ技術—情報セキュリティリスク管理
ISO/IEC 27005:2018	Information technology—Security techniques—Information security risk management 情報技術—セキュリティ技術—情報セキュリティリスク管理
ISO/IEC 27006:2007 （改訂）	Information technology—Security techniques—Requirements for bodies providing audit and certification of information security management systems 情報技術—セキュリティ技術—情報セキュリティ管理システムの監査と認証を提供する機関の要件

ISO/IEC 27006:2011 （改訂）	Information technology—Security techniques—Requirements for bodies providing audit and certification of information security management systems 情報技術—セキュリティ技術—情報セキュリティ管理システムの監査と認証を提供する機関の要件
ISO/IEC 27006:2015 （改訂）	Information technology—Security techniques—Requirements for bodies providing audit and certification of information security management systems 情報技術—セキュリティ技術—情報セキュリティ管理システムの監査と認証を提供する機関の要件
ISO/IEC 27006:2015/DAmd 1	Information technology—Security techniques—Requirements for bodies providing audit and certification of information security management systems—Amendment 1 情報技術—セキュリティ技術—情報セキュリティ管理システムの監査と認証を提供する機関の要件—改正 1
ISO/IEC 27007:2011 （改訂）	Information technology—Security techniques—Guidelines for information security management systems auditing 情報技術—セキュリティ技術—情報セキュリティ管理システム監査のガイドライン
ISO/IEC 27007:2017 （改訂）	Information technology—Security techniques—Guidelines for information security management systems auditing 情報技術—セキュリティ技術—情報セキュリティ管理システム監査のガイドライン
ISO/IEC FDIS 27007	Information technology—Security techniques—Guidelines for information security management systems auditing 情報技術—セキュリティ技術—情報セキュリティ管理システム監査のガイドライン
ISO/IEC TR 27008:2011 （改訂）	Information technology—Security techniques—Guidelines for auditors on information security controls 情報技術—セキュリティ技術—情報セキュリティ管理に関する監査人のためのガイドライン
ISO/IEC TS 27008:2019	Information technology—Security techniques—Guidelines for the assessment of information security controls 情報技術—セキュリティ技術—情報セキュリティ管理の評価のためのガイドライン
ISO/IEC 27009:2016 （改訂）	Information technology—Security techniques—Sector-specific application of ISO/IEC 27001—Requirements 情報技術—セキュリティ技術- ISO / IEC 27001のセクター固有のアプリケーション—要件
ISO/IEC DIS 27009	Information technology—Security techniques—Sector-specific application of ISO/IEC 27001—Requirements 情報技術—セキュリティ技術- ISO / IEC 27001のセクター固有のアプリケーション—要件
ISO/IEC 27010:2012 （改訂）	Information technology—Security techniques—Information security management for inter-sector and inter-organizational communications 情報技術—セキュリティ技術—セクター間および組織間の通信のための情報セキュリティ管理
ISO/IEC 27010:2015	Information technology—Security techniques—Information security management for inter-sector and inter-organizational communications 情報技術—セキュリティ技術—セクター間および組織間の通信のための情報セキュリティ管理
ISO/IEC 27011:2008 （改訂）	Information technology—Security techniques—Information security management guidelines for telecommunications organizations based on ISO/IEC 27002 情報技術—セキュリティ技術- ISO / IEC 27002に基づく電気通信組織向けの情報セキュリティ管理ガイドライン
ISO/IEC 27011:2016	Information technology—Security techniques—Code of practice for Information security controls based on ISO/IEC 27002 for telecommunications organizations 情報技術—セキュリティ技術—電気通信機関向けのISO / IEC 27002に基づく情報セキュリティ管理の実践基準
ISO/IEC 27011:2016/Cor 1:2018	Information technology—Security techniques—Code of practice for Information security controls based on ISO/IEC 27002 for telecommunications organizations—Technical Corrigendum 1 情報技術—セキュリティ技術—電気通信機関向けのISO / IEC 27002に基づく情報セキュリティ管理の実践基準—技術的正誤表 1
ISO/IEC 27012 （廃止）	Information technology—Security techniques—Information security management systems guidelines for electronic government 情報技術—セキュリティ技術—電子政府向けの情報セキュリティ管理システムのガイドライン

ISO/IEC 27013:2012 (改訂)	Information technology—Security techniques—Guidance on the integrated implementation of ISO/IEC 27001 and ISO/IEC 20000-1 情報技術—セキュリティ技術- ISO / IEC 27001 およびISO / IEC 20000-1の統合実装に関するガイダンス
ISO/IEC 27013:2015 (改訂)	Information technology—Security techniques—Guidance on the integrated implementation of ISO/IEC 27001 and ISO/IEC 20000-1 情報技術—セキュリティ技術- ISO / IEC 27001 およびISO / IEC 20000-1の統合実装に関するガイダンス
ISO/IEC AWI 27013	Information technology—Security techniques—Guidance on the integrated implementation of ISO/IEC 27001 and ISO/IEC 20000-1 情報技術—セキュリティ技術- ISO / IEC 27001 およびISO / IEC 20000-1の統合実装に関するガイダンス
ISO/IEC 27014:2013 (改訂)	Information technology—Security techniques—Governance of information security 情報技術—セキュリティ技術—情報セキュリティのガバナンス
ISO/IEC DIS 27014	Information security, cybersecurity and privacy protection—Governance of information security 情報セキュリティ，サイバーセキュリティ，プライバシー保護—情報セキュリティのガバナンス
ISO/IEC TR 27015:2012 (廃止)	Information technology—Security techniques—Information security management guidelines for financial services 情報技術—セキュリティ技術—金融サービスの情報セキュリティ管理ガイドライン
ISO/IEC TR 27016:2014	Information technology—Security techniques—Information security management—Organizational economics 情報技術—セキュリティ技術—情報セキュリティ管理—組織経済学
ISO/IEC 27017:2015	Information technology—Security techniques—Code of practice for information security controls based on ISO/IEC 27002 for cloud services 情報技術—セキュリティ技術—クラウドサービスのISO / IEC 27002に基づく情報セキュリティ管理の実践規範
ISO/IEC 27018:2014 (改訂)	Information technology—Security techniques—Code of practice for protection of personally identifiable information (PII) in public clouds acting as PII processors 情報技術—セキュリティ技術- PIIプロセッサとして機能するパブリッククラウド内の個人情報（PII）を保護するための実践規範
ISO/IEC 27018:2019	Information technology—Security techniques—Code of practice for protection of personally identifiable information (PII) in public clouds acting as PII processors 情報技術—セキュリティ技術- PIIプロセッサとして機能するパブリッククラウド内の個人情報（PII）を保護するための実践規範
ISO/IEC 27019:2017	Information technology—Security techniques—Information security controls for the energy utility industry 情報技術—セキュリティ技術—エネルギー事業の情報セキュリティ管理
ISO/IEC 27019:2017/CD Cor 1	Information technology—Security techniques—Information security controls for the energy utility industry—Technical Corrigendum 1 情報技術—セキュリティ技術—エネルギー事業の情報セキュリティ管理—技術的正誤表 1
ISO/IEC TR 27019:2013	Information technology—Security techniques—Information security management guidelines based on ISO/IEC 27002 for process control systems specific to the energy utility industry 情報技術—セキュリティ技術- ISO / IEC 27002に基づく情報セキュリティ管理ガイドライン，エネルギーユーティリティ産業に固有のプロセス制御システム向け
ISO/IEC 27021:2017	Information technology—Security techniques—Competence requirements for information security management systems professionals 情報技術—セキュリティ技術—情報セキュリティ管理システムの専門家の能力要件
ISO/IEC 27021:2017/PDAM 1	Information technology—Security techniques—Competence requirements for information security management systems professionals—Amendment 1 情報技術—セキュリティ技術—情報セキュリティ管理システムの専門家の能力要件—改正 1
ISO/IEC CD 27022	Information technology—Security techniques—Guidance on ISMS processes 情報技術—セキュリティ技術- ISMSプロセスに関するガイダンス

ISO/IEC TR 27023:2015	Information technology—Security techniques—Mapping the revised editions of ISO/IEC 27001 and ISO/IEC 27002 情報技術—セキュリティ技術 - ISO / IEC 27001およびISO / IEC 27002の改訂版のマッピング
ISO/IEC WD 27030	Information technology—Security techniques—Guidelines for security and privacy in Internet of Things (IoT) Title missing 情報技術—セキュリティ技術—モノのインターネット（IoT）のセキュリティとプライバシーのガイドライン
ISO/IEC 27031:2011	Information technology—Security techniques—Guidelines for information and communication technology readiness for business continuity 情報技術—セキュリティ技術—事業継続のための情報通信技術の準備に関するガイドライン情報技術—セキュリティ技術—事業継続のための情報通信技術の準備に関するガイドライン
ISO/IEC WD 27031	Information technology—Guidelines for ICT readiness for business continuity 情報技術—事業継続のためのICT準備のためのガイドライン
ISO/IEC 27032:2012	Information technology—Security techniques—Guidelines for cybersecurity 情報技術—セキュリティ技術—サイバーセキュリティのガイドライン
ISO/IEC WD 27032	IT Security Techniques—Cybersecurity—Guidelines for Internet Security ITセキュリティ手法—サイバーセキュリティ—インターネットセキュリティのガイドライン
ISO/IEC 27033-1:2009	Information technology—Security techniques—Network security—Part 1: Overview and concepts 情報技術—セキュリティ技術—ネットワークセキュリティ—パート1：概要と概念
ISO/IEC 27033-1:2015	Information technology—Security techniques—Network security—Part 1: Overview and concepts 情報技術—セキュリティ技術—ネットワークセキュリティ—パート1：概要と概念
ISO/IEC 27033-2:2012	Information technology—Security techniques—Network security—Part 2: Guidelines for the design and implementation of network security 情報技術—セキュリティ技術—ネットワークセキュリティ—パート2：ネットワークセキュリティの設計と実装のガイドライン
ISO/IEC 27033-3:2010	Information technology—Security techniques—Network security—Part 3: Reference networking scenarios—Threats, design techniques and control issues 情報技術—セキュリティ手法—ネットワークセキュリティ—パート3：参照ネットワークシナリオ—脅威，設計手法，制御の問題
ISO/IEC 27033-4:2014	Information technology—Security techniques—Network security—Part 4: Securing communications between networks using security gateways 情報技術—セキュリティ技術—ネットワークセキュリティ—パート4：セキュリティゲートウェイを使用してネットワーク間の通信を保護する
ISO/IEC 27033-5:2013	Information technology—Security techniques—Network security—Part 5: Securing communications across networks using Virtual Private Networks (VPNs) 情報技術—セキュリティ技術—ネットワークセキュリティ—パート5：仮想プライベートネットワーク（VPN）を使用してネットワーク間の通信を保護する
ISO/IEC 27033-6:2016	Information technology—Security techniques—Network security—Part 6: Securing wireless IP network access 情報技術—セキュリティ技術—ネットワークセキュリティ—パート6：ワイヤレスIPネットワークアクセスの保護
ISO/IEC 27034-1:2011 （改訂）	Information technology—Security techniques—Application security—Part 1: Overview and concepts 情報技術—セキュリティ技術—アプリケーションセキュリティ—パート1：概要と概念
ISO/IEC 27034-1:2011/Cor 1:2014	Information technology—Security techniques—Application security—Part 1: Overview and concepts—Technical Corrigendum 1 情報技術—セキュリティ技術—アプリケーションセキュリティ—パート1：概要と概念—技術的正誤表1
ISO/IEC 27034-2:2015	Information technology—Security techniques—Application security—Part 2: Organization normative framework 情報技術—セキュリティ技術—アプリケーションセキュリティ—パート2：組織の規範的なフレームワーク
ISO/IEC 27034-3:2018	Information technology—Application security—Part 3: Application security management process 情報技術—アプリケーションセキュリティ—パート3：アプリケーションセキュリティ管理プロセス

ISO/IEC 27034-5:2017	Information technology—Security techniques—Application security—Part 5: Protocols and application security controls data structure 情報技術—セキュリティ技術—アプリケーションセキュリティ—パート5：プロトコルとアプリケーションセキュリティ制御データ構造
ISO/IEC 27034-6:2016	Information technology—Security techniques—Application security—Part 6: Case studies 情報技術—セキュリティ技術—アプリケーションセキュリティ—パート6：ケーススタディ
ISO/IEC 27034-7:2018	Information technology—Application security—Part 7: Assurance prediction framework 情報技術—アプリケーションセキュリティ—パート7：保証予測フレームワーク
ISO/IEC DIS 27034-4	Information technology—Security techniques—Application security—Part 4: Validation and verification 情報技術—セキュリティ技術—アプリケーションセキュリティ—パート4：検証と検証
ISO/IEC TS 27034-5-1:2018	Information technology—Application security—Part 5-1: Protocols and application security controls data structure, XML schemas 情報技術—アプリケーションセキュリティ—パート5-1：プロトコルとアプリケーションセキュリティデータ構造，XMLスキーマを制御
ISO/IEC 27035:2011 （改訂）	Information technology—Security techniques—Information security incident management 情報技術—セキュリティ技術—情報セキュリティインシデント管理
ISO/IEC 27035-1:2016	Information technology—Security techniques—Information security incident management—Part 1: Principles of incident management 情報技術—セキュリティ技術—情報セキュリティインシデント管理—パート1：インシデント管理の原則
ISO/IEC 27035-2:2016	Information technology—Security techniques—Information security incident management—Part 2: Guidelines to plan and prepare for incident response 情報技術—セキュリティ技術—情報セキュリティインシデント管理—パート2：インシデント対応を計画および準備するためのガイドライン
ISO/IEC DIS 27035-3	Information technology—Information security incident management—Part 3: Guidelines for ICT incident response operations 情報技術—情報セキュリティインシデント管理—パート3：ICTインシデント対応運用のガイドライン
ISO/IEC WD 27035-1	Information technology—Security techniques—Information security incident management—Part 1: Principles of incident management 情報技術—セキュリティ技術—情報セキュリティインシデント管理—パート1：インシデント管理の原則
ISO/IEC WD 27035-2	Information technology—Security techniques—Information security incident management—Part 2: Guidelines to plan and prepare for incident management 情報技術—セキュリティ技術—情報　管理—パート2：インシデント管理を計画および準備するためのガイドライン
ISO/IEC 27036-1:2014	Information technology—Security techniques—Information security for supplier relationships—Part 1: Overview and concepts 情報技術—セキュリティ技術—サプライヤーとの関係の情報セキュリティ—パート1：概要と概念
ISO/IEC 27036-2:2014	Information technology—Security techniques—Information security for supplier relationships—Part 2: Requirements 情報技術—セキュリティ技術—サプライヤー関係の情報セキュリティ—パート2：要件
ISO/IEC 27036-3:2013	Information technology—Security techniques—Information security for supplier relationships—Part 3: Guidelines for information and communication technology supply chain security 情報技術—セキュリティ技術—サプライヤーとの関係の情報セキュリティ—パート3：情報通信技術のサプライチェーンセキュリティのガイドライン
ISO/IEC 27036-4:2016	Information technology—Security techniques—Information security for supplier relationships—Part 4: Guidelines for security of cloud services 情報技術—セキュリティ技術—サプライヤーとの関係の情報セキュリティ—パート4：クラウドサービスのセキュリティのガイドライン
ISO/IEC 27037:2012	Information technology—Security techniques—Guidelines for identification, collection, acquisition and preservation of digital evidence 情報技術—セキュリティ技術—デジタル証拠の識別，収集，取得，保存のガイドライン

ISO/IEC 27038:2014	Information technology—Security techniques—Specification for digital redaction 情報技術—セキュリティ技術—デジタル改訂の仕様
ISO/IEC 27039:2015	Information technology—Security techniques—Selection, deployment and operations of intrusion detection and prevention systems (IDPS) 情報技術—セキュリティ技術—侵入検知および防止システム（IDPS）の選択，展開，および運用
ISO/IEC 27040:2015	Information technology—Security techniques—Storage security 情報技術—セキュリティ技術—ストレージセキュリティ
ISO/IEC 27041:2015	Information technology—Security techniques—Guidance on assuring suitability and adequacy of incident investigative method 情報技術—セキュリティ技術—インシデント調査方法の適合性と妥当性を保証するためのガイダンス
ISO/IEC 27042:2015	Information technology—Security techniques—Guidelines for the analysis and interpretation of digital evidence 情報技術—セキュリティ技術—デジタル証拠の分析と解釈のためのガイドライン
ISO/IEC 27043:2015	Information technology—Security techniques—Incident investigation principles and processes 情報技術—セキュリティ技術—インシデント調査の原則とプロセス
ISO/IEC WD 27045	Information technology—Big data security and privacy—Processes 情報技術—ビッグデータのセキュリティとプライバシー—プロセス
ISO/IEC 27050-1:2016 （改訂）	Information technology—Security techniques—Electronic discovery—Part 1: Overview and concepts 情報技術—セキュリティ技術—電子情報開示—パート１：概要と概念
ISO/IEC 27050-1:2019	Information technology—Electronic discovery—Part 1: Overview and concepts 情報技術—電子的発見—パート１：概要と概念
ISO/IEC 27050-2:2018	Information technology—Electronic discovery—Part 2: Guidance for governance and management of electronic discovery 情報技術—電子ディスカバリー—パート２：電子ディスカバリーのガバナンスと管理のためのガイダンス
ISO/IEC 27050-3:2017	Information technology—Security techniques—Electronic discovery—Part 3: Code of practice for electronic discovery 情報技術—セキュリティ技術—電子情報開示—パート３：電子情報開示の実践規範
ISO/IEC CD 27050-4	Information technology—Security techniques—Electronic discovery—Part 4: Technical readiness 情報技術—セキュリティ技術—電子的発見—パート４：技術的な準備
ISO/IEC FDIS 27050-3	Information technology—Electronic discovery—Part 3: Code of practice for electronic discovery 情報技術—電子的発見—パート３：電子的発見の実践規範
ISO/IEC WD 27070	Information technology—Security techniques—Requirements for establishing virtualized roots of trust 情報技術—セキュリティ技術—仮想化された信頼の根を確立するための要件
ISO/IEC AWI 27071	Information technology—Security techniques—Security recommendations for establishing trusted connection between device and service 情報技術—セキュリティ技術—デバイスとサービス間の信頼できる接続を確立するためのセキュリティの推奨事項
ISO/IEC WD 27099	Information Technology—Security techniques—Public key infrastructure—Practices and policy framework 情報技術—セキュリティ技術—公開鍵インフラストラクチャー実践とポリシーフレームワーク
ISO/IEC WD TS 27100	Information technology—Cybersecurity—Overview and concepts 情報技術—サイバーセキュリティ—概要と概念
ISO/IEC CD TS 27101	Information technology—Security techniques—Cybersecurity—Framework development guidelines 情報技術—セキュリティ技術—サイバーセキュリティ—フレームワーク開発ガイドライン
ISO/IEC 27102:2019	Information security management—Guidelines for cyber-insurance 情報セキュリティ管理—サイバー保険のガイドライン

ISO/IEC TR 27103:2018	Information technology—Security techniques—Cybersecurity and ISO and IEC Standards 情報技術—セキュリティ技術—サイバーセキュリティとISOおよびIEC規格
ISO/IEC TR 27550:2019	Information technology—Security techniques—Privacy engineering for system life cycle processes 情報技術—セキュリティ技術—システムライフサイクルプロセスのプライバシーエンジニアリング
ISO/IEC CD 27551	Information technology—Security techniques—Requirements for attribute-based unlinkable entity authentication 情報技術—セキュリティ技術—属性ベースのリンク不可エンティティ認証の要件
ISO/IEC WD 27553	Information technology—Security techniques—Security requirements for authentication using biometrics on mobile devices 情報技術—セキュリティ技術—モバイルデバイスで生体認証を使用した認証のセキュリティ要件
ISO/IEC AWI 27554	Application of ISO 31000 for assessment of identity management-related risk ID管理関連リスクの評価のためのISO 31000（リスクマネジメント）の適用
ISO/IEC WD 27555	Establishing a PII deletion concept in organizations 組織でのPII（個人を特定できる情報）削除の概念の確立
ISO/IEC AWI 27556	Information technology—User-centric framework for the handling of personally identifiable information (PII) based on privacy preferences 情報技術—プライバシー設定に基づいて個人を特定できる情報（PII）を処理するためのユーザー中心のフレームワーク
ISO/IEC PDTS 27570	Information Technology—Security Techniques—Privacy guidelines for Smart Cities 情報技術—セキュリティ技術—スマートシティのプライバシーガイドライン
ISO/IEC 27701:2019	Security techniques—Extension to ISO/IEC 27001 and ISO/IEC 27002 for privacy information management—Requirements and guidelines セキュリティ手法—プライバシー情報管理のためのISO / IEC 27001およびISO / IEC 27002への拡張—要件とガイドライン

注１：ISO規格作成の段階は NP⇒WD⇒CD⇒DIS⇒FDIS⇒IS（発行済）となる。なお，TR規格作成の段階はPDTR⇒TR，TS規格作成の段階は NP⇒WD⇒PDTS⇒TSとなる。

注２：略語は，それぞれの頭文字を取ったものである。NP（New work item Proposal：NWIP），WD（Working Draft），CD（Committee Draft），DIS（Draft International Standard），FDIS（Final Draft for International standard），IS（International Standard），SP（Study Period），TR（Technical Report：技術報告書），TS（Technical Specifcation：技術仕様），PDTR（Proposed Draft Technical Report），PDTS（Proposed Draft Technical Specification），及びCor（正誤表），DAmd/PDAM（改正）。

注３：網掛けは，改定前のISO27000シリーズ。

注４：ISO/IEC 27012は2009年５月に，ISO/IEC 27015は2017年７月に廃止。

出所：ISO（2019）「Standards by ISO/IEC JTC 1/SC 27 Information security, cybersecurity and privacy protection」『TC ISO/IEC JTC 1 SC 27』，ISO.〈https://www.iso.org/committee/45306/x/catalogue/〉（2020年２月９日確認）より作成。

監視，見直，維持し，かつISMSの有効性の継続的な改善活動を行っている。

ISO/IEC 27000シリーズは，ISMSの文脈（要求事項）における情報セキュリティの管理・リスク・制御に関して，継続的な改善を得るのに最も効率のよい技法，手法，プロセス，活動等であるベストプラクティス（Best Practice）を提供する。このシリーズにおける適用対象の範囲は広く，プライバシー，機密情報，情報技術におけるセキュリティ問題等をカバーしており，あらゆる規

図2-3　ISMS認証登録数の推移

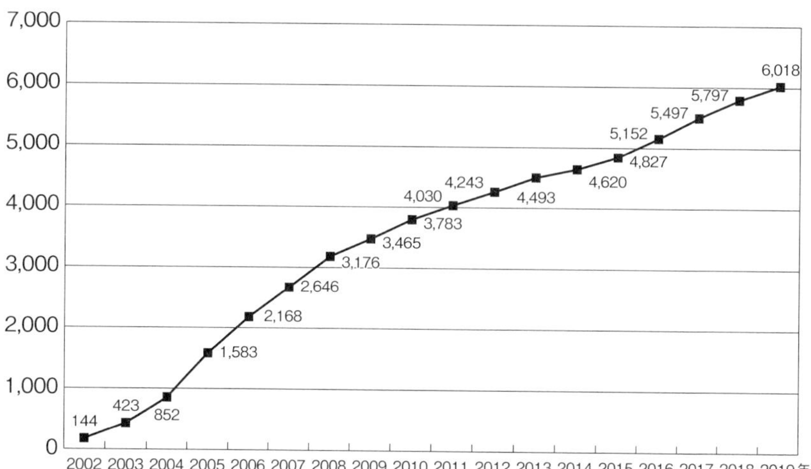

注１：数値は各年度末。2019年度は11月11日現在。
注２：2020年２月２日現在，ISMS認証取得組織数推移，認証機関別・県別認証取得組織数の統計情報については，集計方法の見直しのために公開を一時休止している。
出所：情報マネジメントシステム認定センターのホームページ〈https://isms.jp/topics/news/20191112.html〉（2020年２月９日確認）

模と形態，業種，業態等の組織に適用することが可能である。また，すべての組織は，様々な脅威に基づくリスクを分析・評価し，必要に応じた適切な情報セキュリティ制御を実装することが奨励され，PDCAサイクルによる継続的な活動に伴う，フィードバックと改善，向上が導入されている。

以降，現代組織における情報セキュリティ・マネジメント戦略の概念やISMSの全体像，及び情報セキュリティ対策の実施プロセスの枠組みについて考察する。

2. 1. 1　情報資産と情報セキュリティ・マネジメント

（1）組織が保有する情報資産

現代組織が保有する情報資産とは，例えば，企業が保有する財産である現金や預金，株式，債券，土地，自社ビル，社用車，商品，設備，債権等，会計上の資産である物理的なものだけを指すものだけではない。これは，**図2-4**に示

図2-4　情報セキュリティ・マネジメントの対象となる情報資産の例

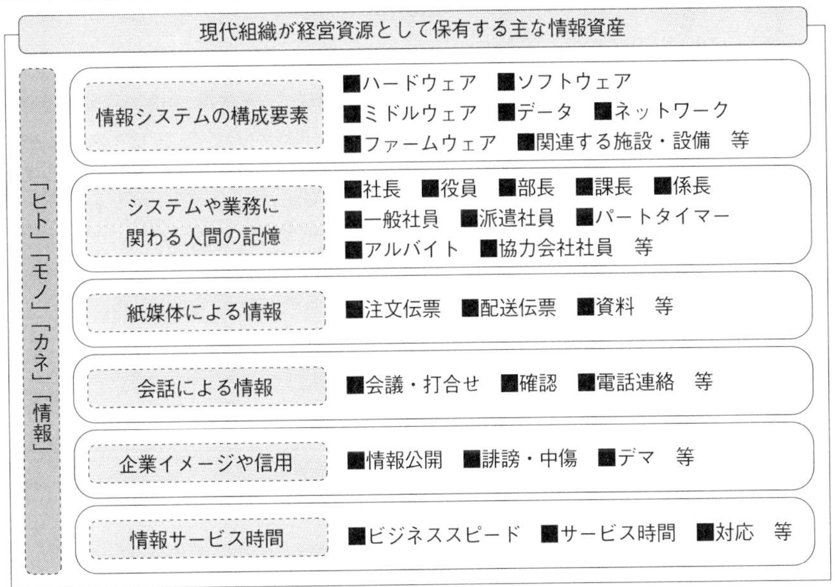

出所：税所哲郎（2006）『情報セキュリティ・マネジメントの導入と展開』，関東学院大学出版会，に対して加筆・修正のうえ作成。

している「情報セキュリティ・マネジメントの対象となる情報資産の例」にあるように，いわゆる企業等の経営資源である「ヒト」，「モノ」，「カネ」，さらに「情報」を含めて，情報システム（コンピュータシステム）に関わるすべての資産のことを意味している。

具体的には，**表2-2**に示している「情報セキュリティ・マネジメントにおける代表的な情報資産の例」にあるように，情報資産は情報システムを構成するハードウェアやソフトウェア，電子媒体の情報・データはもちろんのこと，施設や設備，サービス，さらには機器や業務に関わる人間が記憶している情報，紙媒体に印字や記入された情報，電話や会議での会話，組織のイメージや信用に関わる企業情報といったもの，視覚で判断できるものやできないものまで幅広く含まれる。

ISMSの適用対象となる情報資産については，その適用範囲を全体の組織に対する情報セキュリティ・マネジメント戦略に関する基本方針や対策基準等を

表2-2　情報セキュリティ・マネジメントにおける代表的な情報資産の例

分　類	内　　容
情報・データ (data)	データベース，データファイル，Webコンテンツ，システム文書，ユーザーマニュアル，教育資料，操作手順書，手書情報，会話情報等
ソフトウェア (software)	OS（Operating System），ミドルウェア，アプリケーションソフト，開発言語，開発ツール，ユーティリティ・ソフト，パッケージ・ソフト等
ハードウェア (hardware)	コンピュータ（サーバー，DP，周辺装置，PC，WS），通信装置（ルーター，LAN，交換機，回線，HUB）等
ファームウェア (firmware)	電子機器を制御するために組み込まれているソフトウェア（マザーボード，光学ドライブ，ハードディスク，SSD（Solid State Drive）等）
施設・設備 (facility)	室，ルーム，建物，電源装置，空調装置，OA機器（FAX，コピー，電話，照明）等
サービス (service)	計算処理，情報提供，通信，ユーティリティ（電源，空調，照明，警備）等
情報に接する人々 (personnel)	役員，正社員，派遣社員，契約社員，アルバイト，パートタイマー，関係会社社員，協力会社社員等

出所：税所哲郎（2006）『情報セキュリティ・マネジメントの導入と展開』，関東学院大学出版会，に対して加筆・修正のうえ作成。

「情報セキュリティポリシー」で定義することになる。つまり，現代組織の情報資産のなかで，情報セキュリティポリシーで定義された範囲の情報資産に対して，**表2-3**に示している「機密性（Confidentiality）の観点による基準の例」，**表2-4**に示している「完全性（Integrity）の観点による基準の例」，及び**表2-5**に示している「可用性（Availability）の観点による基準の例」にあるように，具体的な基準が必要である。そして，組織が保有するすべての情報資産において，資産価値の洗い出し，それらの対策の分析と評価を行い，3つの要素（CIA）の観点から継続的な確保を行うことになる。

したがって，組織が保有するすべての情報資産に対する様々な脅威に基づくリスクの分析と，その評価に基づいた「機密性」，「完全性」，「可用性」の3つの要素（CIA）の観点から保証を継続して実現するという情報セキュリティ対策の確保を意味するのである。

表2-3　機密性（Confidentiality）の観点による基準の例

資産価値	社内区分	説　　明
1	一般	第三者に開示できる情報内容
2	社内限	漏洩すると損害が発生する恐れがあり，組織内のみに開示可能な情報内容
3	部外秘	漏洩すると重大な損害が発生する恐れがあり，関連部署ならびに責任者に許可を受けた者のみに開示できる情報内容
4	極秘	漏洩すると極めて重大な損害が発生する恐れがあり，責任者によって許可された者のみに開示される情報内容

注：資産価値は，４（大きい）＞１（小さい）となっている。
出所：税所哲郎（2006）『情報セキュリティ・マネジメントの導入と展開』，関東学院大学出版会，に対して加筆・修正のうえ作成。

表2-4　完全性（Integrity）の観点による基準の例

資産価値	影響区分	説　　明
1	低	情報の内容が変更されたとき，事業への影響が少ない場合
2	中	情報の内容が変更されたとき，事業への影響が大きい場合
3	高	情報の内容を変更されたとき，事業への影響が甚大な場合

注：資産価値は，３（大きい）＞１（小さい）となっている。
出所：税所哲郎（2006）『情報セキュリティ・マネジメントの導入と展開』，関東学院大学出版会，に対して加筆・修正のうえ作成。

表2-5　可用性（Availability）の観点による基準の例

資産価値	許容区分	説　　明
1	低	一日程度のシステム停止は許容される。
2	中	業務時間内の利用は必要である。
		１時間程度のシステム停止は許容される。
3	高	365日24時間稼働（年中稼働）が要求される。
		年間，１分程度のシステム停止は許容される。

注：資産価値は，３（大きい）＞１（小さい）となっている。
出所：税所哲郎（2006）『情報セキュリティ・マネジメントの導入と展開』，関東学院大学出版会，に対して加筆・修正のうえ作成。

（2）情報資産における機密性の確保

組織における情報資産に対する「機密性」については，それぞれの組織が情報セキュリティポリシーの適用範囲で規定した情報資産に対して，アクセスを許可された使用権限者だけが認可されるアクセス種別（アクセス権限）のことで，その情報資産にアクセスできることを確実にすることを意味している。

例えば，企業のアクセス権限者としては，経営計画の策定や組織管理，調整，統制等の経営に関する総合的役割と最終責任を担う人物の「トップマネジメント（経営判断に関わる管理層）」，トップマネジメントの経営方針や描いている成長ビジョンを正しく理解し，目標や課題の達成に向けて従業員のコントロールを実施する人物の「ミドルマネジメント（組織の中間に位置する管理層）」，係長や現場監督等の直接末端の業務遂行を指揮，統制する人物の「ロワーマネジメント（下級管理者層）」の組織構成員[6)]が含まれる。また，一般社員の他，契約社員，派遣社員，アルバイト，パートタイマー，関係会社社員，協力会社社員等，その企業が事業展開している経営管理活動[7)]において，様々なマネジメントレベルの組織構成員が含まれることになる。

これらの組織構成員（企業における社員等）に対して，機密性の観点から，**表2-6**に示している「企業において権限者ごとに設定するアクセス権限における認可の例」にあるように，情報資産の重要性や機密レベルに応じて，情報システムを利用する場合のアクセス権限を設定しなければならない。

ところで，企業において，アクセス権限の設定で行う使用権限者（利用者）の認可は，利用者の所属や職権，役職等に応じた使用権限を与えることを意味している。例えば，社長（代表取締役）ならば会社のトップとしての権限，役員（取締役や執行役）ならばトップマネジメント層としての権限，部長や課長ならばミドルマネジメント（中間管理職）としての権限といったように，利用者の職権・職階に応じた使用権限が設定されるのである。

現在，一般的に，企業におけるアクセス権限の設定には，部署やプロジェクト，職階等の社員属性を基準にしたユーザーID（企業であれば社員コード等）とパスワードによるユーザー認証が行われている。この認証では，利用申請を行った者（利用者）に対しては，その属性に基づき，情報資産ごとに適用され

表2-6　企業において権限者ごとに設定するアクセス権限における認可の例

アクセス権限者	極秘 (top secret)	部外秘 (secret)	社内限 (confidential)	一般 (general)
社　長	○	○	○	○
役　員	△	○	○	○
部　長	×	○	○	○
課　長	×	△	○	○
係　長	×	×	○	○
一般社員	×	×	△	○
契約社員	×	×	△	△
派遣社員	×	×	×	△
アルバイト	×	×	×	△
パートタイマー	×	×	×	△
関係会社社員	×	×	×	△
協力会社社員	×	×	×	△

注１：○：アクセス可，△：条件付アクセス可（一部アクセス可），×：アクセス不可
注２：その他にも，組織にとっての重要度に応じた文章の分類として，バイタル・レコード（vital records）や重要文書（important records），有用文書（useful records），普通文書（non-essential records）等がある。
出所：筆者作成。

るアクセス種別に対応したユーザーIDを登録し，そのユーザーIDを保有する利用者本人しか知らないパスワードを利用してアクセス権限の運用と管理を行う。近年では，機密性の高い施設や建物等において，ユーザーIDとパスワードの他，指紋認証や顔認証や虹彩認証等によるバイオメトリクス認証（生体認証）[8]を取り入れて，個人認証を強化している組織もある。

また，組織が保有する情報資産である重要情報や機密情報，プライバシー等の漏洩や改竄，紛失，盗聴といった事故や事件を防ぐためには，まず初めに保有するすべての情報資産を洗い出して整理し，分析・評価を行い，分別管理する必要がある。特に，企業の情報資産は，顧客情報や役社員情報の他，新商品情報や営業情報，企画情報等の重要情報や機密情報，プライバシー等として管理されており，アクセス権限者ごとに管理される。例えば，**表2-7**に示している「情報資産の機密レベルとアクセス権限の内容」にあるように，企業（組織）

表2-7　情報資産の機密レベルとアクセス権限の内容

情報資産の内容	機密レベル	アクセス権限内容
回覧文書	一般	入力・出力・更新
業務文書	社内限	入力・出力
部員スケジュール	部外秘	入力・出力・更新
部員メーリングリスト	部外秘	入力
⋮	⋮	⋮
業務提携文書	極秘	参照のみ

出所：筆者作成。

では，極秘，部外秘，社内限，一般等の機密レベル（機密区分）に分類して，情報資産を分別管理することになる。

その後，ユーザーIDとパスワードを利用しての利用者の認証については，ユーザーIDとパスワードに対して情報資源ごとに認可すべきアクセス種別を選定し設定する。つまり，利用者ごとにアクセス設定を行って，情報資産に要求される機密レベルに応じた機密性を確保することになる。

このように，情報セキュリティ・マネジメントにおける「機密性」では，情報資産ごとに要求される機密レベルを識別し，職権や役職，機密レベルの関係を明確化し，利用者の職権や役職，業務内容と情報資産の機密レベルに応じたアクセス設定を行い，情報資産から盗聴や不正アクセス等によって情報漏洩ができないようにする。

（3）情報資産における完全性の確保

組織における情報資産に対する「完全性」は，それぞれの組織が情報セキュリティポリシーの適用範囲で規定した情報資産に対して，その業務の処理方法や情報の内容や形式が正当で，かつ正確，情報資産間の関連においての整合性があることを意味している。

そのためには，情報資産の正当性・正確性・整合性を脅かす様々な脅威を未然に防いで，情報資産が完全であることを確保しなければならない。そして，情報システムの面では，ハードウェアやソフトウェア，データ，及びネットワークの正当性・正確性・整合性を確保し，これらを脅かす悪意のある第三者か

図2-5　情報化社会における完全性の確保プロセス

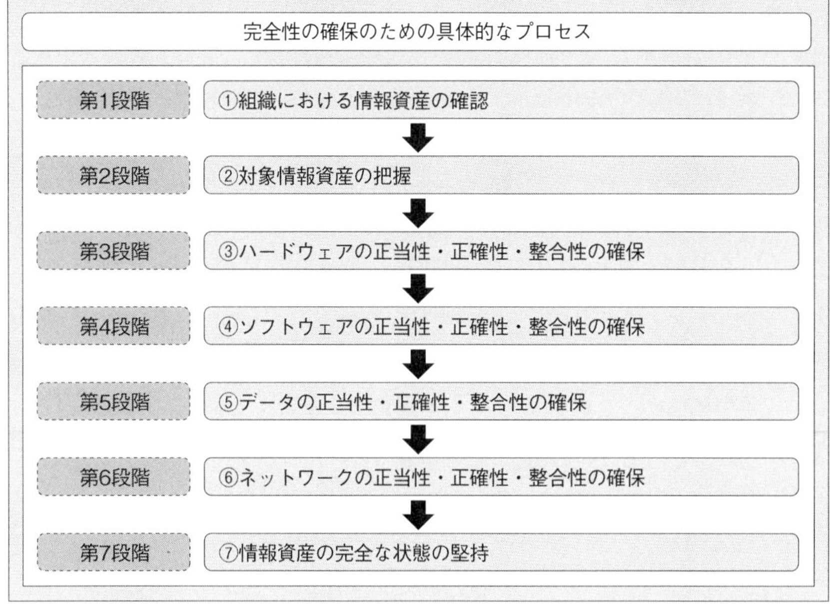

出所：筆者作成。

らの様々な脅威から情報システムを保護する対策を実施することになる。

情報化社会における完全性の確保のためのプロセスについては，**図2-5**に示している「情報化社会における完全性の確保プロセス」にあるように，７つの段階に分けることが可能である。その段階とは，①組織における情報資産の確認，②対象情報資産の把握，③ハードウェアの正当性・正確性・整合性の確保，④ソフトウェアにおける正当性・正確性・整合性の確保，⑤データにおける正当性・正確性・整合性の確保，⑥ネットワークにおける正当性・正確性・整合性の確保，⑦情報資産の完全な状態の堅持で，最終的に，情報資産のそれぞれの内容を考慮して各段階のプロセスを確実に実行していくことになる。

このように，情報セキュリティ・マネジメントにおける「完全性」では，情報セキュリティポリシーの適用範囲で規定した情報資産について整合性を追求していくことになる。

（4）情報資産における可用性の確保

組織における情報資産に対する「可用性」は，それぞれの組織が情報セキュリティポリシーの適用範囲で規定した情報資産に対して，許可された使用権限者が，その使用権限の範囲内で，必要な時に，何時でも，指定された場所において情報資産を使用できるという確実性を確保することを意味している。

インターネットに接続した情報システムでは，何時でもシステム障害や悪意ある第三者からの攻撃等の脅威によって情報資産が利用できなくなる可能性がある。したがって，情報システムが問題なく稼働している平常時から，システム監査やシステム障害管理等も含めた様々な対策によって，必要な時に，何時でも，組織内外の指定された場所において情報システムが利用できるようにしなくてはいけない。つまり，システム障害発生の可能性を可能な限り低くして，様々な脅威があってもサービスを停止させない，業務継続性を確保することが求められる。

図2-6　情報化社会における可用性の確保プロセス

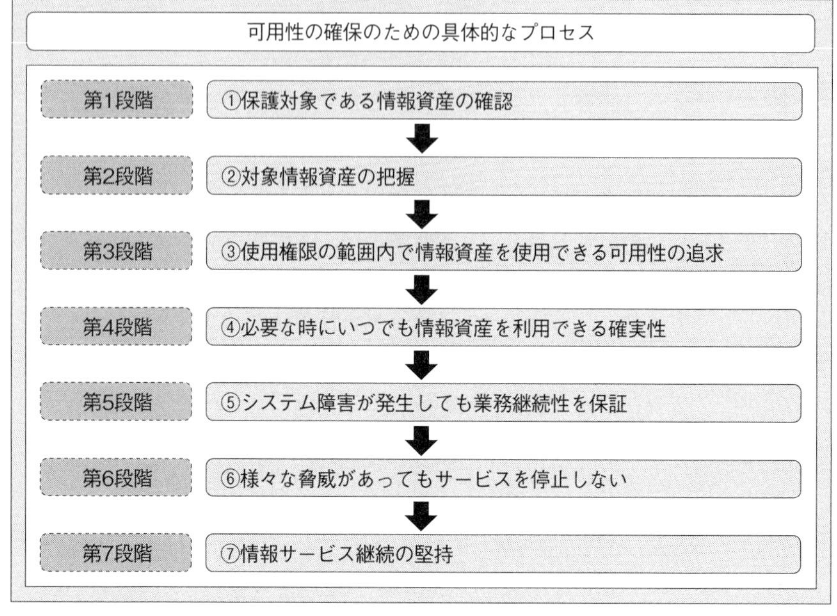

出所：筆者作成。

表2-8　情報セキュリティ対策におけるCIA

区分	機密性（Confidentiality）	完全性（Integrity）	可用性（Availability）
内容	情報セキュリティポリシーの適用範囲で規定した情報資産に対して，アクセスを許可された使用権限者（利用者）だけが，認可されたアクセス権限種別で，その情報資産にアクセスできるようにする。	情報セキュリティポリシーの適用範囲で規定した情報資産に対して，その情報処理や情報の内容が正当かつ正確であり，その正当性，正確性，整合性を脅かす脆弱性をコントロールして，完全であることを確保する。	情報セキュリティポリシーの適用範囲で規定した情報資産に対して，認可された使用権限者（利用者）がその使用権限の範囲内で必要なときに使用できる確実性のことを意味する。また，情報資産の利用可能性ともいう。

出所：筆者作成。

情報化社会における可用性の確保のためについてのプロセスは，**図2-6**に示している「情報化社会における可用性の確保プロセス」にあるように，７つの段階に分けることが可能である。その段階とは，①保護対象である情報資産の確認，②対象情報資産の把握，③使用権限の範囲内で情報資産を使用できる可用性の追求，④必要な時にいつでも情報資産を利用できる確実性，⑤システム障害が発生しても業務継続性を保証，⑥様々な脅威があってもサービスを停止しない，⑦情報サービス継続の堅持で，それぞれの内容を考慮して各段階のプロセスを確実に実行していくことになる。

このように，現代組織における情報セキュリティ対策の「可用性」では，様々な脅威から情報資産を守ることである。そのためには，**表2-8**に示している「情報セキュリティ対策におけるCIA」にあるように，情報セキュリティポリシーで規定した情報資産を３つの要素の観点から継続的に確保することになる。

また，そのためには，組織と情報システムの面において適切な情報セキュリティ対策を実施して，情報資産に対して様々な脅威から顕在化するリスクを可能な限り抑制・防御することである。これらが意味することは，現代組織における情報セキュリティ・マネジメント戦略への取り組みでは，情報セキュリティポリシーで目的や範囲，基準の明確化し，機密レベルに応じた情報資産の保護を行い，情報セキュリティ対策を実施することになる。

ISMSに基づく，具体的な現代組織における情報セキュリティ・マネジメン

図2-7　情報セキュリティ・マネジメントにおける事業継続性の確保

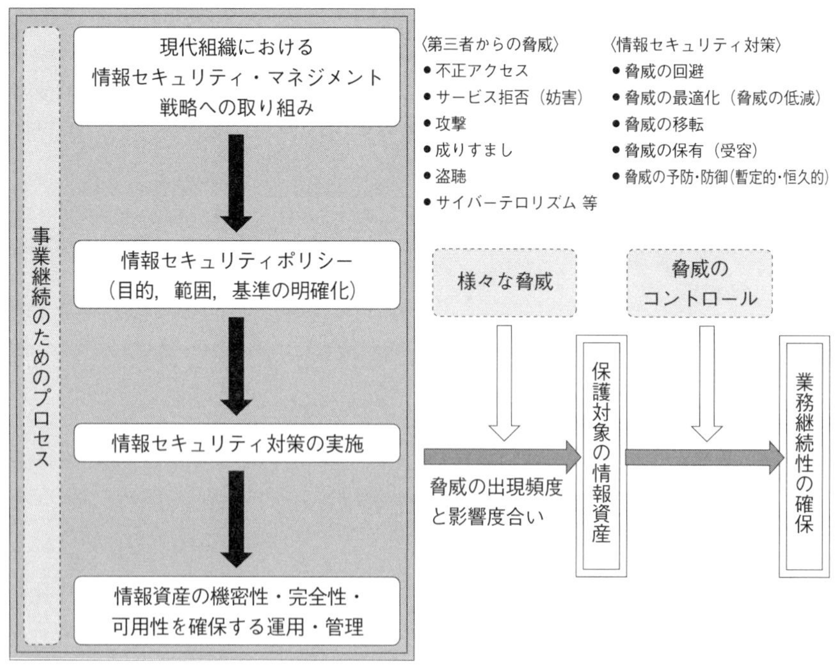

出所：筆者作成。

ト戦略への取り組みでは，**図2-7**に示している「情報セキュリティ・マネジメントにおける事業継続性の確保」にあるように，事業継続のためのプロセスとして，情報セキュリティポリシー（目的，範囲，基準の明確化等）の設定，情報セキュリティ対策の実施，情報資産の機密性・完全性・可用性を確保する運用・管理，様々な脅威から保護対象の情報資産，脅威のコントロール（脅威の回避，脅威の最適化（脅威の低減），脅威の移転，脅威の保有（受容）といった脅威の予防・防御（暫定的・恒久的））による業務継続性の確保[9]を行うことになる。

このように，情報セキュリティ・マネジメントにおける「可用性」では，最終的な到達点として，情報資産に関する業務処理や内容の正当性・正確性・整合性を維持し，必要とする情報資産を，必要な時に，何時でも利用できる環境を確保することになる。

2. 1. 2 現代組織における情報セキュリティ・マネジメント戦略の導入

(1) PDCAサイクルの実施

現代組織に対して情報セキュリティ・マネジメント戦略の導入を行い，その活動をより効果的なものにするためには，情報セキュリティ・マネジメントの管理枠組みである「情報セキュリティポリシー」を構築し，それぞれの組織とその運営形態である経営システムの特性にあった情報セキュリティ対策のための体制を確立，PDCAサイクルを実施していく必要がある。

第1章でも述べたように，情報セキュリティ・マネジメントにおけるPDCAサイクルの実施では，組織全体で情報セキュリティ対策に取り組むための確立された管理枠組みを，それぞれの組織とその運営形態である経営システムの特性にあった作業手順や管理方式，組織内指針等として具体化し，それぞれの組織の特性に基づく情報セキュリティポリシーに基づく情報セキュリティ・マネジメント戦略を実施していくことになる。

具体的には，企業や行政機関，各種団体等の組織において，**図2-8**に示している「情報セキュリティ・マネジメントの実行プロセス」にあるように，5つ

図2-8　情報セキュリティ・マネジメントの実行プロセス

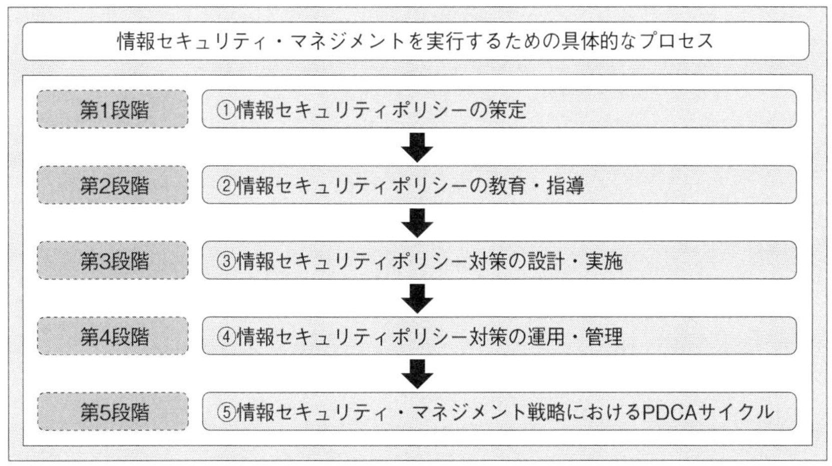

出所：筆者作成。

の段階に分けてプロセスを実施する。その段階とは，①情報セキュリティポリシーの策定，②情報セキュリティポリシーの教育・指導，③情報セキュリティポリシー対策の設計・実施，④情報セキュリティポリシー対策の運用・管理，⑤情報セキュリティ・マネジメント戦略におけるPDCAサイクルで，それぞれの内容を考慮して各段階のプロセスを確実に実行していくことになる。

組織全体で情報セキュリティ・マネジメント戦略に取り組むためには，情報セキュリティ対策を講じるための基本方針を明確化し，すべての組織構成員が情報セキュリティ・マネジメントの目標を理解し，その主旨を全員で共有していく必要がある。実際の現場においては，各組織構成員が情報セキュリティ対策を実施するための共通の基準を規定しておく必要がある。

一方，情報セキュリティポリシー策定の改善プロセスでは，その構成要素である情報セキュリティ・マネジメント基本方針と情報セキュリティ・マネジメント対策基準に関する策定手順を明確化し，文書化（明文化）することが重要である。実際には，情報セキュリティポリシーの策定手順を具体化した計画書を作成し，その計画書を実施できる体制を整備しなければならない。

なお，ここで注意しなければならないのが，計画書の作成については“文書化＝紙媒体”ではないということである。つまり，その計画書の内容を文字だけでなく，図表等のビジュアルで表現して，いつでも内容を確認できる状況を作り出して有効に機能させることが重要であるので，そのためには紙媒体の作成だけではなく，電子媒体での計画書の作成でも構わないことになる。

また，組織で策定された情報セキュリティポリシーにおいて，構成する情報セキュリティ・マネジメント対策基準の実効性をより効果的なものにするためには，基準として定めた情報セキュリティ対策項目を実施するために，情報システムに対する情報セキュリティ対策の機能を取り込んだ運用規定を作成しなくてはならない。つまり，情報システムにおける情報セキュリティ対策の実施では，情報セキュリティ・マネジメント対策項目を実施するための適切なセキュリティ製品を選定し，それを情報システムに組み込んで適切に運用していく，実際に管理できる環境を整備することが必要である。

図2-9　情報セキュリティポリシーの実施プロセス

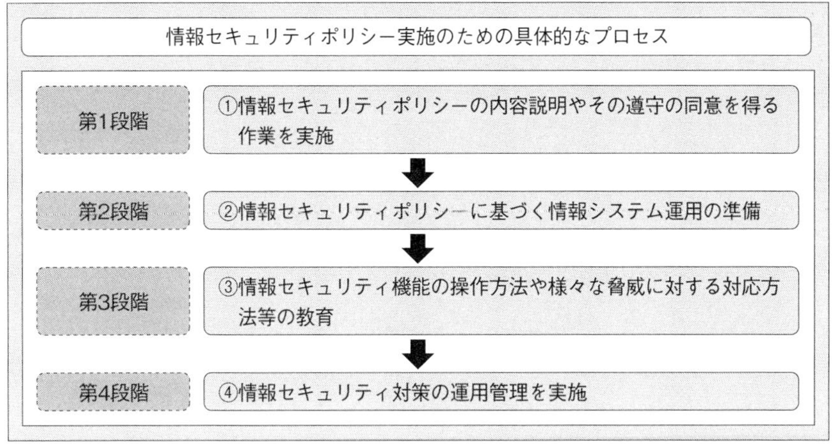

出所：筆者作成。

(2) セキュリティ・インシデントの対応

組織構成員は，CIAの観点から，その組織における所属や職権，役職等に応じた職階権限や部門権限，職務権限，職務内容等に対応した情報資産の使用権限を設定する必要がある。

そのためには，組織で策定された情報セキュリティポリシーにおいて，組織構成員は情報セキュリティ・マネジメント対策基準に対する責任を果たす義務がある。具体的には，**図2-9**に示している「情報セキュリティポリシーの実施プロセス」にあるように，4つの段階に分けてプロセスを実施する。その段階とは，①情報セキュリティポリシーの内容説明やその遵守の同意を得る作業を実施，②情報セキュリティポリシーに基づく情報システム運用の準備，③情報セキュリティ機能の操作方法や様々な脅威に対する対応方法等の教育，④情報セキュリティ対策の運用管理を実施で，それぞれの内容を考慮して各段階のプロセスを確実に実行していくことになる。

一般的に，不正アクセスや情報の改竄等に対応する改善措置やサービス需要量の変化に伴う情報システム構成の変更等，組織を取り巻く環境の変化[10]に伴い，情報セキュリティポリシーに基づく情報セキュリティ対策における様々な脅威によってリスクコントロール[11]の水準も変化していくことになる。したがって，情報セキュリティ・マネジメント戦略の運用をより効果的なものにするためには，情報セキュリティポリシーを遵守するとともに，そのポリシーの策定時における様々な脅威に基づくリスクコントロール水準を維持・改善していく管理作業が必要である。

さらに，情報セキュリティ・マネジメント戦略では，セキュリティ・インシデントに対応するための施策も必要である。セキュリティ・インシデントは，インターネットに接続された情報システムを運用する際に発生したセキュリティ上の問題としてとらえる事象[12)]のことである。例えば，ハードウェアリソースの不正使用，サービス妨害行為，データ破壊，意図しない情報の開示，それらに至るための行為（事象）等の幅広いことを考慮しなければならない。情報セキュリティ・マネジメント戦略の実践では，セキュリティ・インシデントに対応するための施策も必要で，それは情報システム障害に対する考え方と同様に，事前作業（予防），インシデント対応作業（検出），事後作業（暫定対応・恒久対応）の項目から構成されて，それぞれの項目に対応しなければならない。

最後に，情報セキュリティポリシー策定時に設定した様々な脅威に基づくリスクコントロール水準を想定するレベルを維持しているかを点検・分析・評価することも重要である。情報セキュリティ対策の分析と評価については，当該組織の実施主体である情報システム部門，あるいは監査部門，審査部門等が実施するセキュリティ監査（内部監査）と組織とは関係のない第三者であるリスクコンサルタントやシステム監査人等が実施するセキュリティ監査(外部監査)があり，内部監査と外部監査のそれぞれの立場から監査を行うことになる。

内部監査では，組織自らが設定した情報セキュリティ水準について，監査を実施した分析と評価だけでなく，システム監査人が実施したセキュリティ監査の評価結果も受け入れて，様々な脅威に基づくリスクコントロール水準を維持し，組織の情報セキュリティレベルを向上させるための対策を実施しなければならない。また，外部監査では，内部からの視点ではなく，組織外部の一定の指針に基づいて，策定した情報セキュリティ・マネジメント基本方針と情報セキュリティ・マネジメント対策基準に基づく情報資産の分析と評価を行い，その評価に基づいたCIAの保証を継続的に実現していくために実施する。

2.1.3 現代組織における情報セキュリティ・マネジメントの構成

前述しているように，組織全体でISMSにおける情報セキュリティ・マネジメント戦略に取り組むためには，まず各組織に適合した情報セキュリティポリシーの策定が重要である。そのうえで，当該組織が所有している情報資産を継

図2-10　主な情報セキュリティポリシーの構成要素

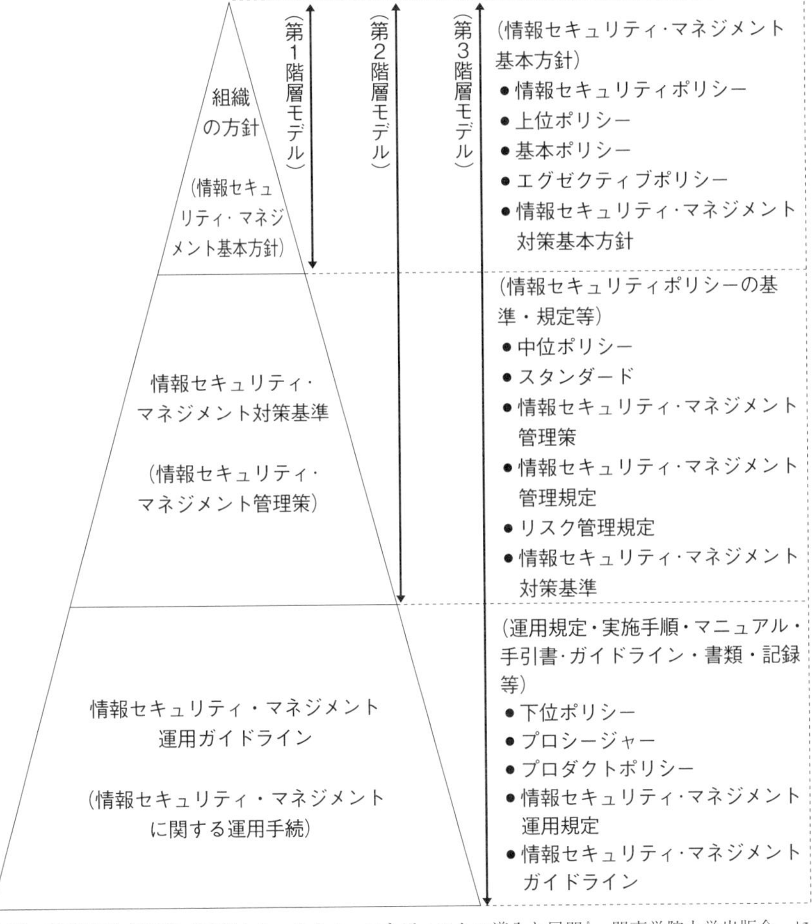

出所：税所哲郎（2006）『情報セキュリティ・マネジメントの導入と展開』，関東学院大学出版会，に対して加筆・修正のうえ作成。

続的に保護するために，具体的な組織の基本方針や対策基準，運用手続，教育等を明確に規定し，文書化したものが必要である。

なお，具体的な情報セキュリティポリシーの内容については，次章で詳細に考察するので，この章では概観するだけにとどめる。また，情報セキュリティポリシーでは，その内容において，どのような構成で，どの程度詳細に記載するかといったことについては，ポリシーを策定する具体的内容はそれぞれの組織において設定される責任と義務において決定されることになる。

一般的なISMSにおける情報セキュリティポリシーの策定は，**図2-10**に示している「主な情報セキュリティポリシーの構成要素」にあるように，「情報セキュリティ・マネジメント基本方針（組織の方針）」と「情報セキュリティ・マネジメント対策基準（情報セキュリティ・マネジメント管理策）」「情報セキュリティ・マネジメント運用ガイドライン（情報セキュリティ・マネジメントに関する運用手続）」の３つの文書から構成される統合文書として位置づけて，組織全体で情報セキュリティ・マネジメント戦略に取り組むことになる。

なお，情報セキュリティポリシーは，「第１階層モデル」として，情報セキュリティ・マネジメント基本方針をポリシーと位置づけたモデルがある。また，「第２階層モデル」として，情報セキュリティ・マネジメント基本方針と情報セキュリティ・マネジメント対策基準をポリシーとして位置づけたモデルである。さらに，「第３階層モデル」として，情報セキュリティ・マネジメント基本方針と情報セキュリティ・マネジメント対策基準，情報セキュリティ・マネジメント運用ガイドラインをポリシーとして位置づけたモデルである。これらの構成要素に基づいて，それぞれの組織が置かれている状況（業種や業態，規模等）に応じて情報セキュリティポリシーを導入する必要がある。

第１階層モデルは，**図2-10**に示しているように，「情報セキュリティ・マネジメント基本方針」のみで構成される。これは「組織における方針」であり，当該組織におけるトップマネジメントが第三者からの様々な脅威に対して情報セキュリティ対策を実施することを宣言する。また，その基本方針を組織構成員に宣言することを目的とするものである。

具体的には，**表2-9**に示している「情報セキュリティ・マネジメント基本方

表2-9　情報セキュリティ・マネジメント基本方針の構成例

1．目的
2．定義
(1) 部署等，(2) ネットワーク，(3) 情報システム，(4) 情報資産，(5) 情報セキュリティ　等
3．情報セキュリティ・マネジメントの位置づけと組織構成員等，及び外部委託業者の義務
4．情報セキュリティ・マネジメント体制
5．情報資産の分類
6．情報資産への脅威
7．情報セキュリティ対策
(1) 物理的セキュリティ対策，(2) 人的セキュリティ対策，(3) 技術，及び運用におけるセキュリティ対策　等
8．情報セキュリティ・マネジメント対策基準の策定
9．情報セキュリティ・マネジメント実施手順の策定
10．情報セキュリティ監査の実施
11．分析・評価，及び見直しの実施
12．その他
(1) 参考，(2) 付則　等

出所：税所哲郎（2006）『情報セキュリティ・マネジメントの導入と展開』，関東学院大学出版会，に対して加筆・修正のうえ作成。

針の構成例」にあるように，各組織における情報セキュリティ対策に対する根本的な考え方を表すもので，各組織がどのような脅威に対して，なぜ保護しなければならないのかを明らかにし，各組織の情報セキュリティに対する取り組み姿勢を示すものである。

第２階層モデルは，**図2-10**に示しているように，「情報セキュリティ・マネジメント基本方針」と「情報セキュリティ・マネジメント対策基準」で構成される。これは「情報セキュリティ・マネジメント管理策」のことであり，情報セキュリティ・マネジメント基本方針に基づいて，組織構成員が遵守すべき具体的な情報セキュリティ･マネジメント対策基準を明示し，情報セキュリティ･マネジメントに関する責任と義務を割り当てるものである。

具体的には，**表2-10**に示している「情報セキュリティ・マネジメント対策基準の構成例」にあるように，情報セキュリティ・マネジメント基本方針で定

表2-10　情報セキュリティ・マネジメント対策基準の構成例

項目	内容
1．対象範囲	
2．組織・体制	
3．情報資産の分類と管理	（1）情報資産の管理責任，（2）情報資産の分類と管理　等
4．物理的セキュリティ	（1）サーバ等，（2）管理区域，（3）ネットワーク，（4）組織構成員等の端末　等
5．人的セキュリティ	（1）役割・責任，（2）教育・訓練，（3）アクセスのための認証情報，及びパスワードの管理　等
6．情報セキュリティ	（1）ネットワーク，情報システム，及び情報資産の管理，（2）ネットワーク，及び情報システムを使用する際の規定，（3）アクセス制御，（4）情報システムの開発，導入，保守等，（5）コンピュータウイルス対策，（6）不正アクセス対策，（7）セキュリティ情報の収集　等
7．運用	（1）情報システムの監視，（2）情報セキュリティポリシーの遵守状況の確認，（3）運用管理における留意点，（4）自己，及び侵害等の対応　等
8．法令順守	
9．情報セキュリティに関する違反に対する対応	
10．評価・見直し	（1）監査，（2）点検，（3）情報セキュリティポリシーの見直し　等
11．その他	（1）参考，（2）付則　等

出所：税所哲郎（2006）『情報セキュリティ・マネジメントの導入と展開』，関東学院大学出版会，に対して加筆・修正のうえ作成。

められた情報セキュリティ・マネジメントを確保するために遵守すべき行為，及び判断等の基準，つまり基本方針を実現するために何をやらなければならないのかを示すものである。

第3階層モデルは，**図2-10**に示しているように，「情報セキュリティ・マネジメント基本方針」と「情報セキュリティ・マネジメント対策基準」，及び「情報セキュリティ・マネジメント運用ガイドライン」で構成される。これは「情報セキュリティ・マネジメントに関する運用手続」であり，情報セキュリティ

表2-11　情報セキュリティ・マネジメント運用ガイドラインの構成例

項目	内容
1．目的	
2．適用範囲	
3．運用に関する責任体制と役割	（1）組織，（2）組織構成員，（3）運用管理者，（4）システム管理責任者　等
4．コンピュータ化システムの操作	（1）標準操作手順書の作成，（2）標準操作手順書の省略　等
5．保守点検管理	（1）日常点検，（2）定期点検，（3）保守点検を専門業者に委託する場合の取決め　等
6．セキュリティ管理	（1）データの入力，修正，削除等に関する担当者のアクセス権限の設定と不正アクセス防止，（2）識別構成要素の管理，（3）ハードウェア設置場所への立入制限　等
7．バックアップおよびリストア	
8．変更の管理	（1）変更の計画，承認の手順，（2）変更の影響評価，（3）その他，変更に必要な事項
9．システムトラブルの管理	（1）システムトラブル発生時の対応のための組織等，（2）システムトラブルの原因の究明，及び影響評価，（3）再発防止策，（4）回復措置に関する手順，（5）システム停止後の再開手順，及び再開時の確認事項，（6）その他，システムトラブルの管理に必要な事項
10．担当者の教育訓練	（1）教育訓練計画の作成，（2）教育訓練の実施，（3）教育訓練の記録の保管　等
11．自己点検	（1）自己点検の実施，（2）改善措置の実施　等
12．その他	（1）参考，（2）付則　等

出所：税所哲郎（2006）『情報セキュリティ・マネジメントの導入と展開』，関東学院大学出版会，に対して加筆・修正のうえ作成。

ポリシーの説明書や運用規定書等から構成されるものである。

具体的には，**表2-11**に示している「情報セキュリティ・マネジメント運用ガイドラインの構成例」にあるように，対策基準に定められた内容に基づいて，具体的な情報システム等の情報資産，または責任体制と業務内容（実務）等において，どのような手順に従って，何を実施していくのかの運用ガイドラインを示すものである。

一般的に，従前の大型汎用コンピュータを用いた業務データの大量集中処理システムを中心とした業務処理の時代では，組織の情報資産の情報セキュリティ対策は情報システム部門がすべて把握・管理していた。したがって，情報システムの利用者であるエンドユーザーが情報セキュリティ対策に直接関与することはほとんどなく，ごく一部の対策に限られていたのである。

しかし，現在のクライアント・サーバーを用いた業務データの分散処理システムを中心とした業務処理の時代では，その組織における情報資産の運用と管理が多くの場合でエンドユーザー（部門）に委ねられている。つまり，情報セキュリティ対策も含めて，それまでの情報システム部門からユーザー部門での情報資産の運用と管理を実施しなくてはいけない環境へと変化している。

このような背景からも分散処理システムが中心の時代では，一般的にエンドユーザーは各人が情報セキュリティに対する意識のバラツキがあり，結果として大きなセキュリティホール[13)]を生み出してしまう可能性がある。したがって，組織における情報資産の価値を守るためには，組織全体，すべての部門，すべての組織構成員間で，統一した基準を適用させて管理を行わなくてはならない。

一方，現代組織ではeビジネスが盛んになっているが，このビジネスモデルのスキームでは，情報システム部門の目の行き届く範囲に情報セキュリティ対策を限定する情報システムの運用は時代遅れになっている。これは，組織の情報システムがインターネットとの接続によって，例えば，クラウド・コンピューティング等の自己創発的な利用形態となって，様々な形態の情報システム構成とエンドユーザーの利用形態を招いている時代となっているからである。

今日では，インターネットを経由した悪意ある第三者からの攻撃による脅威がますます大きくなっている。その結果，組織の情報システムの脆弱点から，あるいは情報セキュリティ機能の弱いコンピュータが踏み台になって，組織の重要な機器やネットワークだけでなく，重要情報や機密情報，個人情報，プライバシー等の情報資産に対して損失を与える可能性が急激に増大している。

このような状況下で，現代組織の情報セキュリティ対策の実践においては，情報セキュリティポリシーを策定して，組織においてCIAの観点から情報資産を継続的に確保し，その資産価値を保護することが求められている。つまり，情報セキュリティ対策は，現代組織における情報資産に対して，直接，影響を与える脅威のコントロール（脅威の回避，脅威の最適化（脅威の低減），脅威の移転，脅威の保有（受容）といった脅威の予防・防御（暫定的・恒久的））を行い，その発生可能性や損失度合いを一定レベルに抑制することによって，安全・安心に経営を遂行できるような環境を提供することである。

2.1.4 現代組織における情報セキュリティポリシー

(1) 情報セキュリティポリシーの策定

これまで考察してきたように，現代組織のISMSにおいて情報セキュリティ・マネジメント戦略を実践するうえで，最も重要なのが情報セキュリティポリシーの策定である。情報セキュリティポリシーとは，組織のセキュリティ対策を効率よく，効果的に行うための指針であり，情報セキュリティ対策を継続的に維持するための仕組みである。

情報セキュリティポリシーは，組織に情報システムを導入し，その運用と管理，そして利用する際に「何を」「なぜ」「どのように」「どの程度」等の観点で，情報セキュリティ対策を継続的に維持のために対策するかを示すための指針となる。つまり，情報セキュリティポリシーは，情報資産を当該組織の外部と内部からの様々な脅威から守り，安全・安心に情報システムを運営していくための方針や体制，具体的な対策等を総合的に取りまとめた文書である。また，すべての組織構成員，及び外部委託業者は，情報セキュリティポリシーを遵守する義務を負うことになる。

組織におけるトップマネジメントや最高意思決定機関[14]が，組織構成員に対して情報セキュリティ・マネジメントの導入理由やその目的を提示することなく，その枠組みや規定を明文化した情報セキュリティポリシーの策定を意思決定することはない。しかし，組織のトップマネジメントは，情報システム対応において，コンピュータプログラムの製造上の誤りや欠陥等に対する対応よりは，ステークホルダー[15]等の対外的にアピールを行いやすい情報システムの新規開発・新規機能追加に対する対応を優先させる傾向が強いことも見られる。

これらの対応については，表立った成果の現れにくい情報セキュリティ・マネジメントとして本格的な情報セキュリティ投資を行った場合に対しては，一部のステークホルダーから収益に直結しない情報セキュリティ投資は無駄な投資を行ったことになると経営責任を追及される可能性もあり，最終的に経営責任を問わる可能性が高いからである。[16)]

情報セキュリティ・マネジメントに関しては，表面的にはコスト発生のみが目立つばかりで，組織に対しては直接的には利益や収益に対しての貢献が見られないので，できるだけコストをかけたくないというのが従来のトップマネジメントの本音であった。しかし，情報化社会においては，様々な脅威による影響に対する適切なリスクコントロールが，組織の経営活動を成功に導く重要な成功要因となっているので，経営戦略の一環として積極的に情報セキュリティ・マネジメント戦略を導入する企業が見られるようになっている。

組織では，情報セキュリティ・マネジメント戦略を導入する動機や目的がどのようなものになるかによって，規程（規格）内容が形骸化した単なる規定書類の山[17)]を増やすだけに終わるか，それとも組織の情報資産を継続的に保護する防衛システムになるのかが決まるのである。組織が情報セキュリティ・マネジメント戦略を導入する動機は，それぞれの組織が置かれている環境や状況，規模，経営状態，ステークホルダー等によって多種多様である。

このような中で，情報セキュリティ・マネジメント戦略の導入が，当初から形骸化するような状況では，本来の目的が達成できないばかりか，その準備のために費やすヒト，モノ，カネ，情報の経営資源，さらにそのために費やす時間等が膨大なものとなってしまう可能性もあり，その組織に潜在する脅威によるリスクによる影響をコントロールすることができないことになる。

また，形骸化した情報セキュリティ・マネジメント戦略は，その組織の信用をさらに低下させる要因にもなるのである。したがって，情報セキュリティ・マネジメントの導入では，**図2-11**に示している「情報セキュリティ・マネジメント導入のアプローチ方法」にあるように，５つの段階に分けてプロセスを実施する。その段階とは，①導入実現の可能性を考慮，②トップマネジメントの視点を考慮，③脅威のコントロールの視点を考慮，④対外的な外部要件を考慮，⑤組織の業務特性を考慮で，それぞれの内容を考慮して各段階のアプローチを確実に実行していくことになる。

図2-11　情報セキュリティ・マネジメント導入のアプローチ方法

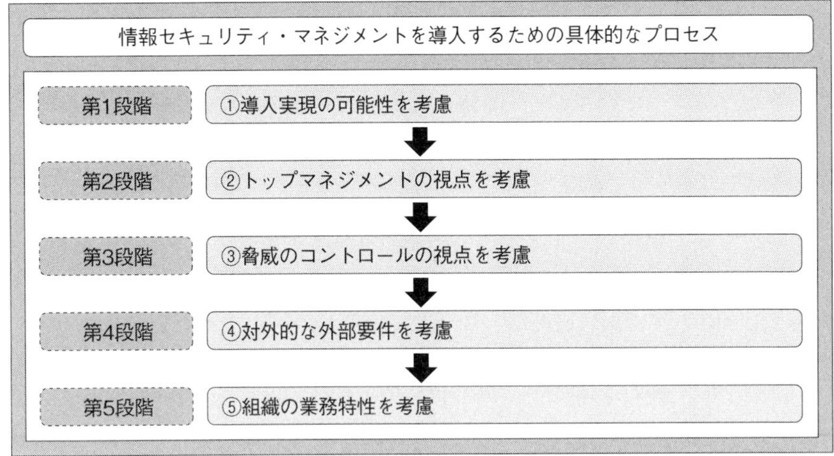

出所：筆者作成。

これらの段階の内容を考慮することで，情報セキュリティ・マネジメント戦略の導入における目的を明確にしたうえで，実際に情報セキュリティ対策の実効性を確保することが求められる。

また，一般的に，どのような組織においても，情報セキュリティ・マネジメント戦略を導入した経験者がいない場合では，初めから完全で，円滑な形態での情報セキュリティ対策のPDCAサイクルを実施することは不可能である。当該組織にとっては，組織を取り巻く様々な条件の中で，重要なことは3つの要素（CIA）の観点から情報資産を継続的に確保することである。また，そのためには，その枠組みや規定を明文化した情報セキュリティポリシーが，正確に，かつ有効に働いて，組織構成員の情報セキュリティ対策に対する意識が向上していくことが重要である。

その意味でも，初めから全体の組織を対象とした情報セキュリティポリシーを策定するよりも，情報セキュリティ・マネジメント戦略の対象範囲と実現可能な達成目的を絞り込んで，特定の部門でポリシーの策定に関する知識や経験等を蓄積していくことが必要である。

ISMSに基づいて，情報セキュリティポリシーを策定する場合，組織のトップマネジメントが情報セキュリティ対策の必要性や重要性を認識し，すべての組織構成員に対して，その職務権限，職務内容，職務責任等に応じた情報セキュリティ対策に関する責任と義務を割り当て，内容について同意してもらうことが必要である。そのうえで，組織構成員は，その組織の保有する情報資産について，CIAの観点から継続的に確保，価値を保護するような活動を行っていかなくてはならないのである。

したがって，組織のトップマネジメントの承認が絶対条件である。これは，トップダウンアプローチとして，情報セキュリティ・マネジメント戦略における導入目的として，経営戦略の一環として実践していくことになるので，トップマネジメントの視点から承認と推進が必要となる。

（2）現代ビジネスと情報セキュリティポリシー

組織においては，情報セキュリティポリシーの策定と実施が行われていないことが理由で，情報セキュリティ対策が有効に機能しないことはない。例えば，中小企業やベンチャー企業等の小さな組織においては，情報セキュリティポリシーによる具体的，かつ明確な文書化がなくても対策を講じている場合がある。例えば，個人情報に特化したプライバシーポリシーに絞ったPDCAサイクルを導入したり，コンピュータウイルス対策ソフトやワクチンソフトの導入を実施したり，電子メールの暗号化を実施したり，及びファイアウォールの設置で不正アクセスを防御しているといった事例がある。

しかし，このような場合でも，組織における情報資産の機密性，完全性，可用性のCIAを継続的に確保していくためには，その対策の根拠となる目的と理由を必ず設定したうえで，情報資産の実態把握に基づく情報セキュリティポリシーを策定しなくてはならないのである。

既存の組織に内在する様々な脅威を丹念に，かつ詳細に取り上げて，分析・評価することにより，そこに包含しているリスクや脆弱性が明らかにすることができる。そして，その組織に対する情報セキュリティ対策において，対応する情報セキュリティ・マネジメント要件が明確になり，その要件への手段としての情報セキュリティポリシーの策定が可能となる。現在の情報セキュリティ対策の不備や不適格といった内容も含めて，適切な情報セキュリティ対策を無駄なく，かつ効率的に実施するために，情報セキュリティポリシーの策定と見直しが欠かせないのである。

一方，今日の企業におけるグローバルマーケット[18]での取引では，情報セキュリティポリシーを策定していない組織の信用度が低く見られる傾向がある。特に，金融業においては，取り扱う商品やサービスは物理的な移動を伴う必要がなく，かつ取引するうえでの国境を意識[19]したやり取りを行う必要がない。したがって，金融業が取扱う情報は，情報システムで管理するのに最適なビジネスモデルであると言える。多くの組織（金融機関）では，情報化社会での競争優位を確保するためのひとつの方策として，**図2-12**に示している「組織における情報セキュリティ管理体制の例」にあるように，組織内に情報セキュリティ委員会等の情報セキュリティ対策専任部署を設置，情報セキュリティ管理体制を確立させた情報セキュリティ・マネジメント戦略の導入を図っている。

これらのことは，民間企業だけ，あるいは大企業のみが対象となる特殊な問題でなく，地方自治体，大学，病院，NPO法人，NGO法人等の様々な種類や

図2-12　組織における情報セキュリティ管理体制の例

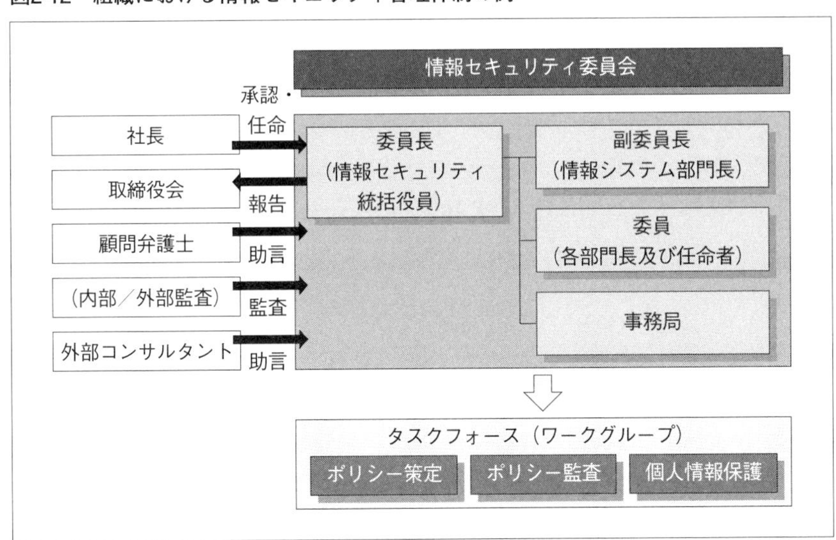

出所：総務省のホームページ〈http://www.soumu.go.jp/main_sosiki/joho_tsusin/security/business/executive/04-4.html〉（2020年２月９日確認）

規模の組織においても，情報セキュリティポリシーの存在は必須となっている。このような状況を踏まえて，グローバルマーケットでの取引という対外的な要件を情報セキュリティポリシー策定の目的に示せば，組織におけるトップマネジメントや最高意思決定機関，あるいはステークホルダーからも理解や承認を得やすくなるのである。

情報化社会の進展に伴って，インターネット上での取引を行うeビジネスが増加している。そのような組織にとっては，様々な脅威に基づくリスクの多様化と複雑化によって，業務に対して多大な影響を及ぼしており，ビジネスリスク[20)]になっていることもある。特に，電子商取引では，企業や行政機関，大学，病院等の組織に対する様々な脅威の影響によるリスクの上昇に伴って，当該組織のイメージアップや優良顧客の維持，新規顧客の獲得，引いては事業拡大等に対しての重大な障害となる。

したがって，どのような組織においても，ビジネス上の脅威の回避や脅威の最適化（脅威の低減），脅威の移転，脅威の保有（受容）といった脅威の予防・防御（暫定的・恒久的）が，そのまま収益に結び付き直結していくような業務特性の場合もあるので，情報セキュリティポリシーの策定を行い，導入し，運用と管理を適切に実施してことが重要である。

2.2
現代組織における情報セキュリティ・マネジメント管理策の実施

現代組織においては，情報セキュリティ・マネジメント戦略を展開していくうえで，その組織が保有している様々な情報資産を継続的に保護する必要がある。そのためには，具体的な組織の方針や対策基準，運用ガイドライン，運用手続，教育等を規定し，文書化（明文化）した情報セキュリティポリシーの策定が求められる。

情報セキュリティポリシーでは，ISMSの推進に基づいて，具体的な組織の方針を作成，そのポリシー策定プロセスで作成された情報セキュリティ対策基準から具体的な情報セキュリティ対策を策定し，その情報セキュリティ機能を情報システムに実装していくプロセスを管理策の選択，管理策の実施を行っていくのである。

情報セキュリティ対策では，情報セキュリティ・マネジメント基本方針で定義，文書化された情報セキュリティ対策について，実際に情報システムを運用・管理する段階まで，その内容を具体化，及び詳細化した情報セキュリティ・マネジメント対策基準を策定し，実現するために必要な情報セキュリティ機能の設計を行うことを意味する。

本節では，情報セキュリティポリシーの中核を構成する情報セキュリティ・マネジメント対策基準（情報セキュリティ・マネジメント管理策）について，具体的な情報セキュリティ対策である情報セキュリティ機能を情報システムに実施していくためのプロセスについて考察する。

2.2.1 情報セキュリティ・マネジメント対策基準の導出

(1) 情報セキュリティ・マネジメント対策基準での定義

情報セキュリティポリシーで作成される情報セキュリティ・マネジメント対策基準は，情報システムの利用者が遵守しなくてはならないISMSの基準・規定という観点で表現される情報セキュリティ・マネジメント要件である。

例えば，電子メール利用の情報セキュリティ対策を考える場合には，「電子メールを送信及び受信する際は，添付ファイルのウイルスチェックを行うこと」「パソコンを利用する際は，定期的なウイルススキャンを行うこと」「パターンファイル[21)]の更新は，定期的に行っていること」といった表現で定義される。また，電子メール利用時のウイルスチェック要件の表現は，一般的にはクライアント（パソコン）へのウイルス対策ソフトの組み込みでよいことになる。

したがって，クライアントにおける電子メール利用時の情報セキュリティ対策におけるウイルスチェック要件の表現については，**表2-12**に示している「電子メールにおける代表的な情報セキュリティ対策の例」にあるように，9つの項目に分けて対策を実施する。その項目とは，例えば，(1) から(9) までの具体的な項目があり，その組織における電子メールの情報セキュリティ対策として，それぞれの内容を考慮して各項目を確実に実行していくことになる。

表2-12　電子メールにおける代表的な情報セキュリティ対策の例

	チェック項目
電子メール・セキュリティ対策	(1) メーラーでマクロは自動起動にしておく必要があるか？　手動か？
	(2) ウイルス対策ソフトは自動起動にするか？　手動か？
	(3) 添付ファイルを保存してからウイルスチェックするか？ そのままウイルスチェックするか？
	(4) 定期的なウイルススキャンを行っているか？　定期的のタイミングは？
	(5) 暗号化されている添付ファイルのウイルスチェックはどういう手順で行うか？ 決まっているか？
	(6) パターンファイルの更新方法や更新間隔はどうするか？　更新しているか？
	(7) ウイルスに感染している添付ファイルを発見した場合の措置はどうするか？ 駆除方法は？
	(8) ウイルス対策ソフトのインストール方法はどうするか？　最新版のソフトか？
	(9) ウイルス対策ソフトの機能設定はどうするか？　必要に応じて変えているか？

出所：筆者作成。

通常，情報セキュリティ対策の検討項目では，情報セキュリティ・マネジメント対策基準の定義項目だけでは導出することはできない。なぜならば，電子メールを例に挙げれば，コンピュータウイルスに関する詳細な知識，及び最近のコンピュータウイルスの手口（機能），情報セキュリティ技術であるウイルス対策ソフトに関する最新の知識等を理解したうえで，情報セキュリティ・マネジメント要件に適用して導出しなければならないからである。

（2）情報セキュリティ・マネジメント対策の具体化

情報セキュリティ対策の具体化では，**図2-13**に示している「情報セキュリティ対策導入のアプローチ方法」にあるように，5つの段階に分けて実施する。その段階とは，(1) 情報セキュリティ・マネジメント対策基準で要求している情報セキュリティ・マネジメント要件の明確化から，(2) 情報セキュリティ技術に関する知識の習得と蓄積，(3) 情報セキュリティ対策の詳細検討項目，(4) 情報セキュリティ対策の具体的方策の検討と実施，(5) 情報セキュリティ対策における外部仕様書の作成で，それぞれの内容を考慮して各段階のプロセスを確実に実行していくことになる。

図2-13　情報セキュリティ対策導入のアプローチ方法

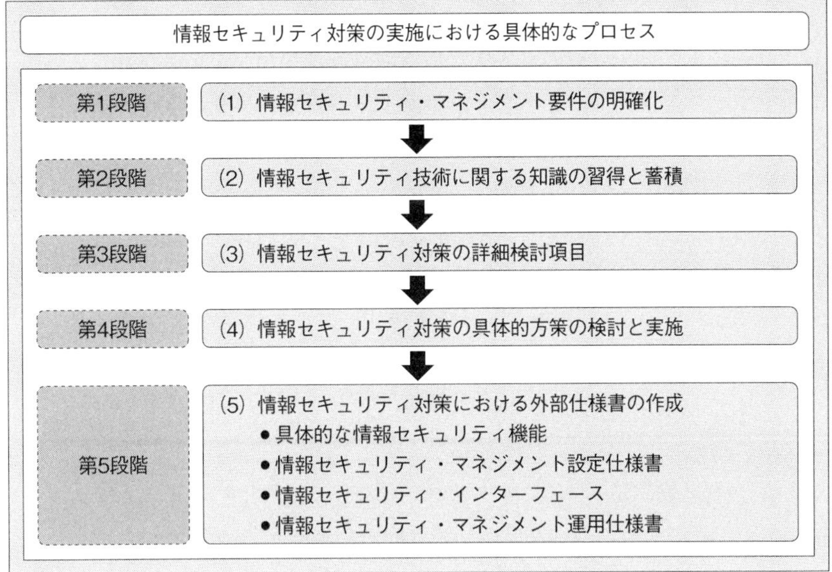

出所：筆者作成。

また，この第５段階については，具体的な情報セキュリティ機能，情報セキュリティ・マネジメント設定仕様書，情報セキュリティ・インターフェース，情報セキュリティ・マネジメント運用仕様書についても策定し，実行していかなければならないことになる。したがって，クライアント（パソコン）の利用における電子メールのウイルスチェックの例では，情報セキュリティ対策の検討項目で挙げた内容の具体的な対応方法を定義することから始まる。

情報セキュリティ技術については，具体的な情報セキュリティ機能や情報セキュリティ・マネジメント設定仕様を明確化する情報セキュリティ・マネジメント外部仕様書を策定することである。また，情報システムに実施した情報セキュリティ対策をどのような手順で，どのように運用するかという運用方法の外部仕様も導出する必要がある。

2. 2. 2 情報セキュリティ・マネジメント対策基準のデザイン

情報セキュリティ対策の具体化な作業項目の洗い出しと定義付けによって，情報セキュリティ・マネジメント対策基準における外部仕様書が作成できる。その次は，情報システムに実装するOSやミドルウェア，アプリケーションソフト，及びセキュリティ製品等の情報セキュリティ機能を用いて，情報システムに実施する情報セキュリティ機能を設計していくことになる。

これは情報システム開発における内部設計[22]に該当する作業と同様の設計で，**図2-14**に示している「情報セキュリティ機能における設計概要」にあるように，５つの段階に分けて機能を設計する。その段階とは，(1) ネットワーク上でのセキュリティ製品の配置，(2) 情報セキュリティ・システム技術の仕様定義，(3) アプリケーションソフトにおけるセキュリティ設計，(4) セキュリティ設定のための仕様定義，(5) エンドユーザーがシステムを利用する場合のインターフェースで，それぞれの内容を考慮して各段階を設計していくことになる。

(1) 第１の設計：ネットワーク上でのセキュリティ製品の配置

第１の設計段階では，情報セキュリティ対策における外部仕様と選定されたシステム製品やセキュリティ製品等から，LANやWAN，インターネット上でのICT製品（情報セキュリティ機能を搭載のソフトウェアやハードウェア等）や情報セキュリティ機能の配置を決定していくのである。

例えば，ルータやスイッチングハブ，光回線終端装置等に加えて，ファイアウォールやウイルス対策ソフト等の具体的な製品を選定して，どのクライアントや，どのサーバー等に実施するかを決定し，その配置図や配置表等を定義しなくてはならない。

(2) 第２の設計：情報セキュリティ・システム技術の仕様定義

第２の設計段階では，情報セキュリティ対策における外部仕様書から，情報セキュリティ技術である暗号技術，認証技術，アクセスコントロール技術，ウイルス感染防止技術等の実績と応用に基づいて，情報セキュリティ機能を決定していくのである。

図2-14　情報セキュリティ機能における設計概要

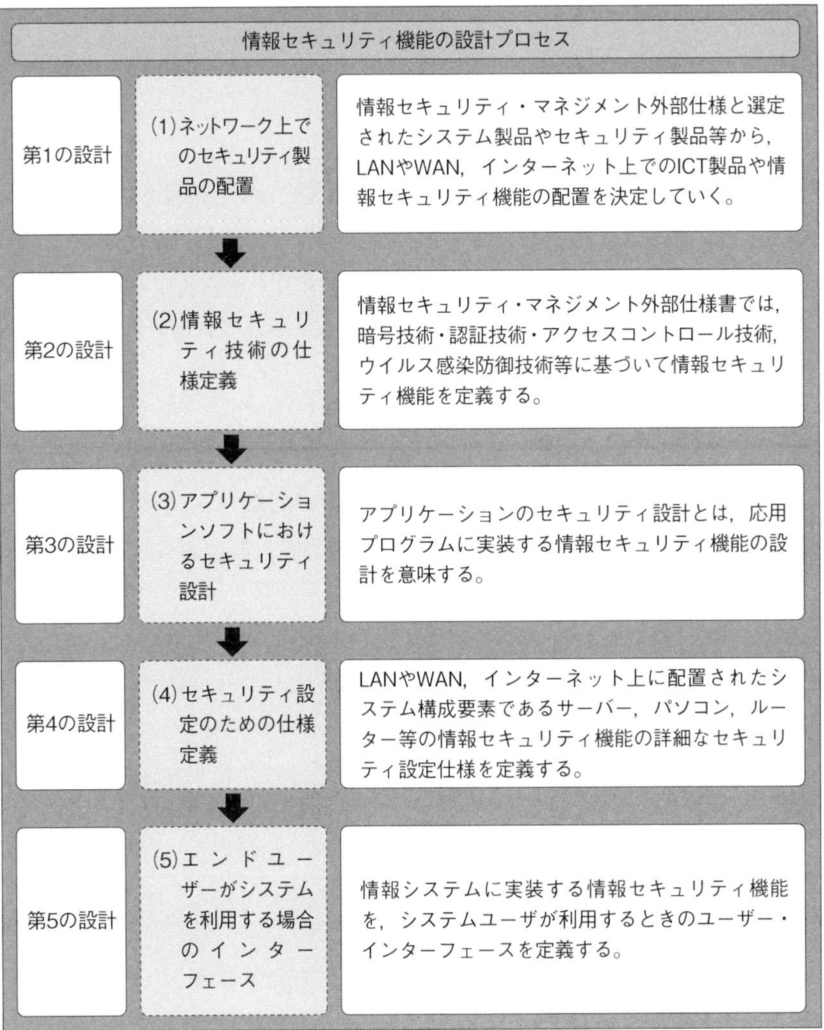

出所：筆者作成。

情報セキュリティ対策における外部仕様に基づいて，情報システムを構成するコンピュータやネットワーク機器等に実施するICT製品の情報セキュリティ機能を前提にする。そして，OSやミドルウェア，アプリケーションソフト，及びセキュリティ専用製品等で使用するための，詳細な情報セキュリティ機能の仕様を定義しなくてはならない。

（3）第３の設計：アプリケーションソフトにおけるセキュリティ設計

第３の設計段階では，アプリケーションソフトのセキュリティ設計では，応用プログラムであるアプリケーションシステムに実施する情報セキュリティ機能の設計を決定していくのである。

応用プログラムに対して，ユーザー認証や暗号化を組み込む方法やOS，ミドルウェア，アプリケーションソフト，及びICT製品等に備わっている情報セキュリティ機能の利用方法を決定し，アプリケーションソフトの情報セキュリティ機能の仕様を定義しなくてはならない。

（4）第４の設計：セキュリティ設定のための仕様定義

第４の設計段階では，LANやWAN，インターネット上のシステム構成要素であるパソコン等のクライアント，サーバー，ルーター，スイッチングハブ，光回線終端装置等において，情報セキュリティ機能の詳細な情報セキュリティ設定仕様を決定していくのである。

例えば，ウイルス対策ソフトを搭載したパソコンでは，ファイアウォール機能仕様，情報漏洩防御機能仕様，アクセスコントロール機能仕様，ウイルスチェックの自動化，パターンファイルダウンロードの自動化等をパラメーターや各種機能の選択等によって指定する。したがって，それぞれのシステム要素ごとに，詳細なセキュリティ設定するための仕様を定義しなくてはならない。

（5）第５の設計：エンドユーザーがシステムを利用する場合のインターフェースを定義

第５の設計段階では，組織における情報システムに実施する情報セキュリティ機能を，エンドユーザーが情報システムを利用する場合のユーザー・インターフェースを決定していくのである。

例えば，ユーザーIDやパスワード等の認証情報の入力インターフェースや定期的なウイルスチェックのためのインターフェース等，情報セキュリティ機能を利用するための画面レイアウトや操作仕様等を含めた具体的なユーザー・インターフェースの内容を定義しなくてはならない。

2.2.3 情報セキュリティ・マネジメント対策基準の実施

情報セキュリティ・マネジメント対策基準の実施では，ICT製品の導入と情報セキュリティ機能の組み込み等を意味している。

具体的には，**図2-15**に示している「情報セキュリティ対策の具体的な内容」にあるように，4つの段階に分けて具体的な対策を検討する。その段階とは，

(1) OSやミドルウェア，アプリケーションソフト，ICT製品等への情報セ

図2-15　情報セキュリティ対策の具体的な内容

情報セキュリティ対策の具体的な内容		
第1の対策	(1)セキュリティ製品の導入	LANやWAN，インターネット上にあるパソコンやサーバーに対して，ICT製品と情報セキュリティ機能を導入していく。
第2の対策	(2)セキュリティ設定作業	セキュリティ設計の仕様通りに，OSやミドルウェア，アプリケーション・ソフト，セキュリティ製品等への情報セキュリティ機能の設定を行う。
第3の対策	(3)情報セキュリティ対策のガイドライン策定	情報セキュリティ・マネジメント運用規定や情報セキュリティ・マネジメント操作マニュアル等を策定し，情報システムに実施された情報セキュリティ機能の利用において，情報セキュリティ・マネジメント対策基準に遵守した運用を行えるようにする。
第4の対策	(4)セキュリティ機能の検査	セキュリティホール検査やベンダーの検査サービス、ペネトレーションテスト等によって，情報システムにおける情報セキュリティ対策に脆弱性がないか，セキュリティホールは存在していないかの検証を行う。

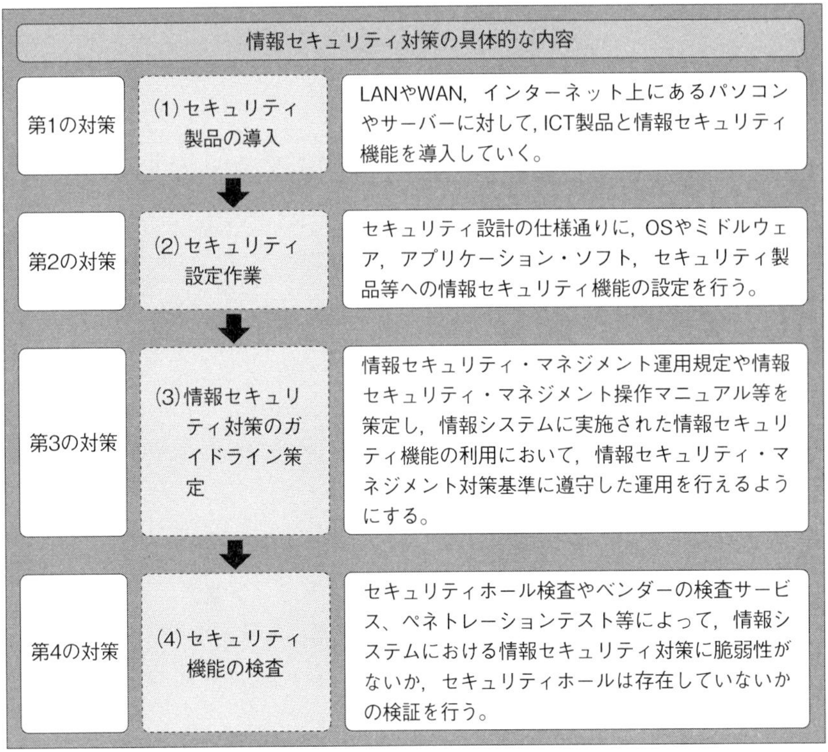

出所：筆者作成。

キュリティ機能の導入，(2) セキュリティ設定作業の実施，(3) その情報システムに実施された情報セキュリティ機能が，有効に利用されるための情報セキュリティ・マネジメント運用ガイドライン（情報セキュリティ・マネジメント運用規定や情報セキュリティ・マネジメント操作マニュアル等）を策定する作業等，(4) 情報システムに実装した情報セキュリティ機能が，情報セキュリティ・マネジメント操作マニュアルに基づいて動作することの検証で，それぞれの内容を考慮して各段階の具体的な内容を検討していくことになる。

以下，それぞれの情報セキュリティ対策の具体的な内容について考察する。

(1) 第1の対策：セキュリティ製品への導入

第1の対策では，LANやWAN，インターネット上にあるパソコン等のクライアントやサーバーに対して，ICT製品と情報セキュリティ機能を導入していくことになる。

(2) 第2の対策：セキュリティ設定作業の実施

第2の対策では，パソコン等のクライアントやサーバーに対して，セキュリティ設定仕様に基づいて，OSやミドルウェア，アプリケーションソフト等の情報セキュリティ機能を設定していくことになる。

具体的には，セキュリティ設定後は，セキュリティ設定者以外の第三者によるチェックを行い，セキュリティ設定仕様に基づいて，正しく設定されているかを確認する必要がある。これは，第三者からの確認を怠って，誤ったセキュリティ設定や基準が違うセキュリティ設定のままでいると，その誤りが組織全体のセキュリティホールとなって，情報システムの大きな脅威となる可能性が大きいからである。

(3) 第3の対策：情報セキュリティ対策のガイドライン策定

第3の対策では，情報システムに実施された情報セキュリティ機能の利用において，情報セキュリティ・マネジメント対策基準に遵守した運用を行えるようにするためのドキュメントを策定していくことになる。

具体的には，情報セキュリティ・マネジメント対策基準を遵守するための業務現場に適合させた情報セキュリティ・マネジメント運用規定や，情報システムに実施されている情報セキュリティ機能を正しく使用するための情報セキュリティ・マネジメント操作マニュアル等がある。

（4）第４の対策：セキュリティ機能の検査

第４の対策では，ICT製品と情報セキュリティ機能を導入し，セキュリティ設定仕様に基づいて，正しく設定を行ったら，情報システムの情報セキュリティ対策に脆弱性がないか，あるいはセキュリティホールは存在していないかを検証していくことになる。

具体的には，コンピュータシステムやネットワークシステム，及びサーバー，Webアプリケーション等に脆弱性が含まれているかについて，既知の広く知られているセキュリティホールや日常の保守の過程で生じた設定の不備をなくすための検査や情報システムに関する情報ベンダー[23)]が提供する検査サービス等の検査ツールの実施や各種サービスを利用する。

図2-16　セキュリティホールの原因となる主な脆弱性

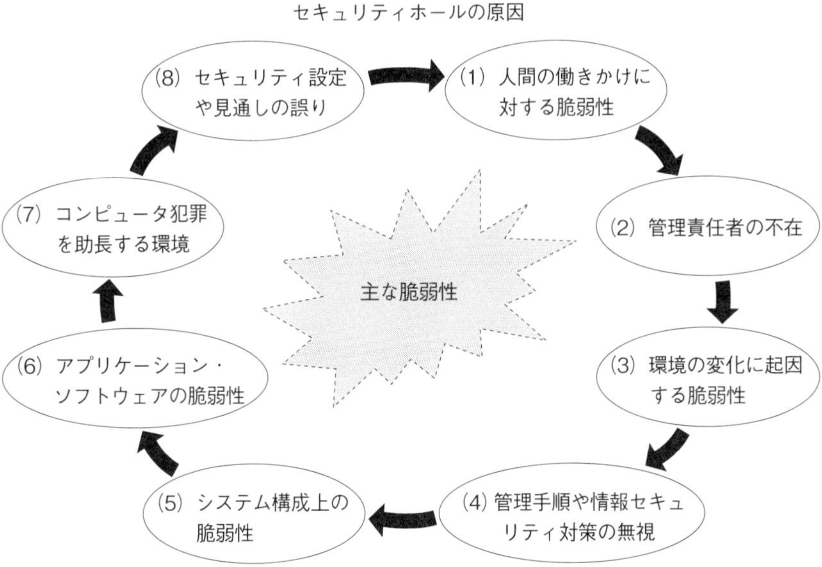

出所：筆者作成。

また，脆弱性の特定については，**図2-16**に示している「セキュリティホールの原因となる主な脆弱性」にあるように，８つの主な原因から脆弱性を検討する。その原因とは，(1) 人間の働きかけに対する脆弱性，(2) 管理責任者の不在，(3) 環境の変化に起因する脆弱性，(4) 管理手順や情報セキュリティ対策の無視といった人間系に関する検査のことはもちろんのこと，(5) システム構成上の脆弱性，(6) アプリケーション・ソフトウェアの脆弱性，(7) コンピュータ犯罪を助長する環境，(8) セキュリティ設定や見通しの誤りで，それぞれの内容を考慮して各原因の脆弱性を特定していくことになる。

この場合に注意することは，最新バージョンのツールを用いた検査を行い脆弱性の特定をしなくてはならないことである。それは，最新バージョンのツールを利用して検査しないと，発見された脆弱性に対する直接的な対応とともに，最新のセキュリティホールを利用した攻撃に対応できないばかりか，亜種[24)]の攻撃にも対応できない危険性が生じることになる。これは，古いままのバージョンのツールを利用し続けた場合，新しく出てきた悪意ある攻撃が潜り抜けてしまう可能性が高いからである。

ところで，最近，組織に対して，情報セキュリティ対策を提供する情報ベンダーやソフトウェア会社，コンピューターメーカーが，各種セキュリティツールによる検査やペネトレーションテスト[25)]等を実施して，一定水準のセキュリティホールの検査サービスを実施している。

例えば，これらの情報ベンダーやソフトウェア会社，コンピューターメーカー等のサービスを利用して，**表2-13**に示している「情報セキュリティ対策における検査内容」にあるように，６つの検査項目について検討する。その技術面での検査については，(1) 技術情報収集，(2) ペネトレーションテスト，(3) セキュリティ設定の見直しを実施し，組織の状況を確認する。そして，運用面については，(4) 情報セキュリティポリシー遵守状況，(5) 情報セキュリティ運用管理，(6) 脆弱性分析で，それぞれの内容を考慮して，様々な観点から侵入攻撃に対する脆弱性の発見を行わなくてはならない。

このような検査によって，情報システムに情報セキュリティ面での脆弱性を発見した場合は，その対応策を検討して，セキュリティ設定の不備を解消した

表2-13　情報セキュリティ対策における検査内容

項　目	内　容
技術面	
(1) 技術情報収集	①最新の技術情報収集
	②自組織適用状況
	③技術的脆弱性と修正情報
(2) ペネトレーションテスト	④セキュリティホール検査ツール
	⑤セキュリティベンダーによる擬似攻撃
(3) セキュリティ設定の見直し状況	⑥セキュリティパッチ情報
	⑦セキュリティ機能の設定見直し
運用面	
(4) 情報セキュリティポリシー遵守状況	⑧遵守状況監視
	⑨遵守状況の収集分析
	⑩利用者（ユーザー）情報の収集分析
(5) 情報セキュリティ運用管理	⑪セキュリティ・インシデント対応情報の収集分析
	⑫利用者（ユーザー）意識調査
(6) 脆弱性分析	⑬運用面の脆弱性分析

注：情報セキュリティ・マネジメントの評価基準の設定では，「技術面」はセキュリティ製品及びシステムの開発や製造，運用等に関する国際標準であるISO/IEC 15408，「運用面」は情報セキュリティマネジメントシステムの管理体制や運用が適切に整備と厳格な運用に関する国際標準であるISO/IEC 27001をベースとして，調査・点検を行う。
出所：筆者作成。

り，新たな情報セキュリティ機能を設定したりして，情報セキュリティ対策を施さなくてはならない。

2. 2. 4 情報セキュリティ対策における検査と評価

一方，情報セキュリティ対策の設計や実施作業と並行して，組織構成員に対して情報セキュリティポリシーの内容に関する教育準備を行い，ポリシーの内容説明やその遵守の同意を得ることも必要である。情報セキュリティポリシーは，組織全体で情報セキュリティ・マネジメント戦略を推進するための組織の憲法とも言えるもので，組織構成員の職務権限，職務内容，職務責任に応じた責任と義務が規定されている。

組織構成員がISMSに基づく，情報セキュリティポリシーを遵守する重要性を認識・理解し，情報セキュリティ・マネジメント対策基準に基づいて策定される情報セキュリティ・マネジメント運用ガイドラインに従って情報システムを利用しなければ，組織における情報システムに実施されている情報セキュリティ機能は正しく働かないことになる。つまり，情報セキュリティポリシーの主旨やその内容を教育し，各組織構成員の情報セキュリティ・マネジメント戦略に対する意識を向上させ，情報システムに組み込まれた情報セキュリティ機

表2-14　情報セキュリティ対策における検査と評価

内　容
(1) 情報セキュリティ対策面
①適切なセキュリティパッチの選定と適用
ベンダーが提供しているソフトウェアに関するセキュリティパッチ情報から，自分の組織における情報システムに適合するセキュリティパッチを選定し，確実に修正できているかを検査して評価する。
②セキュリティ・インシデント対応での技術面の対策の必要性
セキュリティ・インシデントの発生状況やその対応状況を技術的観点から検査して，根本的な技術面の対策の必要性の有無を評価する。
③セキュリティ設定の自動化の必要性
セキュリティ設定の誤りによるセキュリティ侵害の発生度合い等を技術的観点から検査して，セキュリティ設定の自動化の必要性等を評価する。
(2) 情報セキュリティ運用管理面
④セキュリティ対策変更の運用面への反映
技術面において実施されたセキュリティパッチや新たなセキュリティ対策における運用面への影響が，情報セキュリティ・マネジメント運用ガイドラインに適切に反映されているか，その修正内容が利用者に周知徹底されているかを検査して評価する。
⑤情報セキュリティ・マネジメント意識
情報セキュリティ教育を実施後，一定期間をおいて情報セキュリティの意識調査を行い，教育効果を検査して評価する。
⑥セキュリティ・インシデントへの対応
セキュリティ・インシデント対応に関する報告書に基づき，そのマネジメントの適切性について検査して評価する。

出所：筆者作成。

能を適切に働かせる必要がある。

以上のことから，情報セキュリティ・マネジメント戦略においては，**表2-14**に示している「情報セキュリティ対策における検査と評価」にあるように，(1)情報セキュリティ対策面と(2)情報セキュリティ運用管理面に大別することができる。さらに，２つの側面は，６つの詳細項目について検討していくことになる。(1)情報セキュリティ対策面は，①適切なセキュリティパッチの選定と適用，②セキュリティ・インシデント対応での技術面の対策の必要性，③セキュリティ設定の自動化の必要性と，(2)情報セキュリティ運用管理面は，④セキュリティ対策変更の運用面への反映，⑤情報セキュリティ・マネジメント意識，⑥セキュリティ・インシデントへの対応で，それぞれの内容を考慮して，検査内容を分析・評価し，情報セキュリティ対策を講じていく必要がある。

(1) 情報セキュリティ対策面

①適切なセキュリティパッチの選定と適用

この項目は，情報ベンダーやソフトウェア会社が提供しているソフトウェアに関するセキュリティパッチ情報から，自分の組織における情報システムに適合するセキュリティパッチを選定する。

そして，セキュリティパッチを実行し，確実に修正できているかを検査・検証，分析・評価し，情報セキュリティ対策を講じる。

②セキュリティ・インシデント対応での技術面の対策の必要性

この項目は，セキュリティ・インシデントの発生状況やその対応状況を技術的観点から検査・検証して，自らの組織において根本的な技術面の対策の必要性の有無を分析・評価し，情報セキュリティ対策を講じる。

③セキュリティ設定の自動化の必要性

ここでは，セキュリティ設定の誤りによるセキュリティ侵害の発生度合い等を技術的観点から検査・検証して，自らの組織においてセキュリティ設定の自動化の必要性等を分析・評価し，情報セキュリティ対策を講じる。

（2）情報セキュリティ運用管理面

④セキュリティ対策変更の運用面への反映

この項目は，技術面において実施されたセキュリティパッチや新たな情報セキュリティ対策における運用面への影響が，情報セキュリティ・マネジメント運用ガイドラインに適切に反映されているか，その修正内容が利用者に周知徹底されているかを検査・検証，分析・評価し，情報セキュリティ対策を講じる。

⑤情報セキュリティ・マネジメント意識

この項目では，組織において情報セキュリティ教育を実施，その後，一定期間をおいて情報セキュリティの意識調査を行い，教育効果を測定，検査・検証，分析・評価し，情報セキュリティ対策を講じる。

⑥セキュリティ・インシデントへの対応

この項目では，組織内外からのセキュリティ・インシデント対応に関する報告書に基づき，そのマネジメントの適切性について検査・検証，分析・評価し，情報セキュリティ対策を講じる。

ところで，情報セキュリティポリシーは，組織におけるトップマネジメントからのトップダウンアプローチ[26)]によって策定されるので，形式的には業務命令の意味を持っている。具体的には，各組織構成員に対して，「この組織における情報資産の機密性・完全性・可用性は，このようにして確保しなくてはいけない。」という命令書の意味を持つ「情報セキュリティ・マネジメント基本方針」と，「組織構成員の職務権限，職務内容，職務責任に応じて規定される，セキュリティルールを遵守しなくてはいけない」という基準書の意味を持つ「情報セキュリティ・マネジメント対策基準」から構成される。

情報セキュリティポリシーに違反した者（組織構成員）には，罰則規定に従ってペナルティを課されることになるが，これは職務規程等と同じ位置付けとなるからである。したがって，組織構成員による情報セキュリティポリシー遵守のためには，ポリシーの内容に対しての同意を得ることは必須要件である。

また，情報セキュリティポリシーの教育や具体的な情報セキュリティ対策の実施を行ったら，ポリシーに基づく情報システム運用の準備を行うことが重要である。情報セキュリティ・マネジメント運用ガイドラインを策定し，これに基づいて情報セキュリティ対策を実施することができるように，情報システムに実施された情報セキュリティ機能の操作方法やセキュリティ侵犯発見時の対処方法等を導入し，運用する。そして，情報システムの運用を開始し，情報セキュリティ対策の運用管理を実施していく。

2.3
セキュリティ・インシデントの実態と対応

情報システムの障害発生や情報資産への攻撃といった脅威が，何時，どのような形で発生するかを事前に想定して対応することは，事実上は不可能である。したがって，様々な脅威に基づくリスク対する防御施策に対して，万全という概念が存在しないことを前提に，情報セキュリティ対策を講じる必要がある。

セキュリティ・インシデントとは，情報セキュリティに関連した事故や事件，災害，トラブルのうち，人為的事象で意図的，または偶発的なものである。したがって，単なる情報システム上の問題から生じるものだけには留まらないことになる。つまり，セキュリティ侵犯やセキュリティ事故，セキュリティ事件，その他の不審と思われる事象までのすべてを含む幅広い概念である。

情報セキュリティ対策における運用管理では，このようなセキュリティ・インシデントを早期に発見して，セキュリティ・インシデント・マネジメントとして，平時におけるセキュリティ・インシデント対応の準備を行うことが求められる。例えば，セキュリティ侵犯の検出，セキュリティ・インシデントへの対応と改善，反省に基づく現実化したリスクによる損失の低減，再発防止策を通じた効率的なリスク回避・軽減等の対応を行うことで，適切な情報セキュリティ対策を講じなければならないのである。

2. 3. 1　セキュリティ・インシデントの事例

セキュリティ・インシデントの事例として，以下のような事故や事件，災害，トラブル等がある。

第1は，巨額の被害が発生の大規模な個人情報漏洩事件である。ある企業の契約社員が，勤務先の正社員の氏名，クレジットカード番号，有効期限等のクレジットカード情報を不正に大量入手し，それらの個人情報のデータを悪用して，多額の買い物を行った事件である。その他，世に知れわたった既知の脆弱性の認識不足のため，悪意のある第三者からサーバーの脆弱性をついた外部の不正アクセスがあり，個人情報流出が発生した事件である。

第2は，ヒューマンエラー以外を要因とする情報漏洩である。システム障害が発生したがチェック体制の不備のため，さらにシステム障害を告知するためのメール配信システムの不具合が発生し，顧客の会員アドレスが宛先に露出し，大量配信につながった事件である。その他，ある企業の社員が出張先で，ノートパソコンと携帯電話が盗難されて，個人情報や会社情報，企画情報等の各種重要情報が盗難された事故である。

第3は，悪意のない単純な人的ミスが招いた事例である。業務運営委託先の社員が業務用パソコンを紛失したが，本来，持ち出し禁止のパソコンにより，データ持ち出しが招いた事故である。また，社内において，顧客の個人情報が記載の帳票を紛失した事故，及び帳票を誤って破棄した事故である。その他，担当者の操作ミスで，個人情報がインターネットで閲覧可能になった事故，及び他の宛先のユーザーには知らせずに電子メールのコピーを送信するBCC（Blind Carbon Copy）で送るべきところを，宛先で送信するTOで送り，他のユーザーのメールアドレスを表示，電子メールを誤送信した事故である。

2. 3. 2　セキュリティ・インシデントとマネジメント

前述しているように，セキュリティ・インシデントとは，情報システムを運用するうえで，何らかのセキュリティ上の問題が発生することを意味している。セキュリティ・インシデントには，間もなく情報セキュリティ上において問題となる状態や，そのまま放置すると情報セキュリティ上において何かの問題に発展していく可能性の高い状態といったことも含まれることになる。

したがって，脅威によるリスクが具現化することによって，実際に損失が発生することだけを示してセキュリティ・インシデントとしてとらえていない。

例えば，情報システムの利活用において，パスワードが第三者の手に渡った疑いのある状態，情報システムが想定外の高負荷状態に陥ってしまいシステム障害の恐れのある状態，第三者の指摘で情報漏洩が発覚した状態，不正アクセスが行われている状態，不許可のリモートアクセスが行われている状態，ウイルス感染メールを受信した状態，内部犯罪者がデータを不正に改竄している状態，疑惑のある事態から実際に被害をもたらす事態まで，情報セキュリティ上において問題となる，及び問題となっていない事象までを幅広く含んでいる。

つまり，セキュリティ・インシデントは，組織において発生する可能性があるセキュリティ侵犯やセキュリティ事故等の概念もすべて包括している。

セキュリティ侵犯とは，情報資産保護のために講じている情報セキュリティ対策を不法に突破する行為や動作を意味する概念である。情報セキュリティ・マネジメントを講じている情報システムに対して，不正アクセス行為やコンピュータウイルスの感染，成りすましを行うといった行為がセキュリティ侵犯に該当する。

また，セキュリティ事故はセキュリティ事件とも言って，不正アクセス等のセキュリティ侵犯が発生したことを示す概念である。情報セキュリティに関して発生した出来事がセキュリティ事故ということで，表現上においては不正アクセス行為が実行されてしまった後に，不正アクセスのセキュリティ事故が発生したこととなる。

このようなセキュリティ・インシデントを拡大させる主な要因としては，**図2-17**に示している「セキュリティ・インシデントを引き起こす主な要因」にあるように，３つの段階での主な要因について検討することが可能である。その段階は，(1) 第１段階のセキュリティ・インシデント拡大の高速化，(2) 第２段階のセキュリティ・インシデント発見の遅延，(3) 第３段階のセキュリティ・インシデント対応の不適切性で，それぞれの内容を考慮して，様々な観点

図2-17　セキュリティ・インシデントを引き起こす主な要因

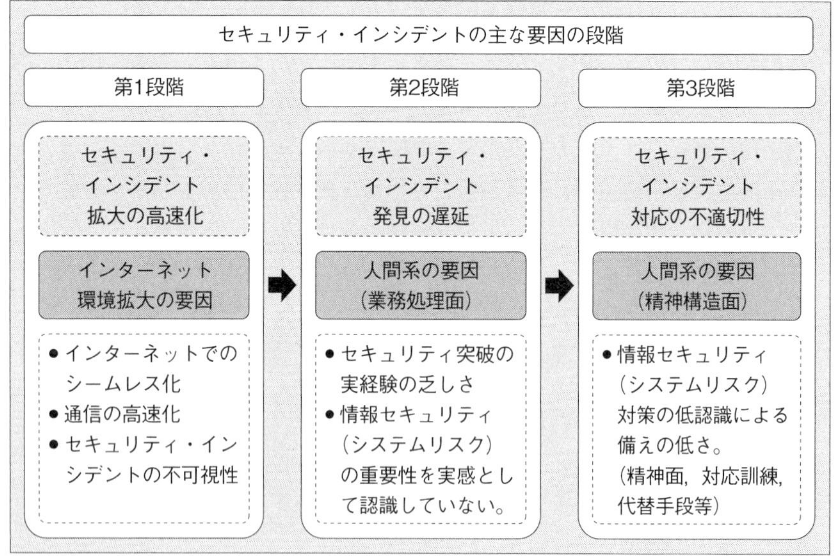

出所：筆者作成。

から要因の段階を整理し，分析・評価を行わなくてはならない。

第１段階では，インターネットでのシームレス化，通信の高速化，セキュリティ・インシデントの不可視性といったインターネット環境拡大の要因がある。第２段階では，セキュリティ突破の実経験の乏しさ，情報セキュリティの重要性を実感として認識していないといった人間系の要因（業務処理面）がある。第３段階では，情報セキュリティ対策の低認識による備えの低さといった人間系の要因（精神構造面）がある。

これらのことは，論理的脅威に起因すると考えられるものだけでなく，物理的脅威に起因する状態も広い意味でのセキュリティ・インシデントに含まれることを意味する。このようなセキュリティ・インシデントへの対応を考えた，適切に対応するための一連のセキュリティ対策を実行する管理施策活動のことを，セキュリティ・インシデント・マネジメントという。

2. 3. 3 セキュリティ・インシデントと管理プロセス

セキュリティ・インシデント・マネジメントにおける個々の作業内容の管理プロセスでは，**図2-18**に示している「セキュリティ・インシデント・マネジメントにおける管理プロセス」にあるように，５つの段階での管理プロセスについて検討する。その段階は，(1) セキュリティ・インシデント対応の事前準備と日常運用，(2) セキュリティ・インシデントの検出と原因究明，(3) セキュリティ・インシデントに対する暫定措置，(4) セキュリティ・インシデント対応と組織内外への報告，(5) セキュリティ・インシデントに対する恒久措置で，それぞれの内容を考慮して管理プロセスで実施，業務継続計画（BCP）[27)] の実効性を確保する。

以下，実際のセキュリティ・インシデント・マネジメントにおける管理プロセスについて考察する。

(1) セキュリティ・インシデント対応の事前準備と日常運用（第１段階）

第１段階では，情報システムの運用開始前の事前準備，及び日常の情報シス

図2-18　セキュリティ・インシデント・マネジメントにおける管理プロセス

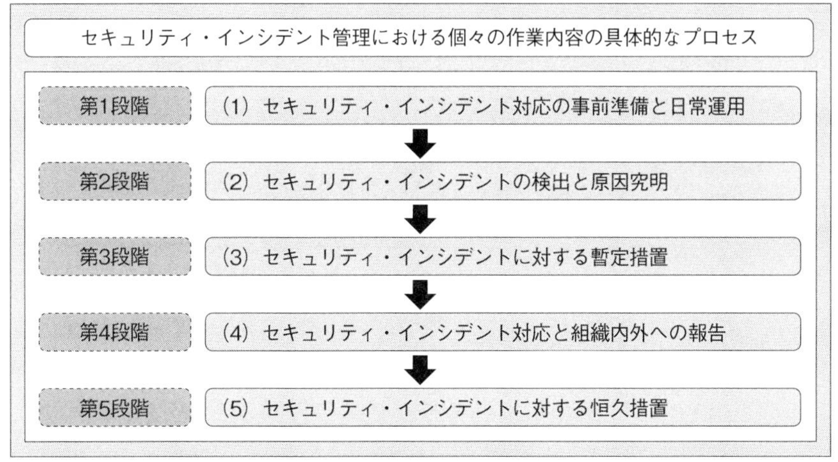

出所：筆者作成。

テムの運用時からセキュリティ・インシデントに対して適時・適切に対応するために，**図2-19**に示している「セキュリティ・インシデント対応の事前準備と日常運用（第1段階）」にあるように，①セキュリティ・インシデントへの事前準備と，②セキュリティ・インシデントに関する日常運用という対応を実施しなければならない。

①セキュリティ・インシデントへの事前準備

ここでは，情報セキュリティポリシーの業務継続対策等にセキュリティ・インシデント・マネジメント実施等の記載を行う「情報セキュリティポリシーへの明確な基準の記載」，情報セキュリティ・マネジメント運用ガイドラインにセキュリティ・インシデント・マネジメントの運用規定や実施事項，実施手順等の記載を行う「情報セキュリティ・マネジメント運用ガイドラインへの手順の記載」，コンピュータやネットワーク機器へのアクセスをモニタリングし，アクセスログとして記録されるように設定する「セキュリティ・インシデント

図2-19　セキュリティ・インシデント対応の事前準備と日常運用（第1段階）

事前準備と日常運用による対応

情報システムの運用開始前		日常の情報システムの運用時
①セキュリティ・インシデントへの事前準備 ●情報セキュリティポリシーに明確な基準を記載する。 ●情報セキュリティ・マネジメント運用ガイドラインに手順を記載する。 ●セキュリティ・インシデントに対するモニタリング機能を設定する。 ●セキュリティ・インシデントに対する情報セキュリティ機能を設定する。	➡	②セキュリティ・インシデントに関する日常運用 ●データ及びソフトウェアのバックアップを行う。 ●日常業務及び正常稼働システムの把握を行う。 ●情報システム及び情報ネットワークに関する情報収集と適切な対応を行う。 ●事業継続計画（BCP）の策定と実施訓練を行う。

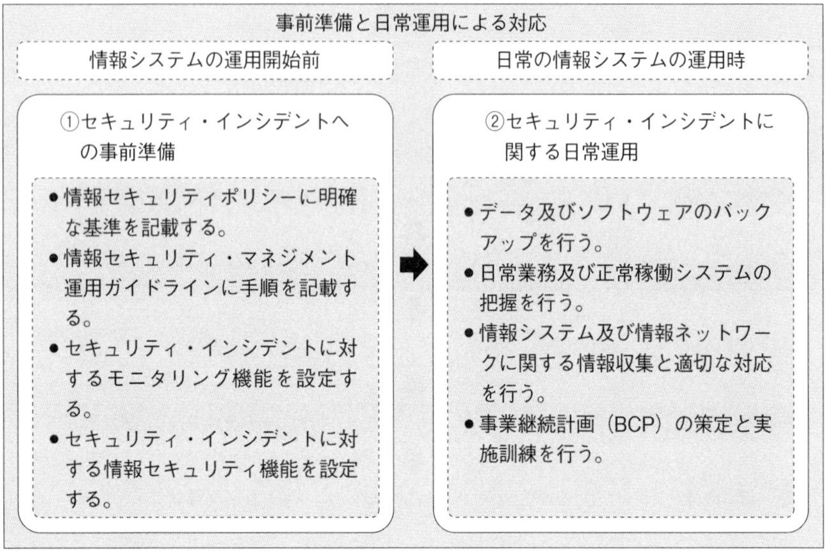

出所：筆者作成。

に対するモニタリング機能の設定」，情報セキュリティ技術のもとで情報セキュリティ機能を正しく設定し，不正アクセスの監視やセキュリティ侵犯を防御する情報セキュリティ機能を設定する「セキュリティ・インシデントに対する情報セキュリティ機能の設定」を実施することになる。

②セキュリティ・インシデントに関する日常運用

ここでは，セキュリティ・インシデントにより破壊や故障，喪失した情報資産を早急に復旧するためのバックアップ作業を決められた手順で実施する「データ及びソフトウェアのバックアップ」，異常状態の検出のために日常業務における正常状態の状況を把握する「日常業務及び正常稼働システムの把握」，セキュリティホールの情報収集やセキュリティパッチ等による修正を行う「情報システム及び情報ネットワークに関する情報収集と適切な対応」，セキュリティ・インシデントの特性ごとに，その対応手順通りに実行するための訓練を行う「業務継続計画（BCP）の策定と実施訓練」を実施する。

（2）セキュリティ・インシデントの検出と原因究明（第２段階）

この段階では，セキュリティ・インシデントの状態を発見したら，設定する監視項目の情報を確認し，正確なセキュリティ・インシデントの検出，及びそのセキュリティ・インシデントの状態を保存する。そして，原因究明を行うために，**図2-20**に示している「セキュリティ・インシデントの検出と原因究明（第２段階）」にあるように，①セキュリティ・インシデントの検証，②セキュリティ・インシデントの進行状況の確認，③セキュリティ・インシデントの状況保存，④セキュリティ・インシデント内容の確認作業を行いセキュリティ・インシデント対応を実施しなければならない。

①セキュリティ・インシデントの検証

ここでは，モニタリング機能や目視によって異常状態を検出する「情報システム及び情報ネットワークに関する異常事態の発見」，想定される論理的脅威や犯罪手口等に基づき，情報セキュリティ技術を利用，情報セキュリティ対策に関する監視項目を設定し，自動検出する「ソフトウェアツールやアプリケー

図2-20　セキュリティ・インシデントの検出と原因究明（第２段階）

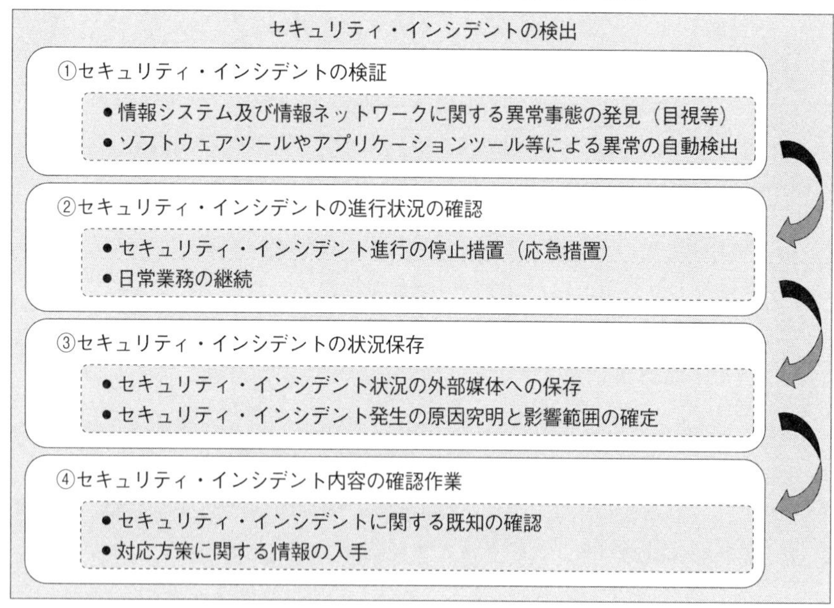

出所：筆者作成。

ションツール等による異常の自動検出」を実施することになる。

②セキュリティ・インシデントの進行状況の確認

ここでは，検出したセキュリティ・インシデントが進行している状態の場合，停止させる緊急措置を行う「セキュリティ・インシデント進行の停止措置」，パソコン等のクライアントでセキュリティ・インシデントを検出した場合，組織内ネットワークから物理的に切断して業務を継続する「日常業務の継続」を実施することになる。

③セキュリティ・インシデントの状況保存

ここでは，セキュリティ・インシデントを検出したら，その状況を外部媒体に保存する「セキュリティ・インシデント状況の外部媒体への保存」，本格的な原因究明や犯罪証拠として使用する「セキュリティ・インシデント発生の原因究明と影響範囲の確定」を実施することになる。

④セキュリティ・インシデント内容の確認作業

ここでは，セキュリティ・インシデントが既知のものかどうかをIPA[28]のセキュリティセンターやJPCERT/CC，セキュリティベンダー，OSベンダー等から提供される情報で確認する「セキュリティ・インシデントに関する既知の確認」，既知のセキュリティ・インシデントであれば，その的確な措置情報を取得する「対応方策に関する情報の入手」を実施することになる。

(3) セキュリティ・インシデントに対する暫定措置（第3段階）

この段階では，セキュリティ・インシデントの作業を切り分けて，情報システムの早期復旧を目標とする暫定的な措置を実施するために，**図2-21**に示している「セキュリティ・インシデントに対する暫定措置（第3段階）」にあるように，①影響範囲の調査・確認作業，②セキュリティ・インシデント対応の緊急連絡作業，③セキュリティ・インシデントの切分け作業，④セキュリティ・インシデントに対する暫定的対応作業，⑤情報システム及び情報ネットワークの復旧作業，⑥業務作業の復旧作業というセキュリティ・インシデント対応を実施しなければならない。

①影響範囲の調査・確認作業

ここでは，セキュリティ・インシデントが組織や情報システム，情報ネットワークに及ぼす影響範囲を洗い出して，調査・確認し，どの程度の被害が発生しているか予想する。

②セキュリティ・インシデント対応の緊急連絡作業

ここでは，セキュリティ・インシデントの影響範囲に入っている部署の責任者や情報セキュリティ・マネジメントに対応する部署に，セキュリティ・インシデントが発生したことを連絡し，その対応に対する協力を要請する。

図2-21　セキュリティ・インシデントに対する暫定措置（第３段階）

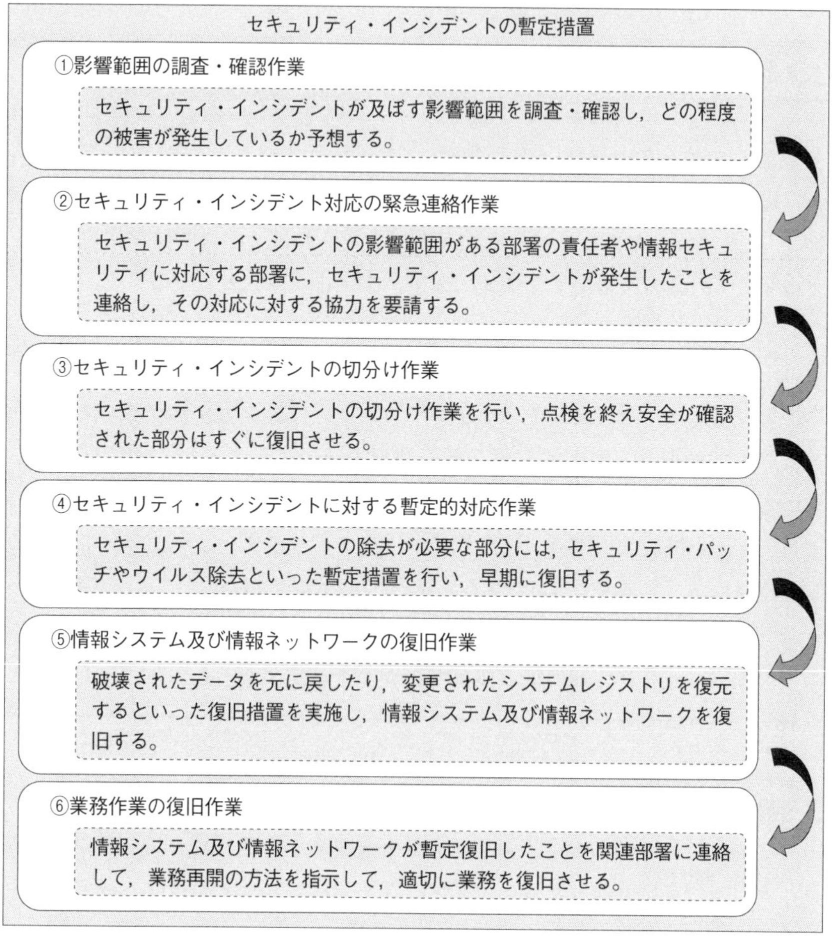

セキュリティ・インシデントの暫定措置

①影響範囲の調査・確認作業

セキュリティ・インシデントが及ぼす影響範囲を調査・確認し，どの程度の被害が発生しているか予想する。

②セキュリティ・インシデント対応の緊急連絡作業

セキュリティ・インシデントの影響範囲がある部署の責任者や情報セキュリティに対応する部署に，セキュリティ・インシデントが発生したことを連絡し，その対応に対する協力を要請する。

③セキュリティ・インシデントの切分け作業

セキュリティ・インシデントの切分け作業を行い，点検を終え安全が確認された部分はすぐに復旧させる。

④セキュリティ・インシデントに対する暫定的対応作業

セキュリティ・インシデントの除去が必要な部分には，セキュリティ・パッチやウイルス除去といった暫定措置を行い，早期に復旧する。

⑤情報システム及び情報ネットワークの復旧作業

破壊されたデータを元に戻したり，変更されたシステムレジストリを復元するといった復旧措置を実施し，情報システム及び情報ネットワークを復旧する。

⑥業務作業の復旧作業

情報システム及び情報ネットワークが暫定復旧したことを関連部署に連絡して，業務再開の方法を指示して，適切に業務を復旧させる。

出所：筆者作成。

③セキュリティ・インシデントの切分け作業

ここでは，セキュリティ・インシデントの切分け作業を行い，項目ごとの点検を終え安全が確認された部分はすぐに復旧させる。

④セキュリティ・インシデントに対する暫定的対応作業

ここでは，セキュリティ・インシデントの除去を必要とする部分について，パッチの実施やウイルスの除去といった暫定措置を行い，早期に復旧できるようにする。なお，検出が困難なトロイの木馬[29)]やバックドア[30)]が仕掛けられている場合は，ディスクの初期化を行う必要があり，本格的な対応に近い措置となる。

⑤情報システム及び情報ネットワークの復旧作業

ここでは，破壊されたデータを元に戻したり，あるいは変更されたシステムレジストリ[31)]を復元したりするといった復旧措置を実施し，情報システム及び情報ネットワークを復旧する。

⑥業務作業の復旧作業

ここでは，情報システム及び情報ネットワークが暫定復旧したことを関連部署に連絡して，業務再開の方法を指示して，適切に業務を復旧させる。

（4）セキュリティ・インシデント対応と組織内外への報告（第４段階）

この段階では，セキュリティ・インシデントの発生内容と，その暫定的対応の状況を関係部署の責任者等に報告し，関係者の理解を得るというセキュリティ・インシデント対応を実施する。

また，**図2-22**に示している「セキュリティ・インシデントの発生と組織内外の対応（第４段階）」にあるように，当該組織内の関係部署とともにIPAセキュリティセンターやJPCERT/CC，各種ベンダー等の外部機関を含めたすべての関係部門への報告も行うことになる。

（5）セキュリティ・インシデントに対する恒久措置（第５段階）

この段階では，保存したセキュリティ・インシデントに関する情報やアクセスログ情報等を徹底的に分析し，発生したセキュリティ・インシデントに対する脆弱性を明確化させ，恒久的に安全な措置を策定して実施するというセキュリティ・インシデント対応を実施する。

このようなセキュリティ・インシデント対応における恒久措置について実施の考え方をまとめたものが，**図2-23**で示している「セキュリティ・インシデント・マネジメントの考え方（第５段階）」である。この考え方では，Step 1

図2-22　セキュリティ・インシデントの発生と組織内外の対応（第４段階）

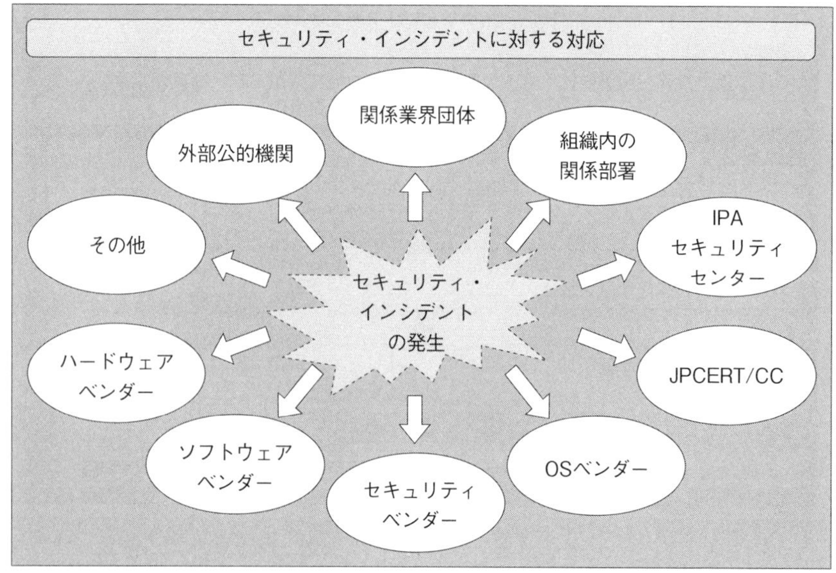

出所：筆者作成。

図2-23　セキュリティ・インシデント・マネジメントの考え方（第５段階）

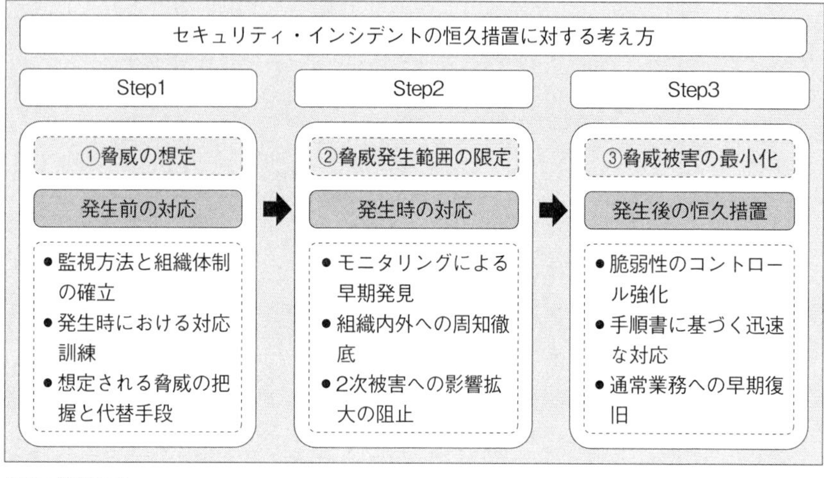

出所：筆者作成。

の発生前の対応として「脅威の想定」，Step 2 の発生時の対応として「脅威発生範囲の限定」，Step 3 の発生後の恒久措置として「脅威被害の最小化」，というステップでセキュリティ・インシデントのマネジメントを実施して，様々な脅威に対処していくのである。

①Step 1：脅威の想定

ここでは，発生前の対応として，監視方法と組織体制の確立，発生時における対応訓練，想定される脅威の把握と代替手段といった具体的な内容の検討を行うことになる。

②Step 2：脅威発生範囲の限定

ここでは，発生時の対応として，モニタリングによる脅威の早期発見，組織内外への脅威の周知徹底，脅威による2次被害への影響拡大の阻止といった具体的な内容の検討を行うことになる。

③Step 3：脅威被害の最小化

ここでは，発生後の恒久措置として，脅威による脆弱性のコントロール強化，手順書に基づく脅威への迅速な対応，通常業務への早期復旧といった具体的な内容の検討を行うことになる。

以上のようなステップを対応していくことにより，セキュリティ・インシデントに対する恒久措置に対処していくのである。

このように，現代組織においては，情報資産への様々な脅威に対する防御施策としては，万全という概念が存在しないことを前提に，情報セキュリティ・マネジメント戦略として，情報セキュリティ対策を講じていくのである。

注

1) ISO（International Organization for Standardization：国際標準化機構）は，各国の代表的標準化機関から成る国際標準化機関であり，電気・通信，及び電子技術分野を除く全産業分野（鉱工業，農業，医薬品等）に関する国際規格の作成を行っている。IEC

（International Electrotechnical Commission：国際電気標準会議）は，各国の代表的標準化機関から成る国際標準化機関であり，電気，及び電子技術分野の国際規格の作成を行っている。

2）情報マネジメントシステム認定センター（2019）「情報セキュリティ・マネジメントシステム適合性評価制度」『ISMS適合性評価制度』〈https://isms.jp/isms.html〉（2020年２月９日確認）より。

3）情報セキュリティ技術に関しては，その代表的な内容を，第４章「情報化社会の基礎的な情報セキュリティ技術」と第５章「情報化社会の応用的な情報セキュリティ技術」で取り上げている。

4）セキュリティ・インシデント（Security Incident）とは，コンピュータセキュリティに関係する人為的事象で，意図的及び偶発的なもの（その疑いがある場合）を含む。例えば，リソースの不正使用，サービス妨害行為，データの破壊，意図しない情報の開示や，さらに，それらに至るための行為（事象）等がある。なお，セキュリティ・インシデントについては，次節以降で詳しく取り扱うことにする。

5）日本工業規格（Japanese Industrial Standards）は，鉱工業品の品質の改善，性能・安全性の向上，生産効率の増進等のために，工業標準化法に基づき制定されるわが国の国家規格である。JIS Q 27001は，ISMSの要求事項を定めた規格であり，組織がISMSを確立し，実施，維持，継続的に改善するための要求事項を提供することを目的として作成されている。

6）企業では，自社の社長や役員，部課長，一般社員といった正社員だけでなく，派遣社員や契約社員，アルバイト，パートタイマーといった非常勤社員，さらには外部の関連会社社員，関係会社社員，協力会社社員等を含めて，組織構成員を形成している。

7）アンソニー（Robert N.Anthony）は，３つの階層的な領域を考える必要があるとして，ストラテジック・プランニング（戦略的計画）として最上位の管理層，組織目標の設定と変更，目的達成のための資源政策に関する決定するための「トップマネジメント層」，マネジメント・コントロール（戦術的決定）として中間の管理者層，組織目標を達成するために資源の効果的・効率的な獲得と利用を具体化する「ミドルマネジメント層」，オペレーショナル・コントロール（業務的決定）として下位層管理者層，及び特定の業務が効果的・効率的に遂行されることを確実にするためのプロセスとしての「ロワーマネジメント層」に分類している。

8）バイオメトリクス認証（Biometrics Authentication）とは，生体認証とも言い，指紋認証（Fingerprint Authentication）や顔認証（Face Authentication），音声認証（声紋認証：Voice Authentication），虹彩認証（Iris Recognition），静脈認証（手のひら認証：Vein Authentication），DNA認証（DNA Authentication）等の固有性の高い人間の身体的特徴をデータ化して本人確認に用いる認証方式である。

9）第１章の「1.1.3 情報資産と情報セキュリティ・マネジメント」でも，その必要性を述べている。

10）情報化社会の進展における企業を取り巻く環境の変化については，拙稿（2008）「中小企業における情報セキュリティマネジメント」『情報セキュリティコラム』，u-Kanagawa推進協議会編，第5回所収，pp.34-38，u-Kanagawa推進協議会．によって考察している。

11）リスクコントロール（Risk Control）とは，様々な脅威に基づくリスクの顕在化によって生じる損失を最小限にするために実施して，リスクの発生を抑える損失予防策や発生した場合の対処としてバックアップ等による損失軽減策を利用する方法である。

12）JPCERT/CC（Japan Computer Emergency Response Team / Coordination Center：JPCERTコーディネーションセンター）の定義による。JPCERT/CCは，インターネットを介して発生する侵入やサービス妨害等のセキュリティ・インシデントについて，日本国内に関するインシデント等の報告の受け付け，対応の支援，発生状況の把握，手口の分析，再発防止のための対策の検討や助言等を技術的な立場から行っている。特定の政府機関や企業からは独立した中立の組織として，日本における情報セキュリティ対策活動の向上に積極的に取り組んでいる。その詳細は，同センターのホームページ〈https://www.jpcert.or.jp/〉（2020年2月9日確認）を参照のこと。

13）セキュリティホール（Security Hole）とは，ソフトウェアの設計ミス等によって生じた情報システムのセキュリティ上の弱点である。インターネットに公開されているサーバーは誰でもがアクセスできるため，セキュリティホールを放置しておくと，悪意のある第三者に不正にコンピュータを操作されてしまう可能性がある。

14）組織の最高意思決定機関については，株式会社は株主総会，日本銀行は金融政策決定会合，商工会連合会では総会（総代会），大学では評議会等の会合がこれにあたる。

15）ステークホルダー（Stakeholder）とは，組織体やプロジェクトにおいて，その意思決定に関与しているか，その活動の実施（あるいは不実施）に影響を受ける個人または法人・団体のことである。企業の場合であれば，株主・投資家，債権者・金融機関，従業員・労働組合，求職者，顧客・消費者，関連企業・取引企業，競争企業・業界団体，行政・監督官庁，地域住民等である。

16）情報化投資とステークホルダーの関係については，拙稿（2007）「現代企業における情報セキュリティの現状とその問題点」『DEVNET Review』，創刊号，pp.12-13，国連開発Program DEVNET協会．によって考察している。

17）ISO9001（品質マネジメントシステム規格）やISO14001（環境マネジメントシステム規格）等を導入している組織においても，組織の目的がISO認証取得のみとなってしまい，本来のPDCAサイクルによる継続的な活動が有効的に機能しなくなって，形骸化しているケースが多く見られる。

18）リアルワールド（Real World）である物理的な取引（実社会の物流取引）においては，明確な国境と地域に基づくグローバルな市場，及びローカル市場の判別は可能である。しかし，インターネットに代表されるオープンネットワーク上における取引では，国境等の明確な境界線を規定することはできずに，ある意味においては，オープンネットワークそのものがグローバルなマーケットであると言える。

19）例えば，外国の金融機関が日本語によるWebサイトシステムを構築して，日本人向けに金融取引のWebサイトを開設した場合，そこで日本居住の日本人が金融取引を行ったとしても，基本的には，その金融取引は日本の法律は適用されないことになる。

20）ビジネスリスク（Business Risk）とは，組織の経営戦略上の目的達成を妨げる事象や行為，及び不行為による脅威のことである。なお，不行為とは，企業が競争に勝ち抜いていくには，企業に不利な行為がなされるのと同様に，必要な行為がなされないことの影響も考慮する必要があることを意味している。

21）パターンファイル（Pattern File）とは，コンピュータウイルスに感染したファイル，及びネットワーク上で自己複製を繰り返すワームプログラムの特徴を収録したファイルのことである。

22）システム開発（System Development）の内部設計（Internal Design）では，その外部設計（External Design）を受けて実際にプログラムを作る観点から，データベースの設計や処理ロジックの設計等の詳細な設計を行う。この段階では高度なICTの知識が必要となり，情報システム部門が中心に業務を行うが，入力画面や出力帳票の設計等のヒューマンインタフェースに関係する部分や商品コード等のコード体系の設計についてはエンドユーザーで行う方が適切である。

23）情報ベンダー（Information Vendor）とは，譲歩システムに関する販売元，及び製造供給元のことである。

24）亜種（Subspecies）とは，最初に発見されたウイルスやワームを元に，その被害や動きが変化したものである。つまり，従来からある脅威が，さらに発展・進化したものである。厳密には，亜種は別のウイルスであるため，対策や対処が異なるのが一般的である。

25）ペネトレーションテスト（Penetration Test）とは，コンピュータやネットワークのセキュリティ上の弱点を発見するテスト手法の一つで，情報システムを実際に攻撃して侵入を試みる手法である。特に，ネットワーク接続された情報システムが外部からの攻撃に対して安全かどうか，実際に攻撃手法を試しながら安全性の検証を行うことになる。不正に侵入できるかどうかだけでなく，DoS（Denial of Service：サービス拒否）攻撃にどれくらい耐えられるかを調べたり，侵入された際にそこを踏み台にして他のネットワークを攻撃できるかどうかを調べたり，といったことを調べる場合もある。

26）トップダウンアプローチ（Top-Down Approach）とは，企業において社長や会長，役員等のトップ（経営者側）が意思決定を行い，それが末端の現場社員へと指示として下っていき，事業を推進する経営スタイルのことである。また，ボトムアップアプローチ（Bottom-Down Approach）とは，現場社員から現場ならではの提案を基にして，トップが意思決定していく経営スタイルのことである。つまり，現場のアイディアや意見をトップが吸い上げ，運営するタイプの経営である。トップダウンアプローチでは，改革に関わるステークホルダーは，社外も含めて多岐にわたるケースが多いため，全体的な計画についてはトップマネジメントが積極的に関与し，トップダウンでプロジェクトを推進することになる。また，ボトムアップアプローチでは，現行業務プロセスのヒアリングから，現場の問題や課題の整理，分析，評価を行い，業務の効率化・標準化を目的とした，新たな改革プランの提言，新業務プロセスの設計，計画立案等を推進することになる。

27）業務継続計画（BCP：Business Continuity Plan）は，大規模災害やセキュリティ・インシデント等により企業等の組織の機能（情報システムも含む）が停止した場合に，迅速に重要業務を再開，継続させるための対応策をまとめたものである。事業継続計画（BCP）と類似の概念として，コンティンジェンシープラン（Contingency Plan）がある。コンティンジェンシープランは，予期せぬ事態に備えて，予め定めておく緊急時対応計画である。したがって，企業等の組織においては，予期せぬ事態によって中断する範囲を最小限にし，迅速かつ効率的に必要な業務の復旧を行うことが可能になる。コンティンジェンシープランは，BCPと共通点が多いため混同されがちであり，両者に共通しているのは，スクを特定し，それに対する対応策を当てていくという考え方である。一方，相違点もある。それは，BCPの策定では，リスクに対する対応策を策定する前に事業インパクト分析（BIA：Business Impact Analysis）を行い，継続すべき重要な業務を選定する。それに対して，コンティンジェンシープランの策定では，事業インパクト分析は実施しない。つまり，どの業務が停止すると，その事業に，どのような影響がでるかといったことは検討せずに，継続すべき業務を特定することになる。しかし，最近では，BCPとコンティンジェンシープランの境界線は薄くなりつつあり，コンティンジェンシープランの策定について，事業インパクト分析から始め，重要業務の特定とリスクの洗い出しを行う動きも出てきている。

28）IPA（Information-technology Promotion Agency：独立行政法人 情報処理推進機構）は，情報処理の促進に関する法律に基づき，1970年10月に設立された政府関係機関（特別認可法人）である。汎用プログラムの開発・普及の促進，先進的な情報処理技術の研究開発，情報処理サービス事業者の資金調達の円滑化，コンピュータウイルス対策，マルチメディア研究センター，及び情報基盤センターの整備・運営，地域におけるソフトウェア供給力の開発等を推進している。その詳細は，同機構のホームページ〈http://www.ipa.go.jp/〉（2020年2月9日確認）を参照のこと。

29）トロイの木馬（Trojan Horse）とは，正体を偽ってコンピュータへ侵入し，データ消去やファイルの外部流出，他のコンピュータの攻撃等の破壊活動を行うプログラムのことである。コンピュータウイルスのように他のファイルに寄生したりはせず，自分自身での増殖活動も行わないのが特徴である。

30）バックドア（Backdoor）とは，クラッカーにより侵入を受けたサーバーに設けられた，不正侵入を行うための裏口のことである。クラッカーはコンピュータへの侵入に成功すると，次回も侵入できるように，管理者に気づかれないように，こっそりと侵入経路を確保するのがバックドアである。

31）レジストリ（Registry）とは，OSやアプリケーションが動作に必要な設定や情報を書き込んでおくデータベースのことである。

第3章
現代組織の情報セキュリティポリシー策定と運用

第1章と第2章で考察してきたように，情報化社会における現代組織の情報資産に対する情報セキュリティ・マネジメント戦略とは，一言で言い表せれば，組織における経営戦略の一環として，様々な脅威から情報資産を継続的に守ることである。現代組織における情報セキュリティ・マネジメント戦略への取り組みでは，ISMSに基づく情報セキュリティポリシーの策定で，その目的や範囲，基準の明確化し，機密レベルに応じた情報資産の保護を行い，情報セキュリティ対策を実施していくことになる。

情報セキュリティポリシーは，組織のセキュリティ対策を効率よく，効果的に行うための指針であり，継続的に情報セキュリティを維持するための仕組みである。情報セキュリティポリシーは，当該組織に情報システムを導入し，その運用と管理，そして，エンドユーザーが情報システムを利用する際に「何を」「なぜ」「どのように」「どの程度」すべきなのかという情報セキュリティの指針を維持のための対策を示すための文章となる。

つまり，情報セキュリティポリシーは，当該組織の情報資産を組織外部とともに組織内部からの脅威を守り，安全・安心に情報システムを運営・管理していくための方針や体制，対策等を総合的に取りまとめた文書である。また，すべての組織構成員を含め，当該組織に関与する外部委託業者等は，情報セキュリティポリシーを遵守する義務を負うことになる。

情報セキュリティポリシーの策定では，どのような内容で，どのような構成で，どの程度詳細に記載するかといったことについては，当該組織の責任において，組織が確保したい情報資産に対してCIAの観点から決定される。

一般的なISMSに基づく情報セキュリティポリシーの構成においては，**図3-1**に示している「情報セキュリティポリシーにおける３文書（概要）」にあるように，「情報セキュリティ・マネジメント基本方針（組織の方針）」と「情報セキュリティ・マネジメント対策基準（管理策）」「情報セキュリティ・マネジメント運用ガイドライン（運用手続）」の３つの文書の結合体として，当該組織に適用させて，情報セキュリティ・マネジメント戦略を導入する。

図3-1　情報セキュリティポリシーにおける３文書（概要）

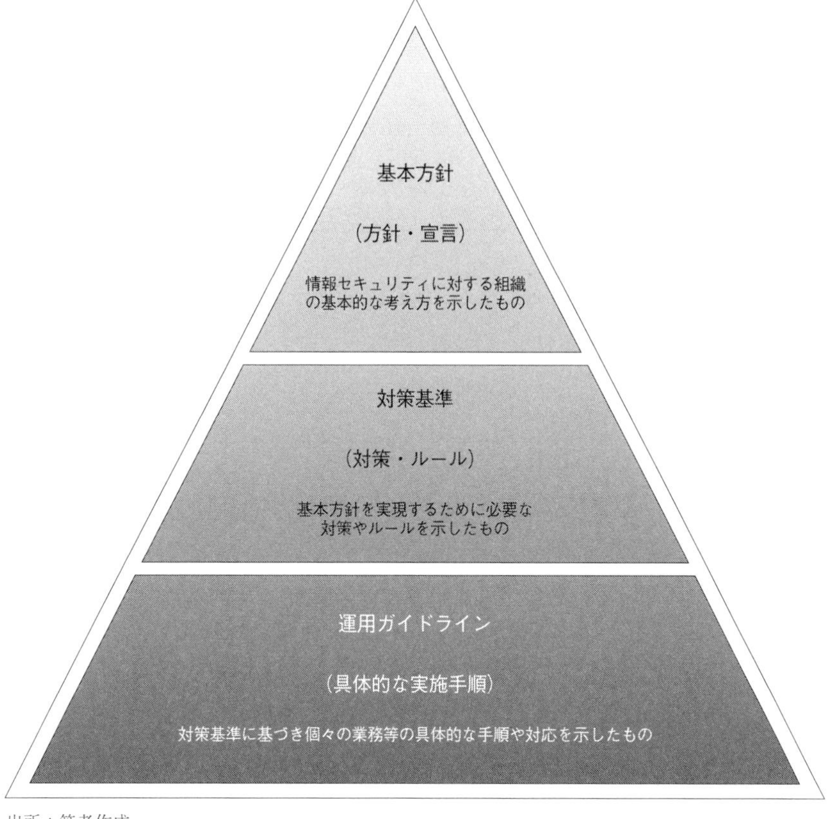

出所：筆者作成。

そこで，この章では，情報セキュリティポリシーを構成している3つの文書「情報セキュリティ・マネジメント基本方針」と「情報セキュリティ・マネジメント対策基準」「情報セキュリティ・マネジメント運用ガイドライン」について，それぞれの文書内容と現代組織への適用等，及び情報セキュリティポリシーの全体像の把握について考察する。

3.1
情報セキュリティポリシーの策定

情報セキュリティポリシーの策定は，**図3-2**に示している「情報セキュリティポリシーの主な策定項目」にあるように，6つの項目に大別して記載内容を検討することが可能である。その項目とは，(1) 情報セキュリティポリシー策定の要件，(2) トップマネジメント層（経営者層）の参画と支援，(3) 経営会議における承認，(4) トップダウンアプローチ，(5) 組織構成員の全員に配布，(6) 情報セキュリティポリシー文書のレビューで，それぞれの内容を検討して，各項目を確実に実行していくことになる。

(1) 情報セキュリティポリシー策定の要件

情報セキュリティポリシー策定の要件については，トップマネジメント（例えば，企業の取締役のメンバー，大学の理事会のメンバー等）が策定メンバーとして当初から参画し，財務面や人的資源面において支援する必要がある。これは，情報セキュリティポリシー策定の要件確定のための作業には，多大なマンパワーと費用が発生するからである。

そのうえで，経営会議（例えば，企業の取締役会や大学の理事会等）での合議による承認，情報セキュリティポリシーの策定，そしてトップダウンアプローチでの組織におけるポリシー宣言，すべての組織構成員（例えば，企業の役社員，大学の教職員・学生等）に対する配布，そして，ポリシーの実施といった，ポリシーを策定するうえでの重要な項目を確定させなければならない。

図3-2　情報セキュリティポリシーの主な策定項目

代表的な策定項目の記載内容

(1) 情報セキュリティポリシー策定の要件

トップマネジメント（経営層）が参画し支援する，そのためには経営会議で合議，承認する，トップダウンアプローチで策定する，すべての組織構成員に配布するといった，情報セキュリティポリシーを策定する上での重要要件がある。

(2) トップマネジメント層の参画と支援

情報セキュリティポリシーの策定には，そのための予算措置や各部門からメンバーを召集する必要があるなど，トップマネジメントの支援が欠かせない。また，当該組織では，策定した情報セキュリティポリシーをトップマネジメントが遵守しなければ，情報セキュリティポリシーが形骸化するので，トップマネジメントの参画と支援が必須である。

(3) 経営会議における承認

情報セキュリティポリシー策定のための予算措置や各部門の協力を得るためには，経営戦略の一環として，経営会議での合議と承認が必要であり，情報セキュリティポリシー策定が企業方針，経営戦略であることを明確に示す。

(4) トップダウンアプローチ

情報セキュリティポリシーを策定するということは，情報セキュリティ・マネジメントをトップダウンアプローチで実施することを意味する。トップマネジメント（経営者）が情報セキュリティポリシーの策定を宣言し，その基本方針に従って情報セキュリティポリシーを策定し，実装するというアプローチになる。

(5) 組織構成員の全員に配布

情報セキュリティポリシーは，組織構成員に対して，その情報資産の使用権限に応じた遵守義務と責任を課すものであり，全員に配布することが前提である。

(6) 情報セキュリティポリシー文書のレビュー

情報セキュリティポリシー文書は，環境変化によって劣化するため，定期的なレビューを実施する。また，情報セキュリティ対策の変更を行うときは，その変更内容を情報セキュリティポリシーに反映させ，変更後のリスクコントロール水準の妥当性を検証・レビューする。

出所：筆者作成。

(2) トップマネジメントの参画と支援

前述のように，トップマネジメント（経営者層）の参画と支援については，情報セキュリティポリシーの策定プロセスにおいて，多大なマンパワーと費用が発生するための特別な予算措置や各部門からのメンバーを召集（専任メンバーと兼任メンバーを含む）していく必要がある。

このためには，トップマネジメントの支援が絶対に欠かせないことになる。それに加えて，情報セキュリティポリシーを策定した内容について，トップマネジメントの遵守が求められる。これらことは，トップマネジメント自らが遵守しなければ，そのポリシー自体が形骸化することになるので，このような意味でもトップマネジメントの参画が必須となる。

(3) 経営会議における承認

経営会議での合議による承認については，当該組織における情報セキュリティポリシー策定のための特別な予算措置の確保や組織内の各部門からのメンバー招集を行うためには，全面的な組織の協力を得なければならない。

その他，経営会議での承認を得たら，情報セキュリティポリシー策定が当該組織の方針，つまり現代組織の情報セキュリティ・マネジメント戦略であることを明確に示すことも必要である。

(4) トップダウンアプローチ

情報セキュリティポリシーの策定と運用，管理等については，情報セキュリティ・マネジメントを必ずトップダウンアプローチで実施していくことが求められる。トップダウンアプローチでは，組織の上流（トップマネジメント）から下流（ミドルマネジメント，ロワーマネジメント）へ積極的にコミットし，経営者側の方針や意思をストレートに下流へ指示を伝えることである。

この経営スタイルは，経営者側と現場社員における双方の信頼関係があり，意思疎通がスムーズにいけば，トップダウンアプローチによる経営は非常に有効である。また，トップマネジメントによるひとつの示された方向に従って人的リソースが集約されることになるので，その生み出す成果はうまくいけば，大きなものになる。

しかし，トップマネジメントの当該組織に対する圧力が強ければ強いほど，その判断に信頼がなければ現場は従ってくれないことになる。したがって，現場の声を無視して一方的な指示であれば，トップダウンアプローチは機能せず，むしろ反発を受けることになる。

これは，当該組織のトップマネジメントが情報セキュリティポリシーの策定を組織内外に向かって宣言（一般的には，Webサイトやイントラネットの活用）することが求められるとともに，その基本方針に従ってポリシーを策定し，実施するというアプローチになるからである。

（5）情報セキュリティポリシー文書のレビュー

情報セキュリティポリシーに関する文書のレビューについては，そのポリシーの記載内容は環境変化（法律や税制の改正等の外部環境の変化，及び社長交代や事業分野拡大・縮小等の内部環境の変化）によって古くなるために，定期的な文章のレビューによる見直しを実施することが必要である。

また，情報セキュリティ対策の変更を行う場合には，変更後の想定される様々な脅威に基づくリスクコントロール水準の妥当性を検証し，文章のレビューを実施するとともに，変更内容を確定させる。そして，その変更内容を確実に情報セキュリティポリシーへ反映させることになる。

（6）組織構成員の全員に配布

組織構成員への配布については，情報セキュリティポリシーをすべての組織構成員に対して，同じ時間（同時期）に，一斉に3つの文書を配布（内容を改編する場合も同じ）することを意味する。

情報セキュリティポリシーの3つの文書は，必ずしも紙媒体の必要性はなく，例えば社内イントラネットによる電子媒体での配布でも問題ない。文章化の重要なことは，情報セキュリティポリシーを文字で表記（表現）することである。

また，配布されたポリシーでは，組織構成員が組織における情報資産の使用権限レベル等に応じた遵守義務と社会的責任と義務（当該組織内の責任と義務も含む）が課されることになる。

このように，情報セキュリティポリシーの策定は，すべての構成組織，及びすべての組織構成員に関わるものであり，その策定や実施，運用に関しては多大な時間と費用が伴うことになる。

ところで，すべての組織構成員は，情報セキュリティポリシーを遵守する義務と社会的（組織内を含む）な責任を課すことが求められる。一般的に情報セキュリティポリシーを遵守しない（できない）組織構成員がいる場合には，ポリシーには強制力があるために，罰則やペナルティが伴うことになる。罰則やペナルティについては，例えば情報システムの全部の機能，あるいは一部の機能の利用を禁止する等がある。したがって，当該組織において，経営戦略や経営資源，予算配分，及び組織構成員の管理に対して，権限を持つ組織のトップマネジメントの関与が必ず必須となるのである。

3.2 情報セキュリティ・マネジメント基本方針の策定

情報セキュリティ・マネジメント基本方針とは，当該組織の方針であり，根幹となる原則の「組織の方針」である。したがって，組織のトップマネジメントが経営戦略の一環として，様々な脅威への対応策やリスクマネジメントという観点からの情報セキュリティ・マネジメント戦略の実施，その基本方針を組織外とともに，すべての組織構成員に対しての宣言を目的とするものである。

具体的には，組織における情報セキュリティ・マネジメント戦略に対する当該組織の基本的な考え方を示したもので，それぞれの組織がどのような脅威からどうやって守るか，なぜ保護しなければならないのか，そのうえで組織の基本方針を厳守しなければならないといったことを明らかにし，各組織の情報セキュリティ・マネジメント戦略に対する取り組み姿勢を示すものである。

3.2.1 情報セキュリティ・マネジメント基本方針の策定手順

情報セキュリティポリシーを構成する情報セキュリティ・マネジメント基本

方針は，経営戦略の延長線上における組織の指針，情報セキュリティに対する組織の基本的な考え方を示したもの，動かすことのできない方針・宣言として位置づけられるものである。これは組織における経営戦略として，トップマネジメント（企業では社長や会長，重役，取締役等の経営者層）によるトップダウンアプローチによって策定されるべきものである。

情報セキュリティ・マネジメント基本方針では，すべての組織構成員に対しての情報セキュリティ・マネジメント戦略における責任と義務を課すことを宣言するところからはじまる。

形式的には，組織のトップマネジメントが情報セキュリティ・マネジメント基本方針を策定して，すべての組織構成員に対して文書として配布する形態をとる。ただし，情報セキュリティ・マネジメント基本方針の発信者名は，あくまで社長や会長，代表取締役，取締役等のトップマネジメントであり，その記載内容についてはトップマネジメントがすべての責任を負うことになる。

実際の組織運営上は，ICT分野，及びeビジネス（インターネットを利用した新しいビジネスの形態）等の一部の特殊な業種における組織，あるいは小規模組織等の一部の特殊な組織を除く，一般的な組織のトップマネジメントでは，詳細な情報セキュリティポリシーの構成や内容について理解していないのが現状である。したがって，一般的な組織では，トップマネジメント自らが，自分の所属している組織に対して，情報セキュリティ・マネジメント基本方針を策定することはない。

情報セキュリティ・マネジメント基本方針の策定では，組織構成や組織規模，組織形態，業種等によって，(1) トップマネジメント自らが基本方針を記載する場合と，(2) 情報システム部門，あるいはシステム監査部門，業務監査部門等のスタッフ部門が基本方針を記載する場合の２通りがある。

(1) トップマネジメントが基本方針を記載する場合

トップマネジメント自らが情報セキュリティ・マネジメント基本方針を記載する場合では，主たる事業が情報処理産業，あるいはコンピュータ関連産業，ネットワーク関連産業，eビジネス等，トップマネジメント自身が情報システム，及び情報セキュリティ対策に関して，詳しい知識と見識があると可能になる。

あるいは，組織規模が小さくて，トップマネジメント自身が組織のすべての状況を把握できる場合にも基本方針を記載する可能性がある。

これらのことは，トップマネジメント自身が，その重要性や意味している内容を十分に理解し，情報セキュリティ・マネジメント基本方針の必要性を認識できるためであり，自ら基本方針を策定できるのである。

このような場合，情報システム部門，あるいはシステム監査部門，業務監査部門の役割は，情報セキュリティ・マネジメント基本方針に記載すべき必要事項の枠組みや記載時の留意事項に関する確認と，情報セキュリティ・マネジメント対策基準を策定する観点からのレビューが中心的な作業になるのである。なお，組織規模が小さい場合には，総務社員や経理社員等のスタッフ部門の社員がレビュー業務を担当することになる。

具体的には，**図3-3**に示している「基本方針をトップマネジメントが記載する場合の策定プロセス」にあるように，第１段階として，策定段階での資料提供，記載事項の枠組みの説明，記載時の留意事項の説明といった「策定前段階」を検討する。

次に，第２段階として，策定する情報セキュリティ・マネジメント基本方針と経営戦略との調整，策定する基本方針に対する質疑応答といった「策定中段階」を検討する。

最後に，第３段階として，策定した情報セキュリティ・マネジメント基本方針における表現の確認，情報セキュリティ・マネジメント対策基準との関係の確認，基本方針の策定体制の確認といった「策定後段階」を検討する。

この３段階のプロセスを経て，トップマネジメントによる情報セキュリティ・マネジメント基本方針が策定されることになる。

（2）スタッフ部門が基本方針を記載する場合

情報システム部門，あるいはシステム監査部門，業務監査部門等のスタッフ部門が情報セキュリティ・マネジメント基本方針を記載する場合では，トップマネジメントに代わって情報システム部門，システム監査部門，業務監査部門等の組織構成員が情報セキュリティ・マネジメント基本方針を策定することになる。この場合，組織におけるトップマネジメントの観点で，情報セキュリテ

図3-3　基本方針をトップマネジメントが記載する場合の策定プロセス

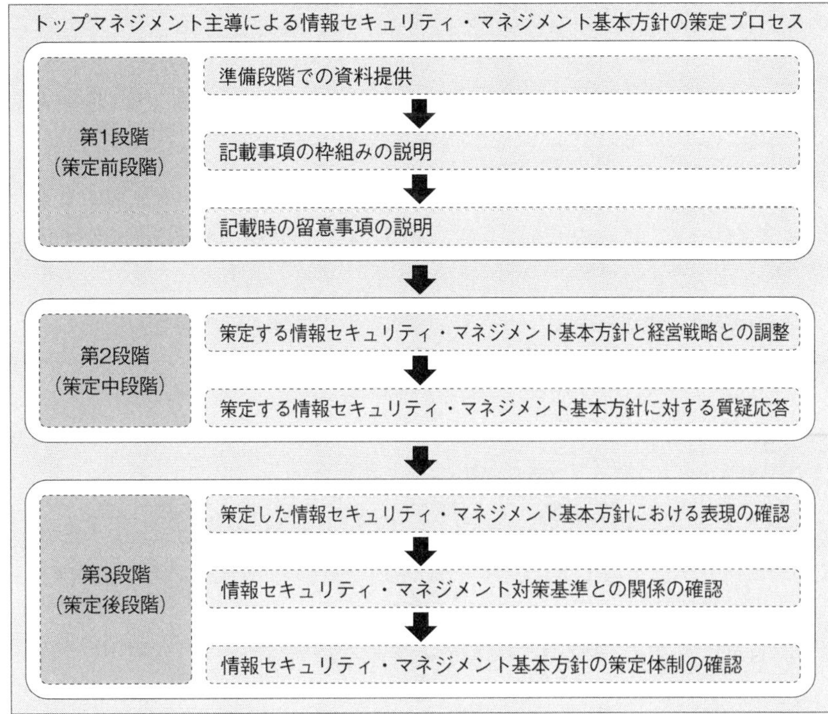

出所：筆者作成。

ィ・マネジメント戦略への取り組み方針を規定しなければならない。

情報セキュリティ・マネジメント基本方針の策定後は，その方針内容について，トップマネジメントやセキュリティ担当役員[1)]等から承認を得る必要がある。したがって，情報セキュリティ・マネジメント基本方針の策定前は，情報セキュリティ・マネジメント基本方針の位置付け，情報セキュリティ・マネジメント戦略の実施には膨大なコストがかかること，基本的な記載事項の内容，トップマネジメント名で発信すること，ポリシーの策定や実施にはトップマネジメント自身が宣言するといったことをトップマネジメントに対し，説明して理解を得なければならない。

このことは，組織におけるトップマネジメントの直接的な関与なしで，情報セキュリティ・マネジメントを実施することは，実際の組織運営上は不可能であるからである。また，情報セキュリティ・マネジメント基本方針の策定後には，直接，トップマネジメントやセキュリティ担当役員等のレビューを受けて，指摘された事項を修正して，正式な情報セキュリティ・マネジメント基本方針として発行することになる。

具体的には，**図3-4**に示している「基本方針をスタッフ部門が記載する場合の策定プロセス」にあるように，第1段階として，情報セキュリティ・マネジメント基本方針の位置付けと予算措置の確保，記載事項の検討とトップマネジメントの発信，情報セキュリティ・マネジメント基本方針の策定や実施のトップマネジメント宣言といった「説明事項段階」を検討する。

図3-4　基本方針をスタッフ部門が記載する場合の策定プロセス

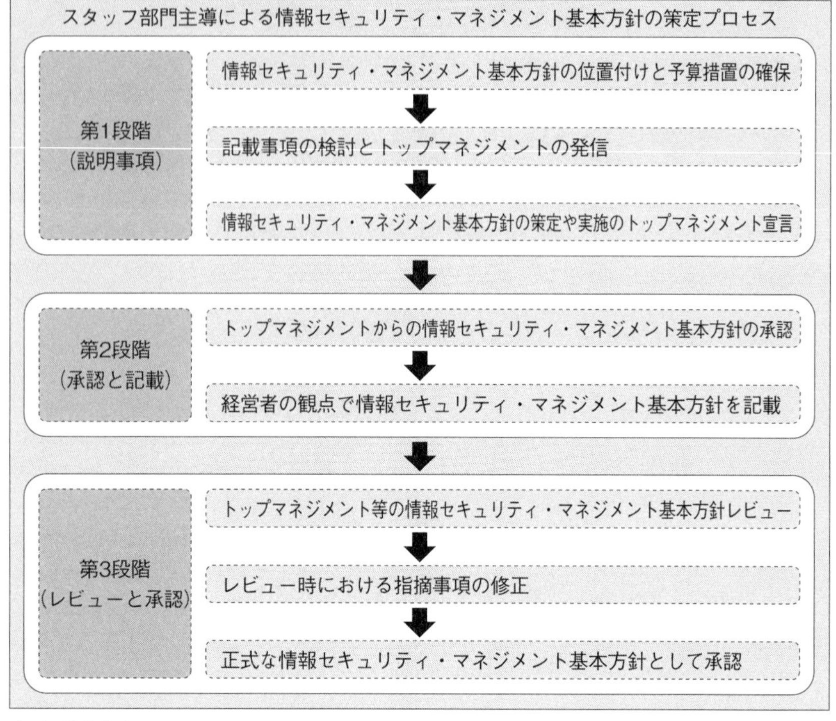

出所：筆者作成。

次に，第２段階として，トップマネジメントからの情報セキュリティ・マネジメント基本方針の承認，経営者の観点で情報セキュリティ・マネジメント基本方針を記載といった「承認と記載段階」を検討する。

最後に，第３段階として，トップマネジメント等の情報セキュリティ・マネジメント基本方針のレビュー，レビュー時における指摘事項の修正，正式な情報セキュリティ・マネジメント基本方針として承認といった「レビューと承認段階」を検討する。

この３段階のプロセスを経て，スタッフ部門による情報セキュリティ・マネジメント基本方針が策定されることになる。

3. 2. 2 情報セキュリティ・マネジメント基本方針の運用

情報セキュリティ・マネジメント基本方針で書き示す内容の含意は，組織におけるトップマネジメントがすべての組織構成員に対して，情報セキュリティ・マネジメント戦略を実施するという重大な意思表明を行って，情報セキュリティポリシーの位置づけを明確にしたうえで，その組織における基本方針を明らかにすることである。

この基本方針を実効性のあるものにするためには，例えば，**表3-1**に示している「情報セキュリティ・マネジメント基本方針の記載内容」にあるように，(1) 基本方針（目的），(2) 情報セキュリティポリシーの定義と役割，(3) 情報セキュリティポリシーの適用範囲，(4) 情報セキュリティポリシーの構成，(5) 情報セキュリティポリシーの管理体制と責任，(6) 情報セキュリティポリシーの教育管理体制，(7) 業務継続計画，(8) 遵守義務と罰則，(9) 例外事項，といった９つの項目に分けて記載して「情報セキュリティ・マネジメント基本方針」の文書化（明文化）を行ったうえで，それぞれを考慮して情報セキュリティ・マネジメント戦略に関する活動を実施すべきである。

(1) 基本方針（目的）

基本方針では，情報セキュリティ・マネジメント戦略に対するトップマネジメントの考え方を示した指針，及び具体的な目標や方針を明確化して記載する。

表3-1　情報セキュリティ・マネジメント基本方針の記載内容

項目	内容
(1) 基本方針（目的）	基本方針では，情報セキュリティ・マネジメントに対するトップマネジメントの指針（考え方）や方針（目標や目的），及びトップマネジメント層の参加と全面的なアックアップを表明する。
(2) 情報セキュリティポリシーの定義と役割	情報セキュリティポリシーの定義，位置付け，その役割について記載する。
(3) 情報セキュリティポリシーの適用範囲	情報セキュリティポリシーが対象とする組織，業務，情報資産等の適用範囲を明確にする。
(4) 情報セキュリティポリシーの構成	情報セキュリティポリシーの構成と，それぞれの役割を明確にする。
(5) 情報セキュリティポリシーの管理体制と責任	情報セキュリティポリシーの管理レベルの維持を図るための組織体制と，その責任について記載する。
(6) 情報セキュリティポリシーの教育支援体制	情報セキュリティポリシーの周知徹底を図るための教育体制や支援体制等を明記する。
(7) 業務継続計画	災害発生時や停電時等の緊急時対応計画との関係や，システム障害やサイバーテロリズムが現実化したときの業務継続管理に関する考え方を記載する。
(8) 遵守義務と罰則	情報セキュリティポリシーの遵守義務を明確化し，ポリシー違反について甲罰則規定を設けることを宣言する。
(9) 例外事項	例外事項としては，主に緊急事態を想定したものを記載する。

出所：税所哲郎（2006）『情報セキュリティ・マネジメントの導入と展開』，関東学院大学出版会，に対して加筆・修正のうえ作成。

また，取締役会[2)]等のトップマネジメントからミドルマネジメント，ロワーマネジメント，そして正社員からアルバイト，パートタイマー，関係会社社員，協力会社社員等に至るまで，すべての組織構成員の参加とともに，それらの活動に対する組織の全面的なバックアップの実施を表明する。

具体的には，それぞれの組織が所有している情報資産の重要性に対するトップマネジメントとしての認識，様々な脅威に伴うリスクに対する意思表明や決意表明，及びそれらの内容の組織内への反映，予算措置等も含めた組織の参加体制等をトップマネジメントの観点で記載するのである。

トップマネジメントの情報セキュリティ・マネジメント戦略に取り組む姿勢と意欲がすべての組織構成員に伝わるように，わかりやすい表現を心がけて明示する必要がある。もしも，すべての組織構成員に対して，その内容が伝わらない場合，一部の構成員においては，自分だけはやらなくても大丈夫である，他の人がやってくれる，自分は関係ないといった考え方を持つ者が現れることで，そこがセキュリティホールとなりかねないからである。

（2）情報セキュリティポリシーの定義と役割

情報セキュリティポリシーの定義と役割では，ポリシーの定義や位置付け，及びその役割について明確化して記載する。

また，情報セキュリティポリシーは，組織が目標とするセキュリティレベルを維持するための組織の方針なので，トップマネジメントも含めたすべての組織構成員が遵守しなければならない。したがって，情報セキュリティポリシーとともに，関連する規定や規則，規範，経営戦略や経営計画を実現するために実施しなければならない基準や規約，組織の情報資産を保護するための内部法規やルール，ガイドライン等を含めたものを文書化して作成することになる。

情報セキュリティポリシーの策定は，組織の単なるキャッチフレーズや経営理念等ではなく，目標とする情報セキュリティ対策の一環として規定されるものである。つまり，すべての組織構成員に対しては，当該組織における情報システムの利用者として，与えられる情報資産に対する使用権限に応じて，情報セキュリティ・マネジメント戦略の推進における責任と義務を果たすことを要求する指示書や命令書であることを明示する必要がある。

これらのことは，組織構成員において，情報セキュリティポリシーが単なるキャッチフレーズと受け取られてしまった場合には，情報セキュリティポリシーで策定した責任と義務を遵守しなくなるからである。

（3）情報セキュリティポリシーの適用範囲

情報セキュリティポリシーの適用範囲では，ポリシーが対象とする組織構成や組織規模，組織形態，部門・部署，及びそれらが保有する情報資産等によって，その適用範囲を明確化して記載する。

具体的には，企業における組織単位で記載する場合には，全社（全事業部），事業部門，あるいは個別の開発部，研究部，製造部，営業部，管理部，人事部，総務部，経営企画部，商品開発部，情報システム部といった各組織のように，企業（組織）における適用範囲の境界部分が不明確にならないように，適用する組織の範囲を文書化して作成することになる。

これは組織の適用範囲が明確にならないと，それぞれの組織構成員が，自分の組織に対する情報セキュリティ対策の内容が曖昧になってしまい，最適な対策でなくなってしまうからである。

（4）情報セキュリティポリシーの構成

情報セキュリティポリシーの構成では，ポリシーを構成する項目について，それぞれの役割を明確化して記載する。

具体的には，第２章の**図2-10**に示してある「主な情報セキュリティポリシーの構成要素」にあるように，情報セキュリティポリシーを情報セキュリティ・マネジメント基本方針（組織の方針）で構成した場合には「第１階層モデル[3]」，情報セキュリティ・マネジメント対策基準（情報セキュリティ・マネジメント管理策）で構成した場合には「第２階層モデル」，加えて情報セキュリティ・マネジメント運用ガイドライン（情報セキュリティ・マネジメントに関する運用手続）で構成した場合には「第３階層モデル」，及び情報セキュリティ・マネジメント基本方針，情報セキュリティ・マネジメント対策基準との関係，それぞれの役割等について明示する必要がある。

そして，前段階までの適用範囲の明確化とともに重要なのが，情報セキュリティポリシーを構成する対策項目と役割である。対策項目として，それぞれの機能の役割について明確な役割が示されていないと，本来，実施されるべき項目が実施されない可能性があるからである。

（5）情報セキュリティポリシーの管理体制と責任

情報セキュリティポリシーの管理体制と責任では，ポリシーの管理レベルの維持を図るための組織体制を構築して，それぞれの組織において，その責任について明確化して記載する。

具体的には，情報セキュリティポリシーの継続的に適宜見直しが必要なこと，情報セキュリティ監査を定期的に実施すること，ポリシーの管理レベル維持を図る専門的な組織（部署）の設置とその役割について明確にすること，その組織を構成する組織構成員とその管理責任区分を明確にしていくといったことを記載事項として明示する必要がある。

これは策定当初のままの情報セキュリティポリシーでは，時間の経過とともに，策定した内容の陳腐化とともに，その内容が全体を網羅してカバーすることができなくなる可能性があり，管理体制の維持が図れないからである。

（6）情報セキュリティポリシーの教育支援体制

情報セキュリティポリシーの教育支援体制では，組織構成員への情報セキュリティポリシーの周知徹底，及び遵守させることを図るための教育体制や支援体制等を明確化して記載する。

具体的には，教育実施後は，情報セキュリティポリシーにおける情報セキュリティ・マネジメント対策基準や情報セキュリティ・マネジメント運用ガイドラインで規定される遵守事項について，その内容を違反するとペナルティや罰則を課されることになるため，故意ではなかった，わざとではなかった，あるいは，知らなかった，忘れていたといった単純な過失では済まされないことになる。

そのための情報セキュリティ対策として，すべての組織構成員に対する十分なサポートを行うための教育体制や支援体制を確立・運用して，情報セキュリティポリシーを遵守しなくてはならないことを明示する必要がある。

これは情報セキュリティポリシーを組織構成員に対して，その内容を周知徹底して，遵守させるためには，地道で反復的な教育体制や支援体制の確立が有効となるためである。

（7）業務継続計画

BCP（事業継続計画）では，ハリケーン，竜巻，地震，雷，火事，洪水等の災害発生時や停電時等の緊急時対応計画との関係，障害やサイバーテロリズムが現実化した場合について，業務を継続させるための管理に関する考え方である指針を明確化して記載する。

BCPとは，**図3-5**に示している「企業を取り巻く脅威とBCP（事業継続計画）の概念図」にあるように，企業が地震，風水害，感染症，設備事故，火災，テロ，障害，風評，改竄，不正アクセス，誹謗・中傷，流布等の緊急事態に遭遇した場合において，情報資産（事業資産）の損害を最小限にとどめつつ，中核となる事業の継続，あるいは早期復旧を可能とするために，平常時に行うべき活動や緊急時における事業継続のための方法，手段等を取り決めておく計画のことである。

しかし，どんなに注意していても，緊急事態は突然発生する。したがって，緊急事態時に，タイムリーに有効な手を打つことがきでなければ，企業は廃業に追い込まれる恐れがある。また，事業を縮小し従業員を解雇しなければならない状況も考えられる。緊急時に倒産や事業縮小を余儀なくされないためには，平常時からBCPを周到に準備しておき，緊急時に事業の継続・早期復旧を図ることが重要となる。こうした企業は，顧客の信用を維持し，市場関係者から高い評価を受け，株主にとって企業価値の維持・向上につながる。

これらのことは，すべての災害発生ケース等の緊急事態を盛り込んだ基本方

図3-5　企業を取り巻く脅威とBCP（事業継続計画）の概念図

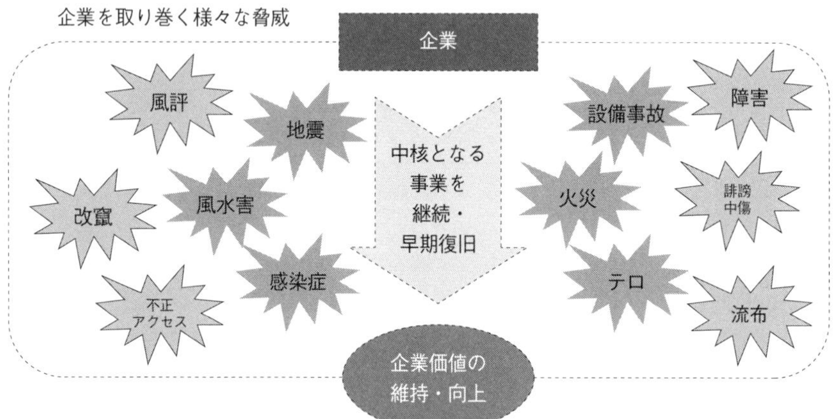

出所：中小企業庁（2006）「中小企業BCP策定運用指針」『策定運用指針』をもとに加筆・修正のうえ作成。

針を当初から策定することは不可能であることを意味しており，組織における基本方針の策定では，あくまでもBCPに基づく事業継続管理に関する考え方が中心となる。

具体的には，詳細なBCPについては，緊急事態があった場合には，ITサービスを復旧させるための暫定的な措置である「緊急時対応計画」に記載する。また，不慮の災害や事故等により重大な損害を被り，事業の遂行が果たせなくなった場合に各種業務の中断の範囲と被災期間を極小化するための規定である「業務継続管理規定」等に記載する。したがって，ここでは，あくまでも基本方針という観点で明示する必要がある。

（8）遵守義務と罰則

情報セキュリティポリシーの遵守義務と罰則では，ポリシーの遵守義務を文書化したうえで，この内容を違反した者（過失や故意，無視等のすべてを含む）についての罰則規定を明確化して記載する。

具体的には，この場合の趣旨は当該組織の根幹となるもので，あくまで組織構成員に対する罰則やペナルティを与えることが主目的ではない。したがって，情報セキュリティ・マネジメント戦略の導入当初は，情報セキュリティポリシーが組織における憲法の役割を果たしていることを認識させるとともに，その内容の重要性，また遵守義務の必要性を強調する必要がある。

これらのことは，常識的な考え方にたって，その範囲内で罰せられても仕方がないという管理レベルに留めておく方法が，円滑な運営を行うことができる。

ところで，欧米諸国における社会的規範では，島国である日本と違って数多くの民族や人種が混在して国家を形成しているという歴史的な背景があるために，ひとつの国家形成において代表的な民族や人種の文化や宗教のみを拠り所として相互信頼を形成することは非常に難しい環境である。したがって，このような国家形成における行動規範は，明確に規定された基準や規格，ルール等の規約（ISOやIEC等）が策定されており，これらの規約を遵守することによって，見知らぬ第三者を相互に信頼し合うという「形式知[4)]」の人間関係が根付いているからである。

しかし，わが国における社会的規範は，これまで政府・行政機関の規制や行政指導を拠り所として，曖昧な枠組みである「暗黙知」[5]の人間関係が形成されてきた歴史的背景の社会があり，これらのことが様々な場面を複雑化させている。このような背景では，罰則やペナルティ規定を強調すると，組織構成員の一部が萎縮したり，あるいは反発したりする可能性が高くなる。

そして，このこと自体が，組織における業務遂行のモチベーション低下や新たな脅威を招く要因になることも考慮すると，遵守義務と罰則との関係をバランスさせた運営を行わなければならない。

（9）例外事項

例外事項では，主に緊急事態を想定したものを明確化して記載する。

具体的には，大規模な災害や騒乱等が発生して安全管理上，差し迫った危機やリスクが存在した状態では，それぞれの組織構成員においては冷静な判断が必要である。例えば，持出し禁止の重要書類であっても，火災発生時は重要書類を持ち出す必要がある。しかし，近年では，重要書類はデータ化されて，クラウド･コンピューティングを利用して，組織外部で管理されるのが見られる。

したがって，規定外措置を許可する要件を明確化して記載しておかなくてはならない。なお，例外事項の詳細な規定については，情報セキュリティ・マネジメント対策基準で記載する。

なお，不測の事態が発生した場合における例外事項の詳細な規定については，第３章「3.3 情報セキュリティ・マネジメント対策基準の策定」で考察を行う。

現在，情報セキュリティ･マネジメント基本方針は，**図3-6**に示している「NEC（情報通信業）における情報セキュリティ基本方針」の事例，**図3-7**に示している「パナソニック（総合家電業）における情報セキュリティ基本方針」の事例，**図3-8**に示している「浜銀総合研究所（シンクタンク）における情報セキュリティ基本方針」の事例，**図3-9**に示している「あがつま農業協同組合（協同組合）における情報セキュリティ基本方針」の事例，**図3-10**に示している「証券保管振替機構（決済機関）における情報セキュリティ基本方針」の事例，**図3-11**に示している「神奈川県庁（地方自治体）における情報セキュリティ基本方針」の事例にあるように，様々な業種や業態の組織，あるいは組織の大小規模に関わらなく，多くの組織において策定している。

このように，現代組織においては，**表3-1**に示している「情報セキュリティ・マネジメント基本方針の記載内容」のような記載項目の内容に基づいて「情報セキュリティ・マネジメント基本方針」を構築し，多くが「情報セキュリティ基本方針」等の名称で，自分のWebサイト上で広く公開している。

現在，多くの企業や地方自治体，各種団体等の組織では，自らの組織における組織構成や組織規模，組織形態，業種に基づいて，情報資産の適用範囲を明確にして情報セキュリティ・マネジメント基本方針を策定するとともに，自分の組織構成や取り組みもWebサイト等で積極的に公開している。ただし，例外事項の詳細な規定や除外項目等についても明記する必要があるが，それぞれの組織が置かれている立場と経営戦略の内容によって，最終的には組織の責任で決定されなければならない。

図3-6　NEC（情報通信業）における情報セキュリティ基本方針

ホーム > 企業情報 > 会社概要 > コーポレート・ガバナンス > NEC情報セキュリティ基本方針

NEC情報セキュリティ基本方針

コーポレート・ガバナンス

内部統制システムに関する基本方針

NEC情報セキュリティ基本方針

English

NECは、より良い商品やサービスを提供して社会の発展に寄与するために、お客さまや取引先からお預かりした情報資産や当社の情報資産を守ることが責務であると考え、「情報セキュリティ基本方針」を定めています。

NEC情報セキュリティ基本方針

制定 2004年4月1日
改正 2009年5月7日

当社は、より良い商品やサービスを提供し社会の発展に寄与するため、お客様やお取引先様からお預かりした情報資産および当社の情報資産を守ることが責務と考え、ここに情報セキュリティ基本方針を定め、実践することを宣言します。

- 当社は、情報セキュリティ管理体制を確立し、情報資産の適切な管理に努めます。
- 当社は、本基本方針に従い社内規程を整備・実施します。
- 当社は、情報セキュリティの確保に必要な教育を継続的に行います。
- 当社は、適切な人的・組織的・技術的施策を講じ、情報資産に対する不正な侵入、漏えい、改ざん、紛失・盗難、破壊、利用妨害などが発生しないよう努めます。
- 当社は、万一情報資産にセキュリティ上の問題が発生しても、その原因を迅速に究明し、その被害を最小限に止めるとともに再発防止に努めます。
- 当社は、情報セキュリティに関係する法令、国が定める指針、その他の社会的規範を遵守します。
- 当社は、以上の活動を継続的に見直し、改善に努めます。

出所：NECのホームページ〈https://jpn.nec.com/profile/governance/security.html〉（2020年２月９日確認）

図3-7　パナソニック（総合家電業）における情報セキュリティ基本方針

CSR情報
コンプライアンス（企業倫理）
リスクマネジメント
情報セキュリティ
・セキュリティポリシー
・個人情報保護への取り組み
・ISO/IEC27001
品質向上活動
環境活動
企業市民活動

セキュリティポリシー

当社では、セキュリティポリシーを定め、ISO27001ベースの情報セキュリティマネジメントシステムを構築し、情報資産の適切管理に努めています。

安心・安全・高品質をめざして

各本部に情報セキュリティ管理者、各職場に情報セキュリティ推進担当者を配置し、企業にとって重要な社会的責任の一つである「情報の適正な管理」に力を注いでいます。年に数回、情報セキュリティ管理ルールについての研修を実施すると共に、理解度、実行度の確認テストを行っており、運用状況の自己点検、および内部監査を全職場にて実施し、情報セキュリティ管理レベルの向上を図っています。より一層お客さまの信頼を得るため、運用・開発両面から、品質向上活動についても継続的に取り組んでいます。これからも、安心・安全で高品質なソリューションをお客さまに提供すべく、たゆまぬ努力を続けてまいります。

情報セキュリティ基本方針

当社は、企業スローガン「コンピュータを意識させない情報システムの創造をめざして」の下、お客様に最大限ご満足して頂けるシステムを提供するために、情報セキュリティ方針を定め、情報資産を適切に管理し保護することを宣言いたします。

情報セキュリティ体制
各組織に情報セキュリティの責任体制を敷き、
所要の規程の策定と実施により適切な管理に取組みます。

情報資産の管理
情報は、そのセキュリティ確保のため、重要性とリスクに応じ取り扱いを明確にし、適切に管理します。

教育・訓練
全役員および従業員に対して情報セキュリティについての教育・訓練を継続的に実施し、
その意識向上と情報セキュリティに関連する諸規程の徹底を図ります。
違反者に対しては、懲戒も含め、厳正に対処します。

安心できる製品・サービスの提供
利用されるお客様の情報のセキュリティに配慮し、
安心してお使いいただける製品・サービスの提供に努めます。

サイバーセキュリティ対策
情報漏えい、破壊、改ざんなどのサイバー攻撃から情報資産を守るため、
適切な組織体制構築、技術的対策、人的対策、事故対応対策の整備及び、
業務委託先についても当社同等レベルの管理実施状況を確認します。

法令順守と継続改善
関連する法令、その他の規範を順守するとともに、
環境の変化に合わせ情報セキュリティ確保への継続的な改善・向上に努めます。

2017年4月1日
代表取締役社長 ○○○○

出所：パナソニックのホームページ〈https://is-c.panasonic.co.jp/jp/csr/security/securitypolicy/〉（2020年2月9日確認）

図3-8　浜銀総合研究所（シンクタンク）における情報セキュリティ基本方針

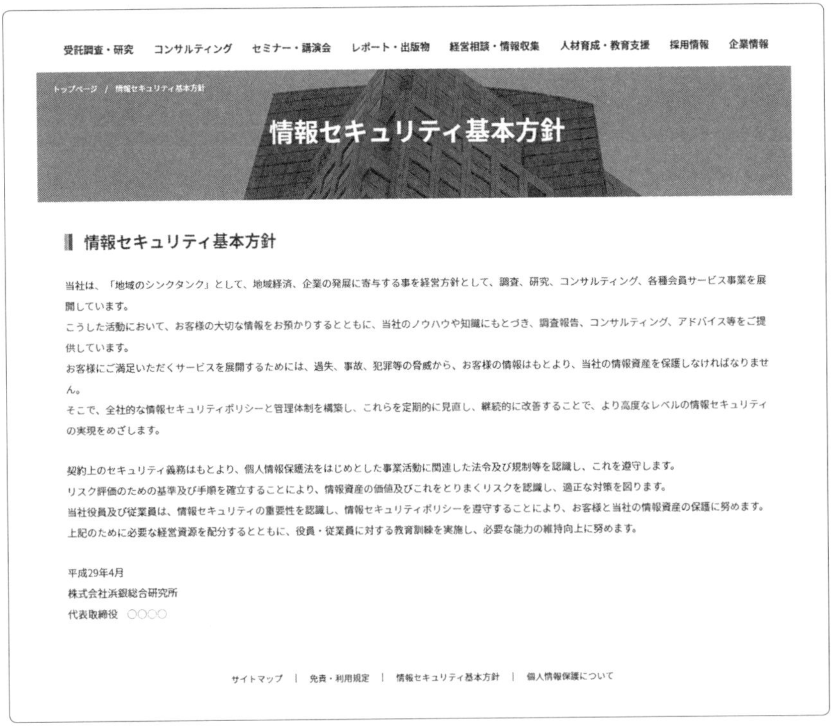

受託調査・研究　コンサルティング　セミナー・講演会　レポート・出版物　経営相談・情報収集　人材育成・教育支援　採用情報　企業情報

トップページ / 情報セキュリティ基本方針

情報セキュリティ基本方針

情報セキュリティ基本方針

当社は、「地域のシンクタンク」として、地域経済、企業の発展に寄与する事を経営方針として、調査、研究、コンサルティング、各種会員サービス事業を展開しています。
こうした活動において、お客様の大切な情報をお預かりするとともに、当社のノウハウや知識にもとづき、調査報告、コンサルティング、アドバイス等をご提供しています。
お客様にご満足いただくサービスを展開するためには、過失、事故、犯罪等の脅威から、お客様の情報はもとより、当社の情報資産を保護しなければなりません。
そこで、全社的な情報セキュリティポリシーと管理体制を構築し、これらを定期的に見直し、継続的に改善することで、より高度なレベルの情報セキュリティの実現をめざします。

契約上のセキュリティ義務はもとより、個人情報保護法をはじめとした事業活動に関連した法令及び規制等を認識し、これを遵守します。
リスク評価のための基準及び手順を確立することにより、情報資産の価値及びこれをとりまくリスクを認識し、適正な対策を図ります。
当社役員及び従業員は、情報セキュリティの重要性を認識し、情報セキュリティポリシーを遵守することにより、お客様と当社の情報資産の保護に努めます。
上記のために必要な経営資源を配分するとともに、役員・従業員に対する教育訓練を実施し、必要な能力の維持向上に努めます。

平成29年4月
株式会社浜銀総合研究所
代表取締役　○○○○

サイトマップ ｜ 免責・利用規定 ｜ 情報セキュリティ基本方針 ｜ 個人情報保護について

出所：浜銀総合研究所のホームページ〈http://www.yokohama-ri.co.jp/html/security_policy/index.html〉（2020年2月9日確認）

図3-9　あがつま農業協同組合（協同組合）における情報セキュリティ基本方針

あがつま農業協同組合情報セキュリティ基本方針

あがつま農業協同組合
平成１７年３月３１日制定

あがつま農業協同組合は、組合員・利用者等に対する継続的かつ安定的なサービスの提供を確保するとともに、より一層の安全、安心及び信頼の下にサービスを提供するため、組合内の情報およびお預かりした情報のセキュリティの確保と日々の改善に努めることが当組合の事業活動の基本であり、社会的責務であることを認識し、以下の方針を遵守することを誓約します。

１．当組合は、情報資産を適正に取扱うため、コンピュータ犯罪に関する法律、不正アクセス行為の禁止に関する法律、ＩＴ基本法その他の情報セキュリティに関係する諸法令等による義務を誠実に遵守します。

２．当組合は、情報の取扱い、情報システムならびに情報ネットワークの管理運用にあたり、適切な組織的・人的・技術的安全管理措置を実施し、情報資産に対する不正な侵入、紛失、漏洩、改ざん、破壊、利用妨害などが発生しないよう努めます。

３．当組合は、情報セキュリティに関して、業務に従事する者の役割を定め、情報セキュリティ基本方針に基づき、組合全体で情報セキュリティを推進できる体制を維持します。

４．当組合は、万一、情報セキュリティを侵害するような事象が発生した場合、その原因を迅速に解明し、被害を最小限に止めるよう努めます。

５．当組合は、上記の活動を継続的に行うと同時に、新たな脅威にも対応できるよう、情報セキュリティマネジメントシステムを確立し、維持改善に努めます。

以　上

出所：あがつまJAのホームページ〈http://www.aganet.or.jp/kojin/joho.htm〉（2020年２月９日確認）

図3-10　証券保管振替機構（決済機関）における情報セキュリティ基本方針

情報セキュリティ基本方針

平成１９年１１月　１日制定
平成２１年　１月　５日改訂
平成２８年　４月１８日改訂

当社グループ（株式会社証券保管振替機構及び株式会社ほふりクリアリングをいう。以下同じ。）は、資本市場の重要な基盤である決済インフラとして、社会的に高い公共性・公益性・信頼性が求められることから、情報セキュリティの重要性を一層強く認識し、サイバー攻撃等のあらゆる脅威から情報資産を守ることを目的として、当社グループの情報セキュリティに関する考え方、方針として「情報セキュリティ基本方針」を制定し、公表します。

１．情報セキュリティ管理体制の構築
企業として重要な社会的責任を担っていることを当社グループの業務に従事する役員、従業員等が認識し、社債、株式等の振替に関する法律、個人情報の保護に関する法律等をはじめとする関連法及び当社グループが定める事項を遵守することにより、情報資産の機密性、完全性及び可用性を確保するため、当社グループにおける情報セキュリティを統括する者としてＣＩＳＯ（情報セキュリティ統括責任者）を設置するとともに、ＣＩＳＯを中心とした情報セキュリティ管理体制を構築します。

２．情報セキュリティ対策を徹底したシステムの実現
情報資産に対する不正な侵入、漏洩、改ざん、紛失、破壊、利用妨害等が発生しないよう、徹底した対策を講じます。

３．情報セキュリティに関する知識の向上
業務に従事する役員、従業員等にセキュリティ教育及び訓練を徹底し、当社グループの情報資産に関わる全員が、情報セキュリティに関する知識を持って業務を遂行できるようにします。

４．内部監査体制の整備・充実
情報セキュリティ対策の実施状況、関連法の遵守状況について点検及び内部監査します。また、刻々と変わる状況に対応できるよう、見直しを行います。

５．契約の相手方への管理体制強化
情報の取扱いを外部の者に行わせる場合には、対象業務の安全性や信頼性を十分に確保できる契約の相手方を選定し、定期的な報告等によって確認するとともに、契約の相手方からの情報漏洩を防止します。

出所：証券保管振替機構のホームページ〈http://www.jasdec.com/download/rm/InformationSecurity.pdf〉（2020年２月９日確認）

図3-11　神奈川県庁（地方自治体）における情報セキュリティ基本方針

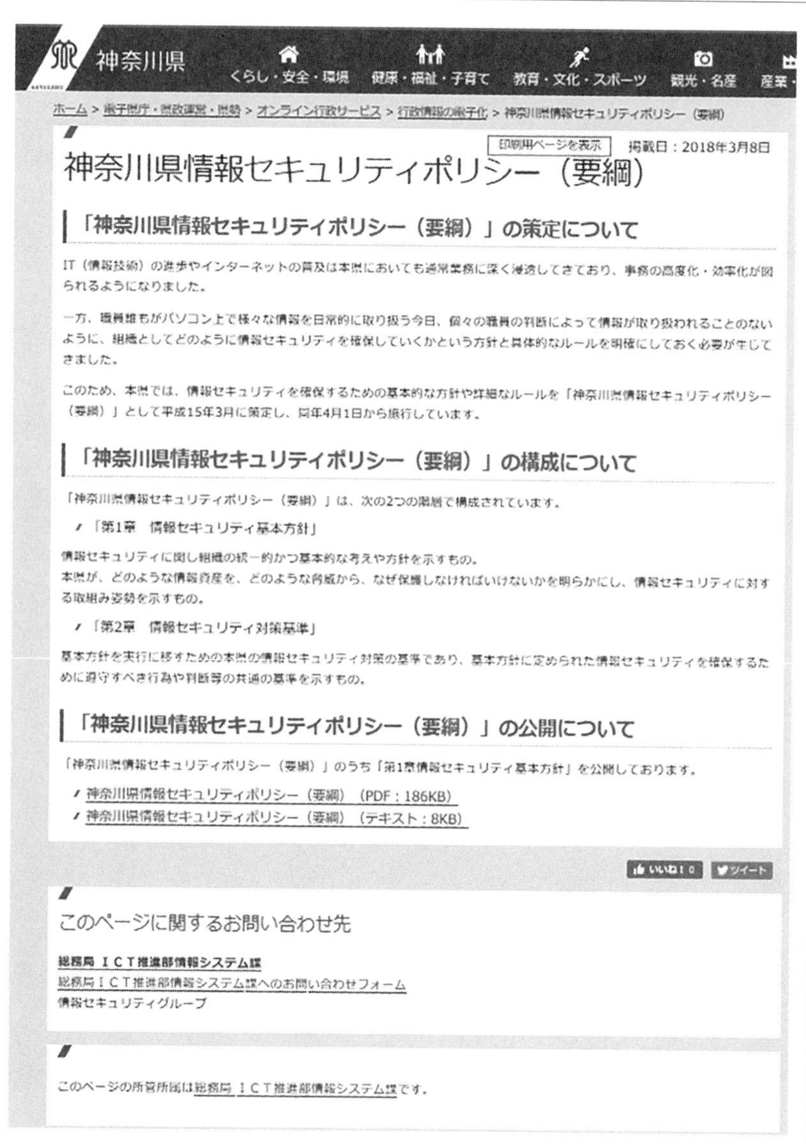

神奈川県　くらし・安全・環境　健康・福祉・子育て　教育・文化・スポーツ　観光・名産　産業・

ホーム > 電子県庁・県政運営・県勢 > オンライン行政サービス > 行政情報の電子化 > 神奈川県情報セキュリティポリシー（要綱）

印刷用ページを表示　掲載日：2018年3月8日

神奈川県情報セキュリティポリシー（要綱）

「神奈川県情報セキュリティポリシー（要綱）」の策定について

IT（情報技術）の進歩やインターネットの普及は本県においても通常業務に深く浸透してきており、事務の高度化・効率化が図られるようになりました。

一方、職員誰もがパソコン上で様々な情報を日常的に取り扱う今日、個々の職員の判断によって情報が取り扱われることのないように、組織としてどのように情報セキュリティを確保していくかという方針と具体的なルールを明確にしておく必要が生じてきました。

このため、本県では、情報セキュリティを確保するための基本的な方針や詳細なルールを「神奈川県情報セキュリティポリシー（要綱）」として平成15年3月に策定し、同年4月1日から施行しています。

「神奈川県情報セキュリティポリシー（要綱）」の構成について

「神奈川県情報セキュリティポリシー（要綱）」は、次の2つの階層で構成されています。

- 「第1章　情報セキュリティ基本方針」

情報セキュリティに関し組織の統一的かつ基本的な考えや方針を示すもの。
本県が、どのような情報資産を、どのような脅威から、なぜ保護しなければいけないかを明らかにし、情報セキュリティに対する取組み姿勢を示すもの。

- 「第2章　情報セキュリティ対策基準」

基本方針を実行に移すための本県の情報セキュリティ対策の基準であり、基本方針に定められた情報セキュリティを確保するために遵守すべき行為や判断等の共通の基準を示すもの。

「神奈川県情報セキュリティポリシー（要綱）」の公開について

「神奈川県情報セキュリティポリシー（要綱）」のうち「第1章情報セキュリティ基本方針」を公開しております。

- 神奈川県情報セキュリティポリシー（要綱）（PDF：186KB）
- 神奈川県情報セキュリティポリシー（要綱）（テキスト：8KB）

いいね！0　ツイート

このページに関するお問い合わせ先

総務局 ＩＣＴ推進部情報システム課
総務局ＩＣＴ推進部情報システム課へのお問い合わせフォーム
情報セキュリティグループ

このページの所管所属は総務局 ＩＣＴ推進部情報システム課です。

出所：神奈川県のホームページ〈https://www.pref.kanagawa.jp/docs/fz7/security/securitypolicy.html〉（2020年2月9日確認）

3.3
情報セキュリティ・マネジメント対策基準の策定

情報セキュリティ・マネジメント対策基準は「情報セキュリティ・マネジメント管理策」等とも言い，情報セキュリティ・マネジメント基本方針に基づいて，組織構成員が遵守すべき具体的な基準を明示し，情報セキュリティ・マネジメント戦略に関する責任と義務を割り当てるものである。

具体的には，情報セキュリティ・マネジメント基本方針で定められた情報資産をCIAの観点から継続的に確保するために遵守すべき行為，及び判断等の基準，つまり基本方針を実現するために何をやらなければならないのかを具体的に示すものである。

3.3.1 情報セキュリティ・マネジメント対策基準の策定手順

情報セキュリティ・マネジメント対策基準は，情報セキュリティ・マネジメント基本方針に記載された「組織の方針」に基づいて，情報セキュリティ・マネジメント戦略を具体的に割り当てていくもので，遵守すべき情報セキュリティ対策について具体的に記載するものである。

情報セキュリティ・マネジメント対策基準の項目は，①リスク評価[6)]とリスク処理選定作業から導き出される「情報セキュリティ・マネジメント要件」，②法律や規制，規則，規約，ルール，契約等の外部統制から導き出される「情報セキュリティ・マネジメント要件」，③組織を取り巻く様々な脅威によるビジネスリスク抑制という組織の内部統制から要求される「情報セキュリティ・マネジメント要件」といった，組織に対して必要な情報セキュリティ・マネジメント対策基準の各項目が選定されることになる。

これらの要件は，導き出される情報セキュリティ・マネジメント対策基準に基づいて選定される情報セキュリティ対策を実効性あるものにするためのものであり，情報セキュリティ・マネジメント戦略の適用対象者であるすべての組織構成員が遵守すべき具体的な事項を規定した文書である。

実際の情報セキュリティ・マネジメント対策基準の策定における手順では，

図3-12 情報セキュリティ・マネジメント対策基準の策定プロセス

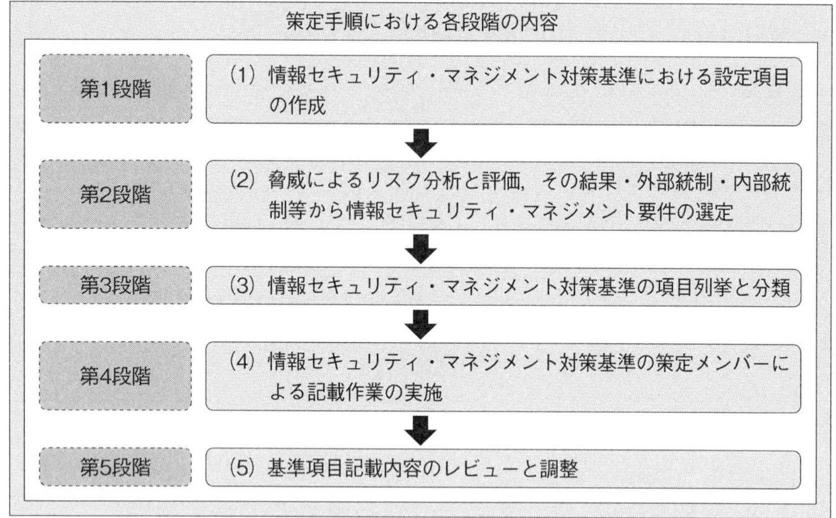

出所：筆者作成。

図3-12に示している「情報セキュリティ・マネジメント対策基準の策定プロセス」にあるように，リスク評価結果，外部統制（外部監査[7]），内部統制[8]等から選定された情報セキュリティ・マネジメント要件に対して，(1) 情報セキュリティ・マネジメント対策基準における設定項目の作成，(2) リスク評価結果・外部統制・内部統制等から情報セキュリティ・マネジメント要件の選定，(3) 情報セキュリティ・マネジメント対策基準の項目列挙と分類，(4) 情報セキュリティ・マネジメント対策基準の策定メンバーによる記載作業の実施，(5) 基準項目記載内容のレビューと調整，といった5つの段階に分けることが可能で，それぞれを考慮して各段階を実行していくことになる。

つまり，情報セキュリティ・マネジメント対策基準における個々の作業内容では，組織構成員が遵守すべき情報セキュリティ・マネジメント対策基準の項目を列挙し，その具体的な情報セキュリティ・マネジメント規定を表現していく作業を実施するのである。

(1) 情報セキュリティ・マネジメント対策基準における設定項目の作成（第1段階）

情報セキュリティ・マネジメント対策基準の設定作成では，対策基準に記載すべき項目の全体構成と個々に記載すべき項目の管理レベルを調整する。

情報セキュリティ・マネジメント対策基準に記載すべき項目の全体構成において，どのような構成で記載するかは，それぞれの組織が置かれている状況，つまり，組織における組織構成や組織規模，組織形態，業種，及び情報資産等に伴い自らの組織が設定するCIAの継続的な確保に基づいて，その組織の責任において決定しなければならない。

ただし，ISMS適合性評価制度の認定を受ける場合は，**表3-2**に示している「ISMS適合性評価制度認証基準に基づく対策基準の例」にあるように，ISMS適合性評価制度認証基準[9]に基づく対策基準に沿った内容にする。

また，情報セキュリティ・マネジメント対策基準の構成は，実践的な対策内容の項目としての網羅性は高いものにして，対策基準項目の体系は分かりやすく，かつ，その分類や並べ方について，見やすい構成を心がけて，すべての組織構成員に提示する。

情報セキュリティ・マネジメント対策基準の内容は，すべての組織構成員が，その情報セキュリティ・マネジメント対策基準の項目を理解し，納得して，その内容を遵守しなければ有効的，かつ効果的には機能しない。つまり，組織構成員が，その内容に少しでも疑問を持ち，かつ，納得しないままに無理やり強引に組織に導入しても，効果が見られないばかりか，当該組織の運営において支障をきたすことになる。

したがって，ベースラインアプローチ[10]によって情報セキュリティ・マネジメント対策基準の設定を検討する場合は，ISMS認証が直接的な目的でなくても，ISMS適合性評価認証基準，あるいはISO/IEC 27000シリーズで規定されているそれぞれの対策基準の項目内容を自らの組織の構成や特徴に適合するようにカスタマイズし，具体的内容を記載，わかりやすく理解しやすい構成にする。

(2) 情報セキュリティ・マネジメント要件の選定（第2段階）

脅威に伴うリスクの分析と評価，その結果・外部統制・内部統制等から導出

表3-2　ISMS適合性評価制度認証基準に基づく対策基準の例

項目	内容
(1) 目的	情報セキュリティ・マネジメント基本方針に記載された組織の方針に基づき，情報セキュリティ管理責任を具体的に割り当てるものであり，遵守すべき情報セキュリティ対策の基準項目について具体的に記載するものである。
(2) 適用範囲	情報セキュリティ対策の確立，実施及び文書化についての要求事項を明記する。
(3) セキュリティ組織	情報セキュリティ・インフラストラクチャ，第三者アクセスのセキュリティ，第三者への委託（アウトソーシングや外部委託等）についての詳細管理策を明記する。
(4) 情報資産の分類及び管理	情報資産に対する責任，情報の分類についての詳細管理策を明記する。
(5) 人的セキュリティ	職務定義及び採用におけるセキュリティ，ユーザーの教育・訓練，セキュリティ事故及び誤動作への対処についての詳細管理策を明記する。
(6) 物理的及び環境的セキュリティ	セキュリティ区画，装置のセキュリティ，一般管理策についての詳細管理策を明記する。
(7) 通信及び運用管理	運用手順及び責任，システム計画の作成及び受け入れ，不正ソフトウェアからの保護，情報システムの管理，ネットワークの管理，媒体の取り扱い及びセキュリティ，組織間における情報及びソフトウェアの交換についての詳細管理策を明記する。
(8) アクセス制御	アクセス制御に関する事業の要求事項，ユーザーアクセス管理，ユーザーの責任，ネットワークのアクセス制御，オペレーティングシステムのアクセス制御，アプリケーションシステムのアクセス制御，システムアクセス及びシステム使用の監視，モバイルコンピューティング及び遠隔地勤務についての詳細管理策を明記する。
(9) システムの開発及びメンテナンス	システムのセキュリティ要求事項，アプリケーションシステムのセキュリティ，暗号による管理策，システムファイルのセキュリティ，開発及びサポートプロセスにおけるセキュリティについての詳細管理策を明記する。
(10) 事業継続管理	適用範囲全体を含む組織の事業継続を検討し策定，維持するための管理プロセスを整備すること。
(11) 準拠	法的要求事項への準拠，情報セキュリティポリシーへの準拠，システム監査の考慮事項について明記する。

出所：税所哲郎（2006）『情報セキュリティ・マネジメントの導入と展開』，関東学院大学出版会，に対して加筆・修正のうえ作成。

する情報セキュリティ・マネジメント要件の選定では，情報セキュリティ・マネジメント対策基準の記載項目を決定する。

ただし，どのレベルまで詳細に表現するかは，全体の構成と同様に，それぞれの組織が置かれている状況，つまり，組織における構成や規模，形態，業種，及び情報資産等に伴い，自らの組織が設定するCIAの継続的な確保に基づいて，その組織の責任において決定しなければならない。

また，情報セキュリティ・マネジメント対策基準に記述する量があまりに膨大になってしまうと，ほとんどの組織構成員が読まなくなってしまい，その内容を理解するのも難しくなってしまうことになるので，その対策基準としての機能を失ってしまうことになる。

これは情報セキュリティ・マネジメント対策基準に記載している内容が，広範囲で大量，かつ，難解な表現の記載だと，表記されることば自体が理解されないばかりか，組織構成員に情報セキュリティ対策の意図や含意を認識される前に，そもそも受け入れられない，読まれない可能性が高いからである。

（3）情報セキュリティ・マネジメント対策基準の項目列挙と分類（第３段階）

情報セキュリティ・マネジメント対策基準の項目列挙と分類では，情報セキュリティ・マネジメント対策基準の基本モデルを決定し，その構成項目ごとに対策基準の項目をあげなければならない。

具体的には，**図3-13**に示している「情報セキュリティ・マネジメント対策基準の項目における策定プロセス」にあるように，①詳細な脅威によるビジネスリスク分析によるリスク評価結果等から導出した情報セキュリティ対策の列挙を行う，②ISMS適合性評価認証基準，あるいはISO/IEC 27000シリーズに列挙されている情報セキュリティ・マネジメント対策基準（管理策）等からベースラインアプローチを実施する際に必要な項目の選定を行う，③情報セキュリティ・マネジメント基準項目の列挙を行う，④列挙した情報セキュリティ・マネジメント基準項目の分類を行う，⑤情報セキュリティ・マネジメント対策基準の詳細構成を作成することになる。

情報セキュリティ・マネジメント対策基準の項目を列挙したら，**表3-3**に示している「情報セキュリティ・マネジメント対策基準の構成例」にあるように，

図3-13　情報セキュリティ・マネジメント対策基準の項目における策定プロセス

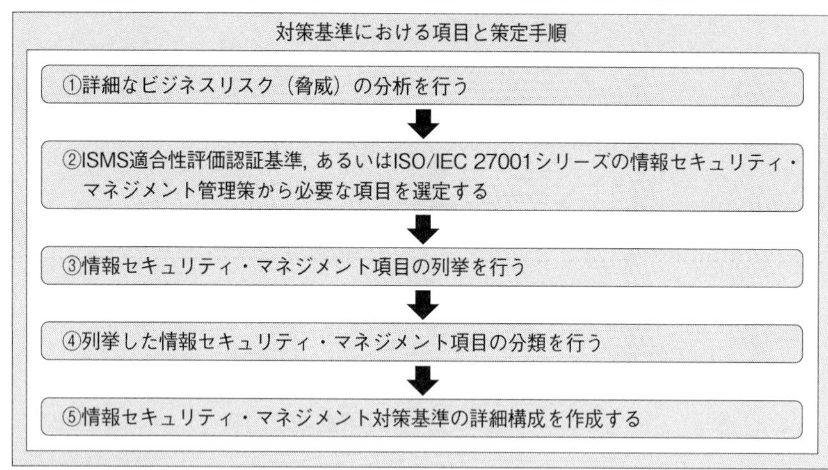

出所：筆者作成。

①「対象範囲」，②「組織・体制」，③情報資産の管理責任，情報資産の分類と管理である「情報資産の分類と管理」，④サーバー等の機器，管理区域，ネットワーク，社員，及び協力会社社員等の管理である「物理的セキュリティ」，⑤役割・責任，教育・訓練，アクセスのための認証情報，及びパスワードの管理である「人的セキュリティ」，⑥ネットワーク，情報システム，及び情報資産の管理，ネットワーク及び情報システムを使用する際の規定，アクセス制御，情報システムの開発・導入・保守等，コンピュータウイルス対策，不正アクセス行為対策，セキュリティ情報の収集である「情報セキュリティ」，⑦情報システムの監視，情報セキュリティポリシーの遵守状況の確認，運用管理における留意点，自己及びシステムへの侵害等の対応である「運用・監視」，⑧「法令順守」，⑨「情報セキュリティに関する違反に対する対応」，⑩監査，点検や情報セキュリティポリシーの見直しである「評価・見直し」に分類する。

そして，分類したそれぞれの対策基準の項目を情報セキュリティ・マネジメント対策基準に当てはめてみる（落とし込んでいく）ことで，具体的，かつ詳細な対策基準を策定することができる。

表3-3　情報セキュリティ・マネジメント対策基準の構成例

①対象範囲	
②組織・体制	
③情報資産の分類と管理	
	情報資産の管理責任，情報資産の分類と管理
④物理的セキュリティ	
	サーバー等，管理区域，ネットワーク，社員，及び協力会社社員等の管理
⑤人的セキュリティ	
	役割・責任，教育・訓練，アクセスのための認証情報，及びパスワードの管理
⑥情報セキュリティ	
	ネットワーク・情報システム及び情報資産の管理，ネットワーク，及び情報システムを使用する際の規定，アクセス制御，情報システムの開発・導入・保守等，コンピュータウイルス対策，不正アクセス対策，セキュリティ情報の収集
⑦運用・監視	
	情報システムの監視，情報セキュリティポリシーの遵守状況の確認，運用管理における留意点，自己及び侵害等の対応
⑧法令順守	
⑨情報セキュリティに関する違反に対する対応	
⑩評価・見直し	
	①監査，②点検，③情報セキュリティポリシーの見直し

出所：税所哲郎（2006）『情報セキュリティ・マネジメントの導入と展開』，関東学院大学出版会，に対して加筆・修正のうえ作成。

（4）情報セキュリティ・マネジメント対策基準の策定メンバーによる記載作業の実施（第４段階）

この記載作業では，具体的に詳細な情報セキュリティ・マネジメント対策基準の項目構成を行ったら，それぞれの分類した基準項目に応じて，対策基準の策定メンバーが規定内容について表現の記載作業を割り振ることになる。

つまり，情報セキュリティ・マネジメント対策基準の策定メンバーは，指定された記載フォーマットと記載（執筆）規定に従って，割り当てられた記載項目の規定内容について記載するのである。

（5）基準項目記載内容のレビューと調整（第５段階）

この情報セキュリティ・マネジメント対策基準の項目における記載内容のレビューと調整を行うことになる。この段階では，情報セキュリティ・マネジメント対策基準の策定メンバーが記載した規定内容を情報セキュリティ・マネジメント対策基準の構成に書き込んで，対策基準を完成させる。

完成した情報セキュリティ・マネジメント対策基準の表現内容や管理レベルの妥当性については，すべての対策基準を策定したメンバー間でレビュー（Review：再調査・再検討・批評等）を行い，その記載内容を調整する。

3. 3. 2　情報セキュリティ・マネジメント対策基準の運用

前述してきたように，情報セキュリティ・マネジメント対策基準の項目は，それぞれの組織が置かれている状況に応じて相違する。つまり，組織における構成や規模，形態，業種，業態，及び保有の情報資産等に伴い，自らの組織が設定するCIAの継続的な確保に基づいて，その組織の責任において選定すべきである。したがって，どの組織に対しても，そのまま当てはまるような内容の標準的，万能な規定項目，一般的な規定項目等は存在しない。

当該組織の部門構成や規模，形態，業種，業態，保有する情報資産の種類等に伴う特性，また，情報システムや情報ネットワークの構成や利用形態，潜在している脅威，さらには外部環境から要求される情報セキュリティ・マネジメント事項，及び現在規定されている基準や規定との関係等，様々な要因を多方面から十分に検討しなければならない。

そのうえで，**図3-14**に示している「情報セキュリティ・マネジメント対策基準の記載内容」にあるように，(1) 情報セキュリティ・マネジメント対策基準の目的，(2) 情報セキュリティ・マネジメント対策基準の適用範囲，(3) 情報セキュリティ・マネジメント管理責任，(4) 情報セキュリティ・マネジメント基本方針との関係，(5) 情報セキュリティ・マネジメント対策基準の項目規定，(6) 関連ドキュメント，(7) 変更履歴，といった７つの項目の記載内容に分けることが可能である。そして，それぞれの内容を考慮して，組織の状況や脅威の程度，リスクコントロールの目標水準にマッチした適切な情報セキュリ

図3-14　情報セキュリティ・マネジメント対策基準の記載内容

代表的な対策基準の記載内容

(1) 情報セキュリティ・マネジメント対策基準の目的

情報セキュリティ・マネジメント対策基準は，情報資産の機密性・完全性・可用性を確保するための情報セキュリティ・マネジメント基本方針を実現（実践）するために，具体的に遵守すべき事項を規定したものである。

(2) 情報セキュリティ・マネジメント対策基準の適用範囲

情報セキュリティ・マネジメント対策基準の適用範囲には，保護対象となる情報資産の範囲，及び規定遵守範囲がある。情報資産は，ハードウェア，ソフトウェア，データ（情報，ネットワーク，及びこれに関連する機器・設備等が該当し，適用対象者はこれらの情報資産を扱う者である。

(3) 情報セキュリティ・マネジメント管理責任

情報セキュリティ・マネジメント対策基準の管理責任，情報セキュリティ・マネジメント対策基準に基づく情報セキュリティ・マネジメント管理の責任について記載する。

(4) 情報セキュリティ・マネジメント基本方針との関係

情報セキュリティ・マネジメント対策基準が情報セキュリティ・マネジメント基本方針の枠組みに基づいていることを明記し，情報セキュリティ・マネジメント基本方針が変更されると情報セキュリティ・マネジメント対策基準も変更する必要のあることを記載する。

(5) 情報セキュリティ・マネジメント対策基準の項目規定

リスク分析で識別した情報セキュリティ・マネジメント要件や災害等に対応する業務継続計画に関する項目を挙げ，その項目ごとに規定を設ける。

(6) 関連ドキュメント

情報セキュリティ・マネジメント対策基準の項目で規定した関連ドキュメントを掲載する。

(7) 変更履歴

情報セキュリティ・マネジメント対策基準の変更手続及び変更履歴を記載し，その有効性が確認できるようにする。

出所：筆者作成。

ティ・マネジメント対策基準の項目を規定しなければならない。

(1) 情報セキュリティ・マネジメント対策基準の目的

第1の項目では，情報セキュリティ・マネジメント対策基準の目的を明示して記載する必要がある。

情報セキュリティ・マネジメント対策基準は，情報資産の機密性・完全性・可用性であるCIAを継続的に確保するための情報セキュリティ・マネジメント基本方針について，具体的に遵守すべき項目を規定したものである。

したがって，情報セキュリティ・マネジメント対策基準には，組織の情報資産保護を目的とし，情報セキュリティ・マネジメント基本方針に基づいて規定されていること，リスク分析等によって選定された最適な情報セキュリティ対策に対応しているといったことを明示して記載するのである

(2) 情報セキュリティ・マネジメント対策基準の適用範囲

第2の項目では，情報セキュリティ・マネジメント対策基準の適用範囲を明示して記載する必要がある。

情報セキュリティ・マネジメント対策基準の適用範囲には，保護対象となる情報資産について，具体的にそれぞれを精査し，遵守範囲及び優先順位の確定を規定したものである。

情報資産は，ハードウェアやソフトウェア，データ（情報），ネットワーク，及び関連の機器・設備等が該当し，すべての組織構成員は情報セキュリティ・マネジメント対策基準の適用対象者として，対策基準に基づいて，これらの情報資産を扱ったり，接したりする。

したがって，すべての組織構成員は，正社員の他，アルバイト，パートタイマー，関係会社社員，協力会社社員等だけでなく，ロワーマネジメント，ミドルマネジメント，トップマネジメントも含まれること，アウトソーシング契約がある場合は外部委託先社員も適用範囲に含めるといったことを明示して記載したものである。

(3) 情報セキュリティ・マネジメント管理責任

第3の項目では，情報セキュリティ・マネジメント戦略を推進するうえでの管理責任を明示して記載する必要がある。

情報セキュリティ・マネジメント対策基準の管理責任は，情報セキュリティ・マネジメント対策基準に基づく情報セキュリティ・マネジメント管理の責任について，具体的にその管理責任を規定したものである。

したがって，情報セキュリティ・マネジメント対策基準の管理責任については，例えば情報セキュリティ委員会等の専門部署が担う情報セキュリティ・マネジメント対策基準のセキュリティレベル維持に関する方法と責任の規定を明記する。また，情報セキュリティ・マネジメント対策基準に基づいて，情報資産の管理者と利用者の責任について具体的に明示して記載したものである。

(4) 情報セキュリティ・マネジメント基本方針との関係

第4の項目では，情報セキュリティポリシーにおける情報セキュリティ・マネジメント基本方針との関係を明示して記載する必要がある。

情報セキュリティ・マネジメント対策基準が情報セキュリティ・マネジメント基本方針の枠組みに基づいて，具体的にその関係を規定したものである。

したがって，情報セキュリティ・マネジメント基本方針が変更されると，情報セキュリティ・マネジメント対策基準も変更する必要のあることを明示して記載したものである。

(5) 情報セキュリティ・マネジメント対策基準の項目規定

第5の項目では，情報セキュリティ・マネジメント対策基準を構成する各項目の規定を明示して記載する必要がある。

情報セキュリティ・マネジメント対策基準の項目では，様々な脅威に基づくリスク分析・評価で識別した情報セキュリティ・マネジメント要件について，具体的にその内容を規定したものである。

したがって，ハリケーン，竜巻，地震，雷，火事，洪水等の災害発生時，及び停電時等の緊急事態に対応するBCPに関する項目を挙げて，具体的にその項目ごとに規定したものである。

（6）関連ドキュメント

第6の項目では，情報セキュリティ・マネジメント対策基準に関する関連ドキュメントを明示して記載する必要がある。

情報セキュリティ・マネジメント対策基準で規定した項目について，具体的にその項目ごとに関連ドキュメントを対応させて規定したものである。

したがって，一般規定等では，職務規定，社員教育規定，知的財産権保護規定，システム開発標準，システム運用標準，システム利用標準，緊急報告規定，業務継続計画等を関連ドキュメントとして明示して記載したものである。

（7）変更履歴

第7の項目では，情報セキュリティ・マネジメント対策基準における変更履歴を明示して記載する必要がある。

情報セキュリティ・マネジメント対策基準における変更手続と変更履歴を記載し，その運用において有効性が確認できるようにしたものである。

このように，それぞれの組織では，組織における組織構成や組織規模，組織形態，業種，及び情報資産等に伴い，自らの組織が設定するCIAの継続的な確保に基づいて，組織の特性やリスクコントロールの目標水準にマッチした適切な情報セキュリティ・マネジメント基本方針の項目内容を取り込んで，情報セキュリティ・マネジメント対策基準を作成することになる。

例えば，**図3-15**で示している「富山県警察（行政機関：警察）における情報セキュリティ・マネジメント対策基準」の事例，**図3-16**で示している「新宿区役所（行政機関・地方自治体）における情報セキュリティ・マネジメント対策基準」の事例，**図3-17**で示している「長野県市町村職員共済組合（共済組合）における情報セキュリティ・マネジメント対策基準」の事例，**図3-18**で示している「大阪教育大学（教育機関）における情報セキュリティ・マネジメント対策基準」の事例にあるように，様々な業種や業態の組織，あるいは組織の大小規模に関わらずに，**表3-2**に示している「情報セキュリティ・マネジメント対策基準の構成例」のような記載項目の内容に基づいて「情報セキュリティ・マネジメント対策基準」を構築している。また，これは，多くの組織に

図3-15　富山県警察（行政機関：警察）における情報セキュリティ・マネジメント対策基準

富山県警察情報システムに関するセキュリティ対策基準の制定について（例規通達）

富山県警察の情報セキュリティ対策基準については、「富山県警察情報システムに関するセキュリティ対策基準の制定について」（平成18年3月27日付け富情第625号）により運用してきたところであるが、このたび、別添の「富山県警察情報システムに関するセキュリティ対策基準」を制定し、平成20年1月4日から施行することとしたので、誤りのないようにされたい。

なお、前記通達は、廃止する。

別添

富山県警察情報システムに関するセキュリティ対策基準

第1　総則

1　目的

この対策基準は、富山県警察情報セキュリティに関する訓令（平成18年富山県警察本部訓令第8号。以下「セキュリティ訓令」という。）第8条の規定に基づき、警察情報システムの情報セキュリティの維持に関し必要な事項を定めるものとする。

2　用語の定義

この通達における用語の意義は、それぞれ次に掲げるところによる。

(1) アクセス

警察情報システムにデータを入力し、又は警察情報システムからデータを出力することをいう。

(2) アクセス権者

アクセスを行う権限を与えられた者をいう。

(3) アクセス範囲

アクセス権者ごとにその者が行うことができるアクセスの範囲をいう。

(4) ユーザＩＤ

アクセス権者を識別するためにアクセス権者ごとに一意に付与された文字列をいう。

(5) パスワード

警察情報システムを利用しようとする者がアクセス権者本人であるかどうかを検証するため用いられる文字列をいう。

(6) 入力資料

警察情報システムにより処理する情報を記録した文書、電磁的記録その他の記録（作成中のものを含む。）をいう。

(7) 出力資料

警察情報システムにより出力された情報を記録した文書、電磁的記録その他の記録をいう。

(8) ドキュメント

警察情報システムに関するアからオまでに掲げる文書及び電磁的記録（作成中のものを含む。）をいう。

ア　システム仕様書

出所：富山県警察のホームページ〈http://police.pref.toyama.jp/sections/6102/kunrei/3jyouhoukanri/6kennkeisatujyouhousisutemunikannsurusekyuritittaisakukijyunnnoseitei.pdf〉（2020年2月9日確認）

図3-16　新宿区役所（行政機関・地方自治体）における情報セキュリティ・マネジメント対策基準

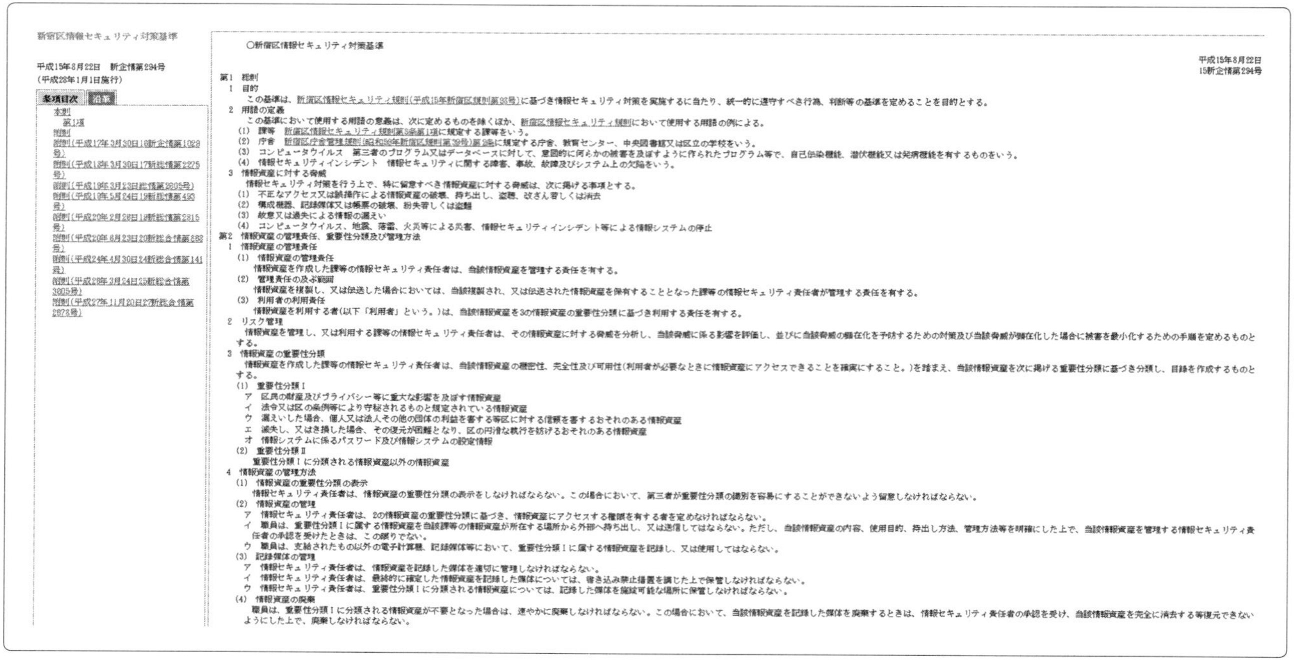

新宿区情報セキュリティ対策基準

平成15年8月22日　新企情第294号
(平成28年1月1日施行)

条項目次　沿革

本則
第1項
附則
附則(平成17年3月30日16新企情第1028号)
附則(平成18年3月30日17新総情第2275号)
附則(平成19年3月23日総情第2805号)
附則(平成19年5月24日19新総情第430号)
附則(平成20年2月28日19新総情第2815号)
附則(平成20年8月23日20新総合情第882号)
附則(平成24年4月30日24新総合情第141号)
附則(平成26年3月24日25新総合情第3605号)
附則(平成27年11月20日27新総合情第2873号)

○新宿区情報セキュリティ対策基準

平成15年8月22日
15新企情第294号

第1　総則
1　目的
この基準は、新宿区情報セキュリティ規則(平成15年新宿区規則第33号)に基づき情報セキュリティ対策を実施するに当たり、統一的に遵守すべき行為、判断等の基準を定めることを目的とする。
2　用語の定義
この基準において使用する用語の意義は、次に定めるものを除くほか、新宿区情報セキュリティ規則において使用する用語の例による。
(1)　課等　新宿区情報セキュリティ規則第3条第1項に規定する課等をいう。
(2)　庁舎　新宿区庁舎管理規則(昭和59年新宿区規則第39号)第2条に規定する庁舎、教育センター、中央図書館又は区立の学校をいう。
(3)　コンピュータウイルス　第三者のプログラム又はデータベースに対して、意図的に何らかの被害を及ぼすように作られたプログラム等で、自己伝染機能、潜伏機能又は発病機能を有するものをいう。
(4)　情報セキュリティインシデント　情報セキュリティに関する障害、事故、故障及びシステム上の欠陥をいう。
3　情報資産に対する脅威
情報セキュリティ対策を行う上で、特に留意すべき情報資産に対する脅威は、次に掲げる事項とする。
(1)　不正なアクセス又は誤操作による情報資産の破壊、持ち出し、盗聴、改ざん若しくは消去
(2)　構成機器、記録媒体又は帳票の破壊、紛失若しくは盗難
(3)　故意又は過失による情報の漏えい
(4)　コンピュータウイルス、地震、落雷、火災等による災害、情報セキュリティインシデント等による情報システムの停止
第2　情報資産の管理責任、重要性分類及び管理方法
1　情報資産の管理責任
(1)　情報資産の管理責任
情報資産を作成した課等の情報セキュリティ責任者は、当該情報資産を管理する責任を有する。
(2)　管理責任の及ぶ範囲
情報資産を複製し、又は伝送した場合においては、当該複製され、又は伝送された情報資産を保有することとなった課等の情報セキュリティ責任者が管理する責任を有する。
(3)　利用者の利用責任
情報資産を利用する者(以下「利用者」という。)は、当該情報資産を3の情報資産の重要性分類に基づき利用する責任を有する。
2　リスク管理
情報資産を管理し、又は利用する課等の情報セキュリティ責任者は、その情報資産に対する脅威を分析し、当該脅威に係る影響を評価し、並びに当該脅威の顕在化を予防するための対策及び当該脅威が顕在化した場合に被害を最小化するための手順を定めるものとする。
3　情報資産の重要性分類
情報資産を作成した課等の情報セキュリティ責任者は、当該情報資産の機密性、完全性及び可用性(利用者が必要なときに情報資産にアクセスできることを確実にすること。)を踏まえ、当該情報資産を次に掲げる重要性分類に基づき分類し、目録を作成するものとする。
(1)　重要性分類Ⅰ
ア　区民の財産及びプライバシー等に重大な影響を及ぼす情報資産
イ　法令又は区の条例等により守秘されるものと規定されている情報資産
ウ　漏えいした場合、個人又は法人その他の団体の利益を害する等区に対する信頼を害するおそれのある情報資産
エ　滅失し、又はき損した場合、その復元が困難となり、区の円滑な執行を妨げるおそれのある情報資産
オ　情報システムに係るパスワード及び情報システムの設定情報
(2)　重要性分類Ⅱ
重要性分類Ⅰに分類される情報資産以外の情報資産
4　情報資産の管理方法
(1)　情報資産の重要性分類の表示
情報セキュリティ責任者は、情報資産の重要性分類の表示をしなければならない。この場合において、第三者が重要性分類の識別を容易にすることができないよう留意しなければならない。
(2)　情報資産の管理
ア　情報セキュリティ責任者は、2の情報資産の重要性分類に基づき、情報資産にアクセスする権限を有する者を定めなければならない。
イ　職員は、重要性分類Ⅰに属する情報資産を当該課等の情報資産が所在する場所から外部へ持ち出し、又は送信してはならない。ただし、当該情報資産の内容、使用目的、持出し方法、管理方法等を明確にした上で、当該情報資産を管理する情報セキュリティ責任者の承認を受けたときは、この限りでない。
ウ　職員は、支給されたもの以外の電子計算機、記録媒体等において、重要性分類Ⅰに属する情報資産を記録し、又は使用してはならない。
(3)　記録媒体の管理
ア　情報セキュリティ責任者は、情報資産を記録した媒体を適切に管理しなければならない。
イ　情報セキュリティ責任者は、最終的に確定した情報資産を記録した媒体については、書き込み禁止措置を講じた上で保管しなければならない。
ウ　情報セキュリティ責任者は、重要性分類Ⅰに分類される情報資産については、記録した媒体を施錠可能な場所に保管しなければならない。
(4)　情報資産の廃棄
職員は、重要性分類Ⅰに分類される情報資産が不要となった場合は、速やかに廃棄しなければならない。この場合において、当該情報資産を記録した媒体を廃棄するときは、情報セキュリティ責任者の承認を受け、当該情報資産を完全に消去する等復元できないようにした上で、廃棄しなければならない。

出所：新宿区のホームページ〈https://www1.g-reiki.net/shinjuku/reiki_honbun/g105RG00000731.html〉（2020年2月9日確認）

図3-17　長野県市町村職員共済組合（共済組合）における情報セキュリティ・マネジメント対策基準

○長野県市町村職員共済組合情報セキュリティ対策基準

長野県市町村職員共済組合情報セキュリティ対策基準（平成19年制定）の全部を改正する。
長野県市町村職員共済組合（以下「組合」という。）における情報セキュリティ対策基準は、情報セキュリティ基本方針を実行に移すために職員、非常勤職員、派遣職員及び臨時職員（以下「職員等」という。）が遵守する基準である。

1　対象範囲及び体制等

1－1　対象範囲

本対策基準が対象とする情報資産は、次のとおりとする。

① ネットワーク、情報システム及びこれらに関する設備、電磁的記録媒体
② ネットワーク及び情報システムで取り扱う情報（これらを印刷した文書を含む。）
③ 情報システムの仕様書及びネットワーク図等のシステム関連文書

1－2　組織及び体制

(1) 最高情報統括責任者（CIO：Chief Information Officer、以下「CIO」という。）
① CIOは、事務局長とする。
② CIOは、組合の情報資産を統括する最高責任者とする。

(2) 最高情報セキュリティ責任者（CISO：Chief Information Security Officer、以下「CISO」という。）
① CISOは、組合における情報資産の管理及び情報セキュリティ対策に関する最終決定権限及び責任を有する。
② CISOは、必要に応じ、情報セキュリティに関する専門的な知識及び経験を有した専門家を最高情報セキュリティアドバイザーとして置き、その業務内容を定めるものとする。
③ CISOは、CIOと兼務とする。

(3) 統括情報セキュリティ責任者
① 統括情報セキュリティ責任者は、事務局次長とする。
② 統括情報セキュリティ責任者は、CISOを補佐し、組合の情報セキュリティポリシーの遵守に関する責任を有する。
③ 統括情報セキュリティ責任者は、組合の情報資産に対するセキュリティ侵害が発生した場合又はセキュリティ侵害のおそれがある場合に、CISOの指示に従い、CISOが不在の場合には自らの判断に基づき、必要かつ十分な措置を行う権限及び責任を有する。
④ 統括情報セキュリティ責任者は、情報セキュリティ責任者、情報セキュリティ管理者及び情報システム管理者に対して、情報セキュリティポリシーの遵守に関する指導及び助言を行う権限を有する。
⑤ 統括情報セキュリティ責任者は、緊急時等の円滑な情報共有を図るため、CISO、統括情報セキュリティ責任者、情報セキュリティ責任者、情報セキュリティ管理者及び情報システム管理者を網羅する連絡体制を含めた緊急連絡網を整備しなければならない。
⑥ 統括情報セキュリティ責任者は、緊急時にはCISOに報告を行うとともに、回復のための対策を講じなければならない。

(4) 情報セキュリティ責任者
① 情報セキュリティ責任者は、総務課長とする。
② 情報セキュリティ責任者は、組合の情報セキュリティ対策に関する統括的な権限及び責任を有する。
③ 情報セキュリティ責任者は、組合において所有している情報システムにおける開発、設定の変更、運用、見直し等を行う統括的な権限及び責任を有する。
④ 情報セキュリティ責任者は、組合において所有している情報システムについて、緊急時等における連絡体制の整備、情報セキュリティポリシーの遵守に関する意見の集約及び職員等に対する教育、訓練、助言及び指示を行う。

(5) 情報セキュリティ管理者
① 情報セキュリティ管理者は、各課課長とする。
② 情報セキュリティ管理者は、所管する課の情報セキュリティ対策に関する権限及び責任を有する。
③ 情報セキュリティ管理者は、所管する課において、情報資産に対するセキュリティ侵害が発生した場合又はセキュリティ侵害のおそれがある場合には、情報セキュリティ責任者、統括情報セキュリティ責任者及びCISOへ速やかに報告を行い、指示を仰がなければならない。

(6) 情報システム管理者
① 各情報システムの担当課長を、当該情報システムに関する情報システム管理者とする。
② 情報システム管理者は、所管する情報システムの開発、運用管理の権限及び責任を有する。
③ 情報システム管理者は、所管する情報システムの情報セキュリティに関する権限及び責任を有する。

(7) 情報セキュリティ委員会（以下「委員会」という。）
① 委員会は、CIO、CISO、統括情報セキュリティ責任者、情報セキュリティ責任者、情報セキュリティ管理者及び情報システム管理者をもって構成する。
② 委員会は、CISOを長とし、情報セキュリティに関する事項を総括し、情報セキュリティポリシーの承認等重要事項の決定を行い、重要事項に関する関係部署との連絡及び調整を行う。
③ 委員会は、毎年度、組合における情報セキュリティ対策の改善計画を策定し、その実施状況を確認しなければならない。
④ 委員会の庶務は、総務課において処理する。

(8) 兼務の禁止
① 情報セキュリティ対策の実施において、やむを得ない場合を除き、承認又は許可の申請を行う者とその承認者又は許可者は、同じ者が兼務してはならない。
② 監査を受ける者とその監査を実施する者は、やむを得ない場合を除き、同じ者が兼務してはならない。

2　情報資産の管理方法等

(1) 情報資産の重要性分類

組合における情報資産は、次のとおり重要性に応じて分類した上で管理をしなければならない。

Ⅰ	個人情報（個人番号及び特定個人情報を含む。）、業務上必要とする最小限の者のみが扱うべき情報及び業務上セキュリティ侵害が年金受給権者及び組合員等の生命及び財産等へ重大な影響を及ぼす情報資産
Ⅱ	公開することを予定してない情報及びセキュリティ侵害が業務の執行等に重大な影響を及ぼす情報資産
Ⅲ	外部に公開する情報のうち、セキュリティ侵害が業務の執行等に軽微な影響を及ぼす情報資産
Ⅳ	上記以外の情報資産

出所：長野県市町村職員共済組合のホームページ〈http://www.nagano-kyosai.jp/kitei/data/reiki/hen04/04020080.htm〉（2020年２月９日確認）

図3-18　大阪教育大学（教育機関）における情報セキュリティ・マネジメント対策基準

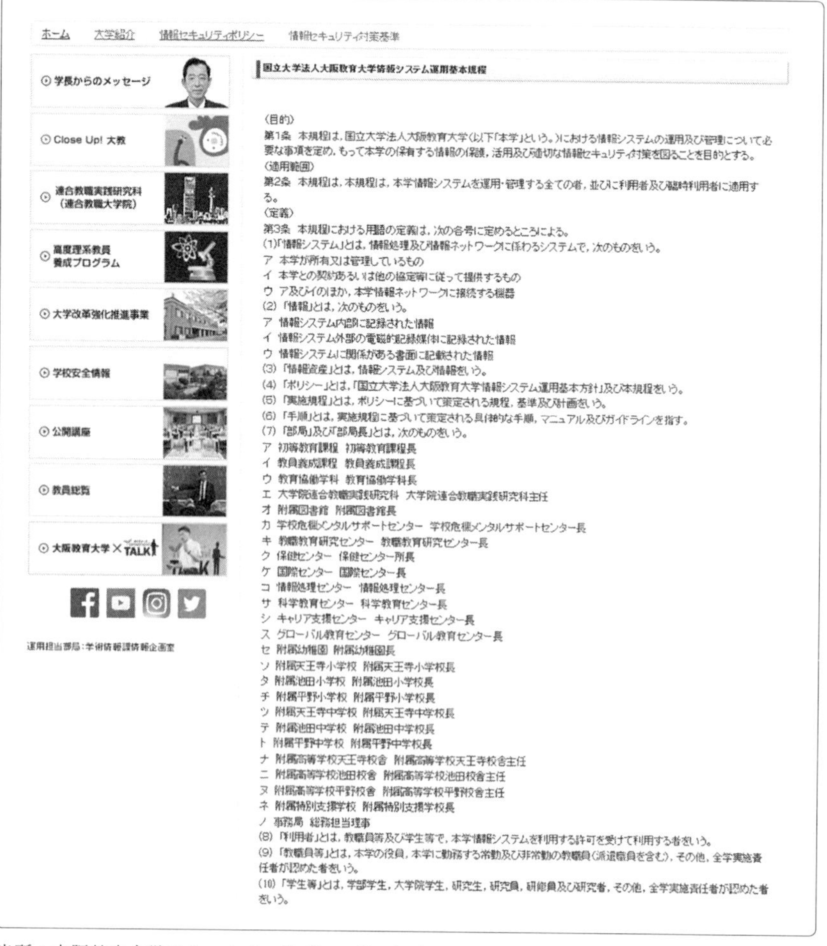

ホーム　大学紹介　情報セキュリティポリシー　情報セキュリティ対策基準

学長からのメッセージ
Close Up! 大教
連合教職実践研究科（連合教職大学院）
高度理系教員養成プログラム
大学改革強化推進事業
学校安全情報
公開講座
教員総覧
大阪教育大学×TALK

運用担当部局：学術情報課情報企画室

国立大学法人大阪教育大学情報システム運用基本規程

（目的）
第1条　本規程は，国立大学法人大阪教育大学（以下「本学」という。）における情報システムの運用及び管理について必要な事項を定め，もって本学の保有する情報の保護，活用及び適切な情報セキュリティ対策を図ることを目的とする。
（適用範囲）
第2条　本規程は，本規程は，本学情報システムを運用・管理する全ての者，並びに利用者及び臨時利用者に適用する。
（定義）
第3条　本規程における用語の定義は，次の各号に定めるところによる。
(1)「情報システム」とは，情報処理及び情報ネットワークに係わるシステムで，次のものをいう。
ア　本学が所有又は管理しているもの
イ　本学との契約あるいは他の協定等に従って提供するもの
ウ　ア及びイのほか，本学情報ネットワークに接続する機器
(2)「情報」とは，次のものをいう。
ア　情報システム内部に記録された情報
イ　情報システム外部の電磁的記録媒体に記録された情報
ウ　情報システムに関係がある書面に記載された情報
(3)「情報資産」とは，情報システム及び情報をいう。
(4)「ポリシー」とは，「国立大学法人大阪教育大学情報システム運用基本方針」及び本規程をいう。
(5)「実施規程」とは，ポリシーに基づいて策定される規程，基準及び計画をいう。
(6)「手順」とは，実施規程に基づいて策定される具体的な手順，マニュアル及びガイドラインを指す。
(7)「部局」及び「部局長」とは，次のものをいう。
ア　初等教育課程　初等教育課程長
イ　教員養成課程　教員養成課程長
ウ　教育協働学科　教育協働学科長
エ　大学院連合教職実践研究科　大学院連合教職実践研究科主任
オ　附属図書館　附属図書館長
カ　学校危機メンタルサポートセンター　学校危機メンタルサポートセンター長
キ　教職教育研究センター　教職教育研究センター長
ク　保健センター　保健センター所長
ケ　国際センター　国際センター長
コ　情報処理センター　情報処理センター長
サ　科学教育センター　科学教育センター長
シ　キャリア支援センター　キャリア支援センター長
ス　グローバル教育センター　グローバル教育センター長
セ　附属幼稚園　附属幼稚園長
ソ　附属天王寺小学校　附属天王寺小学校長
タ　附属池田小学校　附属池田小学校長
チ　附属平野小学校　附属平野小学校長
ツ　附属天王寺中学校　附属天王寺中学校長
テ　附属池田中学校　附属池田中学校長
ト　附属平野中学校　附属平野中学校長
ナ　附属高等学校天王寺校舎　附属高等学校天王寺校舎主任
ニ　附属高等学校池田校舎　附属高等学校池田校舎主任
ヌ　附属高等学校平野校舎　附属高等学校平野校舎主任
ネ　附属特別支援学校　附属特別支援学校長
ノ　事務局　総務担当理事
(8)「利用者」とは，教職員等及び学生等で，本学情報システムを利用する許可を受けて利用する者をいう。
(9)「教職員等」とは，本学の役員，本学に勤務する常勤及び非常勤の教職員（派遣職員を含む），その他，全学実施責任者が認めた者をいう。
(10)「学生等」とは，学部学生，大学院学生，研究生，研究員，研修員及び研究者，その他，全学実施責任者が認めた者をいう。

出所：大阪教育大学のホームページ〈http://osaka-kyoiku.ac.jp/university/kikaku/johopolicy/policy2.html〉（2020年２月９日確認）

おいては「情報セキュリティ対策基準」という名称で，Webサイト上で広く公開している。

ただし，現在は，「情報セキュリティ対策基準」をWebサイト上で情報を積極的に公開しているのは，そのほとんどが市町村役場等の地方自治体であり，その他は僅かに都道府県警察本部や大学（国立大学法人），公的団体がいくつ

かある程度で，企業等の民間組織の情報公開は少ないのが実態である。このことは，企業（組織）が情報セキュリティ対策基準をWebサイト上で情報公開した場合，当該企業（組織）に対する悪意を持った第三者からの攻撃を招く可能性があるからと推測できる。

ところで，情報セキュリティ・マネジメント対策基準の各項目には，２つの記載方法がある。第１の記載方法はそれぞれの対策基準項目ごとに詳細に内容を記載する方法，及び第２の記載方法は情報セキュリティポリシーに関連する運用規定や運用管理基準等を遵守することを明記する方法である。いずれの記

図3-19　情報セキュリティ・マネジメント対策基準における項目設定の例

代表的な設定項目の内容

（1）一般的共通規定

①守秘義務
②情報セキュリティ・マネジメント教育
③知的財産の保護
④情報システム開発時の情報セキュリティ・マネジメント
⑤情報システム運用時の情報セキュリティ・マネジメント
⑥情報システム利用時の情報セキュリティ・マネジメント
⑦事故・障害の報告義務
⑧外部委託時の情報セキュリティ・マネジメント
⑨業務継続
⑩情報セキュリティ・マネジメント関連法規の遵守

（2）外部ネットワーク利用規定

（3）内部ネットワーク利用規定

（4）アクセスポイント設置規定

（5）アプリケーション管理規定

（6）データ管理規定

（7）システム管理規定

（8）コンピュータウイルス対策規定

出所：筆者作成。

載方法においても，情報セキュリティ・マネジメント対策基準であまりに詳細に規定すると，情報セキュリティポリシーの文書そのものが膨大になってしまい，組織構成員が読まない可能性が高まることになり，ポリシーそのものが形骸化する恐れがある。

したがって，情報セキュリティ・マネジメント対策基準の項目策定では，**図3-19**に示している「情報セキュリティ・マネジメント対策基準における項目設定の例」にあるように，(1) 一般的共通規定，(2) 外部ネットワーク利用規定，(3) 内部ネットワーク利用規定，(4) アクセスポイント設置規定，(5) アプリケーション管理規定，(6) データ管理規定，(7) システム管理規定，(8) コンピュータウイルス対策規定，といった８つの規定に分けて設定項目を記載する方が分かりやすい。そして，それぞれを考慮して，情報セキュリティ・マネジメント対策基準に関する関連ドキュメントの体系にまとめて掲示する。

3.4 情報セキュリティ・マネジメント運用ガイドライン

情報セキュリティ・マネジメント運用ガイドラインは，情報セキュリティ・マネジメントに関する運用手続（具体的実施手順）で，「情報セキュリティポリシー説明書」や「情報セキュリティポリシー運用規定書」等とも呼ばれる。

具体的な実施手順である情報セキュリティ・マネジメント運用ガイドラインでは，どのような手順によって，基本規定に定められた内容を具体的な情報資産，または業務プロセスに対して実施していくのかを明示する。したがって，情報セキュリティポリシーの主旨や内容を業務に展開させるためには，情報セキュリティポリシーの基本方針や対策基準から構成される情報セキュリティ・マネジメント運用ガイドラインを策定しなくてはならない。

3. 4. 1 情報セキュリティ・マネジメント運用ガイドラインの策定

情報セキュリティポリシーは，すべての組織において情報セキュリティ・マネジメント戦略に取り組むための最低限厳守しなくてはならない規則やルールとなるので，組織における構成や規模，形態，業種，業態，及び情報資産等に伴い，自らの組織が設定するCIAの継続的な確保に基づいて，組織の特性や脅威の状況，リスクコントロールの目標水準にマッチした情報セキュリティ対策に関する責任と義務が規定されている。

具体的には，組織構成員が組織における情報セキュリティポリシーを遵守する重要性を理解し，基本方針に基づく対策基準，そして，対策基準に基づいて策定される情報セキュリティ・マネジメント運用ガイドラインを利用しなければ，情報資産に実施されている情報セキュリティ機能は有効に，かつ効果的に働かないのである。

したがって，**図3-20**に示している「情報セキュリティ・マネジメント対策基準の策定プロセス」にあるように，情報セキュリティ・マネジメント対策基準の策定プロセスとしては，(1) 情報セキュリティ対策の設計と実施，(2) 情報セキュリティポリシー説明書の作成，(3) 情報セキュリティポリシー教育の実施，(4) 情報セキュリティポリシー運用規定書の作成，(5) 情報セキュリティ対策の実施，といった5つの段階に分けることが可能で，それぞれを考慮して各段階を実行していくことになる。

図3-20　情報セキュリティ・マネジメント対策基準の策定プロセス

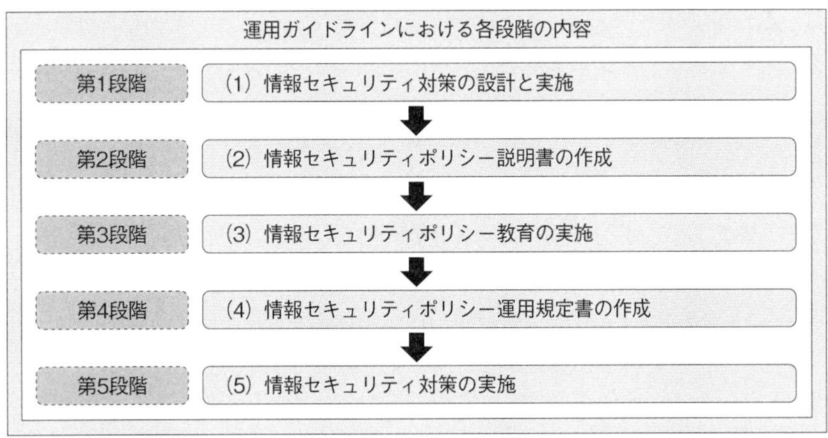

出所：筆者作成。

（1）情報セキュリティ対策の設計と実施（第1段階）

これまで検討してきた情報セキュリティ・マネジメント基本方針と情報セキュリティ・マネジメント対策基準に基づいて，情報セキュリティ・マネジメント運用ガイドラインを具体化することになる。

そのためには，運用規定，実施手順，マニュアル，手引書，ガイドライン，書類，記録等の設計を行うとともに，その内容を確実に取り込んだものを作成する。

（2）情報セキュリティポリシー説明書の作成（第2段階）

これまで何度も述べているように，それぞれの現代組織において，自らの組織における構成や規模，形態，業種，業態，及び情報資産等の実態に伴い，自らが設定するCIAの継続的な確保に基づいて，当該組織の特性にマッチした適切な情報セキュリティポリシー説明書を作成していくことになる。

さらに，作成した情報セキュリティポリシー説明書は，そのまま第3段階の情報セキュリティポリシーの教育時にもツール（資料等）として使用できるような読み易く平易な内容にすることが重要である。

（3）情報セキュリティポリシー教育の実施（第3段階）

組織構成員に対する情報セキュリティポリシー教育を実施していくことになる。それは情報セキュリティポリシーの教育を行うことで，すべての組織構成員に対する情報セキュリティポリシーの主旨やその内容の理解と納得が進むからである。

したがって，情報セキュリティポリシー教育を行うことによって，それぞれの組織構成員が情報セキュリティ・マネジメント戦略の実施に対する理解を得ることが必要で，その意識を向上させて，情報資産に対する情報セキュリティ機能を常に適切に働かせることができるからである。

しかし，情報セキュリティポリシーに関する文書をすべての組織構成員に単に配布しただけでは，情報セキュリティポリシーに関する教育を実施したことにはならない。このことは，一般的にどんなに読み易い文書を単に配布しただけでは，多忙な日常業務がある組織構成員にとっては，就業時間中，ましてや休憩時間中に時間を割いて，文章を読もうというインセンティブが働かないからである。

そこで，情報セキュリティポリシーに関する文書を配布したうえで説明会や勉強会を実施，具体的な事例を交えて詳しく説明し，正しく理解・納得させることが必要である。情報セキュリティポリシーの主旨や内容を納得させなければ，単なるパンフレットや雑誌といった一般文書として形骸化してしまうからである。

情報セキュリティ・マネジメント戦略への取り組みについては，情報セキュリティポリシーの主旨や内容を組織構成員の一人ひとりが理解・納得したうえで，情報セキュリティポリシーに基づいた情報資産の利用を行ったときに，はじめてその効果が発揮されるのである。

（4）情報セキュリティポリシー運用規定書の作成（第４段階）

情報セキュリティポリシー説明書の作成を行い，情報セキュリティポリシー教育を実施したら,実際に情報セキュリティ対策を実施するための準備を行う。

情報セキュリティ・マネジメント運用規定書を策定し，これに基づき情報セキュリティ・マネジメント戦略を実施できるようにする。

（5）情報セキュリティ・マネジメント対策の実施（第５段階）

最終段階の情報セキュリティ対策の実施として，実際に悪意のある脅威への対応を行い，情報システムに実装された（組み込まれた）情報セキュリティ機能の操作方法，説明書，マニュアル，及び不正アクセスといったセキュリティ侵犯発見時の対応方法等を実施する。

最後に，当該組織における情報資産の運用を開始し，情報セキュリティ・マネジメント戦略における運用管理を適切に実施する。

3. 4. 2 情報セキュリティ・マネジメント運用ガイドラインの運用

情報セキュリティポリシーは，導入当初のはじめに一度だけ規定を作成したら，その後は何も内容を変更しなくて継続し，運用していくというものではない。つまり，組織を取り巻く経済状況の変化といった外部環境や組織構成，組織規模，組織形態，事業内容の拡大や縮小，保有する情報資産等に対する内部環境の変化に基づいて，その時々の時代の環境の変化に応じて，定期的に，かつ迅速に情報セキュリティポリシーに記載する内容の変更が必要である。

したがって，常時，定期的な変更作業を実施し，情報セキュリティポリシーを有効に，かつ，効果的なものにする必要がある。そのためには，すべての組織構成員に対して,同じタイミングで情報セキュリティポリシーの情報（内容）を同時に提供しなければならない。組織内で同時に情報提供するためには，例えば社内イントラネット上に文書管理システム[11)]を構築して，それを活用して情報セキュリティポリシーを運用していく仕組みが考えられる。

つまり，**図3-21**に示している「情報セキュリティ・マネジメント運用ガイドラインの構成例」にあるように，(1) 情報セキュリティポリシー説明書，及び(2) 情報セキュリティポリシー運用規定書により，具体的に示した情報セキュリティ・マネジメント運用ガイドラインを策定する。そして，すべての組織構成員に対して，文書管理システムを利用して運用ガイドラインを提供する。

図3-21　情報セキュリティ・マネジメント運用ガイドラインの構成例

運用ガイドラインの構成例

(1) 情報セキュリティポリシー説明書

①情報セキュリティポリシーの理解向上
②情報セキュリティ・マネジメントへの意識向上
③情報セキュリティポリシー遵守の同意

(2) 情報セキュリティポリシー運用規定書

①情報セキュリティポリシーの入手手続
②情報セキュリティポリシー説明書の入手手続
③情報セキュリティポリシーに対する同意表明手続方法
④情報セキュリティポリシーの改訂手続方法
⑤情報セキュリティポリシーの改訂通知方法

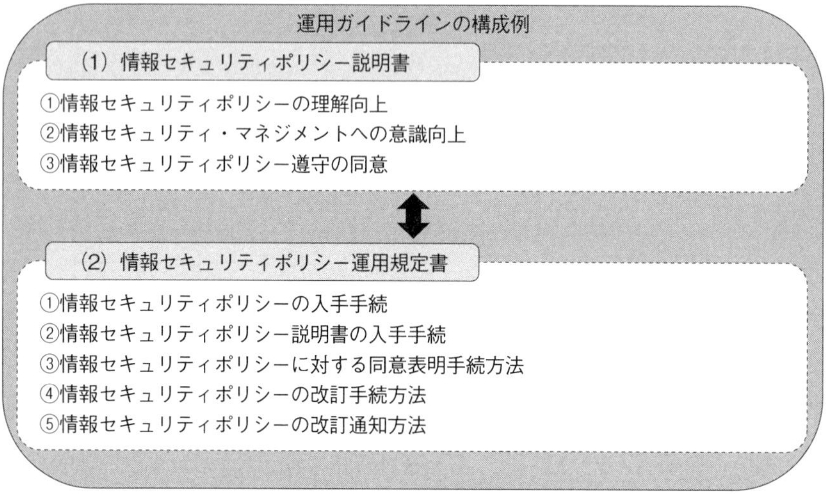

出所：筆者作成。

(1) 情報セキュリティポリシー説明書では，①情報セキュリティポリシーの理解向上，②情報セキュリティ・マネジメントへの意識向上，③情報セキュリティポリシー遵守の同意，といったことにおいて，文書管理システムを用いて組織構成員に明示し，その内容を理解してもらう。

(2) 情報セキュリティポリシー運用規定書では，①情報セキュリティポリシーの入手手続，②情報セキュリティポリシー説明書の入手手続，③情報セキュリティポリシーに対する同意表明手続方法，④情報セキュリティポリシーの改訂手続方法，⑤情報セキュリティポリシーの改訂通知方法において，文書管理システムを用いて組織構成員に明示し，その内容を徹底する。

なお，文書管理システムでは，地理的な距離が大きい場合でも，すべての組織構成員に対して，同じタイミングで情報セキュリティ・マネジメント運用ガイドラインに関する情報を効果的に提供できるメリットがある。つまり，情報セキュリティポリシー説明書や情報セキュリティポリシー運用規定書等を電子媒体[12)]として統合管理することで，様々な文書の一元管理が可能になる。また，それとともに，保管・管理する文書の一斉更新，文書の一斉配布，文書を改訂した場合の通知等が，迅速，かつ効率的に実施できる。

現在，企業や病院，大学，特定非営利活動法人（NPO法人），市役所，県庁，省庁，及び各種団体等の多くの現代組織では，組織内で運用しているイントラネットによる文書管理システムを活用して，作成した文章を電子媒体に変換したうえで，様々な情報を組織内に提供することで共通利用を実践している。

ところで，組織における情報資産のCIAを継続的に確保していくことを目指して検討を行った情報セキュリティポリシーを策定し，情報セキュリティ・マネジメント戦略を導入したとしても，組織構成員のなかで一人でもポリシーを無視して，勝手な情報システムの設定や機器の操作等を行った場合は，当該組織に与える様々な脅威による影響は甚大なものとなる。例えば，組織内のプライベートアドレス[13)]が外部に漏れてしまい，そのアドレスを利用して悪意ある第三者から情報システムへの不正侵入が行われた場合，機密情報の改竄や漏洩等の脅威に晒される等のリスクが発生することになる。

したがって，組織における情報セキュリティ・マネジメント戦略の取り組みの成否は，すべての組織構成員に対して，いかにポリシーを理解・納得させ，かつ，その内容を遵守させていくための情報セキュリティポリシーに関する教育が大変重要な作業となってくる。これは，例えば，組織構成員の一人がウイルスチェックの設定を勝手に変更し，メールの添付ファイルを自動チェックしないようにしたために，そのクライアント・パソコンを起点として，組織内のすべてのコンピュータにウイルスが感染してしまい，システム全体を麻痺（ダウン）させる可能性がいつでも起こりえるのである。

このように，情報セキュリティ・マネジメント戦略への取り組みの成否は，すべての組織構成員が情報セキュリティポリシーを遵守することによって達成される。したがって，情報セキュリティポリシー教育では，これらことを含めて，トップマネジメント，ミドルマネジメント，ロワーマネジメントのすべてのマネジメント階層を含めて，その組織に携わるすべての組織構成員に対して十分に理解・納得させることが重要で，情報セキュリティポリシーの教育効果にその多くを依存しているの。

ところで，組織構成員における情報セキュリティポリシーの遵守は，組織における情報システムの利用者としての責任と義務である。ポリシー違反者には，罰則規定に従ったペナルティが課せられるので，情報システムを利用者は，必ず情報セキュリティポリシーを遵守するという同意をしなければならない。

そのためのひとつの方法として，社内イントラネットにワークフロー[14)]機能を付与して，組織構成員の誰もが簡単に，情報セキュリティポリシー遵守の同意を表明する仕組みを電子的に提供することもある。なお，情報セキュリティポリシー遵守に同意しない場合，あるいは拒否する場合は，情報システムの利用ができない，あるいは利用において制限が加えられるといったこともポリシーの教育時に説明しなければならない。

3. 4. 3 情報セキュリティ・マネジメント運用ガイドラインの管理

組織を取り巻いている外部環境の変化には，**図3-22**に示している「情報セキュリティポリシーに影響を与える主な環境の変化」にあるように，(1) 外部環境の変化としては，金融経済市場の乱高下や取引先企業の倒産，事業関連法

図3-22　情報セキュリティポリシーに影響を与える主な環境の変化

情報セキュリティ・マネジメント要件の変化

(1) 外部環境の変化	(2) 内部環境の変化
● 金融経済市場の乱高下	● トップマネジメントの交代
● 取引先企業の倒産	● 経営方針の変更
● 事業関連法案の施行や改正	● 経営戦略の変更
● 国内外税制の施行や改正	● 新規事業への参入
● ICT関連法案の施行や改正	● 既存事業からの撤退
● 情報通信技術の進歩	● 各種予算の変更
● ネットワーク技術の進歩	● 新規情報システムの導入
● ソフトウェアのバージョンアップ	● ネットワーク利用形態の変更
● セキュリティホール情報	● 組織構成の変更
● コンピュータウイルス感染	● 組織規模の変更
● サイバーテロリズムの発生	● 組織形態の変更
etc.	● 人事制度の変更
	etc.

出所：筆者作成。

案の施行や改正，国内外税制の施行や改正，ICT関連法案の施行や改正，ネットワーク技術の進歩，ソフトウェアのバージョンアップ，セキュリティホール情報，コンピュータウイルス感染，サイバーテロリズムの発生等がある。また，(2) 内部環境の変化としては，トップマネジメントの交代，経営方針の変更，経営戦略の変更，新規事業への参入，既存事業からの撤退，各種予算の変更，新規情報システムの導入，ネットワーク利用形態の変更，組織構成の変更，組織規模の変更，組織形態の変更，人事制度の変更等がある。

このような組織内外における環境の変化に伴って，情報セキュリティ・マネジメント要件も，その対応項目が大きく変化していることを意味している。

近年の著しいICTの進歩に伴って，インターネット利用環境について，光ファイバー通信やCATV（Cable Television），及びスマートフォン，タブレット，ソーシャルメディア[15)]等の一般家庭への急激な普及によって，高速大容量のブロードバンド（Broadband）での利活用が実現されている。ブロードバンドの利活用では，従来のダイヤルアップ接続やISDNを使ったインターネット通信と比較して，より広帯域での高速な通信を提供する高速・大容量通信が実現されており，文字情報だけでなく写真や動画，映像，音声等の様々なコンテンツ（情報の内容）を大量にストレス無くやり取りすることが可能となった。

しかし，その反面で，ブロードバンドは，盗聴，トロイの木馬，キーロガー，フッシング詐欺，偽コンピュータウイルス，スパム，ワーム，バックドアといった，複合的かつ高度な影響を及ぼす様々な脅威が増大している。

最近では，組織外の悪意を持った第三者からのWebブラウザやサーバーの脆弱性を突いた攻撃が多数見受けられており，インターネットを利用するうえでの様々な脅威が，以前よりはるかに巧妙かつ複雑になってきている。このことも，情報セキュリティ・マネジメント要件において，その対応すべき項目が大きく変化していることを意味している。

これまで前述してきたように，情報セキュリティポリシーは，情報セキュリティ・マネジメント基本方針と情報セキュリティ・マネジメント対策基準，情報セキュリティ・マネジメント運用ガイドラインの３つの文書で構成される。しかし，実際の情報セキュリティ対策の実施では，情報セキュリティポリシー策定の時間の経過とともに組織内での情報資産の置かれている環境は大きく変化していく可能性がある。これは運用開始時点では存在しなかった脅威が，運用開始後になって初めて現れる，あるいは運用開始後までは気が付かなかった，想定外・予想外の新しい脆弱性が生じることがあるからである。もちろん，情報セキュリティ・マネジメント戦略を運用した開始後においても，組織自体や個々の情報資産を取り巻く環境は常に変化する。

情報セキュリティ・マネジメント戦略の推進では，激しい環境の変化に対応して，情報セキュリティ・マネジメント基本方針で示された情報資産に対するCIAの継続的な確保，つまり，リスクコントロールを実践していくことで目標を達成していかなければならない。そこで，重要なのが情報セキュリティポリシーを確実に，かつ効果的に運用させていくための具体的な実施手順である情報セキュリティ・マネジメント運用ガイドラインの管理である。

情報セキュリティ・マネジメント運用ガイドラインの管理では，**図3-23**に

図3-23　情報セキュリティポリシー運用規定書の構成例

主な運用規定書の構成内容

(1) 人的セキュリティ・マネジメントの運用管理規定

①ソーシャルエンジニアリング対策基準
②情報システム利用基準，利用管理規定
③情報セキュリティ・マネジメント教育の実施規定

(2) 環境的セキュリティ・マネジメントの運用管理規定

④設置環境規定
⑤入退館チェック，入退室チェック規定
⑥情報資産管理規定

(3) 技術的セキュリティ・マネジメントの運用管理規定

⑦ネットワーク・クライアントの運用管理規定
⑧ネットワーク・サーバーの運用管理規定
⑨情報ネットワークの運用管理規定
⑩情報セキュリティ技術に関する設定変更の手続方法

(4) セキュリティ・インシデントの運用管理規定

⑪情報システム障害に関する運用管理規定
⑫情報セキュリティ侵犯時の運用管理規定

出所：筆者作成。

示している「情報セキュリティポリシー運用規定書の構成例」にあるように，(1) 人的セキュリティ・マネジメントを講じるための管理面における運用管理規定，(2) 環境的セキュリティ・マネジメントを講じるための情報システム環境面における運用管理規定，(3) 技術的セキュリティ・マネジメントの脆弱性に対処するための技術面における運用管理規定，(4) セキュリティ・インシデント[16)]へ対処するためのシステム障害や不正アクセスといった侵犯面における運用管理規定，といった4つの規定に分けて記載する。そして，それぞれを考慮して，情報セキュリティポリシーを運用していくための運用ガイドラインとして整備する。

（1）人的セキュリティ・マネジメントの運用管理規定

この規定では，組織外部者の不法侵入，組織内部者の不正，ソーシャルエンジニアリング[17)]等の様々な脅威に対するリスクを抑制する論理的セキュリティ・マネジメントである人的セキュリティ・マネジメントに関する運用管理規定を策定しなければならない。

具体的には，人間系の情報資産に対する人的アクセスコントロールであるソーシャルエンジニアリング対策基準，管理的セキュリティコントロール（組織内の統制）である情報システム利用基準や利用管理規定，情報セキュリティ・マネジメント戦略の推進における教育等を実施する運用管理規定を策定する。

（2）環境的セキュリティ・マネジメントの運用管理規定

この規定では，情報資産（情報システムや情報ネットワーク等）の設置環境，管理状態，管理体制の脆弱性に対処し，情報資産の環境面での様々な脅威から生じるリスクを抑制する環境的セキュリティ・マネジメントに関する運用管理規定を策定しなければならない。

具体的には，情報資産の環境面である設置環境規定，入退館チェック・入退室チェック規定，情報資産管理規定の運用管理規定を策定する。

（3）技術的セキュリティ・マネジメントの運用管理規定

この規定では，情報システムに実装した情報セキュリティ機能を利用してコンピュータ犯罪やネットワーク犯罪の発生を抑制する論理的セキュリティ・マネジメントである技術的セキュリティ・マネジメントに関する運用管理規定を策定しなければならない。

具体的には，技術面であるネットワーク・クライアントの運用管理規定，ネットワーク・サーバーの運用管理規定，情報ネットワークの運用管理規定，情報セキュリティ技術に関する設定変更の手続方法といった全体システムに関することの他，インターネットへの接続手続規定，インターネットアクセス監視規定，メール送受信の監視規定の運用管理規定を策定する。

（4）セキュリティ・インシデントの運用管理規定

この規定では，事前準備，セキュリティ・インシデント対応処理手順，事後処理，体制，訓練等のセキュリティ・インシデントへの対応に関する運用管理規定を策定しなければならない。

セキュリティ・インシデント対応は，その対応範囲が広い活動であるからこそ，効果的，かつ効率的に行われる必要がある。したがって，セキュリティ・インシデント・マネジメントにおいて，場当たり的な対応では，五月雨的にコストが発生し続けてしまうことになる。また，不適切なインシデント対応を行うと，企業の事業活動に重要な影響を与える可能性もある。

情報セキュリティポリシーの中でも，セキュリティ・インシデント対応において，関連する責任の所在が明記される必要がある。そのためには，トップマネジメントにセキュリティ・インシデント・マネジメントの必要性を説明し，参画を得るようにする必要があるが，セキュリティ・インシデント対応の活動は，直接，組織体に収益をもたらす活動ではない。しかし，企業や大学等の組織が情報システムを利用し，インターネットに接続，その利便性を享受している限り，常に情報セキュリティ上の脅威は存在している。

具体的には，情報システム障害に関する運用管理規定，情報セキュリティ侵犯時の運用管理規定を策定する。

このように，それぞれの組織では，情報セキュリティポリシーの主旨や内容を説明するには，情報セキュリティポリシーの説明書や運用規定書等から構成の情報セキュリティポリシーの運用ガイドラインを策定しなくてはならない。

例えば，**図3-24**で示している「群馬大学（教育機関）における情報セキュリティポリシー・実施手順書の例」，及び**図3-25**で示している「医療法人誠心会（病院）における情報セキュリティポリシー・実施手順の例」にあるように，さらに，**表3-3**に示している「情報セキュリティ・マネジメント対策基準の構成例」の記載項目の内容に基づいて，多様な業種において具体的な実施手順である情報セキュリティ・マネジメント運用ガイドラインを構築している。また，情報セキュリティ・マネジメント運用ガイドラインは，情報セキュリティポリシーの説明書や運用規定書等の文章から構成されることになる。

図3-24　群馬大学（教育機関）における情報セキュリティポリシー・実施手順書の例

セキュリティ関係のお知らせ 学内
ウイルス対策ソフトウエアの提供 学内
P2Pファイル共有ソフトの利用禁止 学内
情報倫理eラーニング
情報セキュリティインシデント対応 学内
情報セキュリティポリシー
情報セキュリティ推進体制 学内
定例保守作業 学内

ホーム » セキュリティ » 情報セキュリティポリシー

■ 群馬大学情報セキュリティポリシー/実施手順書・ガイドライン

ポリシー・実施基準 PDF

- 群馬大学情報セキュリティ体系
- A1000 情報システム運用基本方針
- A1001 情報システム運用統一基準
- A1002 医療情報システム運用統一基準
- A2101 情報システム運用・管理基準
- A2102 情報システム運用リスク管理基準
- A2103 情報システム非常時行動計画に関する基準
- A2104 情報格付け基準
- A2201 情報システム利用基準
- A2301 年度講習計画
- A2401 情報セキュリティ監査基準
- A2501 事務情報セキュリティ対策基準等
- A2601 医療情報セキュリティ対策基準等

実施手順書・ガイドライン PDF 学内限定

- A3100 情報システム運用・管理手順の策定に関する解説書
- A3101 情報システムにおける情報セキュリティ対策実施手順
- A3102 例外措置手順
- A3103 インシデント対応手順
  [別紙1 インシデント発生・再発防止策に関する報告・申請書 Word]
- A3104 情報格付け取扱手順
- A3105 情報システムリスク評価手順
- A3106 セキュリティホール対策計画に関する様式（策定手引書）
- A3107 ウェブサーバ設定確認実施手順（策定手引書）
- A3108 電子メールサーバのセキュリティ維持手順
- A3109 人事異動の際に行うべき情報セキュリティ対策実施手順
- A3110 機器等の購入における情報セキュリティ対策実施手順
- A3111 外部委託における情報セキュリティ対策実施手順
- A3112 ソフトウェア開発における情報セキュリティ対策実施手順
- A3113 外部委託における情報セキュリティ対策に関する評価手順
- A3114 情報システムの構築等におけるセキュリティ要件及びセキュリティ機能の検討に関する解説書
- A3115 情報システムの構築等におけるST評価・ST確認の実施に関する解説
- A3200 情報システム利用者向け文書の策定に関する解説書
- A3201 PC取扱ガイドライン
- A3202 電子メール利用ガイドライン
- A3203 ウェブブラウザ利用ガイドライン
- A3204 ウェブ公開ガイドライン
- A3205 利用者パスワードガイドライン
- A3211 学外情報セキュリティ水準低下防止手順
- A3300 教育テキストの策定に関する解説書
- A3301 教育テキスト策定ガイドライン
- A3302 教育テキストの策定に関する解説書
- A3401 情報セキュリティ監査実施手順
- A3500 各種マニュアル類の策定に関する解説書
- A3600 認証手順の策定に関する解説書
- A3601 全学認証アカウント取得手順

出所：群馬大学のホームページ〈https://www.media.gunma-u.ac.jp/security/security-guide.html〉（2020年２月９日確認）

図3-25　医療法人誠心会（病院）における情報セキュリティポリシー・実施手順の例

医療法人誠心会　情報セキュリティポリシー　第３版

３－３　情報セキュリティ実施手順

＊ローカルパソコン等へ、個人情報の安易なコピーはしない
＊情報の院外、職場外の持ち出し
・取り扱いに注意を要する→原則禁止、必要があれば承認ルールの明確化
・自動車内に、記録媒体および情報機器の放置禁止
＊情報の破棄
・機密性の高い情報が記載された紙媒体はシュレッダー処理（裏紙等の使いまわしはしない）
・パソコン、ＨＤＤ等のデータ保存媒体は、復元不能な方法で消去するか破砕処理
＊個別に外部接続（インターネットプロバイダーへの接続等）への制限
・原則禁止、必要があれば承認ルールの明確化
＊ＩＤ/パスワードの管理
・ユーザーＩＤの共同利用はしない
・離職者、退職者のユーザーＩＤは直ちに削除等の利用不可の状態にする
・パスワードは守秘（人に教えない→電話等で聞かれても教えない）
・2種類以上の文字種を含む6文字以上のパスワード設定
（生年月日や家族名、ありふれた文字の連続など、推測容易な内容としない）
・パスワードを定期的に変更する期間については別途検討する
・パスワードの自動入力などの設定を行わない（ＩＥ等のwebブラウザなどに対して）
・パスワード入力時に、他人に見られないよう留意する
＊使用情報機器の管理→使用台数、設置場所等、数の把握管理
＊離席、退社時等の機密性確保
・退社時や機器を使用しない場合は機器の電源を落とす
・在籍時も他者から情報がのぞきこまれない等、表示機器の向き、設置場所等にも配慮する
＊モバイル機器の持ち出し
・必要性を考慮した承認ルールの明確化
・ＨＤＤパスワードを設定する
・ローカルＩＤ「Administrator」にもパスワードを付ける
・セキュリティパッチを常に最新に保つ
・アンチウイルスソフトも設定する
・パスワード付きスクリーンセイバーを設定する（5分以内）
・不必要なファイルは常に削除する
・常に「ごみ箱」の内容も削除する
＊私有機器の持ち込み
・原則禁止、必要があれば承認ルールの明確化（最低限上長もしくは職場ＰＣ管理者の許可を得る）
＊情報機器のネットワークからの切り離しおよび盗難防止
・長時間使用しない機器は、ネットワークから切り離す

出所：医療法人誠心会のホームページ〈http://www.seisinkai.jp/pdf/security_policy.pdf〉(2020年２月９日確認)

ただし，現在，「情報セキュリティ・マネジメント運用ガイドライン」をWebサイト上で情報を積極的に公開しているのは，一部の大学（国立大学法人）でのみでしか行われていない。しかし，企業等の民間組織はメールシステムのガイドライン，Webサイトに関するガイドラインといった情報セキュリティ対策の内容説明というよりは，情報システムの一部の項目のみの公開というのが実態である。このことは，企業（組織）がガイドラインをWebサイト上で情報公開した場合，当該企業（組織）に対する悪意を持った第三者からの攻撃を容易にする可能性が高いからと推測できる。

3.5 情報セキュリティポリシー説明書の活用

情報セキュリティポリシーの導入と運用に関しては，それを構成する情報セキュリティ・マネジメント基本方針と情報セキュリティ・マネジメント対策基準，及び情報セキュリティ・マネジメント運用ガイドラインの目的や内容，及び関連性をすべての組織構成員に対して周知・徹底させるためには，教育による方法は重要な手段である。

しかし，例えば，大企業等の組織構成員が数多い場合，あるいは組織構成が複雑な場合においては，情報セキュリティポリシーの構成とその内容を教育する限られたメンバーが，短期間で，すべての組織構成員に対して有効に，かつ，効果的な教育を実施することは物理的に不可能である。

このような物理的に不可能なことが予想される場合においても，それぞれの組織においては，ツールを用いる等の効果的となる情報セキュリティポリシーに関する教育を実施する必要がある。そのためには，ポリシーの構成と内容を教育により，すべての組織構成員に対して十分に理解・納得させるような工夫と方法を検討し，実施していかなければならない。そこで有効な手段となるのが，情報セキュリティポリシー説明書を活用した教育の実施である。

したがって，どのような組織においても，情報セキュリティポリシーの内容を周知・徹底させるための手続きが滞ってしまったり，抜け落ちたりしてしまうと，必ずポリシーを遵守しなくなる組織構成員が出現することになる。そうなると，そもそも情報セキュリティ・マネジメント戦略の導入意義がなくなり，情報セキュリティ対策における管理レベルを維持できなくなる。

3. 5. 1 情報セキュリティポリシー説明書の作成と教育

情報セキュリティポリシーに関する教育において，有効なツールとなるのが情報セキュリティ・マネジメント運用ガイドラインを構成している情報セキュリティポリシー説明書である。これは，情報セキュリティポリシーの内容を理解するために，すべての組織構成員が熟読して理解・納得すべきものであり，情報セキュリティ技術に関する専門的な知識がなくても，すべての記載してある内容がわかるような表現で記載しなければならない。

また，情報セキュリティポリシーをイントラネット等で掲示する場合には，その表現方法においてビジュアル化[18]を図ったり，不明な点があった場合の問合せ先[19]の掲載を行ったり，専任の担当者を設けて，情報セキュリティポリシーに関する理解・納得を助ける。なお，情報セキュリティポリシー説明書に掲載すべき項目は，**図3-26**に示している「情報セキュリティポリシー説明書の構成例」にあるように，例えば，(1) から (14) までの主な内容が考えられ，これらの内容は文書化（明文化）して公開されなければならない。

(1) 情報セキュリティ・マネジメント戦略に対する組織の考え方

この項目では，情報セキュリティ・マネジメントを組織において，どのような内容で実施するのか，どのように実施していくのかといった組織におけるトップマネジメントの考え方（組織の方針）を掲載する。

(2) 情報セキュリティポリシーの構成と関係

この項目では，情報セキュリティ・マネジメント基本方針と情報セキュリティ・マネジメント対策基準，情報セキュリティ・マネジメント運用ガイドラインを，それぞれの関係をふまえて，どのようにポリシーが構成されているのかについて記載する。

図3-26　情報セキュリティポリシー説明書の構成例

主な説明書における項目の構成

情報セキュリティポリシー説明書

(1) 情報セキュリティ・マネジメント戦略に対する組織の考え方（トップマネジメントの考え方）
(2) 情報セキュリティポリシーの構成と関係
(3) 情報セキュリティポリシーを遵守する義務と責任
(4) 情報セキュリティポリシーの維持管理体制
(5) 規定項目と想定脅威の解説
(6) 関連ドキュメントとの関係
(7) セキュリティ違反の監視
(8) 報告義務と報告ルート
(9) セキュリティ監査の実施
(10) 情報セキュリティポリシーのバージョン管理と配布方法
(11) 情報セキュリティポリシーの利用手続
(12) 情報セキュリティポリシーへの同意の意味と同意手続
(13) 問合せ先
(14) 運用開始日，及び改定日

出所：筆者作成。

（3）情報セキュリティポリシーを遵守する義務と責任

この項目では，トップマネジメント，ミドルマネジメント，ロワーマネジメントの組織階層，あるいは正社員，アルバイト，関係会社社員等，及び業務委託先（アウトソーシング先）社員を含む，すべての組織構成員が情報セキュリティポリシーを遵守していくための責任と義務について記載する。

（4）情報セキュリティポリシーの維持管理体制

この項目では，情報セキュリティポリシーを有効に，かつ効果的に起用させていくための組織における維持管理体制について記載する。

（5）規定項目と想定脅威の解説

この項目では，情報セキュリティポリシーで規定する項目の内容と想定される様々な脅威について，その種類と特徴を解説したものを記載する。

(6) 関連ドキュメントとの関係

この項目では，情報セキュリティポリシーと関連するドキュメントとの関係について記載する。

(7) セキュリティ違反の監視

この項目では，組織構成員が情報セキュリティポリシーを違反した場合の罰則と監視について記載する。

(8) 報告義務と報告ルート

この項目では，組織内において，情報セキュリティポリシーを違反した場合の報告義務と報告ルートについて記載する。

(9) セキュリティ監査の実施

この項目では，情報セキュリティ監査（内部監査，外部監査）の実施時期や対象，方法とその内容について記載する。

(10) 情報セキュリティポリシーのバージョン管理と配布方法

この項目では，情報セキュリティポリシーの改訂とそのバージョンの管理，及び配布方法について記載する。

(11) 情報セキュリティポリシーの利用手続

この項目では，組織構成員が情報セキュリティポリシーを利活用する場合の手続について記載する。

(12) 情報セキュリティポリシーへの同意の意味と同意手続

この項目では，組織構成員が情報セキュリティポリシーを遵守することへ同意とその意味，及び同意するための手続について記載する。

(13) 問合せ先

この項目では，組織内にヘルプデスクやコールセンター等を設置して，組織における情報セキュリティポリシーに関する問合せ先について記載する。

(14) 運用開始日，及び改定日

この項目では，情報セキュリティポリシーの運用開始日，及びその内容を追加，改定，廃止した場合の改定日について記載する。

情報セキュリティポリシーの教育においては，ポリシーの文書と説明書を配布し，単に集合研修によるものだけでは，ポリシーの内容をすべての組織構成員に対して，確実に周知・徹底して遵守させることは困難である。したがって，教育する専門部置側（情報セキュリティ委員会等）からの働きかけだけではなく，教育を受けるエンドユーザー側（組織構成員）からの能動的な学習行動を引き出す工夫も検討し，実施していかなければならない。

例えば，活字（文字）だけでなく動画による定期的なグループ研修，Webサイトによる各個人の業務に合わせた研修，ビデオやDVD，CD-ROM等によるオフラインによる自由な研修といった様々な研修システムを準備し，組織構成員がポリシーの研修方法の項目を自由に選択し，イントラネット上で学習効果を測定する評価システムを稼働させるといった，すべての組織構成員が継続的に学習できる環境を提供することが重要である。

3. 5. 2 情報セキュリティポリシー教育の実施

情報セキュリティポリシーの教育は，可能な限りにおいて，それぞれの組織階層（企業では，タテ方向の事業部ごと，支店ごと，部署ごと，地域ごと，及びヨコ方向のトップマネジメント，ミドルマネジメント，ロワーマネジメントの各階層，あるいは社員別の正社員，契約社員，派遣社員，アルバイト，パートタイマー，関係会社社員，協力会社社員等）の教育対象者ごとに対象を絞って教育を実施する。また，内容においてもそれぞれの組織階層に必要不可欠なものに絞った教育を実施する。

これは教育対象と教育内容を絞り込むことで，それぞれの教育対象者（組織構成員）が最低限理解しておかなければならない項目を，重点的に，短時間で

まとめて説明することで，有効に，かつ効果的な教育を実施できるからである。また，例えば，企画部門を対象とした情報セキュリティポリシー教育を実施する場合は，情報セキュリティ・マネジメント基本方針と企画部門向けの対策基準の項目を中心に内容を説明し，運用ガイドラインの全体は，添付資料として最後に付加する程度にとどめることも考慮する必要がある。

ところで，情報セキュリティポリシーの実施とその教育に対しては，必ず組織階層の中から様々な反発が予想される。それは，ポリシーの管理規定に従うことで，新たな仕組みやルール等が加わったり，従前までは可能であったことができなくなったり，業務遂行上で不自由なことが発生するからである。

また，情報セキュリティポリシーを実施する場合は，ほとんどの場合においては欧米型のトップダウンアプローチと形式知で策定されるために，従来の日本型コンセンサス社会[20]，あるいは暗黙知の社会においては馴染まないことが考えられる。一方，情報セキュリティ・マネジメント戦略の特性として，情報資産におけるCIAの継続的な確保は，組織自体にとっては多大な利益やメリットを享受できるために全体的な理解は得やすいが，各組織構成員にとっては業務効率性の阻害要因になる場合も多く，個々人の理解を得ることが困難なことも想定される。

組織内の反発者に対しては，各組織構成員に情報セキュリティ・マネジメント戦略の重要性を理解してもらえるような工夫も検討し，組織全体で実施していかなければならない。また，反発者に対しては，私たちの身近な事例を使った説明，例えば「一人の組織構成員のポリシー違反によってパソコンがウイルス感染してしまうと，オープンネットワークを介して友人や知人だけでなく，見知らぬ第三者に対しても感染させ，情報システム全体が麻痺してしまうことになる，あるいは個人業務の遂行に大きな支障をきたすことになる可能性が非常に高い状況である。」といったことを用いて理解を得る必要がある。

このように，すべての組織構成員に対して，情報セキュリティポリシーを遵守する重要性を認識させることによって，業務遂行上の様々な脅威からCIAの観点から情報資産を継続的に確保することが目的であることを十分に理解してもらえるように活動していかなければならない。

さらに，情報セキュリティポリシーの理解を得られるような活動を行った後に，その同意義務の意味と手続方法についても説明しなければならない。情報セキュリティポリシーに同意しない場合，同意できない場合の措置，及び同意の手続はwebサイト上で簡単にできること，同意後は情報セキュリティポリシーの遵守義務と責任を持つこと，ポリシーに違反した場合には罰則規定に従ってペナルティを受ける可能性があることといったことについて，何度も何度も説明を行うことで情報セキュリティポリシーの位置付けについての理解を促すことが重要である。

具体的には，組織内の反発者（同意しない者等）に対しては，同意を得るための準備作業として，個人の利益効果を明確に表現できる事例を提示したり，同意義務の意味を説明したり，同意手続方法等について，直感的または視覚的に分かりやすく説明できる資料を作成して配布を行うことも必要である。説明資料を配布するということは，その内容を用いて教育（説明）するということが主眼であるが，他方，教育を受ける側であるそれぞれの組織構成員は，説明後にいつでもその内容を確認できるのである。

また，情報セキュリティ委員会等の情報セキュリティ対策を実施していく組織（部署）においては，情報セキュリティ対策の設計，及び実施する準備として，情報セキュリティ対策に組み込むソフトウェアや機器の比較検討を行い導入するものの選定，導入予定のソフトウェアや機器のエンドユーザー（利用者）用の設定ガイドやマニュアルの作成，情報セキュリティ対策を実行するために必要となる手順書作成といった情報セキュリティ対策に関するドキュメントの作成とともに，ドキュメント一覧表を情報セキュリティポリシーの実施する前に作成する。

なお，情報セキュリティ対策に組み込むソフトウェアやハードウェアの選定には，ISO/IEC 15408認証の有無がひとつの目安（評価基準）になって，導入判断を行うことが可能である。ISO/IEC 15408規格は，情報技術セキュリティ評価の国際標準のことで，情報技術セキュリティの観点から情報技術に関連した製品，及びシステムが適切に設計され，その設計が正しく実装されているかどうかを評価するための基準である。

この規格は，1999年6月にISO/IEC規格として採択，ICT製品，及び情報システムの開発や製造，運用等に関する国際標準で，情報セキュリティ評価基準として，ITSEC（Information Technology Security Evaluation Criteria）やCC（Common Criteria）とも呼ばれている。また，2000年7月には，JIS標準（JIS X 5070）として制定されている。2019年3月時点では「バージョン3.1リリース5（2017年4月）」が最新版である。その内容は，パート1：概説と一般モデル（Introduction and General Model），パート2：セキュリティ機能要件（Security Functional Requirements），パート3：セキュリティ保証要件（Security Assurance Requirements）から構成される。

Part 1では，製品及びシステムの情報セキュリティを確保するための枠組みを示している。セキュリティ要件（要求仕様）を特定する文書であるセキュリティターゲット（ST：Security Target，セキュリティ機器，システムの基本設計仕様）の作成や，その基になるある特定の製品のセキュリティ性能を特定する文書であるプロテクションプロファイル（PP：Protection Profile，機器・システムの分野ごとのセキュリティ要求仕様）の作成を規定している。

Part 2では，情報セキュリティの確保に必要な機能について内容を規定している。階層構造として表記，上位階層から「クラス」「ファミリー」「コンポーネント」「エレメント」の順序で，それぞれの階層が具体的な要件項目として詳細に決定できる構造を持ち11のクラス（セキュリティ監査，通信，暗号サポート，利用者データ保護，識別と認証，セキュリティ管理，プライバシー，TSF（TOE Security Functionality）の保護，資源利用，TOE（Target Of Evaluation）アクセス，高信頼パス／チャネル）で構成されている。

Part 3では，情報セキュリティの確保に必要な信頼性について内容を規定している。製品やシステムに対して情報セキュリティ保証要件の実装の確かさを確認する要件が記述されている。Part 2と同様に階層構造として表記，その記述される要件は10のクラス（セキュリティターゲット評価，構成管理，配付と運用，開発，ガイダンス文書，ライフサイクルサポート，テスト，脆弱性評定，プロテクションプロファイル評価，保証維持）から構成される。

また，Part 3は，評価保証レベル（EAL：Evaluation Assurance Level）が

規定されており，実装の確かさの評価方法についての7段階のレベル付け（EAL1（機能テスト），EAL2（構造テスト），EAL3（方式テスト及びチェック），EAL4（方式設計，テスト及びレビュー），EAL5（準形式的設計及びテスト），EAL6（準形式式検証済み設計及びテスト），EAL7（形式的検証済み設計及びテスト））が決められている。EALでは，EAL1は最も基本的内容の段階で，EAL7は最も厳しい内容の段階である。

3.5.3 情報セキュリティポリシーの実施

情報セキュリティポリシーを実施するための準備作業が完了したら，その具体的な作業を開始する。具体的には，**図3-27**に示している「情報セキュリティポリシーの実施プロセス」にあるように，(1) 文書管理システムの構築，(2) 情報セキュリティポリシーの教育，(3) 情報セキュリティ対策の3つのプロセスを実施していくのである。

(1) 文書管理システムの構築

文書管理システムの構築する目的は，すべての組織構成員が同じタイミングで，最新バージョンの情報セキュリティポリシーを常時参照できる環境を提供する。それとともに，組織構成員（利用者）の情報セキュリティ・マネジメントにおける行動を実効性のあるものにすることである。

したがって，有効的な情報セキュリティポリシーを機能させるためには，情報セキュリティ・マネジメント戦略の対象である情報資産の使用権限者（組織構成員）が，ポリシーの内容を理解・納得し，情報セキュリティ・マネジメント対策基準で規定された管理レベルに基づいて遵守される必要がある。

(2) 情報セキュリティポリシーの教育

情報セキュリティポリシーに関する教育の実施では，ポリシーをすべての組織に周知・徹底させ，人間系の作業でポリシーを定着させることである。どんなに素晴らしい情報セキュリティポリシーを策定したとしても，組織構成員に対してポリシーの内容が定着しなければ，様々な脅威に基づく平常時における

図3-27　情報セキュリティポリシーの実施プロセス

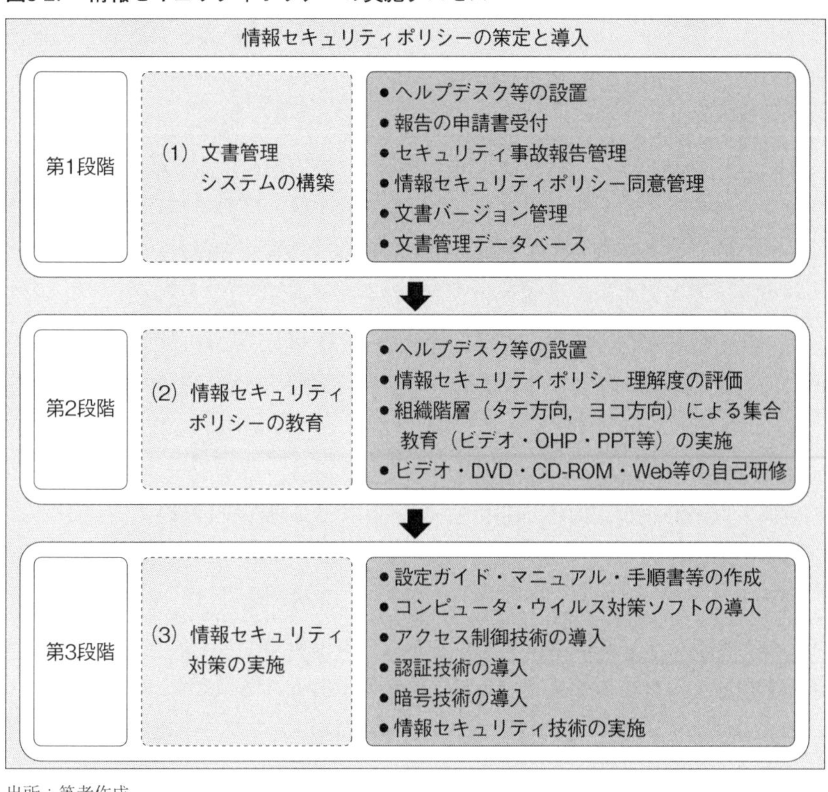

出所：筆者作成。

目標水準のリスクコントロールは達成できないのである。

情報セキュリティポリシーの教育は，すべての組織構成員にその内容を浸透させる必要性から実施するが，業務繁忙やスケジュール等から集合教育にすべての組織構成員が参加できるとは限らない。また，情報セキュリティポリシーの内容を理解・納得してもらうのに十分な時間を確保できる保証もない。

したがって，このような教育環境においても，情報セキュリティポリシーの周知・徹底は絶対条件であって，ポリシー運用開始までにはすべての組織構成員の同意を得なければならない。その上で，組織構成員が業務繁忙でない時間帯に情報セキュリティポリシーを自己研修できる情報システムを構築し，このような教育環境を補完できるような環境も準備する。具体的には，ビデオ研修システム，DVD・CD-ROM研修システム，Webサイト研修システム等の自己研修システムを構築し，すべての組織に配置して自由に教育システムを利用できるようにする。

また，グループごと（例えば，タテ方向とヨコ方向による組織階層ごと）に実施する情報セキュリティポリシーの集合教育では，可能な限りにおいて，グループに対しての教育の実施では，教育の理解レベルを一致させるために，グループメンバーの全員を受講させることが必要である。したがって，グループ全員が集合研修を受講することが可能な日時を設定して，教育担当者が直接出向いて教育を実施するといった実効性を伴った活動が必要である。

また，情報セキュリティポリシーの教育時には，文書形態の情報セキュリティポリシー説明書に加えて，OHP[21]やスライドショー[22]等のツールを利用して，短時間で直感的，視覚的に分かりやすく説明できる資料を作成して配布することも重要である。

情報セキュリティポリシーを初めて導入する組織の場合は，実施した教育効果を確認しなくてはならないために，教育後の情報セキュリティポリシーの理解度を評価する仕組みを構築することが必要である。情報セキュリティポリシーの意味を正しく理解したことをテストの実施やアンケート等によって確認し，あまり理解度が高くない場合や誤解している場合には，再度教育機会を設けたり，自己研修を義務付けたりする措置をとらなければならない。

ただし，理解度評価を受ける組織構成員にとって，何のメリットもないと，反発を招いたり，拒否されたりすることもあるので，評価システムを導入するときは人事的評価・人事考課に反映させることも情報セキュリティポリシーの理解度を測るための評価システムの一環として検討しなくてはならない。

実際の運用において，文書管理システムが稼働し，情報セキュリティポリシーが実施される前に組織構成員が行うことは，情報セキュリティポリシーの同意手続である。これは一定期間内に情報セキュリティポリシーに関する同意手続を行わない組織構成員は，情報セキュリティポリシーを拒否したことと見なされ，情報システムを利用できなくなるからである。

（3）情報セキュリティ対策の実施

情報セキュリティ対策では，前述してきたように，物理的セキュリティ対策や論理的セキュリティ対策，情報ネットワーク上での対策がある。必要とされる情報セキュリティ対策は，**図3-28**に示している「情報セキュリティ・マネジメント戦略を推進する考え方」にあるように，情報セキュリティ・マネジメントの考え方に基づき，情報セキュリティ分析，情報セキュリティ処理策の選定，情報セキュリティ対策の実施・運用，情報セキュリティ対策の評価を継続して行ったうえで，情報セキュリティ分析の結果から導出された情報セキュリティ・マネジメント要件によって対策が選定されることになる。

図3-28　情報セキュリティ・マネジメント戦略を推進する考え方

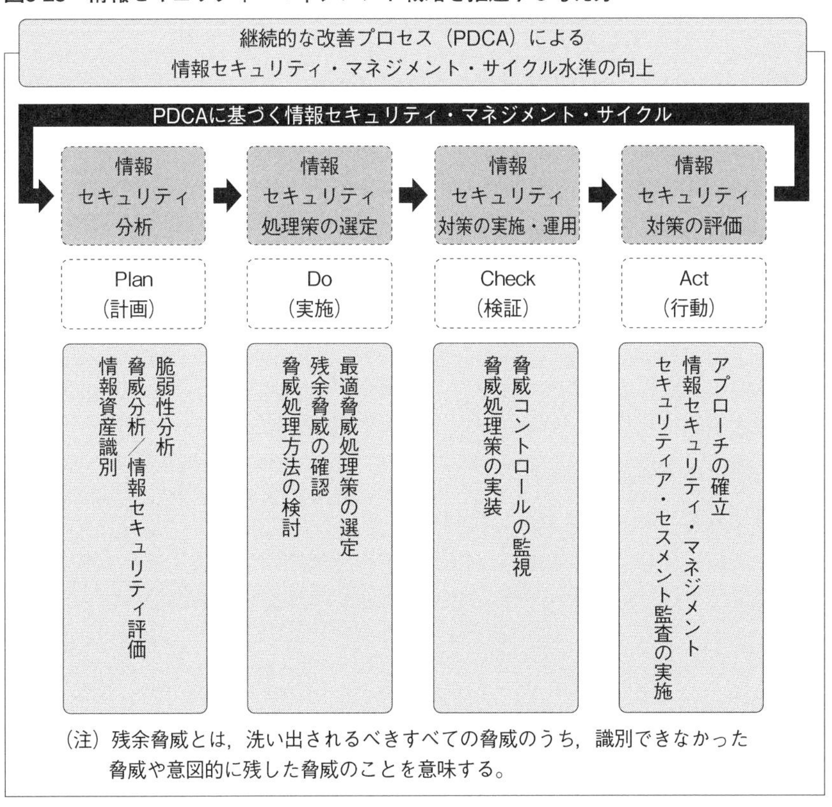

出所：筆者作成。

一方，情報セキュリティポリシーを実施するための準備段階では，情報セキュリティ対策の実施に要する情報セキュリティ技術に関するソフトウェアやハードウェアに関する選定も実施していかなくてはならない。

さらに，情報セキュリティ対策では，ソフトウェアやハードウェアを情報システムに組み込み，情報セキュリティ機能が正しく稼働するかのテスト作業も行わなくてはならない。例えば，ファイアウォールの設置では，ネットワーク上の所定の位置にサーバーを配置し，ファイアウォールソフトウェアをインストールして必要なパラメーターを設定するといった作業のことである。

また，初めに設定したパラメーターに間違いがないかをテストし，目標として設定するセキュリティレベルを達成できているかを確認する。ファイアウォールの設置作業が終わったら，不正アクセス攻撃を受けたときの操作手順や新たにVPN[23]を設定する方法等について，操作マニュアルの作成，アクセスログ[24]を採取して分析する場合の手順書等の作成といった情報セキュリティ対策の実効性を確保するための関連ドキュメント，及びドキュメント一覧を作成する。

3.6 情報セキュリティポリシーの見直し

情報セキュリティポリシーを策定した情報セキュリティ対策における詳細内容の構築が終了したら，実際に組織において情報セキュリティ・マネジメント戦略の運用を実施していくのである。

運用を実施していくなかで，**表3-4**に示している「情報セキュリティポリシーの見直し要件」にあるように，(1) 様々な環境要因の変化である組織を取り巻く環境の変化，(2) 情報セキュリティポリシー違反状況の把握，(3) 情報セキュリティ対策の変更，(4) 情報セキュリティ・マネジメント運用ガイドラインの変更，(5) 情報セキュリティ・マネジメント戦略の評価，(6) 情報システム開発計画の変更が見られるようになった場合には，情報セキュリティポリシーの見直しが必要となってくるのである。

表3-4　情報セキュリティポリシーの見直し要件

情報セキュリティポリシーの見直し	
	(1) 組織を取り巻く環境の変化
	(2) 情報セキュリティポリシー違反状況の把握
	(3) 情報セキュリティ対策の変更
	(4) 情報セキュリティ・マネジメント運用ガイドラインの変更
	(5) 情報セキュリティ・マネジメント戦略の評価
	(6) 情報システム開発計画の変更

出所：筆者作成。

3. 6. 1　情報セキュリティ監査の実施

情報セキュリティ・マネジメント戦略の運用においては，**図3-29**に示している「情報セキュリティ監査における重要評価項目」にあるように，重点項目の妥当性をチェックする情報セキュリティ監査を行い，そこでの評価項目に対する様々な脅威に対するリスク処理策の改善措置の対応とともに，情報セキュリティポリシーの内容の見直しを行うのである。

情報セキュリティポリシーの見直しでは，ポリシー策定時の情報セキュリティ水準を維持（回復）できるように改善していくのである。なお，情報セキュリティポリシーの改訂と同時に，文書管理システムを使用して最新バージョンのポリシーを全社員に配布し，その内容を理解・納得してもらってから新しいポリシーに対する同意を得ることになる。

情報セキュリティ・マネジメント基本方針の見直しでは，トップマネジメントの経営方針等が変更されない限り原則的に見直しは行われない。しかし，情報セキュリティ・マネジメント基本方針の見直しを行うと，基本方針に基づいて策定される情報セキュリティ・マネジメント対策基準，情報セキュリティ・マネジメント運用ガイドライン，及び関連ドキュメントにも影響することになり，すべての組織を含めた広範囲にわたる見直しが必要になる。

情報セキュリティ・マネジメント対策基準の見直しでは，まず情報セキュリティ・マネジメント基本方針の枠組みに従っていることを確認する。それから，見直した内容が影響する情報セキュリティ・マネジメント運用ガイドラインや

図3-29　情報セキュリティ監査における重要評価項目

監査における主な重要評価項目

(1) 情報セキュリティ・マネジメント要件における妥当性の評価

リスク評価結果及び法律や規制等の外部環境から導出された情報セキュリティ・マネジメント要件，経営戦略を遂行する組織から要求された情報セキュリティ・マネジメント要件等の妥当性を点検して，分析・評価する。

(2) 情報セキュリティポリシーにおける妥当性の評価

情報セキュリティ・マネジメント要件によって求められる人間の行動に対する制約をセキュリティ規定として正しく反映しているか，その妥当性を点検して，分析・評価する。

(3) 情報セキュリティポリシー遵守における妥当性の評価

情報セキュリティポリシーに同意し，確実に遵守しているか等を点検して，分析・評価する。

(4) 情報セキュリティ対策における妥当性の評価

妥当なコストで要求されているセキュリティ強度を満足する情報セキュリティ対策が講じられているか，要求されているすべての情報セキュリティ・マネジメント要件に対応しているか，情報セキュリティポリシーとの整合性は維持されているか等を点検して，分析・評価する。

(5) 情報セキュリティ運用管理における妥当性の評価

情報セキュリティ教育の計画，情報セキュリティ・マネジメント運用ガイドラインの保守，セキュリティホールに関する情報収集や対応等が実施されているか，セキュリティ・インシデント・マネジメントは妥当か等の情報セキュリティ部門の管理業務の妥当性の点検して，分析・評価を行う。

(6) 情報セキュリティ・マネジメントの評価・見直しにおける妥当性の評価

情報セキュリティ戦略に対する評価が適宜実施されているか，また，その評価基準が妥当か等を点検して，分析・評価する。

出所：筆者作成。

関連ドキュメントを洗い出して，一緒に見直していく必要がある。

情報セキュリティ・マネジメント運用ガイドラインの見直しでは，その内容が情報セキュリティ・マネジメント対策基準に従っていることを確認する。また，見直す内容が影響する他の情報セキュリティ・マネジメント運用ガイドラインや関連ドキュメントを洗い出して，一緒に見直していく必要がある。

関連ドキュメントの見直しでは，情報セキュリティポリシーの見直しが行われるのであれば，その見直し内容にしたがって作業を実施する。また，ほかの要因から関連ドキュメントの見直しを行う場合には，予め情報セキュリティ・マネジメント対策基準や情報セキュリティ・マネジメント運用ガイドラインに影響を与えないかどうかを確認する。

3. 6. 2 情報セキュリティの見直し内容

具体的な情報セキュリティポリシーの見直し内容については，**図3-30**に示している「情報セキュリティポリシーの見直し内容」にあるように，(1) 情報

図3-30 情報セキュリティポリシーの見直し内容

情報セキュリティ監査に基づく主な見直しの内容

(1) 情報セキュリティポリシー更新手続の確立

①情報セキュリティポリシーの更新手続を明確に規定し，情報セキュリティポリシーで明示する。
②情報セキュリティ・マネジメント運用ガイドラインで，詳細な更新手順を規定し，これに従って更新手続を実施する組織体制を整備する。

(2) 情報セキュリティ・マネジメント評価の的確な反映

①情報セキュリティポリシーの更新作業では，情報セキュリティ・マネジメント戦略に対する評価や情報セキュリティ監査におけるセキュリティ勧告を的確に反映する。
②セキュリティ勧告の反映状況をチェックする仕組みを講ずる。

(3) 情報セキュリティポリシー改善の周知徹底

①情報セキュリティポリシーを改善したら，その改善事項を周知徹底する仕組みを講ずる。
②改善後の情報セキュリティポリシーへの同意を速やかに実施する仕組みを講ずる。

出所：筆者作成。

セキュリティポリシー更新手続の確立，(2) 情報セキュリティ・マネジメント評価の的確な反映，(3) 情報セキュリティポリシー改善の周知徹底，といった３つの段階に分けることが可能で，それぞれを考慮して各段階を実行していくことになる。

(1) 情報セキュリティポリシー更新手続の確立

第１段階では，情報セキュリティポリシーの更新手続を明確に規定し，ポリシーで明示するとともに，情報セキュリティ・マネジメント運用ガイドラインで，詳細な更新手順を規定し，これに従って更新手続を実施する組織体制を整備する。

(2) 情報セキュリティ・マネジメント評価の的確な反映

第２段階では，情報セキュリティポリシーの更新作業においては，情報セキュリティ・マネジメント評価や情報セキュリティ監査におけるセキュリティ勧告を的確に反映するとともに，セキュリティ勧告の反映状況をチェックする仕組みを講ずる。

(3) 情報セキュリティポリシー改善の周知徹底

第３段階では，情報セキュリティポリシーを改善したら，その改善事項を周知徹底する仕組みを講ずるとともに，改善後のポリシーへの同意を速やかに実施する仕組みを講ずる。

このような情報セキュリティポリシーの見直しを行った結果をもとに，**図3-31**に示している「情報セキュリティ対策の改善プロセス」にあるように，①情報セキュリティ・マネジメント評価や情報セキュリティ監査のセキュリティ勧告，②新しいセキュリティリスクの識別と情報セキュリティ・マネジメント要件の認識，③セキュリティリスクの評価と見直し，④情報セキュリティ・マネジメント要件の明確化と周知徹底，⑤情報セキュリティ対策の改善（運用面・技術面）の５つの段階の改善プロセスに分けることが可能で，それぞれを考慮して情報セキュリティ対策の改善へと発展させていくことになる。

図3-31　情報セキュリティ対策の改善プロセス

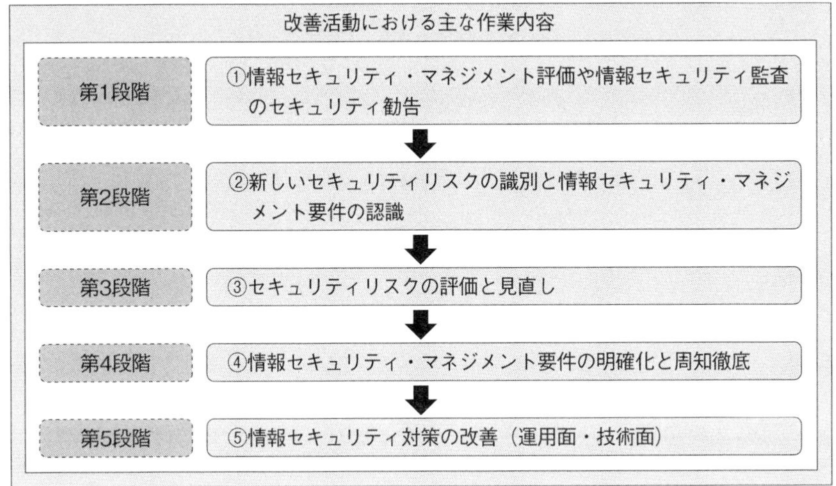

出所：筆者作成。

具体的な改善内容としては，**図3-32**に示している「情報セキュリティ対策の改善項目」にあるように，**図3-31**の改善項目の内容を検討していくのである。

①情報セキュリティ・マネジメント評価や情報セキュリティ監査のセキュリティ勧告

情報セキュリティ・マネジメント評価，及び情報セキュリティ監査が適宜実施されているか，その評価基準及び監査基準に基づきセキュリティ勧告を行う。

②新セキュリティリスクの識別と情報セキュリティ・マネジメント要件の認識

情報セキュリティ・マネジメント評価やセキュリティ勧告によって指摘された新しいリスクを識別して評価し，その情報セキュリティ・マネジメント要件を明らかにする。

③セキュリティリスクの評価と見直し

認識した新しいリスクと，現在，適用の情報セキュリティ対策との関係も明らかにして，新しく策定する情報セキュリティ対策との整合性も評価する。

図3-32　情報セキュリティ対策の改善項目

代表的な改善項目の内容

①情報セキュリティ・マネジメント評価や情報セキュリティ監査のセキュリティ勧告

情報セキュリティ・マネジメント評価，及び情報セキュリティ監査が適宜実施されているか，その評価基準及び監査基準に基づきセキュリティ勧告を行う。

②新しいセキュリティリスクの識別と情報セキュリティ要件の認識

情報セキュリティ評価やセキュリティ勧告によって指摘された新しいセキュリティリスクを識別して評価し，その情報セキュリティ要件を明らかにする。

③セキュリティリスクの評価と見直し

認識した新しいセキュリティリスクと，現在，適用している情報セキュリティ対策との関係も明らかにしたうえで，新しく策定する情報セキュリティ対策との整合性も評価する。

④情報セキュリティ・マネジメント要件の明確化と周知徹底

情報セキュリティ・マネジメント要件を明確化し，新しく情報セキュリティ対策を策定，その策定内容を周知徹底する。それまでの情報セキュリティ対策は廃止する。

⑤情報セキュリティ対策の改善（運用面・技術面）

運用面では，特に人間系の新たな脆弱性に対する改善策を検討し，実施していく。技術面では，セキュリティホールへの緊急対応やセキュリティ・インシデント対応などの臨時措置を見直して，恒久的かつ本質的な情報セキュリティ対策の改善策を検討して，実施していく。

出所：筆者作成。

④情報セキュリティ・マネジメント要件の明確化と周知徹底

情報セキュリティ・マネジメント要件を明確化し，新しく情報セキュリティ対策を策定，その策定内容を周知徹底する。

⑤情報セキュリティ対策の改善（運用面・技術面）

運用面では人間系の新たな脆弱性に対する改善策を検討と実施，技術面ではセキュリティホールへの緊急対応やセキュリティ・インシデント対応等の臨時措置を見直して，恒久的かつ本質的な情報セキュリティ対策の改善策を検討と実施といった「情報セキュリティ対策の改善」を実施していくことになる。

このように，情報化社会においては，現代組織における情報セキュリティ・マネジメント戦略への取り組みとして，情報セキュリティポリシーで目的や範囲，基準の明確化し，機密レベルに応じた情報資産の保護を行い，情報セキュリティ対策を実施していくのである。

注

1） 例えば，最高情報セキュリティ責任者（CISO：Chief Information Security Officer）という名称で，組織内の情報セキュリティを統括している。CISOは，コンピュータシステムや情報ネットワークに関するセキュリティ対策だけでなく，機密情報や個人情報の管理についても統括している。
2） 取締役会（Board of Directors）とは，株式会社において業務執行に関する会社の意思を決定する機関のことである。すべての取締役で構成され，株主総会の権限に属する事項以外の会社運営上の重要事項（重要な財産の処分及び譲受，多額の借財，支配人その他の重要な使用人の選任及び解任，支店その他の重要な組織の設置，変更及び廃止）の決定を行う。
3） 情報セキュリティポリシー（Information Security Policy）の階層モデルについての詳細は，第２章の「2.1.3 現代組織における情報セキュリティ・マネジメントの構成」を参照のこと。
4） 形式知（Explicit Knowledge）とは，明示知ともいい，第三者に伝えることを目的に図式化，数式化，言語化した客観的で理性的な知のことである。
5） 暗黙知（Tacit Knowledge）とは，社員や技術者等の組織構成員が暗黙のうちに有する，長年の経験や勘に基づく知識，ノウハウ，工夫等の言語等の明示的・形式的な表現では伝達不可能な知ことである。また，形式知と暗黙知は，マイケル・ポランニーが1966年の『暗黙知の次元』で示した知識（ナレッジ）の認識論的な分類である。
6） リスク評価（Risk Assessment）とは，組織の目的に影響を与えるすべての経営リスクを認識し，その性質を分類し，発生の頻度や影響を評価することである。その結果により，そのリスクに対応する方針を決定する機能が必要となる。
7） 外部統制（External Control）（外部監査：External Audit）とは，独立した外部の専門的な知識を有する者による監査を実施することにより，事業経営の有効性・効率性を高めることである。なお，外部監査制度は，従来の監査委員制度と外部監査制度とを並立させ，監査機能を充実強化するために導入された制度である。
8） 内部統制（Internal Control）とは，事業経営の有効性・効率性を高めて，組織の財務報告の信頼性を確保し，事業経営に関わる法規の遵守を促すことを目的として，組織内部に設けられて運用される仕組みである。内部統制は，組織の目的を達成するために欠かせない仕組みで，トップマネジメントは内部統制を構築するとともにその有効性と効率性を維持する責任がある。内部統制を構成する要素としては，(1) 統制環境，(2) リスク評価，(3) 統制活動，(4) 情報とコミュニケーション，(5) モニタリングがあげられ，この５つの要素が組織における経営管理の仕組みに組み込まれて一体となって機能することで，組織の目的が達成される。

9) ISMS適合性評価制度については，旧通商産業省（現・経済産業省）が推進してきた安全対策基準が2001年３月に終わり，その後継として2002年４月より発足したのがISMS適合性評価制度である。安全対策基準は，装置の物理的な保護が中心であったために情報処理サービス産業の基準であったが，現在はISMS適合性評価制度が策定されている。その詳細は，一般社団法人情報マネジメントシステム認定センターのホームページ「情報セキュリティマネジメントシステム適合性評価制度」『ISMS適合性評価制度』〈https://isms.jp/isms.html〉（2020年２月９日確認）を参照のこと。

10) ベースラインアプローチ（Baseline Approach）とは，予め実現すべきセキュリティレベルを設定し，実現するために必要な対策を選択，対象となるシステムに一律に適用することである。言い換えれば，簡単なリスクアセスメントを実施し，それに見合った情報セキュリティ・マネジメント管理策を適用することである。主に情報セキュリティ・マネジメント要求事項の低い組織や部門に適用できる。

11) 例えば，組織におけるイントラネット（Intranet）がある。イントラネットは，通信プロトコルTCP/IPを初めとするインターネット標準の技術を用いて構築された組織内のネットワークのことである。イントラネット上には，電子メールや電子掲示板，スケジュール管理等の基本的な情報システムから，業務情報データベースと連動したWebアプリケーション等に関する大規模なものまで，様々な種類のサービスが目的に応じて導入されている。

12) 電子媒体（Electronic Media）は，インターラクティブ（双方向通信：Interactive）性があり，情報を作った人と欲しい人との間での相互情報交換が容易である，または優れた検索機能を持っているといった特徴がある。

13) プライベートアドレス（Private Address）は，組織内のネットワークに接続された機器に一意に割り当てられたIPアドレスのことである。インターネット上で利用されるIPアドレスやドメイン名等を割り当てる民間の非営利機関NIC（Network Information Center）に申請を行わなくても組織内で自由に割り当てることができる。しかし，インターネット上での一意性は保証されないため，そのままではインターネットを通じて通信を行うことはできない。プライベートアドレスしか持たない機器がインターネットで通信を行うには，グローバルアドレスを割り当てられた機器にNAT（Network Address Translation）やIPマスカレード（IP Masquerade），プロキシ（Proxy）等の手段によって中継してもらう必要がある。

14) ワークフロー（Work Flow）とは，複数の人が関わる一連の業務の流れを記述し，実現し，管理するシステムである。ワークフローの導入では，今まで紙媒体で行われていた組織内の様々な書類のやり取りを電子化して，それを管理することが可能となる。申請者は，自分のPC上で申請書を作成して上司に提出，上司もPC上で承認を行うことができる。

15) ソーシャルメディア（Social Media）とは，双方向のコミュニケーションができ，誰もが参加できる広範的なインターネット等のオープンネットワークを用いて，社会的相互性を通じて広がっていくように設計されたメディアである。

16) セキュリティ・インシデント（Security Incident）は，コンピュータセキュリティに関係する人為的事象で，意図的及び偶発的なものを含む。セキュリティ・インシデントについての詳細は，第２章の「2.3 セキュリティ・インシデントの実態と対応」を参照のこと。

17) ソーシャルエンジニアリング（Social Engineering）とは，ネットワークの管理者や利用者等から話術や盗み聞き，盗み見等の社会的な手段によって，パスワード等のセキュリティ上重要な情報を入手することである。パスワードの入力を後ろから盗み見たり，オフィスから出る書類の塵をあさってパスワードや手がかりとなる個人情報の記されたメモを探し出したり，ネットワークの利用者や顧客に成りすまして電話で管理者にパスワード変更を依頼して新しいパスワードを聞き出す等，個人確認が不十分，組織内部の機密情報管理ルールが不完全だと，この手法で容易に機密が漏洩することになる。

18) ビジュアル化（Visualization）とは演出化のことで，情報を受け手にとって関心のあるものにし，かつ自然に受け入れられるようにするのが目的である。

19) 問合せ先は，組織の中で，組織構成員や顧客等の内外からの問い合わせに対応する専門的な部門で，ヘルプデスク（Help Desk）やコールセンター（Call Center）等がある。

20) コンセンサス社会（Consensus Society）とは，ビジネスの世界において，根回しや下相談で先に合意を取り付けておくといった社会のことである。日本では，物事を決定する際に，誰か一人が決定を下すのではなく，グループや担当者間の全員において，合意の上で決める傾向が強いことからコンセンサスを得るという行為は非常に重要である。

21) OHP（Overhead Projector）は，透明な専用フィルムに描かれたグラフや画像等を強力なランプの光でスクリーンに映し出す装置で，プレゼンテーションの途中でフィルムに書き込める，プロジェクター上でフィルムを重ねることが可能，プロジェクター上でフィルムを動かすことが可能，フィルムの一部を紙などで覆って写らないようにすることが可能といった特徴がある。

22) スライドショー（Slide Show）は，複数の画像や資料を順番に表示させる機能である。プレゼンテーションソフトや画像表示ソフトに搭載されている。大別すると，キーを押すごとにページを切り替える方式と，予め設定しておいた時間が経つと自動的に次のページを表示する方式の２種類がある。

23) VPN（Virtual Private Network）は，公衆回線をあたかも自分の専用回線であるかのように利用できるサービスである。実際に専用回線を導入するよりコストを抑えられるメリットがある。この種のサービスは当初，電話回線（音声通信）で提供されていたが，最近ではインターネット上で認証技術や暗号化を用いて保護された仮想的な専用回線を提供するサービスも現れている。

24）アクセスログ（Access Log）とは，ある機器やソフトウェアに対する人間や外部のシステムからの操作や要求等を一定の形式で時系列に記録したものである。具体的には，いつ（日時），どこから（接続元の機器・所在情報等），どのような主体（利用者・システム等）が，どのような操作（接続・ログイン・特定のデータの送受信等）を要求したのか，また，その正否（成功・失敗・拒絶等）や応答内容（提供した資源・送受信データ量・経過時間等）を，ストレージ上のファイル等に時系列に順番に記録したものである。

第4章

情報化社会の基礎的な情報セキュリティ技術

情報セキュリティ・マネジメント戦略を実践するためには，情報セキュリティポリシーで策定した情報セキュリティ対策を確実に実施していくことが重要である。また，その基盤を支えているのが情報セキュリティ技術であり，それはセキュリティ・アーキテクチャ[1)]とも言える「基礎的な情報セキュリティ技術」と，情報システム及び情報ネットワークにおける情報セキュリティが有効に機能するための「応用的な情報セキュリティ技術」の２つに大別できる。

情報化社会では，盗聴（盗み見）や改竄（書き換え），成りすまし（他人のふり），事後否認（事実否定）等の様々な脅威から情報資産を守るために，オープンネットワークであるインターネットを利用して情報のやり取りを行う場合には，当事者以外（第三者）には情報の内容が理解できないようにする方法が必要である。この代表的な技術が"暗号"であり，暗号技術は基礎的な情報セキュリティ技術として，様々な分野で数多く利用されている。

暗号は，人間が理解できる平文（ひらぶん）[2)]から一見無意味に見える暗号文に変換（暗号化）するとともに，その変換（復号）によって暗号文を平文に戻すことで情報の交換を行っている。このように，暗号とは，平文の暗号化によって情報の漏洩や改竄，盗聴等を防止し，暗号文の復号によって情報の正当な使用権限者だけが利用できるようにする方式のことを意味している。

情報化社会では，悪意ある第三者の攻撃者による情報の盗聴や改竄，成りすまし，誹謗・中傷等の様々な脅威に基づくリスクが数多く存在している。このような脅威に対するリスクを防止したり，インターネットを利用にて行われる電子商取引や認証等において，安全・安心な情報のやり取りを行ったりするための仕組みやスキーム等を支えているのが情報セキュリティ技術である。

例えば，電子メールの利用では，意図しない第三者（悪意を持った第三者）の存在により，以下のような様々な脅威の可能性がある。①盗聴（Wire tapping）では，メールの中身を他の誰かに覗き見られることがある。②改竄（Falsification）では，電子メールの内容が途中で書き換えられることがある。③成りすまし（Impersonation）では，誰かが別の人物に成りすましてメールを送ることがある。④否認（Denial）では，電子メールの送信者が，自分が送信したメールを出したことを否認することがある。

また，インターネットを介して，ある情報をやり取りする場合，あるいは情報を入手する場合等，その情報を暗号化して相手との送信を行えば，途中で悪意ある第三者に情報を盗聴されたとしても，その内容が漏洩する可能性は限りなく低いものとなる。また，暗号化では，送信先，あるいは受信先でやり取りする情報（暗号文）を復号して元に戻すことで，安全・安心に送信した文章を読み取ることができる。

一方，暗号を利用した認証では，情報ネットワークやクライアント，サーバー等へ接続する場合に，本人を正確に確認し，正規の利用者であること，間違いなく本人であることを検証することができる。このように，暗号と認証は，必要な情報に対して，何時でも，何処でも，誰でも，何度でも，利用すること（情報を共有すること）が可能である情報化社会において，安全・安心なインターネットの環境を提供するためのツールとして不可欠な技術である。

以下，情報化社会で利用される現代組織の情報セキュリティ技術において，セキュリティ・アーキテクチャとも言える基礎的技術として暗号を取り上げる。本章では，そのなかでも，暗号単体の技術を基礎的な情報セキュリティ技術と位置づけて，その代表的な暗号について，基礎的な技術の内容を考察する。

4.1
暗号と平文,鍵

暗号は，端的には，情報が第三者に知られないようにするための方策である。つまり，暗号の利用では，①変換の規則を知らない人には意味がわからない，②変換の規則を知っている人は，もとの意味が復元できるようにすることである。したがって，電子メールの場合では，伝達の途中で第三者が見ても，もとの情報がわからないようにすることである。

ところで，平文とは，**図4-1**に示している「平文と暗号文の関係」にあるように，暗号化されていない原文の形式，あるいはそのままの状態のデータの形式のことで，暗号文（暗号化されたデータで，第三者が理解できない形式）の対義語である。また，平文は，クリアテキスト（Clear Text）やプレーンテキスト（Plain Text）等とも呼ばれている。つまり，パスワードやクレジットカード番号，生年月日，住所，電話番号等の第三者に知られてはいけない重要な個人情報や機密情報等について，暗号化せずにそのまま送信してしまう場合，平文による送信を行うことで，様々な脅威に基づくリスクが存在することになる。さらに，平文は，単に暗号文への変換前データを指す場合もある。

一方，インターネットを介した情報のやり取りは，情報がどのような経路を通って相手側に届くかがわからないので，悪意を持った第三者からの様々な脅威に基づくリスクが増加している。例えば，第三者からの盗聴によってデータの中身がわかることによって，情報漏洩が問題となったり，改竄が行われたり，

図4-1　平文と暗号文の関係

出所：筆者作成。

盗み見による悪用が蔓延されるリスクがある。しかし，インターネットの情報の中身が暗号化されていれば，第三者に盗み見をされた場合でも内容を読み取ることができないので，暗号化は安心できる方策となる。

以下，簡単な暗号の仕組みを用いて，暗号と鍵の関係について理解する。

図4-2に示している「暗号における暗号化と復号の関係」は，簡単な暗号化のアルゴリズムである。この暗号化の仕組みは，アルファベットの文字を移動させて，単純に暗号化したものを送受信に利用している。しかし，暗号化と復号の関係については基本的な内容を理解することができる。

例えば，送信者(A) がリンゴという英単語である“apple”を暗号文にして，受信者(B) に送信，受信者(B) が暗号文を復号する場合を考える。まず，送信者(A) は，リンゴの英語表記の平文“apple”の暗号化を行う。ここでは，平文の“apple”の個別アルファベットをそれぞれアルファベット順に「3つ」右方向にずらして，暗号文の“dssoh”にすることを意味している。続いて，送信者(A) は，インターネットを介して，暗号文の“dssoh”を受信者(B) に送信する。

図4-2　暗号における暗号化と復号の関係

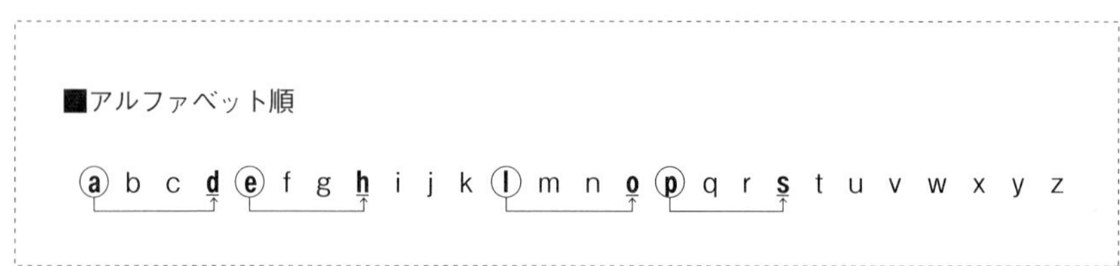

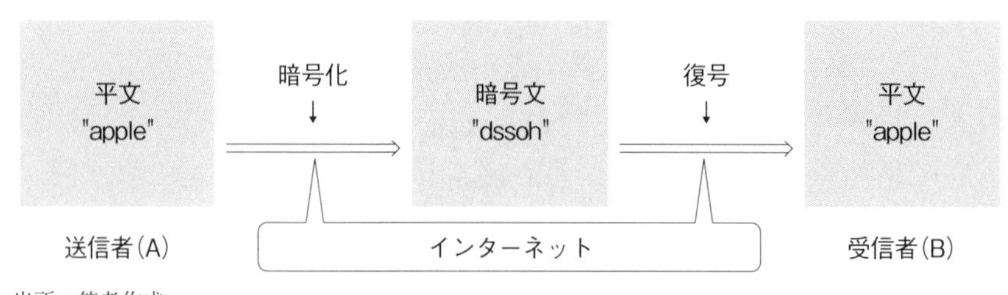

出所：筆者作成。

この暗号アルゴリズムにおいて，アルファベット順に右方向へ「3つずらす」というのが暗号化の規則（暗号方式）のことで，ハッシュ関数や共通鍵暗号方式，公開鍵暗号方式等の暗号が該当する。また，この暗号アルゴリズムでは，右方向へ3つずらす「3」が鍵（暗号鍵）のことである。この暗号を利用する場合において，送信者(A) は鍵を受信者以外に知られないことで秘匿性が守られることになる。

また，受信者(B) は，受信した暗号文の“dssoh”において，暗号化に使用した際の鍵である「3」を事前に入手して復号し，平文“apple”のを入手することになる。鍵は，誰でも知っている暗号アルゴリズムを，鍵の共有者に限って機能するようにしてくれる秘密の数値である。送信者(A) と受信者(B) が鍵を共有している場合，(A) と (B) の2人は鍵を利用して安全・安心に通信することができる。一方，悪意を持った第三者は，鍵を知らなければ，その暗号アルゴリズムを破ることができないことになる。

4.2 ハッシュ関数

ハッシュ関数（Hash Function）とは，$y=f(x)$ という式において，x から y は求められるが，y から x を求めることが困難であるという一方向性関数[3)]のことである。その特徴は，**図4-3**に示している「ハッシュ関数の基本的な仕組み」にあるように，ハッシュ関数は，任意長のデータ（n ビットのデータ長）から固定長のデータ（例えば，128ビットのデータ長）を出力できることである。

また，ハッシュ関数では，与えられたメッセージ（入力値）に対してハッシュ値（出力値）を容易に計算できる，出力値から入力値のデータを推測できない，同じ出力値を持つ入力データを容易に作成できない，同じ出力値となる可能性が極めて低い，といったことが特徴となっている。

例えば，送信者(A) がハッシュ関数を用いて，受信者(B) にデータを送信する場合を考える。ハッシュ関数の利用では，データの同一性の検証において用いることができるので，データの送信者(A) と受信者(B) が例えば，1Gバ

図4-3　ハッシュ関数の基本的な仕組み

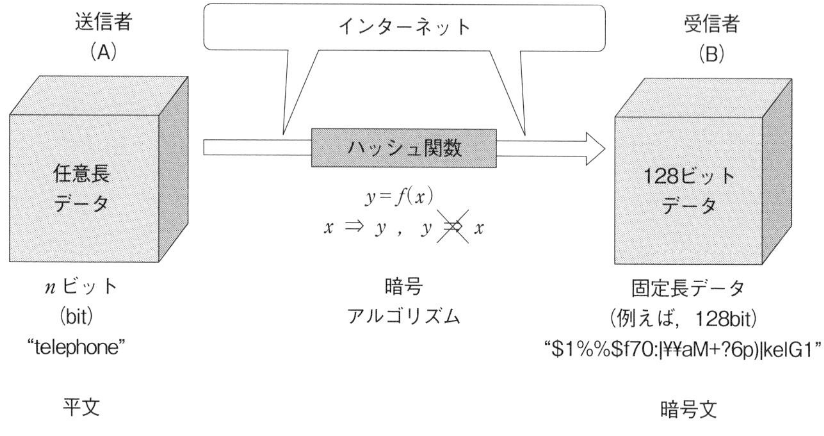

出所：筆者作成。

イト[4)]のデータが2つ持ち寄り，これが同じデータかどうかを検証する。それぞれのデータが十分信頼できるハッシュ関数によるハッシュ値を持っていれば，その数十バイトを比較するだけで同一性を検証することが達成できるのである。

つまり，誰もが何時でも自由に参加できるオープンネットワーク（インターネット）を通じてデータを送受信する場合に，データの送信者(A)と受信者(B)において，それぞれのデータのハッシュ値を求めて両者を比較すれば，データが通信途中で改竄されていないかを検証できるのである。

このように，ハッシュ関数では，その計算速度が高速であるために，世界各国，あるいは国際的な様々な情報セキュリティ規格や情報セキュリティ標準に適用されている。

現在，ハッシュ関数は，パスワードの暗号化であったり，ユーザーの認証を行ったり，あるいはデジタル署名[5)]の利用等の数多くの情報セキュリティ規格に利用されている。

パスワードの暗号化では，ハッシュ関数を用いてパスワードを暗号化して情報システムの中に保存して利用する。例えば，ハッシュ関数を用いた場合に

“telephone” という文字列（入力値）は，“$1%%$f70:|¥¥aM+?6p)|kelG1” といったような不可逆的（逆反応が無視し得る程度にしか起こらないためにするため，一方向のみに進行する反応）な文字列であるハッシュ値（出力値）に変換されて保存することになる。

このような一方向性の特徴があるために，この関数を通じて導かれるハッシュ値（出力値）から，原文（入力値）であるパスワード “telephone” を再現させることは極めて困難である。このことは，例えば，情報システムにログインする時に，入力するパスワードをハッシュ関数で再度変換しないと，情報システムで保存されている値と一致しないため，情報システムからのパスワード流失における可能性を限りなく（極めて）低くすることである。

この極めて低いという意味は，正しいハッシュ値があれば，データ（パスワード）が改竄されたかを確認することは可能であるが，データとハッシュ値の両方が改竄される場合には，ハッシュ関数だけでは検証ができないことである。

また，ユーザーの認証では，データの送受信において，メッセージ認証コードであるMAC（Message Authentication Code）を利用することも可能である。MACは，文字通りメッセージ（＝文書）を「認証」するための情報である。ここでの「認証」とは，メッセージが改竄されてないことを確認することで，受信者が受信したメッセージを「認証」するときに，当該メッセージが送信後に変化していないこと（完全性）を保証する。

これは後述する共通鍵暗号方式を用いて，送信するデータを暗号化し，その結果の最後の１ブロック（64ビット）をMACとするものである。つまり，MACはハッシュ関数の仕組みと類似しているが，比較する出力値（MAC値）を作り出すのに元データだけでなく，データの送信者と受信者のみが保有する共有鍵を加えるという特徴がある。

送信者は「元データ＋共有鍵」を用いてMAC値を生成し，元データとMAC値を受信者に送付することになる。例えば，送信途中にいる悪意のある第三者がこのデータを入手して改竄する場合には，共有鍵を保有していない第三者が「改竄データ＋何らかの鍵」を用いてMAC値を生成しても，受信者が「改竄データ＋共有鍵」を用いて生成したMAC値とは一致せずに，受信者はこのデータが改竄されたことがわかるのである。

また，共有鍵を保有しているのは送信者と受信者なので，受信者はこのデータが改竄されていないことを確認できるとともに，正しい送信者から送られたものであるという検証も可能なのである。

ハッシュ関数には，**表4-1**に示している「代表的なハッシュ関数の一覧」にあるように，(1) MD4，(2) MD5，(3) RIPEMD，(4) RIPEMD-128，(5) RIPEMD-160，(6) SHA-1，(7) SHA-2，(8) SHA-3等がある。

(1) MD4 (Message Digest 4)

ND4は，1990年に後述する公開鍵暗号方式であるRSA暗号の開発者の一人である米国Massachusetts Institute of Technology (MIT) の暗号研究者Ronald Linn Rivestによって，暗号アルゴリズムのひとつとして提案されたハッシュ関数である。

この暗号の構造は，ビット長が512ビットの倍数になるようにパディング[6]された任意のメッセージを入力として128ビットのハッシュ値を生成する暗号アルゴリズムである。そのアルゴリズムの演算は32ビット単位で行われ，全体は3ラウンド×16ステップで構成されている。

MD4では，ソフトウェア，特に32ビットアーキテクチャで高速に実装できるように，32ビットワード演算を多用して設計されている。

なお，このハッシュ関数MD4は，1992年にアルゴリズムを記述したIETF (Internet Engineering Task Force)[7] のRFC1320[8]が公開されたが，1996年に脆弱性が発見されたことで，現在ではその利用は控えられている。

(2) MD5 (Message Digest 5)

MD5は，1991年にRonald Linn Rivestによって，MD4の強度（安全性）を高めた拡張アルゴリズムとして，提案されたハッシュ関数である。

この暗号の構造は，MD4と同様に，ビット長が512ビットの倍数になるようにパディングされた任意のメッセージを入力として，128ビットのハッシュ値を生成する暗号アルゴリズムである。そのアルゴリズムの演算は32ビット

表4-1　代表的なハッシュ関数の一覧

アルゴリズム		開発年	開発者	概　　要
MD4（Message Digest Algorithm 4）		1990年	Ronald Linn Rivest	ビット長が512ビットの倍数になるようにパディング された任意のメッセージを入力として128ビットのハッシュ値を生成する暗号アルゴリズムである。
MD5（Message Digest Algorithm 5）		1991年	Ronald Linn Rivest	MD4と同様に，ビット長が512ビットの倍数になるようにパディングされた任意のメッセージを入力として，128ビットのハッシュ値を生成する暗号アルゴリズムである。
RIPEMD（RACE Integrity Primitives Evaluation Message Digest）		1992年	RIPE（Race Integrity Primitives Evaluation）	RIPEMDは，MD4，MD5と同じく，ビット長が512ビットの倍数になるようにパディングされた任意のメッセージを入力として，128ビットのハッシュ値を生成する暗号アルゴリズムである。
RIPEMD-128（RACE Integrity Primitives Evaluation Message Digest-128）		1996年	Hans Dobbertin, Antoon Bosselaers, Bart Preneel	RIPEMD-128では，ビット長が512ビットの倍数になるようにパディングされた任意のメッセージを入力として，128ビットのハッシュ値を生成する暗号アルゴリズムである。
RIPEMD-160（RACE Integrity Primitives Evaluation Message Digest-160）		1996年	Hans Dobbertin, Antoon Bosselaers, Bart Preneel	RIPEMD-160では，ビット長が512ビットの倍数になるようにパディングされた任意のメッセージを入力として，160ビットのハッシュ値を生成する暗号アルゴリズムである。ビットコインをはじめ様々なブロックチェーンで用いられている。
SHA-0（Secure Hash Algorithm-0）		1993年	NIST（National Institute of Standards and Technology）	SHA-0は，ビット長が512ビットの倍数になるようにパディングされた任意のメッセージを入力として，160ビットのハッシュ値を生成する暗号アルゴリズムである。1993年，NSA により設計，NISTによりFIPS 180 として規格化している。
SHA-1（Secure Hash Algorithm-1）		1995年	NIST（National Institute of Standards and Technology）	SHA-1は，ビット長が512ビットの倍数になるようにパディングされた任意のメッセージを入力として，160ビットのハッシュ値を生成する暗号アルゴリズムである。1995年に再設計され，NISTがFIPS 180-2として規格化している。
SHA-2（Secure Hash Algorithm-2）	SHA-224	2004年	NIST（National Institute of Standards and Technology）	SHA-224では，メッセージ長が264ビット未満のメッセージを入力として，224ビットのハッシュ値を生成する暗号アルゴリズムである。そのアルゴリズムの演算は，32ビット単位で行われる。2004年，FIPS 180-2，FIPS 180-2aとして規格化されている。
	SHA-256	2002年	NIST（National Institute of Standards and Technology）	SHA-256は，ビット長が512ビットの倍数になるようにパディングされた任意のメッセージを入力として，256ビットのハッシュ値を生成する暗号アルゴリズムである。ビットコインをはじめ様々なブロックチェーンで用いられている。
	SHA-384	2002年	NIST（National Institute of Standards and Technology）	SHA-384は，ビット長が1024ビットの倍数になるようにパディングされた任意のメッセージを入力として，384ビットのハッシュ値を生成する暗号アルゴリズムである。SHA-384は，SHA-512とほぼ同じ仕様で，初期値と出力方法のみが異なるのが特徴である。
	SHA-512	2002年	NIST（National Institute of Standards and Technology）	SHA-512の暗号アルゴリズムは，SHA-256のワード長32ビットを64ビットに変更し，メッセージスケジュール関数の繰り返し回数を増やしたものである。SHA-512は，ビット長が1024ビットの倍数になるようにパディングされた任意のメッセージを入力として512ビットのハッシュ値を生成する暗号アルゴリズムである。
SHA-3（Secure Hash Algorithm-3）		2012年	Guido Bertoni, Joan Daemen, Gilles Van Assche, Michaël Peeters	Keccak（NIST SHA-3 competitionの勝者として選ばれる前の元の名前）としても知られているが，SHA-1及びSHA-2とは無関係の全く新しいハッシュ関数である。生成するビット列の長さに応じてSHA3-224, SHA3-256, SHA3-384, SHA3-512といった規格が定義されている。ビットコインをはじめ様々なブロックチェーンで用いられている。

出所：筆者作成。

単位で行われ，全体は4ラウンド×16ステップで構成されている。

MD5がMD4と異なる点は，ラウンド数を3ラウンドから4ラウンドに増やしたこと，第3ラウンドのブール関数[9]，メッセージワードの手順の変更，ラウンド定数の代わりに各演算に加算定数を追加したこと，MD4よりも処理速度が劣ることである。

なお，このハッシュ関数MD5は，1992年にアルゴリズムを記述したIETFのRFC1321が公開されたことで，インターネットの標準として広く利用されていたが，2004年に脆弱性が発見されたことで，現在ではその利用は控えられている。

（3）RIPEMD（RACE Integrity Primitives Evaluation Message Digest）

RIPEMDは，1992年，EUプロジェクトのRIPE（RACE Integrity Primitives Evaluation：1988年～1992年）の成果の暗号アルゴリズムのひとつとして，MD5の前身のMD4を基に提案されたハッシュ関数である。

この暗号の構造は，MD4，MD5と同じく，ビット長が512ビットの倍数になるようにパディングされた任意のメッセージを入力として，128ビットのハッシュ値を生成する暗号アルゴリズムである。

RIPEMDでは，MD4の圧縮関数の最終2ラウンドに対する攻撃に対応して改良が加えられたアルゴリズムで，MD4圧縮関数に変更を加えた関数を2並列に実行する構成となっている。

そのアルゴリズムの演算は32ビット単位で行われ，全体は3ラウンド×16ステップを2並列に実行する構成となっている。

（4）RIPEMD-128（RACE Integrity Primitives Evaluation Message Digest 128）

RIPEMD-128は，1996年にDobbertin，Bosselaers，Preneelの3名によって，RIPEMDの強度を高めた暗号アルゴリズムとして，提案されたハッシュ関数である。

この暗号の構造は，ビット長が512ビットの倍数になるようにパディングされた任意のメッセージを入力として，128ビットのハッシュ値を生成する暗号アルゴリズムである。

RIPEMD-128では，RIPEMD-160をベースに設計されており，（A,B,C,D）の4変数のみを使うこと，5ラウンドのうち4ラウンドのみを使うこと，各ラウンドで用いるブール関数とラウンド定数のみが異なっている。

なお，このハッシュ関数RIPEMD-128は，1998年に国際規格であるISO/IEC 10118-3[10]に採用されている。

（5）RIPEMD-160（RACE Integrity Primitives Evaluation Message Digest 160）

RIPEMD-160は，1996年にベルギーKatholieke Universiteit LeuvenのAntoon Bosselaers，Bart Preneelとドイツの暗号研究者であるHans Dobbertinの3名によって，RIPEMDの強度を高めた暗号アルゴリズムとして，提案されたハッシュ関数である。

この暗号の構造は，ビット長が512ビットの倍数になるようにパディングされた任意のメッセージを入力として，160ビットのハッシュ値を生成する暗号アルゴリズムである。

RIPEMD-160では，2つのほぼ同じ形をした関数を2並列に実行する。2つの関数は，右ライン及び左ラインと呼ばれ，左右各々，5ラウンド80ステップで構成されている。

なお，このハッシュ関数RIPEMD-160は，1998年に国際規格であるISO/IEC 10118-3，及び2003年にわが国の電子政府における調達のための推奨すべき暗号について，CRYPTREC[11]の電子政府推奨暗号リスト[12]に採用されている。

（6）SHA-1（Secure Hash Algorithm 1）

SHA-1は，1995年に米国商務省標準技術局（NIST[13]）によって，暗号アルゴリズムのひとつとして，提案されたハッシュ関数である。

SHA（SHA-0）は，MD4，及びMD5を基にNSA[14]により設計され，1993年にNISTにより米国連邦政府情報処理規格のFIPS 180[15]として制定されている。SHA-1は，SHA-0の規格修正版として1995年に再設計され，NISTが規格化した米国政府標準ハッシュ関数である。

この暗号の構造は，ビット長が512ビットの倍数になるようにパディングされた任意のメッセージを入力として，160ビットのハッシュ値を生成する暗号アルゴリズムである。

このように，SHA-1のハッシュ値は160ビットで，基本的な設計方法としてはメッセージ拡張関数と圧縮関数（攪拌関数の集合）からなる構造をしている。その後，SHA（SHA-0）のメッセージスケジュール関数のみに若干の仕様変更がなされ，SHA-1がSHA（SHA-0）に置き換わる形で，1995年にFIPS 180-2として制定されている。

なお，このハッシュ関数SHA-1は，1998年に国際規格であるISO/IEC 10118-3に採用されている。

（7）SHA-2（Secure Hash Algorithm 2）

SHA-2は，暗号アルゴリズムのひとつとして，SHA-1に次ぐ世代の方式である。

SHA-1のハッシュ値は160ビットで設計，以前は必要十分な安全性が確保されていたが，脆弱性が発見されたことで不正や解読のリスクが指摘されるようになった。そのために，次世代のハッシュ関数への移行が推奨されて，次世代の暗号アルゴリズムとして設計されたのがSHA-2である。

SHA-2のハッシュ値は，224ビット，256ビット，384ビット，512ビットと長いため，SHA-1より安全性が高いとされている。しかし，SHA-2は，SHA-1の延長上にある暗号アルゴリズムとしての技術であるため，同様の手口で解読される可能性も指摘されている。

なお，それぞれのハッシュ値におけるビット長に合わせて，①SHA-224，②SHA-256，③SHA-384，④SHA-512があり，これらを総称してSHA-2と呼んでいる。

①SHA-224（Secure Hash Algorithm 224）

SHA-224は，2004年にNISTによって，暗号アルゴリズムのひとつとして，提案されたハッシュ関数である。FIPS 180-2，FIPS 180-2aに対して，機能追加して制定されたハッシュ値224ビットのハッシュ関数である。

この暗号の構造は，メッセージの長さが264ビット未満のメッセージを入力として，224ビットのハッシュ値を生成する暗号アルゴリズムである。そのアルゴリズムの演算は，SHA-256と同様の32ビット単位で行われる。

②SHA-256（Secure Hash Algorithm 256）

SHA-256は，2000年にNISTによって，暗号アルゴリズムのひとつとして，提案されたハッシュ関数である。SHA-384，SHA-512とともに2002年にFIPS 180-2として制定されたハッシュ関数である。

この暗号の構造は，ビット長が512ビットの倍数になるようにパディングされた任意のメッセージを入力として，256ビットのハッシュ値を生成する暗号アルゴリズムである。

なお，このハッシュ関数SHA-256は，2003年に国際規格であるISO/IEC 10118-3（Second Edition）に採用されている。

③SHA-384（Secure Hash Algorithm 384）

SHA-384は，2000年にNISTによって，暗号アルゴリズムのひとつとして，提案されたハッシュ関数である。SHA-256，SHA-512とともに2002年にFIPS 180-2として制定されたハッシュ関数である。

この暗号の構造は，ビット長が1024ビットの倍数になるようにパディングされた任意のメッセージを入力として，384ビットのハッシュ値を生成する暗号アルゴリズムである。SHA-384は，SHA-512とほぼ同じ仕様で，初期値と出力方法のみが異なるのが特徴である。

なお，このハッシュ関数SHA-384は，2003年，国際規格であるISO/IEC 10118-3（Second Edition）に採用されている。

④SHA-512（Secure Hash Algorithm 512）

SHA-512は，2000年にNISTによって，暗号アルゴリズムのひとつとして，提案されたハッシュ関数である。SHA-256，SHA-384とともに2002年にFIPS 180-2として制定されたハッシュ関数である。

この暗号の構造は，SHA-256のワード長32ビットを64ビットに変更し，メッセージスケジュール関数の繰り返し回数を増やしたものである。SHA-512は，ビット長が1024ビットの倍数になるようにパディングされた任意のメッセージを入力として512ビットのハッシュ値を生成する暗号アルゴリズムである。

なお，このハッシュ関数SHA-512は，2003年に国際規格であるISO/IEC 10118-3（Second Edition）に採用されている。

（8）SHA-3（Secure Hash Algorithm 3）

SHA-3は，2012年10月２日にNISTによって，次世代の暗号アルゴリズムのひとつとして，選定されたハッシュ関数である。NISTは，2007年にSHA-3の選定を開始し，５年間かけて標準アルゴリズムとしてKeccak（ケチャック）を採択した。また，SHA-3は，SHAシリーズの代替目的でKeccakが採択されたものであるが，その内部構造はSHA-2までの方式とは全く異なっている。2015年８月５日には，正式版がFIPS PUB 202（Federal Information Processing Standards Publication 202）として公表された。

SHA-3の開発は，2004年８月，暗号の国際会議CRYPTO（ランプセッション）にて，MD5への攻撃成功の確認とSHA-1への攻撃の理論的確立において，それまでのハッシュ関数に対して何らかの作為や状況の変化により，保安上の危険に晒されることを動機としている。そして，NISTによって，これまでのハッシュ関数に類似した構造を持たない暗号を求めたSHA-3のコンペティション（Competition）によって選定されたものである。

しかし，その後，SHA-2に対する攻撃法の研究は進展したが，2017年初において効率的，有効的な攻撃法の報告が無いことが明らかになったため，結果としてSHA-2の代替の必要性がなくなるといった状況が見られている。なお，2017年２月，SHA-1に対する衝突攻撃に実際に成功し，SHA-1ハッシュ値が一致するPDFファイルの組が作成することが可能となって，現実に衝突攻撃の成功が示され，インターネット上のセキュリティと安全性に関するGoogleからの最新ニュースと考察であるGoogle Security Blogで公表された。

4.3
共通鍵暗号方式

共通鍵暗号方式（Common Key Encryptosystem）とは，**図4-4**に示している「共通鍵暗号方式の基本的な仕組み」にあるように，インターネット上で通信を行う送信者(A)と受信者(B)の２人が，データの暗号化と復号に同じ鍵((A)(B)の秘密鍵)を用いる暗号方式である。

例えば，送信者(A)が共通鍵暗号方式を用いて，受信者(B)にデータを送信する場合を考える。共通鍵暗号方式の利用では，暗号文（データ）の送信者(A)と受信者(B)で，同じ鍵を共有する必要があるために，対称鍵暗号方式（Symmetric Key Cryptosystem），共有鍵暗号方式（Shared Key Cryptosystem），秘密鍵暗号方式（Secret Key Cryptosystem），慣用暗号方式（Conventional Cryptosystem）とも呼ばれている。

共通鍵暗号方式では，固定長のデータ（ブロック）を単位として処理を行う暗号を（1）ブロック暗号（Block Cipher）といい，これに対してビット単位

図4-4　共通鍵暗号方式の基本的な仕組み

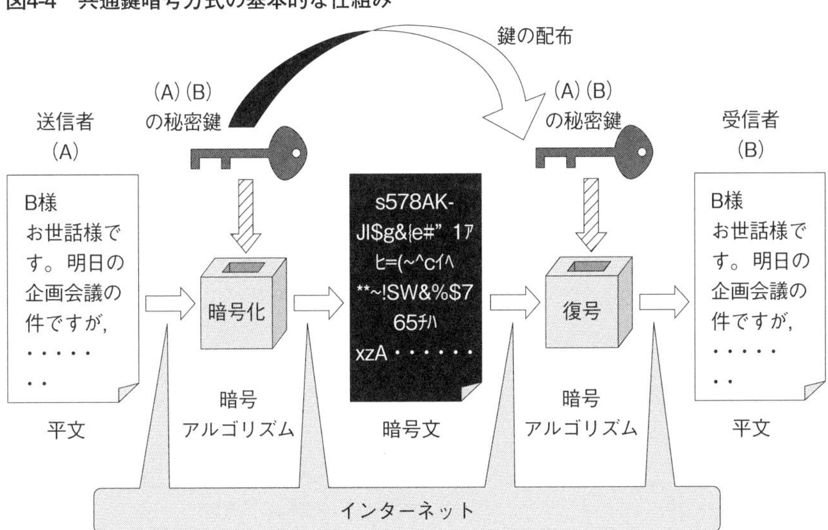

出所：筆者作成。

やバイト単位として処理を行う暗号を（2）ストリーム暗号（Stream Cipher）と呼んでいる。

（1）ブロック暗号は，ブロック単位で暗号化するので，ブロックの長さ分のデータが揃うまでは暗号化処理が開始できないといった特徴がある。また，ストリーム暗号の多くは，擬似乱数を先行して生成できる暗号化処理が可能となるので，待ち時間が少ないといった特徴がある。

（2）ブロック暗号では，平文がブロックの長さの整数倍ではない場合に必要となるパディング処理もストリーム暗号では必要ではなく，常に「平文サイズ＝暗号文サイズ」と同じサイズになるので，データサイズが増加しないことや処理遅延が少ないことといったメリットがある。

このように，ブロック暗号は実装しやすく，ストリーム暗号はブロック暗号よりもさらに高速な処理が可能であるという特質を持っている。

ところで，共通鍵暗号方式は，後述する公開鍵暗号方式と比較した場合に，「暗号化と復号の高速処理が可能である」「実装が軽い」といったメリットがある。

一方，「通信相手と暗号文を送受信する前に，予め安全な経路を使って秘密の鍵を共有する必要がある」「共通鍵暗号方式は相手ごとに違う鍵を設定しなければならないために，鍵の配布や管理などが複雑になる」といったデメリットがある。

また，共通鍵暗号方式は，通信するペアごとに異なる鍵が必要であるというデメリットもある。その数は$n(n-1)/2$の数式で表わされ，ユーザー（n）が100人の場合には4,950の秘密鍵が必要となり，ユーザーが増加すると用いる鍵を増加することになる。なお，公開鍵暗号方式が発明されるまでは，暗号といえば共通鍵暗号方式のことであった。

4.3.1 共通鍵暗号（ブロック暗号）

ブロック暗号（Block Cipher）は，ブロックと鍵を入力として，ブロックを出力する暗号化と復号の２つのアルゴリズムから構成される。

この共通鍵暗号方式では，ブロックの長さは64ビットや128ビットが代表的であるが，暗号アルゴリズムによってはブロックの長さをパラメータで指定でき，ブロック長を変えられるものもある。一方，鍵の長さは，40，56，64，80，128，192，256ビット等がある。

共通鍵暗号（ブロック暗号）には，**表4-2**に示している「代表的な共通鍵暗号（ブロック暗号）の一覧」にあるように，64ビットのブロック暗号の(1) DES，(2) TDEA，(3) MISTY，(4) CAST-128，(5) CIPHERUNICORN，(6) Hierocrypt，(7) MULTI2，(8) KASUMI，(9) FEAL，(10) IDEA，及び128ビットのブロック暗号の（11）AES，（12）Camellia，（13）SEED，（14）SC2000等がある。

（1）DES（Data Encryption Standard）

DESは，1960年代後半に，米国IBM社によって開発された暗号アルゴリズムで，1974年のNISTによる公募（2回目）によって採用されたブロック暗号である。

この暗号は，1977年にNISTによって連邦基準規格のFIPS PUB 46として採用されて，以降は米国政府の代表的な標準暗号として使われてきた共通鍵暗号方式である。

この暗号の構造は，データを64ビットのブロックの長さに分割し，各ブロックを56ビットの鍵の長さで暗号化する共通鍵暗号アルゴリズムである。固定ビット長の平文を入力とし，実装コストを効率化するため，同一のラウンド関数を繰り返す（処理の繰り返し段数である）Feistel構造[16)]による複雑な操作によって同じ長さの暗号文を出力する構造になっている。

また，変換ではカスタマイズするための専用の鍵を使うため，暗号化に使った鍵を知っている者だけが復号できる特徴がある。鍵長は見た目には64ビットであるが，そのうち8ビットはパリティチェックに使うため，アルゴリズム上の実際の鍵の長さは56ビットである。

なお，ブロック暗号のひとつであるDESは，FIPS採用当初，強固な安全性を実現していた。しかし，FIPS採用後約40年が経過した現在では，コンピュータの性能や機能の増大やコストダウン，及び様々な攻撃手法の出現等によって，解読され易い脆弱な暗号であるという評価[17)]が下されている。

表4-2　代表的な共通鍵暗号（ブロック暗号）の一覧

データ長	アルゴリズム	開発年	開発者	内　容
64 bit	DES	1974年	IBM	DESは，56ビットの鍵を使った共通鍵暗号を基盤としている。今では多くの用途において安全ではないと見なされている。
	TDEA	1979年	IBM	TDEAは，DESで3回暗号化することで，より暗号強度を高めた暗号のことである。
	MISTY	1995年	三菱電機	MISTYは，鍵の長さが128ビット（DESは56ビット）で，DESと同じくデータを64ビットのブロックに区切って暗号化するブロック暗号である。
	CAST-128	1996年	Carlisle Adams, Stafford Tavares	鍵の長さは40ビットから128ビットの間の8の倍数の鍵長可変（40～128ビット）である。CAST5とも言い，その構造はFeistel構造である。
	CIPHERUNICORN-E	2000年	NEC	データのブロック長64ビット，鍵長128ビットのブロック暗号である。その構造は，Feistel型のブロック暗号である。
	Hierocrypt-L1	2000年	東芝	データのブロック長64ビット，鍵長128ビットのブロック暗号である。その構造は，入れ子型SPN構造のブロック暗号である。
	MULTI2	1988年	日立製作所	データのブロック長64ビット，鍵長64ビットで，4種類あるラウンド関数の繰り返しによりスクランブルする積和型のブロック暗号である。
	KASUMI	2000年	三菱電機	64ビットのブロックの長さと128ビットの鍵の長さを持つブロック暗号である。MISTY1と同じ入れ子型Feistel構造を持っておいる。
	FEAL	1987年	NTT	64ビットのブロックの長さと64ビットの鍵の長さを持つブロック暗号である。DESと同じくFeistel構造と，DESと比較すると高速に暗号化及び復号できる。
	IDEA	1992年	James L.Massey, Xuejia Lai, Ascom社	64ビットのブロックの長さと128ビットの鍵の長さを持つブロック暗号である。暗号鍵を使って数学的な変換を8回繰り返す特徴を持っている。
128 bit	AES	2000年	Joan Daemen, Vincent Rijmen	共通鍵暗号方式の代表的な暗号化アルゴリズムで，鍵長が128ビット，192ビット，256ビットから選ぶことができるブロック長が128ビットのブロック暗号である。
	Camellia	2000年	三菱電機, NTT	ブロックの長さが128ビットのブロック暗号で，鍵の長さとしてAESと同様に128，192，256ビットの3つを選択できる。
	SEED	1998年	韓国KISA	ブロックの長128ビット，鍵長128ビットで，処理の繰り返し段数16段のブロック暗号である。
	SC2000	2000年	富士通研究所	ブロックの長さが128ビットのブロック暗号で，鍵の長さとしてAESと同様に128，192，256ビットの3つを選択できる。その構造は，FeistelとSPNを重ね合わせた構造である。
	CIPHERUNICORN-A	2000年	NEC	データのブロック長128ビット，鍵長128，192，256ビットのいずれかを利用できるブロック暗号である。その構造は，Feistel型のブロック暗号である。
	Hierocrypt-3	2000年	東芝	データのブロック長128ビット，鍵長128，192，256ビットのいずれかを利用できるブロック暗号である。その構造は，入れ子型SPN構造のブロック暗号である。

出所：筆者作成。

（2）TDEA（Triple Data Encryption Algorithm）

TDEAは，1979年に米国IBM社によって開発された暗号アルゴリズムで，DESの脆弱性が指摘されるようになったため，DESという同じ方式で３回暗号化することで，より暗号強度を高めたブロック暗号のことである。

この暗号の構造は，初めに，鍵Ａで平文を暗号化し，次にその暗号文を鍵Ｂで復号する共通鍵暗号アルゴリズムである。この鍵Ｂでの復号では，実際には鍵Ｂでの暗号化の逆のアルゴリズムを適用しているので，元の平文に戻るわけではない。さらに，この暗号文に対して，鍵Ｃ（あるいは鍵Ａ）で暗号化を行う共通鍵暗号アルゴリズムである。

ところで，TDEAのブロックの長さは，DESと同様に64ビットである。一方，DES処理を３回繰り返すために，基本的には暗号化及び復号に要する時間はそれだけ長くなる構造になっている。

なお，NISTでは2005年のFIPS 46-3の廃止に伴って，NIST SP 800-67を新たに発行して，TDEAの規定をFIPS 46-3からこれに移行している。また，2005年に国際規格であるISO/IEC 18033[18)]にも採用されている。

（3）MISTY（Mitsubishi Improved Secure Technology）

MISTYは，1995年に三菱電機が開発した暗号アルゴリズムで，64ビットのブロックの長さと128ビットの鍵の長さを持つブロック暗号である。

三菱電機で，この理論を提示した松井充（Matsui），具体的な形にした市川哲也（Ichikawa）と反町亨（Sorimachi），時田俊雄（Tokita），この研究を製品開発に結び付けた山岸篤弘（Yamagishi）のそれぞれの頭文字から取ったものにも由来している。

この暗号の構造は，鍵の長さは128ビット（DESは56ビット）で，DESと同じくデータを64ビットのブロックに区切って暗号化，その構造は入れ子型Feistel構造を特徴とした共通鍵暗号アルゴリズムである。また，大量の平文と暗号文の組み合わせを使って暗号を解読する差分解読法[19)]や線形解読法[20)]を応用した，独自の暗号強度評価に基づく構造になっている。

なお，ブロック暗号のひとつであるMISTYは，2003年に欧州連合（EU：European Union）の欧州推薦暗号選定プロジェクトであるNESSIE（New

European Schemes for Signature, Integrity, and Encryption）に採用，2003年にわが国の電子政府における調達のための推奨すべき暗号についてのCRYPTRECの電子政府推奨暗号リストに採用，2005年に国際規格であるISO/IEC 18033に採用されている。

（4）CAST-128（Carlisle Adams and Stafford Tavares-128）

CAST-128とは，1996年にカナダUniversity of OttawaのCarlisle Adams，カナダQueen's UniversityのStafford Tavaresの２名が開発した暗号アルゴリズムで，データが64ビットのブロックの長さを持つブロック暗号である。

この暗号の構造は，鍵の長さは40ビットから128ビットの間の８の倍数の鍵長可変(40～128ビット)の共通鍵暗号アルゴリズムである。CAST-5とも言い，その構造は同一のラウンド関数[21]を繰り返す（処理の繰り返し段数である）Feistel構造を特徴とした共通鍵暗号アルゴリズムである。様々な設計方針に基づいて作られたCASTシリーズの中のCAST-5が正式なアルゴリズム仕様として確定し，CAST-128と呼ばれている。

なお，ブロック暗号のひとつであるCAST-128は，カナダ政府通信安全保障局（CSE：Communications Security Establishment[22]）がカナダ政府標準暗号に採用，2005年に国際規格であるISO/IEC 18033に採用されている。

（5）CIPHERUNICORN

CIPHERUNICORN-Eは，2000年にNEC（日本電気）が開発した暗号アルゴリズムで，データが64ビットのブロックの長さと128ビットの鍵の長さを持つブロック暗号である。

CIPHERUNICORN-Aは，2000年にNECが開発した暗号アルゴリズムで，データが128ビットビットのブロックの長さと，128，192，256ビットの何れかの鍵の長さを利用できるブロック暗号である。

CIPHERUNICORNの構造は，同一のラウンド関数を繰り返す（処理の繰り返し段数である）Feistel構造を特徴とした共通鍵暗号アルゴリズムである。

この暗号の構造は，基本となる処理であるラウンド関数において，撹拌の偏りが現れないように設計されている共通鍵暗号アルゴリズムである。撹拌の偏りは，かき混ぜる操作の撹拌処理（agitation）の最も基本となる処理での撹拌の偏りから生じることが多いので，基本となる処理において撹拌の偏りが検出できない構造になっている。

なお，ブロック暗号のひとつであるCIPHERUNICORNは，2003年にわが国の電子政府における調達のための推奨すべき暗号についてのCRYPTRECの電子政府推奨暗号リストに採用されている。

（6）Hierocrypt

Hierocrypt-L1は，2000年に東芝が開発した暗号アルゴリズムで，データが64ビットのブロックの長さと128ビットの鍵の長さを持つブロック暗号である。

Hierocrypt-3は，2000年に東芝により開発されたデータが128ビットのブロックの長さと，鍵の長さは128，192，256ビットの何れかの鍵の長さを利用できるブロック暗号である。

Hierocryptの構造は，入れ子型SPN構造[23]を特徴とした共通鍵暗号アルゴリズムである。

この暗号の構造は，入れ子型SPN構造を用いたデータの撹拌を行って，区切られたブロックごとに，順番を入れ替えたりする操作を繰り返すことで解読しにくい構造になっている共通鍵暗号アルゴリズムである。

なお，ブロック暗号のひとつであるHierocryptは，2003年にわが国の電子政府における調達のための推奨すべき暗号についてのCRYPTRECの電子政府推奨暗号リストに採用されている。

（7）MULTI2（MULTImedia encryption algorithm）

MULTI2は，1988年に日立製作所が開発した暗号アルゴリズムで，データが64ビットのブロックの長さ，64ビットの鍵の長さを持ったもので，4種類あるラウンド関数の繰り返しにより，データ通信をするときにデータを解読できないようにするスクランブル（Scramble）に対応する積和型のブロック暗号である。

この暗号の構造は，入力64ビットを左右32ビットに分割したのち，ラウンド関数ｒ１～ｒ４の繰り返しでスクランブルを行うことになる共通鍵暗号アルゴリズムである。r 1とr 3は右32ビットを変換し，r 2とr 4は左32ビットを変換して，同一のラウンド関数を繰り返す（処理の繰り返し段数である）Feistel構造に類似した構造になっている。

なお，ブロック暗号のひとつであるMULTI2は，日本のデジタル放送用限定受信方式（B-CAS）の標準暗号として採用されている

（8）KASUMI（霞）

KASUMIは，2000年に三菱電機が開発した暗号アルゴリズムで，64ビットのブロックの長さと128ビットの鍵の長さを持つブロック暗号である。

この暗号の構造は，守秘及び完全性保証のための暗号アルゴリズムは，MISTY1と同じ入れ子型Feistel構造を持っており，差分解読法及び線形解読法に対する証明可能安全性を根拠としている共通鍵暗号アルゴリズムである。

なお，ブロック暗号のひとつであるKASUMIは，第三世代移動体通信システム（W-CDMA[24]）の国際規格標準化プロジェクト3GPP[25]において，唯一の国際標準暗号として採用されている。

（9）FEAL（Fast data Encipherment Algorithm）

FEALは，1987年にNTTが開発した暗号アルゴリズムで，64ビットのブロックの長さと64ビットの鍵の長さを持つブロック暗号である。

この暗号の構造は，DESと同じくFeistel構造と，DESと比較すると高速に暗号化及び復号できるといった特徴を持つ共通鍵暗号アルゴリズムである。

1987年当初は，FEAL-4としてラウンド数４，鍵の長さ64ビットで，その後，1988年にFEAL-8（ラウンド数８）を経て，1990年にFEAL-N（Nは可変，32以上が望ましい）と鍵長を128ビットに拡張したFEAL-NX，現在はFEAL-32Xに改定されている。

（10）IDEA（International Data Encryption Algorithm）

IDEAは，1992年にスイスSwiss Federal Institute of Technology ZurichのJames L.Massey，Xuejia Laiの２名，及びスイスAscom社が開発した暗号アルゴリズムで，64ビットのブロックの長さと128ビットの鍵の長さを持つブロ

ック暗号である。

この暗号の構造は，暗号鍵を使って数学的な変換を8回繰り返すことで，元のデータを推測できないような特徴を持つ共通鍵暗号アルゴリズムである。

なお，ブロック暗号のひとつであるIDEAは，電子メールの暗号化に用いるフリー・ソフトウェアPGPがv2.0から採用している。

(11) AES (Advanced Encryption Standard)

AESは，米国政府の次世代標準暗号化方式のことである。AESの暗号アルゴリズムは，鍵の長さが128，192，256ビットから選ぶことができるブロックの長さが128ビットのブロック暗号である。

AESは全世界を対象に共通鍵暗号方式の公募が行われて，NISTによって次世代標準暗号の選定作業が行われた。そこで，2000年10月に，ベルギーのルーヴェン・カトリック大学の研究者Joan DaemenとVincent Rijmenが開発した「Rijndael」という暗号アルゴリズムが選ばれたのである。

この暗号の構造は，SPN構造を特徴とした共通鍵暗号アルゴリズムである。ブロック長は128，鍵長は128，192，256ビットの3つが利用できる。

このように，この暗号では，暗号化中のビットの変換をFeistel構造という一般的なもので行うのではなく，3つのそれぞれ違った変換を用いるといった特徴もあり，暗号強度と速度の双方に優れた暗号化アルゴリズムとして高く評価されている。

なお，ブロック暗号のひとつであるAESは，2003年に欧州推薦暗号選定プロジェクトNESSIEに採用，2003年にCRYPTRECの電子政府推奨暗号リストに採用，2005年にISO/IEC 18033に採用されている。

(12) Camellia (日本語名：椿)

Camelliaは，2000年に三菱電機とNTTが共同開発した暗号アルゴリズムで，ブロックの長さが128ビットのブロック暗号で，鍵の長さとしてAESと同様に128，192，256ビットの3つを選択できる。

この暗号の構造は，同一のラウンド関数を繰り返す（処理の繰り返し段数である）Feistel構造を特徴とした共通鍵暗号アルゴリズムである。また，

CamelliaはAESと同等の安全性を保ちつつハードウェアでの低消費電力で高速な暗号化と復号に優れているという評価がされている。

なお，ブロック暗号のひとつであるCamelliaは，2003年に欧州推薦暗号選定プロジェクトNESSIEに採用，2003年にCRYPTRECの電子政府推奨暗号リストに採用，2005年にISO/IEC 18033に採用されている。

(13) SEED

SEEDは，1998年に韓国KISA[26]が開発した暗号アルゴリズムで，ブロックの長さが128ビット，鍵の長さが128ビットのブロック暗号である。

この暗号の構造は，Feistel構造を特徴とした共通鍵暗号アルゴリズムである。また，ラウンド関数（処理の繰り返し段数）は計16段，処理速度は若干遅く，韓国国内では広く使われているが，それ以外の国ではあまり使われていない。

なお，ブロック暗号のひとつであるSEEDは，2005年に韓国通信技術協会（TTA：Telecommunications Technology Association[27]）による標準化TTAS.KO-12.0004，TTAS.KO-12.0025とISO/IEC 18033に採用されている。

(14) SC2000

SC2000は，2000年に富士通研究所と東京理科大学が共同開発した暗号アルゴリズムで，ブロックの長さが128ビットのブロック暗号で，鍵の長さとしてAESと同様に128，192，256ビットの３つを選択できる。

この暗号の構造は，FeistelとSPNを重ね合わせた構造を特徴とした共通鍵暗号アルゴリズムである。また，ラウンド関数（処理の繰り返し段数）は計19段，TDEAの５倍の処理速度がある。

なお，ブロック暗号のひとつであるSC2000は，2003年にCRYPTRECの電子政府推奨暗号リストに採用されている。

4. 3. 2 共通鍵暗号（ストリーム暗号）

ストリーム暗号（Stream Cipher）は，鍵ストリーム（key stream）を生成する鍵ストリーム生成部と，鍵ストリームと平文を結合する結合部から構成されることが多い。

この方式では，平文をビット単位あるいはバイト単位等で逐次，暗号化する。また，秘密鍵を初期値として擬似乱数列[28]を生成し，平文との排他的論理和[29]によって暗号文を作る。復号には，同じ初期値から生成した擬似乱数と暗号文との排他的論理和によって平文を得ることになる。

共通鍵暗号（ストリーム暗号）には，**表4-3**に示している「代表的な共通鍵暗号（ストリーム暗号）の一覧」にあるように，(1) RC4，(2) A5，(3) SEAL，(4) SNOW，(5) MUGI，(6) MULTI-S01，(7) eSTREAM，(8) 量子暗号等がある。

(1) RC4（Rivest's Cipher 4）

RC4は，1987年に公開鍵暗号方式であるRSA暗号の開発者の一人である暗号研究者Ronald Linn Rivestが開発した暗号アルゴリズムで，1ビット単位で暗号化を行い，鍵の長さをある程度任意に設定できるアルゴリズム非公開型のストリーム暗号である。

この暗号の構造は，8ビットから2,048ビットの間から鍵長を選択できるが，鍵長の安全なパラメータとしては128ビット以上が推奨されている共通鍵暗号である。

このように，用途によって鍵の長さを自由に設定することが可能，アルゴリズムが単純，DESと比べて動作速度が速いといった特徴がある。しかし，RC4は必ずしも無条件に安全に使える暗号というわけではなく，秘密鍵の運用，特に初期状態の攪拌には十分な注意が必要である。

なお，ストリーム暗号のひとつであるRC4は，WEP[30]だけでなく，サーバー・ブラウザ間通信の標準プロトコルであるSSL/TLS[31]等の様々な標準規格に採用されている。

(2) A5

A5/1は1987年，A5/2は1989年，A5/3は2000年に開発された暗号アルゴリズムで，鍵の長さは64ビットのアルゴリズム非公開型のストリーム暗号で

表4-3　代表的な共通鍵暗号（ストリーム暗号）の一覧

<table>
<tr><th colspan="3">アルゴリズム</th><th>開発年</th><th>開発者</th><th>内　容</th></tr>
<tr><td colspan="3">RC4</td><td>1987年</td><td>Ronald Linn Rivest</td><td>１ビット単位で暗号化を行い，鍵の長さをある程度任意に設定できるストリーム暗号である。用途によって鍵の長さを自由に設定することが可能，アルゴリズムが単純，DESと比べて動作速度が速いといった特徴がある。</td></tr>
<tr><td colspan="3">A5</td><td>1987年</td><td>三菱電機</td><td>A5/1の鍵長は64ビット，内10ビットは0に固定されて，実質的な鍵長は54ビットとなっている。A5/3はMISTYをベースにした，128ビットの暗号化鍵を持つ64ビットのブロック暗号のKASUMIである。</td></tr>
<tr><td colspan="3">SEAL</td><td>1994年</td><td>Phillip Rogaway, Don Coppersmith</td><td>32ビットサイズと多くのRAMによって，コンピュータのために最適化される非常に速い処理が可能で，ソフトウェアにおいて効率の良い実装が可能である。</td></tr>
<tr><td colspan="3">SNOW 2.0</td><td>2002年</td><td>Thomas Johansson, Patrik Ekdahl</td><td>線形フィードバックシフトレジスタ（LFSR）から得られるビット列（出力）を非線形関数に通すことで，キーストリームを生成している。キーストリームと平文，暗号文の排他的論理和で暗号化及び復号を行う。</td></tr>
<tr><td colspan="3">MUGI</td><td>2001年</td><td>日立製作所</td><td>ブロック暗号の部品を採用した擬似乱数生成器で，鍵の長さ及び初期ベクトル長（公開値）は128ビットである。大容量のデータを暗号化・復号するにあたり高速処理を可能としている。</td></tr>
<tr><td colspan="3">MULTI-SO1</td><td>2000年</td><td>日立製作所</td><td>データ秘匿機能とともに改竄検知機能付きのストリーム暗号運用モードである。これは擬似乱数を生成するために，米国製のPANAMA擬似乱数生成器を使用する。</td></tr>
<tr><td rowspan="7">（2008年選定終了）eSTREAM</td><td rowspan="3">ハードウェア</td><td>Grain v1</td><td>2004年</td><td>Martin Hell, Thomas Johansson and Willi Meier</td><td>位相ずれ等価鍵を拡張することによって，効率的な秘密鍵回復攻撃を提案している。</td></tr>
<tr><td>MICKEY v2</td><td>2006年</td><td>Steve Babbage and Matthew Dodd</td><td>Grain v1やTriviumと比較すると，速度や実装の柔軟性等で劣っているが，複雑な時刻制御方式の構造を単純な形にまとめている。</td></tr>
<tr><td>Trivium</td><td>2002年</td><td>Christophe De Cannière and Bart Preneel</td><td>７つの選定暗号の中で，特に高い評価が与えられている。</td></tr>
<tr><td rowspan="4">ソフトウェア</td><td>HC-128</td><td>2004年</td><td>Hongjun Wu</td><td>一度の大量のデータ暗号化には高速で対応するが，内部状態の初期化に時間がかかるため，鍵を頻繁に交換するアプリケーションには不適である。</td></tr>
<tr><td>Rabbit</td><td>2003年</td><td>Martin Boesgaard, Mette Vesterager, Thomas Christensen and Erik Zenner</td><td>128ビット以上の鍵を設定できない，知的財産権の放棄が行われていないといった問題点を抱えている。</td></tr>
<tr><td>Salsa20/12</td><td>2005年</td><td>Daniel Bernstein</td><td>ラウンド数を変更することで，より安全性と速度のバランスが変化するため，様々なラウンド数の暗号がある。</td></tr>
<tr><td>SOSEMANUK</td><td>2002年</td><td>Come Berbain, Olivier Billet, Anne Canteaut等</td><td>推測決定攻撃によって，2224の計算回数で内部状態復元攻撃 が可能であることが知られている。</td></tr>
<tr><td colspan="3">量子暗号</td><td>（1960年後半）
1984年</td><td>（S.Wiesner）
C. H. Bennett,
G. Brassard</td><td>アルゴリズムの複雑さによる暗号の技術ではなく，量子力学理論と単一光子の組み合わせを用いた物理学で安全性を実現する技術である。</td></tr>
</table>

出所：筆者作成。

ある。しかし，1994年の設計概要リーク，1999年のリバースエンジニアリング[32]によって，現在ではアルゴリズムは特定されている。

この暗号の構造は，A5/1の鍵の長さは，64ビット（その内10ビットは，0固定で実質の鍵長は54ビット）の共通鍵暗号である。

GSM[33]携帯電話規格における通信プライバシー保護手段として採用されているが，GSMに使用されているA5/1，A5/2等の通信プライバシー保護用の暗号化はいくつかの深刻な脆弱性が指摘されており，豊富な計算能力があれば数分で解読が可能である。暗号仕様設定当時よりもコンピュータの処理能力が飛躍的に向上し，当時であれば必要十分であった暗号強度も破ることが可能となったのである。

そこで，普及しているA5/1の後継となるのがGSMやW-CDMAでも採用されているA5/3である。A5/3は三菱電機の開発したMISTYをベースにした，128ビットの暗号化鍵をもつ64ビットのブロック暗号のKASUMIである。

（3）SEAL（Software-Optimized Encryption Algorithm）

SEALは，1994年に米国University of CaliforniaのPhillip Rogawayと米国IBM社のDon Coppersmithの２名が開発した暗号アルゴリズムで，1997年に現行バージョンのv3が発表されたストリーム暗号である。

この暗号の構造は，32ビットサイズと多くのRAM（Random Access Memory）[34]によって，コンピュータのために最適化される非常に速い処理が可能で，ソフトウェアにおいて効率の良い実装が可能である共通鍵暗号である。ソフトウェアによるストリーム暗号としては極めて高速な処理ができるが，少量のデータには向かない特徴がある。

これは擬似乱数発生器に基づくもので，160ビットの鍵長と32ビットの値を基にして64Kバイトまでの擬似乱数を発生できるので，この暗号は擬似乱数発生器としての用途にも用いられる。

（4）SNOW 2.0

SNOW 1.0, SNOW 2.0, and SNOW 3Gは，スウェーデンLund UniversityのThomas JohanssonとPatrik Ekdahlの２名が開発した暗号アルゴリズムで，

SNOW 1.0の改良版として2002年にSNOW 2.0を提案しているストリーム暗号である。

SNOW 2.0では，線形フィードバックシフトレジスタ（LFSR）[35]から得られるビット列（出力）を非線形関数に通すことで，キーストリーム（任意長の疑似乱数系列）を生成している。生成したキーストリームと平文，もしくは暗号文の排他的論理和をとることで暗号化及び復号を行うことになる。

LFSRは，入力ビットが直前の状態の線形写像になっているシフトレジスタである。値域が単一のビットとなる線形写像は，排他的論理和（XOR）及びXORの否定だけである。したがって，LFSRとは，その値を構成するビット列の一部のXORを入力ビットとするシフトレジスタである。

なお，ストリーム暗号のひとつであるSNOW 2.0は，2005年に国際規格ISO/IEC 18033に採用されている。

（5）MUGI（MUlti GIga cipher）

MUGIは，2001年に日立製作所が開発したストリーム暗号向けの疑似乱数生成器である。

これはブロック暗号の部品を採用した擬似乱数生成器で，鍵の長さ及び初期ベクトル長（公開値）は128ビットである。

この暗号の構造は，部品については安全性に関して実績のあるAESの技術を利用している共通鍵暗号アルゴリズムである。また，独自発想による効率的なデータ攪拌を行うことで，大容量のデータを暗号化・復号するにあたり高速処理を可能とし，AESよりもハードウェアで約５倍，ソフトウェアで約２倍の高速処理を実現している。

MUGIでは，64や32ビットプロセッサ，ならびに専用LSIによる処理を行うことによって，本来の安全性の高さに加えて大容量の処理が軽負荷，かつ低コストで実現できるようになったのである。

なお，ストリーム暗号のひとつであるMUGIは，2003年にCRYPTRECの電子政府推奨暗号リストに採用，2005年に国際規格ISO/IEC 18033に採用されている。

（6）MULTI-S01（MULTImedia encryption algorithm, Stream cipher No.01）

MULTI-S01は，2000年に日立製作所が開発した改竄検知機能付きのストリーム暗号運用モードである。これは擬似乱数を生成するために，米国製のPANAMA擬似乱数生成器を使用する。PANAMAは，1998年にDaemenとClappが提案した暗号モジュールで，疑似乱数生成器，及びハッシュ関数として用いることができる。

従来のストリーム暗号では，データ秘匿機能しかなかったが，データ改竄検知機能をあわせて持つようにしたもので，オプションとしてMUGI等の擬似乱数生成機能と組み合わせて用いることができる。これにより，電子取引データなど，１ビットでも間違うことのできないデータを通信や蓄積を行う場合に，データを不当に改竄されたとしても瞬時に検出することを可能にしたのである。

なお，ストリーム暗号のひとつであるMULTI-S01は，2003年にCRYPTRECの電子政府推奨暗号リストに採用，2005年に国際規格ISO/IEC 18033に採用されている。

（7）eSTREAM（the ECRYPT stream cipher project）

欧州における情報セキュリティ研究者間の連携を密にするのを目的とするため，2004年 にECRYPT（European Network of Excellence for Cryptology）が設立,次世代のストリーム暗号を選定するための「eSTREAMプロジェクト」が立ち上げられたのである。

eSTREAMプロジェクトは，広くストリーム暗号のアルゴリズムを公募し，34種類の公募暗号をストレージ，ゲート数，消費電力等のハードウェア用のチェックと処理能力等のソフトウェア用のチェックに区別，集まった暗号に対して世界中の暗号研究者が評価及び選定を行ったのである。そして，2008年にその選定を終了し，最終的に７種類のストリーム暗号がeSTREAM暗号として選定されている。

７種類のストリーム暗号とは，３種類のハードウェア用は①Grain v1，②MICKEY v2，③Triviumと４種類のソフトウェア用は④HC-128，⑤Rabbit，⑥Salsa 20/12，⑦SOSEMANUKである。

①Grain v1

このGrain v1は，2004年にスウェーデンLund UniversityのMartin Hell, Thomas Johansson，及びスイスFH AargauのWilli Meierの３名によって提案されたストリーム暗号である。その構造は，比較的単純なために効率的なハードウェア実装が可能となる。位相がずれたキーストリームを発生する等価鍵（位相ずれ等価鍵）を拡張することによって，効率的な秘密鍵回復攻撃を提案している。

②MICKEY v2

このMICKEY v2は，2006年に英国Vodafone GroupのSteve BabbageとIndependent consultantのMatthew Doddの２名によって提案されたストリーム暗号である。その構造は，２つのレジスタを時刻制御し，その非線形出力をキーストリームとしている。Grain v1やTriviumと比較すると，速度や実装の柔軟性等で劣っているが，複雑な時刻制御方式の構造を単純な形にまとめている。

③Trivium

このTriviumは，2002年にベルギーFonds Wetenschappelijk OnderzoekのChristophe De CannièreとベルギーKatholieke Universiteit LeuvenのBart Preneelの２名によって提案されたストリーム暗号である。その構造は，単純であり，かつ，ハードウェア，ソフトウェアを問わずに高速に動作する。７つの選定暗号の中で，特に高い評価が与えられている。

④HC-128

このHC-128は，2004年にKatholieke Universiteit LeuvenのHongjun Wuによって提案されたストリーム暗号である。その構造は，当初，256ビット鍵しかなかったが，128ビット鍵のHC-128が追加された。一度の大量のデータ暗号化には高速で対応するが，内部状態の初期化に時間がかかるため，鍵を頻繁に交換するアプリケーションには不適である。

⑤Rabbit

このRabbitは，2003年にデンマークCryptico社のMartin Boesgaard, Mette Vesterager，Thomas Christensen，Erik Zennerの4名によって提案されたストリーム暗号である。その構造は，Intelプロセッサ上で高速に動作する特徴を持っている。128ビット以上の鍵を設定できない，知的財産権の放棄が行われていないといった問題点を抱えている。

⑥Salsa 20/12

このSalsa 20/12は，2005年に米国The University of IllinoisのDaniel J. Bernsteinによって提案されたストリーム暗号である。その構造は，ブロック暗号のようにラウンド数を可変に設定できることが特徴である。ラウンド数を変更することで，より安全性と速度のバランスが変化するため，様々なラウンド数の暗号がある。

⑦SOSEMANUK

このSOSEMANUKは，2002年にフランスFrance T´el´ecomのBerbainらの研究者12名によって提案されたストリーム暗号である。その構造は，ブロック暗号に用いられるFeistel構造に似たアルゴリズムを内部に有している。推測決定攻撃[36]によって，2^{224}の計算回数で内部状態復元攻撃[37]が可能であることが知られている。

(8) 量子暗号（Quantum Cryptography）

量子暗号は，1960年後半に米国Columbia UniversityのGraduate StudentのStephen Wiesnerにより量子暗号の基本となる共役コーディングの概念を発見，その後，1984年に米国IBM社のCharles H. BennettとカナダUniversité de MontréalのGilles Brassardによって再発見されたストリーム暗号である。

この暗号は，アルゴリズムの複雑さや難解さに基づく技術ではなく，量子力学理論と単一光子の組み合わせを用いた考え方で，物理学で安全性を実現する技術である。したがって，量子通信では，データを運ぶ媒体として光子[38]の量子状態[39]を利用する。

量子力学の世界では，素粒子の量子状態に全く変化を与えずに観測することは不可能であるため，量子暗号を通信経路（インターネット）上で盗聴しようとすると，量子状態が変化してしまい読み出すことができずに，途中で盗聴されたことが確実に検出されるのである。

この暗号の構造は，送信者と受信者において，量子鍵配送装置を用意し，光回線を介して盗聴を完全に排除した絶対安全な秘密鍵を共有し，その鍵を用いて送信したい情報をOne-Time Pad[40)]により暗号化するものである。

この提案では，最初にBB84プロトコルと呼ばれる量子暗号鍵配布のアイデアを発表している。この量子暗号の提案では非現実的と見なされていたが，その後の技術進歩とプロトコルの改良（誤りの訂正，及び安全性の増幅）が行われることで,実現可能な技術として見なされるようになったのである。そして，1991年に情報伝達の非局所性（EPR効果）を用いたプロトコルであるE91が提案，1992年にB92と呼ばれるプロトコル，さらにこれまでの光子の偏光を用いた方式に代わって，信号電流の変化に応じて搬送波の位相に変化を与える位相変調を用いたプロトコル等が次々と提案されている。

量子暗号は，正確には量子鍵配送と，C.D. Shannonにより情報理論的な安全性が証明（確保）されたOne-Time Pad暗号を組み合わせてできた暗号で，誰にも破ることのできない究極の暗号である。つまり，量子暗号は，理論上どのような技術でも盗聴できない究極の暗号技術である。量子暗号の安全性は解読の計算量には依存しないため，将来どんなに科学技術が進歩しても，絶対に盗み見られることのない安全な暗号通信が可能になる。

近年では，安全・安心という側面だけではなく，高速性という側面からも，より性能の良いストリーム暗号を開発・提案し，暗号技術の新たな基準として利用しようとする動きが広まっている。その意味でも，eSTREAMに選出された7種類のストリーム暗号，及び量子暗号については，次世代の暗号化技術として期待されている。

4.4
公開鍵暗号方式

公開鍵暗号方式（Public Key Cryptosystem）とは，**図4-5**に示している「公開鍵暗号方式の基本的な仕組み」にあるように，インターネット上で通信を行う送信者(A）と受信者(B）の２人が，データの暗号化と復号で異なる鍵を使う暗号方式のことである。

例えば，送信者(A）が公開鍵暗号方式を用いて，受信者(B）にデータを送信する場合を考える。公開鍵暗号方式の利用では，(B)の秘密鍵と（B)の公開鍵という対になる異なる２つの鍵を使って，データの暗号化と復号を行うので非対称鍵暗号方式（Asymmetric Key Cryptosystem）とも呼ばれている。

公開鍵暗号方式では，代表的な特徴として，①秘密鍵から公開鍵を求められても公開鍵からは秘密鍵を求められない，②公開鍵で暗号化したデータは秘密鍵でしか復号することができない，③逆に秘密鍵で暗号化したデータは公開鍵でしか復号できないという３つの性質を持っている。

したがって，データの送信者は，事前に鍵を安全な経路で受信者に輸送する必要がないため，さらに n 人の受信者と通信を行う場合でも自分の秘密鍵を

図4-5　公開鍵暗号方式の基本的な仕組み

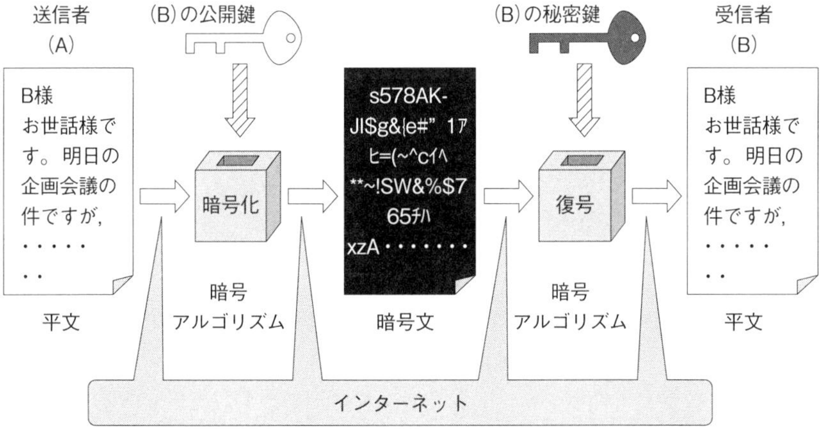

出所：筆者作成。

保持するだけで済むので，鍵の個数が少なくて済むために鍵の管理が簡単で安全性が高いというメリットがある。

また，公開鍵暗号方式は，異なる２つの鍵を使って暗号化と復号を行うシンプルな構造になるメリットがある。これに対して，共通鍵暗号方式は通信するペアごとに異なる鍵が必要となるために，通信相手が増加すると使用する鍵も増加することになり，全体として複雑な構造になるデメリットがある。

一方，公開鍵暗号方式は，暗号化や復号のための処理が非常に重い（処理時間が長い）ために，①メッセージ全体の暗号化には不向きである，②公開鍵を公開できるが偽の公開鍵にすり変えられる可能性がある，といった公開鍵の正当性（本物であること）を確保しなくてはいけないというデメリットがある。

公開鍵暗号方式は，**表4-4**に示している「代表的な公開鍵暗号の一覧」にあるように，(1) 巨大な数の素因数分解問題（Integer Factoring Problem）がとても難しいことを安全性の根拠とする素因数分解型アルゴリズムと，(2) 巨大な群の離散対数問題（Discrete Logarithm Problem）が難しいことを安全性の根拠とする離散対数型アルゴリズムの２つに大別することが可能である。

(1) 素因数分解問題では，$N=pq$ において，p と q から N を求めるのは簡単であるが，N から p と q を求めるのは非常に困難であること，つまり，非常に大きな数の素因数分解には膨大な時間がかかるという性質を使った暗号アルゴリズムである。

つまり，素因数分解問題は，与えられた自然数（正の整数）n を $p_1^{e_1}\cdots p_k^{e_k}$（$pi$：素数，$e_i \geqq 1$）と分解を考えることである。一方，暗号理論におけるコンテクストでは，もっと限定的に考えるのが普通である。例えば，$n=p\,q$（p, q：素数）から p（または q）を求める問題，もしくは $n=p^r\,q$（p, q：素数，$r>1$）から p（または q）を求める問題等を素因数分解問題と考えている。

(2) 離散対数問題では，$a^k=z(mod\ p)$ において，p を法とする世界で，a を k 乗して z を求めるのは簡単であるが，a を何乗すると z になるかを求めるのは非常に難しいという性質を使った暗号アルゴリズムである。

つまり，離散対数問題とは，大きな有限体での対数を計算する問題で，自然数（正の整数）a，g と素数 p が与えられたときに，$a=g\hat{}x\ mod\ p$ となる整

表4-4　代表的な公開鍵暗号の一覧

	アルゴリズム	開発年	開発者	概　　要
素因数分解型	RSA暗号	1978年	Ronald Rivest, Adi Shamir, Leonard Adleman	この暗号の構造は，非常に大きな二つの素数の積である自然数の素因数分解の計算量が非常に多く，理論的には解読可能であるが実用的には解読不可能という性質に基づいている。
	Rabin暗号	1979年	Michael Oser Rabin	RSA暗号に改良を加えることによって，受動的攻撃に対する完全解読の困難性が素因数分解問題の困難性と等価であることを証明した方式である。
	OAEP暗号	1994年	Mihir Bellare, Phillip Rogaway	RSA-OAEP暗号のことで，RSA暗号の仕組みに対して発明のOAEPエンコード法を適用した。データのパディングを行う場合，RSA暗号を安全に利用するための改善化を行ったものである。
	EPOC暗号	1997年	岡本龍明・ 内山成憲（NTT）	落とし戸付き離散対数問題という数学理論を暗号原理に使用し，解読の難しさを証明した通信用のパブリック・キー方式を採用した暗号化の技術である。
離散対数型	ElGamal暗号	1982年	Taher Elgamal	公開鍵と秘密鍵を使って平文を暗号化し，秘密鍵を使って復号する。復号の鍵がない場合，その鍵をつきとめるためには位数が大きな群の離散対数問題を解くのと同様の困難性が求められる。
	楕円曲線暗号	1985年	Neal Koblitz, Victor Miller	楕円曲線という３次曲線上のある特殊な演算を用いて暗号化，及び復号を行う。また，RSA暗号と比較しても短い鍵の長さ（約1/7程度）で強い暗号強度を実現できる。
	PSEC暗号	1999年	NTT	安全性の高さが数学的に証明，日本国内初の楕円曲線上の離散対数問題に基づく公開鍵暗号方式で，その後，共通鍵暗号で利用する秘密鍵を配送するための手段としてPSEC-KEMが開発されている。
	ペアリング暗号	2001年	境隆一・大岸聖史・ 笠原正雄 Dan Boneh, Matthew Franklin	楕円曲線上の離散対数問題及び有限体上の離散対数問題の困難性を安全性の根拠としている。ペアリングと呼ばれる数式を利用することで，従来の公開鍵暗号では実現困難だった様々な利便性の高い応用が可能な次世代の暗号方式である。

出所：筆者作成。

数xがあれば，gが原始根（(3以上の）素数pと1以上p未満の整数rが以下の性質を満たすときrを法pに対する原子根と呼ぶ。）であり，$0 \leqq a < p$のときに，xは必ず一意に存在するという問題である。つまり，整数a, gと素数pが与えられたときに，$a = g^\wedge x \ mod \ p$を満たす整数xを求める問題である。

4. 4. 1 素因数分解型アルゴリズム

素因数分解（Integer Factoring）とは，ある自然数（正の整数）を素数の積の形で表すことである。ただし，1に対する素因数分解は1と定義する。つまり，この素因数分解については，任意の正の整数に対して，素因数分解はただ1通りに決定すること，及び素因数分解の結果から正の約数やその個数，総和等を求めることができる。

したがって，これらの特徴から正の整数nを素因数分解するための最も単純な方法は，2から順に$\sqrt{n}$までの素数で割っていく方法が有効である。しかし，整数nが大きくなればなるほど，この方法では解読の困難性が高まることになるが，そのことを根拠にしたのが素因数分解型アルゴリズム（Integer Factoring Algorithm）の暗号である。

素因数分解型のアルゴリズムは，素因数分解問題の困難さに基づく公開鍵暗号であり，**表4-4**に示す「代表的な公開鍵暗号の一覧」にあるように，(1) RSA暗号，(2) Rabin暗号，(3) OAEP暗号，(4) EPOC暗号等がある。

(1) RSA暗号（RSA Cipher）

RSA暗号は，1978年にMITの研究者Ronald Lorin Rivest，Adi Shamir，Leonard Max Adlemanの3名が開発した公開鍵暗号である。3名の開発者の頭文字（Rivest-Shamir-Adleman）をとって，暗号名が名付けられている。特に，2000年9月の米国内における特許期限が切れてからは，誰でも自由にRSA暗号を利用することが可能となったことから，現在の公開鍵暗号方式のデファクトスタンダードとして広く一般的に普及している暗号である。

この暗号の構造は，非常に大きな2つの素数の積である合成数（素数ではない自然数）の素因数分解の計算量が非常に多く，理論的には解読可能であるが実用的には解読不可能という性質，つまり巨大合成数の素因数分解の困難性に基づいている公開鍵暗号である。

この暗号のアルゴリズムでは，鍵の長さとして512，1,024，2,048の各ビットを使用することができる。ただし，512ビットのRSA暗号については，現在，解読されたことが明らかにされているため，より暗号強度の強い1,024ビットの鍵の長さの使用が推奨されている。なお，共通鍵暗号方式であるDESと比較すると，公開鍵暗号方式であるRSAの処理には暗号化や復号に必要となる計算量が多く，大容量のデータの暗号化処理，及び復号処理に時間がかかるという特徴もある。

（2）Rabin暗号（Rabin Cipher）

Rabin暗号は，1979年にドイツ生まれの情報工学者のMichael Oser Rabinが開発した公開鍵暗号である。RSA暗号と同じく，大きな合成数の素因数分解の困難さを安全性の根拠とした暗号方式である。

この暗号は，RSA暗号に改良を加えることによって，受動的攻撃に対する完全解読の困難性が素因数分解問題の困難性と等価であることを証明した方式である。つまり，選択平文攻撃[41)]で解読することと素因数分解問題を解くことが等価であることが証明された初めての暗号である。

この暗号の構造は，鍵となる合成数が素因数分解できない限り，少なくとも選択平文攻撃による解読に対しては理論的に安全であることが証明されている。しかし，一方で，選択暗号文攻撃[42)]に対しては，安全でないことも証明されている。さらに，暗号文を解読すると平文が一意に定まらないという特徴も持ち合わせている公開鍵暗号アルゴリズムである。

したがって，このままでは実用で利用できない暗号である。また，証明可能安全性を有するという意味で暗号理論的な意義は大きいが，現在では，そのまま使用することは推奨されていない暗号である。

（3）OAEP暗号（Optimal Asymmetric Encryption Padding Cipher）

OAEP暗号は，RSA-OAEP暗号のことで，RSA暗号の仕組み（落とし戸付部分領域一方向性置換）に対して，1994年に米国University of Californiaの

Mihir Bellare, Phillip Rogawayによって発明されたOAEPエンコード法（メッセージをコード化する方法）を適用したものである。

この暗号では，データのパディングを行う場合において，RSA暗号を安全に利用するための改善化を行ったものである。

この暗号の構造は，実際の暗号化・復号についてはRSA暗号の仕組みではなく，付加するパディングデータの作成や検証の手順（パディングルール）等を組み入れた形で行われるため，それらすべての手順をまとめて初めて暗号アルゴリズムとしての仕様が決まることになる公開鍵暗号アルゴリズムである。

また，RSA-OAEP等のRSA暗号を改良した暗号の仕様上の違いについては，基本的にパディングルールの違いによるものが大きいのが特徴である。

（4）EPOC暗号（Efficient PrObabilistiC Public-key Encryption）

EPOC暗号は，1997年にNTTの岡本龍明氏と内山成憲氏が開発した公開鍵暗号である。

この暗号の構造は，インターネットを使った電子商取引等を行う場合に，落とし戸付き離散対数問題という数学理論を暗号原理に適用し，その解読の難しさを証明した通信用のパブリック・キー方式を採用した公開鍵暗号である。

EPOC暗号の特徴は，①暗号を解読するためには素因数分解問題を解く以外に方法がないことが数学的に証明されている証明付きの安全性があること，②暗号化と復号の処理に必要な計算量はRSA暗号と同程度であり，高い実用性を有していること，③RSA暗号等と異なって，暗号化の際に毎回異なる乱数を利用するため，毎回異なる暗号文が生成される確率暗号であること，④守秘目的のみに利用可能であり，デジタル署名としては利用できないこと，という特質を有していることである。

このようにEPOC暗号は，安全性の証明と実用性を両立させた公開鍵暗号方式である。このため，EPOC暗号は，画期的な暗号アルゴリズムとして暗号研究者の間で注目を集めている。

4.4.2 離散対数型アルゴリズム

離散対数（Discrete Logarithm）とは，通常の対数の群論的な類似物である。つまり，離散対数問題においては，有限体の元 $g(x)$ と $a(x)$ に対して，$g(x)$^l $= a(x)$ を満たすような整数 l を求める問題のことである。

したがって，この暗号における安全性の根拠となっているのが，有限体上の離散対数問題が計算困難であることが証明されていることが，そのことを根拠にした暗号が離散対数型アルゴリズム（Discrete Logarithm Algorithm）である。

離散対数を計算する問題は，前述した整数の因数分解を計算する問題との関係で，両方とも計算が困難であること（量子コンピュータ以外では効率的に解くアルゴリズムが得られていないこと），片方に対するアルゴリズムはしばしばもう片方にも利用できること，問題の困難性が暗号の構築に利用されていること（安全性の根拠となっていること），といった点が共通している特徴である。

離散対数型のアルゴリズムは，離散対数問題が難しいことが安全性の根拠となった公開鍵暗号であり，**表4-4**に示している「代表的な公開鍵暗号の一覧」にあるように，(1) ElGamal暗号，(2) 楕円曲線暗号，(3) PSEC暗号等がある。

(1) ElGamal暗号（ElGamal Cryptosystem）

ElGamal暗号は，1982年にエジプトの暗号学者Taher Elgamalが開発した公開鍵暗号である。

この暗号では，公開鍵と秘密鍵を使って平文を暗号化し，秘密鍵を使って復号する。したがって，復号するための鍵がない場合，つまり正当な送信者と受信者でない場合，その鍵をつきとめるためには位数が大きな群の離散対数問題を解くのと同様の困難性が求められるため，そのことがこの暗号の安全性の根拠となっているのである。

この暗号の構造は，RSA暗号が巨大合成数の素因数分解における計算の困難性を安全の根拠としているのに対して，離散対数問題における計算の困難性を安全の根拠としている公開鍵暗号である。

また，この暗号方式を改良して，楕円曲線上の加法群で定義された離散対数問題を解く難しさを安全性の根拠とする，楕円曲線暗号の基礎となる暗号方式としても注目されている。

（2）楕円曲線暗号（Elliptic Curve Cryptosystem）

楕円曲線暗号は，1985年に米国The University of WashingtonのNeal Koblitzと米国IBM社のVictor Millerが，ほぼ同時に，かつそれぞれ別々に開発した暗号アルゴリズムである。この名称は，具体的な暗号方式の名前ではなく，楕円曲線を利用した暗号方式の総称である。

この暗号の構造は，楕円曲線という3次曲線上のある特殊な演算を用いて暗号化，及び復号を行うことが中核である公開鍵暗号である。また，楕円曲線上の離散対数問題の困難性を安全性の根拠としているのに加えて，RSA暗号と比較した場合に暗号化を高速で行うことができることともに，短い鍵の長さ（約1/7程度）で強い暗号強度を実現できることが特徴である。

すなわち，楕円曲線暗号を採用することによって鍵の長さを短くすることが可能で，公開鍵暗号方式の弱点であった暗号化や復号に多くの処理時間がかかるという問題を解決している。

しかし，楕円曲線暗号は，既に確立された暗号技術ではなく，まだまだ研究途上にある暗号であるために，いくつかの安全性の問題も指摘されている。

（3）PSEC暗号（Provably Secure Elliptic Curve Encryption）

PSEC暗号は，1999年にNTTが開発した暗号アルゴリズムである。

この暗号では，安全性の高さが数学的に証明された，日本国内初の楕円曲線上の離散対数問題に基づいた公開鍵暗号方式である。その後，共通鍵暗号で利用する秘密鍵を配送するための手段として鍵カプセル化メカニズムKEM（Key Encapsulation Mechanisms）というフレームワークが提案され，そのフレームワークに合わせる形でPSEC-KEMが2001年に開発されている。

この暗号の構造は，ハッシュ関数の出力がランダムであるという仮定と楕円離散対数問題が解読困難であるという仮定の下で，暗号の安全性を厳密に評価できるという公開鍵暗号である。

また，PSEC暗号では，RSA暗号等と比較して，短い鍵長でも十分な安全性を確保できるため，より高速な実装が可能である。

PSEC暗号では，国内外の様々な製品やサービスに広く利用できる環境づくりに貢献しており，この暗号の普及・促進により，低コストで安全な情報化社会の実現に向けての主導的役割を果たしている。また，相互主義の下で，PSEC-KEMの基本特許は無償化を実施している。

なお，公開鍵暗号のひとつであるPSEC暗号は，欧州推薦暗号選定プロジェクトNESSIEに採用されている。

このように，情報化社会における新しいビジネスモデルやビジネススキーム，及び各種サービス等を技術面から支えているのが暗号である。

暗号は，かつてはわが国の一部の業界や業種，企業においてのみの利用であったが，現在ではインターネット上において安全・安心な様々なサービスを提供する場合には，いずれの企業においても必要不可欠な基礎技術になっている。

注

1) セキュリティ・アーキテクチャ（Security Architecture）とは，ある目的を実現するための設計方針，設計思想，それに必要な構造や仕組み，そのフレームワークのことである。アーキテクチャ・セキュリティは，具体的な設定方法を除けば，①システムの情報セキュリティポリシーを確立し，システムの中身を把握する，②アクションは検証可能であることが必要である，③実用上必要な最小権限のみを常に与える，④多層防御を実践する，⑤システムの監査（システム・ログの記録と確認）を実施する，⑥侵入を封じ込めるように構築する，⑦システムの強度は最も弱い部分で決まる，⑧事が起きた後でセキュリティ対策を講じても無駄である，⑨完全な情報開示を実践するといった，9つの基本的な原則に集約することができる。

2) 平文（Clear Text）とは，暗号化されていないデータのことである。暗号文の対義語で用いられ，本来暗号化されていることが望ましいパスワード等のデータが，暗号化されないままネットワークを流れている状態を強調するために用いる。

3) 一方向性関数（One-Way Function）とは，簡単に計算できるが逆関数の計算は非常に困難である関数のことである。

4) コンピュータで扱われるデータの量（サイズ）の大きさを表す単位として「バイト（Byte）」が使われている。半角英数文字1文字のデータ量が「1バイト」とされており，1,024バイト＝1キロバイト（KB），1,024キロバイト＝1メガバイト（MB），1,024メガバイトが1ギガバイト（GB），というように大きさによって単位が変わっていく。したがって，1KB（キロバイト）＝1,024バイト，1MB（メガバイト）＝1024KB（約100万バイト），1GB（ギガバイト）＝1,024MB（約10億バイト），1TB（テラバイト）＝1,024GB（約1兆バイト）となる。

5）デジタル署名（Digital Signature）は，デジタル文書の正当性を保証するためのもので，暗号化された署名情報のことである。また，デジタル署名に使用される公開鍵暗号方式はデータが大きくなり，非常に低速となるので，署名対象ドキュメントをすべて暗号化していたのでは遅くなってしまい，実用に耐えられないことになる。そこで，署名対象ドキュメントをハッシュ関数によるハッシュ値の生成で，これを暗号化することでドキュメントの署名としている。

6）パディング（Padding）とは，データを固定長として扱いたいときに，短いデータの前や後に無意味なデータを追加して長さを合わせる処理のことである。また，パディング処理（Padding Processing）とは，その後のハッシュ計算処理の制約である「64バイトで割り切る」ための帳尻合わせの処理である。つまり，元のデータが48バイトしかなかった場合は，不足している16バイトを補って64バイトにする処理のことである。

7）業界標準（De Facto Standard）を尊重し，実際に運用されるものが標準であるという方針である。IETF（Internet Engineering Task Force）では，このRough Consensusを形成するためにエンジニアが議論を行う場である。

8）RFC（Request For Comment）とは，インターネットに関する技術の標準を定める団体であるIETF（Internet Engineering Task Force）が正式に発行する文書である。IETFは，ITEFは所定の法人格を持たない，ボランティア活動によって成立している活動体で，インターネットで利用されるプロトコルや，その他のインターネットに関わる様々な技術の仕様・要件を，通し番号（RFC）をつけて公開している。その詳細は，同団体のホームページ〈http://www.ietf.org/〉（2020年2月9日確認）を参照のこと。

9）ブール関数（Boolean Function）とは，いくつかのブール値を入力して1つのブール値を返すものをいう。代表的なブール関数として論理和（2つの命題pとqのどちらか一方が「真」（または「1」）であれば「真」（または「1」）となる「pまたはq」という命題，または演算のこと），論理積（2つの命題pとqがどちらも「真」（または「1」）であるときだけ「真」（または「1」）になる「pかつq」という命題，または演算のこと），否定（入力と出力を逆にする演算のことで，入力が「真」または「1」ならば出力は「偽」または「0」となり，入力が「偽」または「0」ならば出力は「真」または「1」となる）等がある。

10）ISO/IEC 10118-3は，ハッシュ関数の国際標準仕様である。1998年のISO/IEC 10118-3では，SHA-1，RIPEMD-128，RIPEMD-160の3種類を規定している。また，2003年のISO/IEC 10118-3（Second Edition）では，SHA-256，SHA-384，SHA-512とWhirlpoolを新たに規定している。

11）CRYPTREC（Cryptography Research and Evaluation Committees）は，電子政府推奨暗号の安全性を評価・監視し，暗号技術の適切な実装法・運用法を調査・検討するためのプロジェクトである。このプロジェクトは，総務省及び経済産業省が共同で運営する暗号技術検討会と，独立行政法人情報通信研究機構（NICT）及び独立行政法人情報処理推進機構（IPA）が共同で運営する暗号方式委員会，暗号実装委員会，暗号運用委員会で構成される。その詳細は，同組織のホームページ〈http://www.cryptrec.go.jp/index.html〉（2020年2月9日確認）を参照のこと。

12）CRYPTRECが選定し，総務省と経済産業省が共同で所管する電子政府での利用が推奨される暗号のリストのことである。リストの正式名称は，2003年（平成15年）2月20日に発表された『「電子政府」における調達のための推奨すべき暗号のリスト』で，行政情報システム関係課長連絡会議において，各府省は情報システムの構築に当たり暗号を利用する場合は，可能な限り，電子政府推奨暗号リストに掲載された暗号の利用を推進する旨が定められた。2013年3月には「電子政府における調達のために参照すべき暗号のリスト（CRYPTREC暗号リスト）」を策定した。CRYPTREC暗号リストは，電子政府推奨暗号リスト，推奨候補暗号リスト及び運用監視暗号リストで構成されている。

13）米国標準技術局（NIST：National Institute of Standards and Technology）は，米国商務省の下部機関で，技術，測定科学，及び標準を開発，適用して，米国の産業に必須な基本的技術基盤を構築し，経済の発展を図ることを目的としている。その一環として，工業技術の標準化を支援し，連邦政府の標準暗号を制定している。その詳細は，同局のホームページ〈http://www.nist.gov/〉（2020年2月9日確認）を参照のこと。

14）米国国家安全保障局（NSA：National Security Agency）は，1952年11月4日に設立された，国家情報長官によって統括される諜報機関のひとつであり，公式では海外情報通信の収集と分析を主任務としている。その詳細は，同局のホームページ〈http://www.nsa.gov/〉（2020年2月9日確認）を参照のこと。

15）米国連邦政府情報処理規格（FIPS：Federal Information Processing Standard）によるSHA-0はFIPS 180として規格化されているが，NSAが脆弱性を発見したとの理由で規格修正が行われた。そして，FIPS 180-2によって，SHA-1のほか，SHA-2シリーズ（SHA-224，SHA-256，SHA-384，SHA-512の総称）が規格化されている。

16）Feistel構造（Feistel Structure）は，nビットの擬似ランダム関数から$2n$ビットの擬似ランダム置換を行う場合に用いられる。具体的には，平文ブロックを2分割し，片方をF関数へ入力，その出力ともう片方と排他的論理和をとるという処理を繰り返し適用することで暗号化（左右分割して交互に暗号化）を行うものである。

17）NISTは，2005年5月19日付けで，連邦政府が取り扱う情報の秘匿にはDESでは十分な安全性を持たなくなったとして，FIPS 46-3を廃止している。

18）ISO/IEC 18033（Information technology - Security techniques - Encryption algorithms）とは，ISO/IECによる暗号化アルゴリズムに関する国際標準規格である。Part1: General（総論），①Part2: Asymmetric ciphers（非対称暗号），②Part3: Block ciphers（ブロック暗号），③Part4: Stream ciphers（ストリーム暗号）の4部で構成される。①非対称暗号は，ECIES-KEM，PSEC-KEM，ACE-KEM，RSA-KEM，RSAES，HIME（R）を規定する。②ブロック暗号は，64ビットと128ビットの2種類があり，TDEA，MISTY1，CAST-128，HIGHT（64ビット），AES，Camellia，SEED（128ビ

ット）を規定する。③ストリーム暗号は，キーストリーム生成法とストリーム暗号の利用モードについての規定からなる。また，キーストリーム生成法は，OFB，CTR，CFB（ブロック暗号の暗号利用モードによる），MUGI，SNOW 2.0，Rabbit，Decim v2，KCipher-2（専用のキーストリーム生成法）を規定する。ストリーム暗号の利用モードは，binay-additive output functionとMULTI-SO1 output functionの２つを規定する。

19）差分解読法（Differential Cryptanalysis）とは，入力差分がどのように出力差分に影響を及ぼすかを考察する方法である。ブロック暗号においては，置換ネットワークを通して，どのように差分が波及するかを追跡することによって，暗号アルゴリズムの非ランダム性を発見して，秘密鍵を復元するような性質を発見することが可能となる。

20）線形解読法（Linear Cryptanalysis）とは，暗号化変換の線形近似式を発見することを基本とした方法である。この方式では，平文と暗号文，鍵の３つを使った線形方程式の組み立てと，既知の平文と暗号文のペアに対する作成した線形方程式の適用で，これにより鍵の各ビットを導出することが可能となる。

21）ラウンド関数（Round Function）とは，ブロック暗号の処理の基本となる関数のことで，置換と転置を複雑に組み合わせたものである。

22）カナダ政府通信安全保障局（CSE：Canadian Communications Security Establishment）は，パートナーとの相乗効果により，最先端の技術を通じて国益の情報を提供及び保護することを使命としている。また，CSEは，情報の優位性によるカナダのセキュリティの保護を目的としている。その詳細は，同局のホームページ〈https://www.cse-cst.gc.ca/en〉（2020年２月９日確認）を参照のこと。

23）SPN構造（Substitution Permutation Network Structure）は，ブロック暗号の構成法の一種である。ブロック暗号は，実装コストを効率化するため，同一のラウンド関数を繰り返す，繰返し暗号になっていて，SPN構造は繰返し暗号の代表的な構成法である。SPN構造は，置換及び転置の逆変換を行うことで復号を実現するため，置換及び転置の両方が全単射（Bijection）である必要がある。入れ子型SPN構造はSPN構造を階層化した，ブロック暗号のデータ攪拌部に適した構造である。

24）W-CDMA（Wideband Code Division Multiple Access）は，NTTドコモとノキア，エリクソン等の欧州の携帯電話機器メーカーによる共同開発で，第三世代携帯電話（3G）の無線アクセス方式のひとつである。

25）3GPP（third generation partnership project：第三世代移動通信システムの国際規格検討機関）は，世界の通信標準化団体（欧州ETSI，米国T1，日本ARIB，TTC，韓国TTA）で結成されている。ETSI（欧州電気通信標準化機構：European Telecommunications Standards Institute）は，電気通信分野において，欧州内外での通信標準の策定を目指している団体のことである。T1とは，米国の電気通信標準化機関であるANSI（米国規格協会）の認証委員会「T1委員会」（committee T1）のことである。一般社団法人電波産業会（ARIB：Association of Radio Industries and Business）とは，通信・放送の分野の技術の標準化や調査等を行う団体のことである。一般社団法人情報通信技術委員会（TTC：Telecommunication Technology Committee）とは，日本国内の情報通信ネットワークに関わる標準の策定，普及活動や調査研究活動を行う団体である。

26）韓国情報保護振興院（KISA：Korea Internet & Security Agency）は，2009年7月23日にKorea Information Security AgencyとKorea Internet Security Agency，Korea IT International Cooperation Agencyの3つの団体が合併してできた団体である。KISAは，韓国国内の情報や情報システムを保護するための政策を実施し，インターネット上での事件・事故への対応をするといった，安全なオープンネットワーク環境を提供するために必要な技術の普及と研究開発を行う韓国政府出資の組織である。その詳細は，同院のホームページ〈http://www.kisa.or.kr/main.jsp〉（2020年2月9日確認）を参照のこと。

27）韓国情報通信技術協会（TTA：Telecommunications Technology Association）の目的は，最新の国内及び国際的な技術進歩を反映する技術基準を効果的に確立，及び提供することにより，技術の進歩，情報通信サービス及び産業の促進，ならびに国民経済の発展に貢献することである。また，TTAは，新規格を開発したり，IT製品のテストや認証等のワンストップサービスを提供したりする標準化機関である。その詳細は，同協会のホームページ〈http://www.tta.or.kr/English/index.jsp〉（2020年2月9日確認）を参照のこと。

28）擬似乱数（Pseudorandom Numbers）とは，乱数列（乱数）のように見えるが，実際には確定的な計算によって求めている数列に含まれる数のことである。擬似乱数を生成する機器を擬似乱数生成器，生成アルゴリズムを擬似乱数生成法と呼んでいる。

29）排他的論理和（XOR演算：eXclusive OR / Exclusive Disjunction）は，入力のうち「真」（または「1」）の数が，奇数個ならば出力が「真」（または「1」）になり，偶数個の場合は出力が「偽」（または「0」）になるような，基本的な論理演算である。

30）WEP（Wired Equivalent Privacy）は，無線通信における暗号化技術である。無線通信は傍受が極めて容易であるために，送信されるパケットを暗号化して傍受者に内容を知られないようにすることで，有線通信と同様の安全性を持たせようとしている。WEPでは，RC4の暗号アルゴリズムを基本にした共通鍵暗号方式で，IEEE（The Institute of Electrical and Electronics Engineers, Inc）によって標準化されて，IEEE 802.11b（IEEE 802.11 High-Rate Direct Sequence）のセキュリティシステムとして採用されている。

31）SSL（Secure Socket Layer）は，Netscape Communications社が開発した暗号通信プロトコルであり，インターネット上で送受信されるデータを暗号化し，安心して通信が行えるようにする仕組みである。TLS（Transport Layer Security）は，SSL3.0の次期バージョンとして名称変更を行ったうえで，インターネット技術標準化委員会（IETF：Internet Engineering Task Force）により標準化された。現在のInternet Explorer等のブラウザにはSSL/TLSが標準で搭載されているため，ECサイトやネットバンキング等のサービスを利用する際，暗証番号やクレジットカード番号，個人情報等の送信のためにSSL/TLSを使うケースが一般的である。最近では，利用者が意識しなくても，暗号通信が必要な場面で自動的にSSL/TLSが使われるように設定しているサイトも多くなってきている。

32）リバースエンジニアリング（Reverse Engineering）とは，機械を分解したり，製品の動作を観察したり，ソフトウェアの動作を解析したりして，その製品の構造を分析し，そこから製造方法や動作原理，設計図，ソースコード等を明らかにすることである。

33）GSM（Global System for Mobile Communications）は，FDD-TDMA（周波数分割複信―時分割多元接続）方式で実現の第二世代携帯電話（2G）規格である。ただし，GSMは，世界のほとんどの国・地域で使用されるが，日本や韓国では使用されていない。

34）RAMは，読み出し専用メモリで，記録されている情報を読み出すことのみ可能なメモリである。

35）ストリーム暗号は，その内部状態の構成の違いから，線形フィードバックシフトレジスタ（LFSR：Linear Feedback ShiftRegister）型と状態遷移型の２つに区別できる。

36）推測決定攻撃（Guess and Determine Attack）は，ストリーム暗号向きに有効な攻撃手法である。

37）内部状態復元攻撃（Internal State Restoration Attack）は，鍵ストリームが特定のビット・パターンを持つ確率の偏りを手がかりに鍵ストリームを効率的に推定する攻撃である。

38）光子（Photon）とは，素粒子の一つで，光の場の粒子である。光は電磁波としてよく知られているが，量子論に従えば粒子の性質も併せ持っていることになる。光の粒子的な側面を光子と呼び，これ以上分割することのできない光のエネルギーの最小単位である。例えば，光通信で用いられる1.5ミクロンの波長では，１光子のエネルギーは約1000京分の１（１京は１の後に０が16個ついた単位）ジュールという極めて小さな値になる。

39）量子（Quantum）は，1900年にドイツの物理学者であるMax Karl Ernst Ludwig Planckが発見・提唱した物理量の最小単位である。古典力学では考えられなかった不連続な量であり，物理量はこの最小単位の整数倍をとることになる。

40）One-Time Pad（ワンタイムパッド）は，Vernam暗号とも言い暗号方式の１つである。ワンタイムパッド暗号化では，送信情報のデジタルデータを，それと同じ長さの秘密鍵（０と１のランダムなビット列）と足し算することで暗号化し，それを送信する。受信者の復号は，受信情報から予め送信者と共有している秘密鍵を引き算することで行う。パッドとは暗号鍵を意味し，一度使用した乱数列は二度と使わないというのがワンタイムパッドの規則である。また，ワンタイムパッド暗号は，発明者のG. S. Vernamにちなんで Vernam暗号とも呼ばれており，解読が絶対に不可能であることがC. D. Shannonにより証明されている。

41）選択平文攻撃（Chosen Plaintext Attack）とは，任意の平文に対応する暗号文を得られる条件で，暗号文から平文を求める攻撃である。

42）選択暗号文攻撃（Chosen Ciphertext Attack）とは，任意の暗号文（解読対象の暗号文は除く）に対応する平文を得られる条件で，ある暗号文から平文を求める攻撃である。

第5章

情報化社会の応用的な情報セキュリティ技術

現代の情報化社会では，ICTとインターネット，及び社会システムが融合・連動して，新しいサービスや製品が次々に提供されている。

このような情報化社会において，現代組織における情報システムと情報ネットワーク，ハードウェア，ソフトウェア等の情報資産における規模の拡大と範囲の拡大，情報システム間の連携，かつ複雑化するデータ連携について，経済的かつ快適な運用が急激に進展している。

その一方で，それらの情報資産の障害やトラブルが情報化社会だけでなくリアルワールドに与える影響については，より広範囲かつ深刻なものとなっている。そのために，情報システムと情報ネットワーク，ハードウェア，ソフトウェア等の情報資産に対するCIAの継続的な確保が重要な課題となっている。

前述のように，CIAの継続的な確保については，当該組織への情報セキュリティ技術の適切な導入が有効であり，その内容も基礎的な技術と応用的な技術によって情報セキュリティ・マネジメント戦略を図っている。また，その対応については，暗号技術だけではなく，情報セキュリティ規格やプロトコル，情報セキュリティ製品等，情報システムへの情報セキュリティ機能の実装といったように数多くの技術が存在している。

第4章では，暗号単体そのものを基礎的な情報セキュリティ技術と位置づけたうえで，それらの技術についての考察を行った。本章では，そのうえで，暗号単体の技術以外を応用的な情報セキュリティ技術と位置づけて，その仕組みと特徴についての考察を行う。

具体的には，応用的な情報セキュリティ技術として，暗号単体を組み合わせた暗号技術であるハイブリット暗号，暗号を利用した認証や署名のスキーム，通信プロトコル，侵入検知システム等の様々な技術がある。そこで，情報セキュリティ・マネジメント戦略に関する応用的分野の技術について，その概要や機能，特徴について考察する。

5.1 暗号利用の応用技術

5.1.1 ハイブリッド暗号方式

第4章においては，情報化社会における基礎的な情報セキュリティ技術として，各種暗号についての特徴等を考察してきた。それらの暗号の内容をふまえて，**表5-1**に示している「共通鍵暗号と公開鍵暗号との特性比較」にあるのが，代表的な暗号の分類である「共通鍵暗号方式」と「公開鍵暗号方式」の特性を比較したものである。

この比較表が示しているように，共通鍵暗号方式は速度も比較的速く扱いやすい暗号であるが，どうやって相手（受信者）へ鍵を受け渡すかという鍵の配布（配送のこと）が大きな問題となる。一方，公開鍵暗号方式は，相手（受信

表5-1　共通鍵暗号と公開鍵暗号との特性比較

	共通鍵暗号方式 （Common Key Encryptosystem）	公開鍵暗号方式 （Public key Cryptosystem）
鍵の管理	複数の秘密鍵が必要なので困難	秘密鍵は1つなので容易
鍵の交換	秘密鍵の安全な交換が必要	対応する公開鍵を交換すればよい
鍵の交換時の危険性	盗聴されれば終わり	改竄にのみ注意が必要
処理時間	速い	非常に遅い （共通鍵暗号方式の数百～数千倍）
認証	不十分	第三者に証明できる

出所：税所哲郎（2006）『情報セキュリティ・マネジメントの導入と展開』関東学院大学出版会，に対して加筆・修正のうえ作成。

者）へ容易に鍵を渡すことができ，かつ，安全で強力な暗号であるが，処理速度が非常に重い（遅い）ために大量のデータ処理や迅速性を要求される処理には不向きである。

そこで，実際の暗号を利用した情報セキュリティの運用には，共通鍵暗号方式と公開鍵暗号方式のお互いの欠点を補い合う形で利用されている。そこで，公開鍵暗号方式の「鍵の管理・配布が容易」という長所と共通鍵暗号方式の「処理が高速」という長所の両方を生かすように使用することで，安全かつ高速な処理方式を可能とした「ハイブリッド暗号方式（Hybrid Encryptosystem）」が利用されている。

ハイブリッド暗号方式とは，**図5-1**に示している「ハイブリッド暗号方式の仕組み」にあるようにインターネット上で通信を行う送信者(A）と受信者(B）の２人が，データと鍵の暗号化と復号に（A)(B）の秘密鍵と（B)の公開鍵，(B）の秘密鍵を用いる暗号方式である。

例えば，送信者(A）がハイブリッド暗号方式を用いて，受信者(B）にデータを送信する場合を考える。ハイブリッド暗号方式の利用では，送信者(A）は相手先である受信者(B）に送る情報を，処理速度の速い共通鍵暗号方式を

図5-1　ハイブリッド暗号方式の仕組み

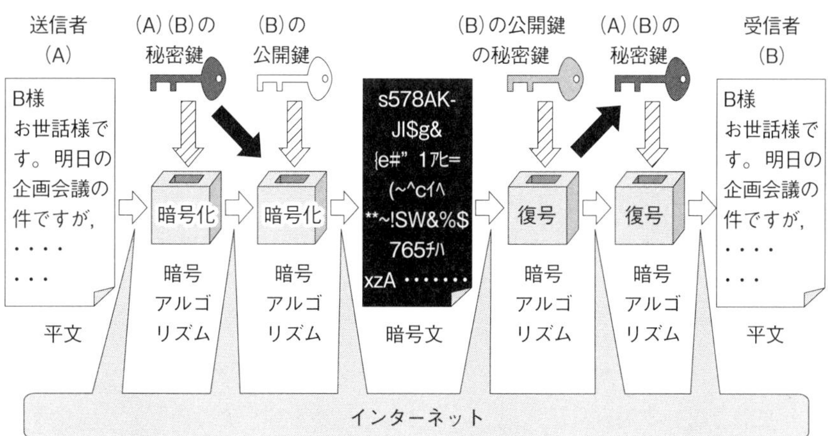

出所：筆者作成。

使って平文（原文）を暗号化し，その暗号化に使用した秘密鍵を公開鍵暗号方式によって送付する。つまり，送信者(A)は受信者(B)の公開鍵で暗号化して，暗号文と一緒に鍵（(A)(B)の秘密鍵）を受信者(B)へ送信するのである。

このハイブリッド暗号方式の構造では，暗号化処理に時間がかかるという公開鍵暗号方式の欠点を補うために，共通鍵暗号方式でデータの暗号化を行い，通信を行うのである。また，共通鍵暗号方式の欠点である秘密鍵の送付リスク（鍵の配布問題）を解消するために，公開鍵暗号方式を用いて送信者が生成した秘密鍵を暗号化して暗号文と一緒に送付することで，送信者(A)から受信者(B)へ安全に秘密鍵の送付が可能となるのである。

さらに，特定の相手と通信を行う場合は，最初に公開鍵暗号方式を用いて秘密鍵を安全に受信者(B)に送付すれば，それ以降の通信は共通鍵暗号方式で繰り返し行うことが可能となるので，安全な通信を確保することができるのである。

インターネット上では，ハイブリッド暗号を用いることで，処理速度も速く，かつ安全で強力な暗号を用いて，相手に情報を送ることが可能となる。

5.1.2 デジタル署名

公開鍵暗号方式では，前章で述べたように，秘密鍵と公開鍵の２つのペアの鍵が存在し，一方で暗号化したものは他方でだけしか復号できない大きな特徴がある。また，秘密鍵と公開鍵の関係は，公開鍵暗号方式の当事者が保有する「秘密鍵」とWebサイトや電子メール等で第三者に対して広く公開する「公開鍵」が存在しており「１：n」の関係がある。

このような公開鍵暗号方式の最大の特徴を利用して，現実の情報化社会における自筆署名によるサインや実印による押印と同様の効果を求めたのが，電子署名のひとつである「デジタル署名（Digital Signature）」である。

そこで，オープンネットワークであるインターネットを利用するうえでデジタル署名を用いる場合には，以下のような(1)から(5)までの要件を満足することが求められる。

(1) 送信者が本人であることを受信者が識別できること。
(2) 送信者が文章[1)]を送信した事実を否認できないこと。
(3) 受信者が第三者による文章の改竄や削除を識別できること。
(4) 受信者が文章を受信した事実を否認できないこと。
(5) 送信者が第三者，または受信者によって文章の改竄や削除が行われていることを識別できること。

デジタル署名では，これらの要件を満足させるために，**図5-2**に示している「デジタル署名の基本的な仕組み」にあるように，インターネット上で通信を行う署名者(A) と受信者(B) の２人が，署名の暗号化と復号に (A)の秘密鍵と (A)の公開鍵を用いる暗号の活用方式である。

例えば，署名者(A) がデジタル署名を用いて，受信者(B) に文書 (データ) を送信する場合を考える。デジタル署名の利用では，署名者(A) (送信者(A)) は自身の秘密鍵を用いて，暗号化した署名データを文書に付加して受信者(B) に送付することになる。

受信者(B) は，署名者(A) の公開鍵を用いて署名データを復号して，受け取った文章が正しい内容かどうかを確認する。つまり，受信者(B) は，送付

図5-2 デジタル署名の基本的な仕組み

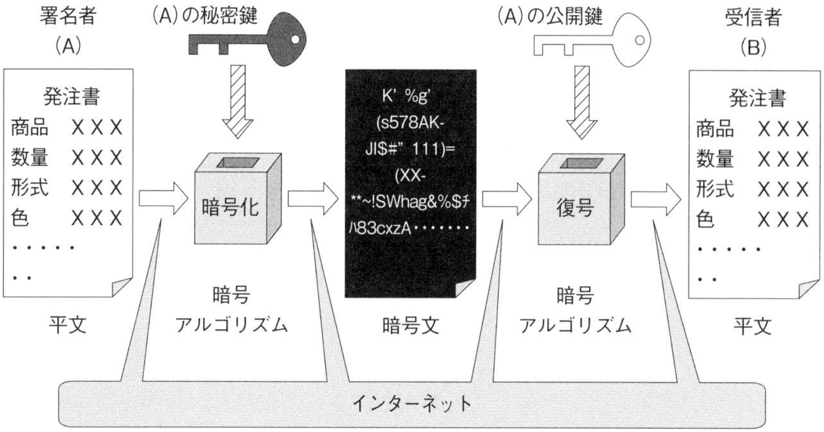

出所：筆者作成。

されてきた署名データと文書の内容を確認することで，文章の改竄や削除の有無を確認できる。

このデジタル署名の構造では，受信者は署名されている文書に改竄や削除がないことが確認できれば，その文書は信頼できる情報と言えるのである。しかし，一方で，もし，送信する文章に改竄や削除，成りすまし等が行われていたとしたら，署名データと文書の間で不一致が検出されることになるので，すぐに不正の発生を確認できることになる。

しかし，オープンネットワークであるインターネット上における通信当事者間のデジタル署名だけでは，送信否認や受信否認の防止を実現することはできない。これは送信の事実を証明するためには，送信者の公開鍵の正当性も証明する必要があり，第三者のデジタル署名によって公開鍵の正当性を保証しなければならないからである。したがって，受信否認の防止については，第三者に送達証明を行って，その証明をもらえるような仕組みを構築する必要がある。

ところで，デジタル署名と同様の目的，及び同義語で使用される用語に「電子署名（Electronic Signature）」がある。電子署名の概念についても，デジタル文書の正当性を保証するために付けられる送信者の署名情報であることから，間違いなく送信者本人であることの証明や内容の改竄の有無を確認することが可能で，かつ実際の自筆署名や実印等に代わるものという点では，電子署名とデジタル署名はまったく同じ機能のものである。

なお，電子署名の具体的な内容については，電子的方式（electronic form），磁気的方式（electromagnetic form），その他人の知覚によって認識することができない方式（other forms）で作られる記録に対してのものである。また，「電子計算機による情報処理の用に供されるものをいう電磁的記録に記録することができる情報について行なわれる措置である。」『電子署名及び認証業務に関する法律[2)]』に記載されているように，電子署名の方がデジタル署名と比べると幅広い概念となっているのである。

この概念では，当該情報が当該措置を行った者の作成に係るものであることを示すためのものであることであると，及び当該情報について改変が行われていないかどうかを確認することができるものであることの２つの要件が求められている。

電子署名については，通信の送受信における秘密鍵等の符号の利用のみでなく，電子的方式や磁気的方式等のツール（ICカードや電子タグ等）を適正に管理することによって，利用者本人だけがデジタル署名と同等の機能を行うことができれば電子署名と称している。したがって，電子署名について，厳密に解釈すれば，デジタル署名は電子署名を実現するひとつの方式であるということが言える。

なお，ICカード（Integrated Circuit Card）は，IC機能を組み入れたカードのことである。キャッシュカードやクレジットカード，プリペイドカード等に利用される。ICカードは，従来の磁気カードに比べ，大量の情報を記録することが可能で，また偽造されにくいという特徴を持っている。また，電子タグ（Electronic Tag）は，ICチップとアンテナで構成されており，ICタグ，無線タグ，RFID（Radio Frequency Identification）等とも呼ばれている。商品に対して，電子タグをつけておくことで，生産者や流通経路を記録することが可能で，物流管理への貢献が期待されている。現在，電子タグの低価化が実現されている。

現在では，電子署名を実現する方式のほとんどの場合がデジタル署名を採用しているために，電子署名とデジタル署名は同じ意味（同義語）で用いられることが多いのが実態である。

5.1.3 認証

認証（Authentication）は，情報化社会の進展で新しく生み出された考え方や概念のことではない。つまり，現実のリアルワールドにおいても，例えば戸籍謄本や戸籍抄本，住民票，パスポート，運転免許証，国民健康保険証，印鑑登録証明書等を用いて，個人属性を証明するための本人確認書を用いたビジネスが数多く行われている。したがって，古くから認証のための仕組みやスキームは存在していたことになる。

一方，オープンネットワークであるインターネットを利用するうえでの認証については，情報ネットワークや各種サーバーへ接続する場合等において，本人しか持ち得ない属性を元にして，その属性を確認し，間違いなく本人であることを証明すること，及び正規の利用者であることを検証するためのツールになっている。

例えば，一番身近な事例では，銀行ATMによる暗証番号が該当する。銀行ATMの認証方法としては，暗証番号（任意による数字4ケタ）による利用がある。また，情報システムを利用するための認証方法として，ユーザーID（例えば，社員番号や学籍コード，会員番号等）と任意のパスワードの組み合わせを使って本人を特定する方法が一般的，かつ標準的に利用されている。

このように，最も単純な認証のひとつが銀行ATMでの利用である。銀行ATMにおける認証方法では，銀行のATMを介して銀行の情報システムへの接続（アクセス）による入出金や振込み等を行う。このATMにおける認証を利用する場合，一般的に利用者の4桁の暗証番号を用いて本人確認を行い，本人の利用権限の範囲において，銀行が提供している各種サービスの利用を許可している。

この他の認証では，情報システムを構成している情報ネットワークや各種サーバーへの接続（アクセス）を行う場合がある。これは，利用者のユーザーIDとパスワードを用いて本人の属性をチェックし，その人が名乗っている本人かどうか，その人にアクセス権限があるかどうか，その人が利用しようとしているサービスが利用できる権限の範囲内であるかどうか，といったことで個人を特定する。利用者の認証が行われると，情報システムや情報ネットワーク等のアクセスにおいて，本人が持つ利用権限の範囲内で，データベースへのアクセスやアプリケーションソフトの利用等が可能となる。

このようにインターネットを利用するうえでの利用者の認証については，ユーザーIDやパスワードが一般的に利用されている。このパスワードが悪意のある第三者に漏れてしまうと不正利用が行われるだけでなく，犯罪等に悪用されたり，事件に巻き込まれたりする可能性が非常に高くなっている。

したがって，金銭移動を伴うサービスや高額購買に関するサービス，さらには違法取引や薬物取引等，インターネット上においては，やり取りする重要な情報の不正利用や悪用を防ぐためにも，利用者側においてはパスワードの漏洩防止等に細心の注意を払う必要がある。

認証については，都道府県や市町村等の地方公共団体においても住民サービスの観点から公的個人認証サービス[3)]を導入している。これは，電子証明書等の安全性が高い情報セキュリティ技術を利用し，第三者による成りすまし申請や電子データが通信途中で改竄されることを防ぐための情報セキュリティ機能

表5-2 群馬県における主な公的個人認証サービス対象手続の導入状況

2016年6月27日現在

	手　続　名	開始年月日
群馬県	利用届出（エルタックスを利用することを事前に届け出ること）	(H18.1.16)
	法人の事業税，法人の県民税の申告手続	(H18.1.16)
	自動車保有関係手続のワンストップサービス	(H19.1.29追加)
前橋市	住民票の写しの交付（コンビニ交付）	(H28.1.29)
	印鑑登録証明書交付（コンビニ交付）	(H28.1.29)
高崎市	法人市民税設立・設置届出書	(H21.12.14)
	法人市民税異動届	(H21.12.14)
	法人市民税申告書	(H21.12.14)
	事業所税設立・設置届出書	(H21.12.14)
	事業所税異動届	(H21.12.14)
	事業所税申告書	(H21.12.14)
	固定資産税償却資産申告書	(H21.12.14)
	個人住民税特別徴収義務者の所在地・名称変更届出書	(H21.12.14)
	個人住民税特別徴収に係る給与所得者異動届出書	(H21.12.14)
	個人住民税特別徴収への切替届出書	(H21.12.14)
	給与支払報告書及び総括表	(H21.12.14)
	住民票の写しの交付（コンビニ交付）	(H28.1.29)
	印鑑登録証明書の交付（コンビニ交付）(H28.1.29)	(H28.1.29)
伊勢崎市	住民票の写し等交付請求（コンビニ交付）	(H28.10月中)
	印鑑登録証明書交付申請（コンビニ交付）	(H28.10月中)
	戸籍謄抄本等交付請求（コンビニ交付）	(H28.10月中)
	戸籍の附票の交付請求（コンビニ交付）	(H28.10月中)
	所得証明書交付申請（コンビニ交付）	(H28.10月中)
	所得課税証明書交付申請（コンビニ交付）	(H28.10月中)

出所：群馬県『ぐんま電子申請等受付システム』〈http://www.jpki.go.jp/jpkiguide/admin_proce/area/pdf/10_service_dounyuu.pdf〉(2020年2月9日確認）から筆者作成。

を，地方公共団体が安い費用で行政サービスを提供する。

行政サービスの利用者においては，公的個人認証サービスを利用することによって，職場や自宅や職場等のパソコンから様々な行政手続き等を行うことが可能となっている。例えば，群馬県においては，**表5-2**に示している「群馬県における主な公的個人認証サービス対象手続の導入状況」にある行政サービスにおいて，公的個人認証サービスを提供している。

公的個人認証サービスに関連する法令としては，平成23年6月22日法律第70号（最終改正）の「行政手続等における情報通信の技術の利用に関する法律（行政手続きオンライン化法）」，平成18年5月26日法律第44号（改正）の「電子署名に係る地方公共団体の認証業務に関する法律（公的個人認証法）」，平成18年8月30日政令第283号（改正）の「電子署名に係る地方公共団体の認証業務に関する法律施行令」，平成18年10月31日総務省令第126号（改正）の「電子署名に係る地方公共団体の認証業務に関する法律施行規則」，平成15年12月3日総務省告示第706号の「認証業務及びこれに附帯する業務の実施に関する技術的基準」等があり，これらの法令に基づいて運用されている。

ところで，情報セキュリティ技術を用いた認証は，**表5-3**に示している「公

表5-3　公開鍵証明書と属性証明書の比較

	公開鍵証明書 （Public Key Certificate）	属性証明書 （Attribute Certificate）
目　的	証明書利用者の本人性を証明する。	証明書利用者のアクセス（利用）権限を証明する。
証明書の拡張項目	証明書利用者の本人を特定できる情報（名前，メールアドレス等）	証明書利用者の属性情報（名前，所属，部署，役職等）
有効期間	長い（通常1年以上）	短い（数分～数日間）
適用範囲	電子商取引等によるインターネットを利用するうえでのグローバルな業務に適用	組織内の部署単位等のLAN上における小グループの業務に適用
証明書発行機関	認証機関（認証局） CA（Certificate Authority）	属性証明書発行機関 AA（Attribute Certificate Authority）

出所：税所哲郎（2006）『情報セキュリティ・マネジメントの導入と展開』関東学院大学出版会，に対して加筆・修正のうえ作成。

開鍵証明書と属性証明書の比較」にあるように，電子証明書を利用する目的によって，(1) 公開鍵証明書と(2) 属性証明書[4)]の2つの認証方法に大別できる。

(1) 公開鍵証明書（Public Key Certificate）

公開鍵証明書を利用した認証とは，証明書利用者の本人性を証明する方法である。本人性とは，公開鍵の所有者について，公開鍵の有効期間，発行者，署名アルゴリズム等の情報も含む同定情報のことであり，公開鍵証明書ではこれらの情報を結び付けている。なお，同定情報は，ある対象について，そのものに関わる既存の分類のなかからそれの帰属先をさがすための情報である。

したがって，公開鍵証明書では，利用者の本人性を第三者である認証機関が発行する電子証明書（公開鍵証明書）によって証明しており，電子商取引等によるオープンネットワークであるインターネット上における不特定多数の幅広い範囲の業務への適用が可能である。

公開鍵証明書は，公開鍵暗号のデータが正しいことを保証し，それを作成した主体（個人や組織）の身元を証明するために，認証局であるCA（Certification Authority）によって発行された電子証明書である。CAの代表的な役割は，電子証明書を発行することである。例えば，電子メールの暗号化等に使われるクライアント証明書の発行の場合，登記事項証明書や印鑑登録証明書を用いて申請元の企業が実在しているかを確認する。通常，公開鍵暗号は，この公開鍵証明書と一緒に配布されることになる。

実際の公開鍵証明書を利用した認証の仕組みは，**図5-3**に示している「認証の基本的な仕組み」にあるように，①から⑧までの手順によって行われる。

①認証は，証明書利用者による公開鍵と秘密鍵の一組のペアを作成することから始まる。

②続いて，証明書利用者は，認証機関に電子証明書の利用申請を行い，公開鍵の登録を行う。

③認証機関では，申請者（証明書利用者）の本人確認が行われる。また，本人確認には，戸籍謄本や戸籍抄本，住民票，パスポート，運転免許証，国民健康保険証，印鑑登録証明書等が使用される。

図5-3　認証の基本的な仕組み

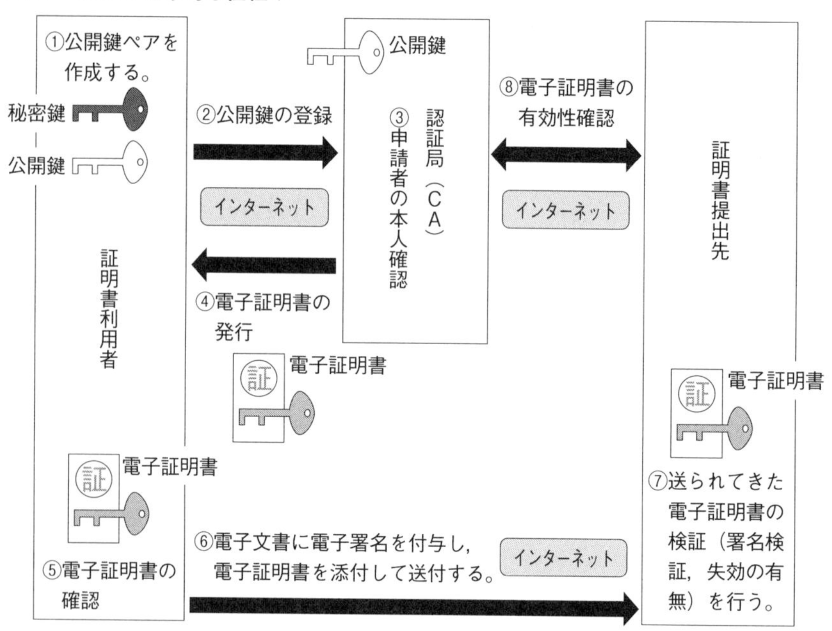

出所：筆者作成。

④申請者の本人確認等の審査が終了すると，電子証明書が発行される。そして，申請者に電子証明書が交付される。

⑤申請者は，発行された電子証明書の内容の確認を行う。

⑥電子文書に電子署名を付与し，証明書提出先に電子証明書を添付して送付する。

⑦証明書提出先では，送られてきた電子証明書の検証（署名検証，失効の有無等）を行う。

⑧最終的に，電子証明書の有効性確認を行うことで認証が行われるのである。

現在，一般的な証明書規格はITU-T X.509[5)]であり，公開鍵証明書の標準形式や証明書パス検証アルゴリズム等を定めている。また，そのための標準は，IETFのPKIXワーキンググループによって策定されている。

X.509は，国際電気通信連合（ITU：International Telecommunication

Union）が1988年に勧告した電子鍵証明書，及び証明書失効リストの標準仕様である。現在，広く利用されているのは1996年に勧告されたX.509v3で，これは証明書に拡張領域を設けて，証明書の発行者が独自の情報を追加できるようになっている。

（2）属性証明書（Attribute Certificate）

属性証明書を利用した認証は，証明書利用者のアクセス権限を証明する方法である。アクセス権限は，情報システムや情報ネットワークの利用者に与えられた，ハードディスクやソフトウェア等に関連するファイルやフォルダ，あるいは接続された周辺機器等を利用する権限のことであり，属性証明書ではこれらの情報を結び付けているのである。

これは証明書利用者の情報システムや情報ネットワークに対するアクセス権限について，電子証明書（属性証明書）を用いて証明するもので，例えば，組織内の部署単位等のLANやWAN上における小グループの業務に適用するものである。属性証明書も公開鍵証明書と同様にITU-T X.509に準拠しており，アクセス制限を行うために必要な個人の属性情報（名前，所属，部署，役職等）を含んでいる。

なお，属性証明書には，証明書利用者の本人属性を証明する情報（住所，氏名，年齢，性別，電話番号等）が明示されていないため，属性証明書と公開鍵証明書とを関連付ける必要がある場合は，属性証明書で参照されている公開鍵証明書も保有する必要がある。

ところで，認証管理方式については，属性証明書も公開鍵証明書と同様の方式で管理するが，その利用目的や利用形態が異なっている。それは，属性証明書の発行には，公開鍵証明書の発行機関である認証機関，または認証局（CA：Certificate Authority）と同様な機関である属性証明書の発行機関（AA：Attribute Certificate Authority）が必要となるのである。

なお，認証機関，または認証局（CA）は，証明書所有者の鍵ペア（秘密鍵と公開鍵）に対して公開鍵証明書（電子的な身分証明書）を発行する。この際，認証機関は認証機関自身の秘密鍵で，証明書所有者の公開鍵証明書に署名する。

この署名が，認証機関（認証局）が信頼を与えて保証する意味を持つのである。

また，公開鍵証明書の発行者とアクセス制御の認可者が異なる場合が多いことから，認証機関（CA）とは別に，属性証明書発行機関（AA）の存在が必要になってくる。2004年1月29日より，公的個人認証サービスが開始されている。これは電子証明書などを検証する際に用いられ，書面手続で言えば本人確認のための印鑑証明書の役割を果たすものである。

現在，本人性を証明する認証については，認証サービス[6)]を提供している企業から入手したデジタル証明書（Digital Certificate）を用いることができる。デジタル証明書は，電子商取引等で使われる電子的な身分証明書を発行する機関である認証機関（認証局）が発行し，デジタル署名解析用の公開鍵が真正であることを証明するデータである。

デジタル署名だけでは，公開鍵が本人のものであるか確認できないが，デジタル証明書を添付することで，当該データが改竄されていないこと，及びデータ作成者を認証局によって証明することができる。わが国では，デジサート・ジャパン合同会社（旧日本ベリサイン），サイバートラスト，日本認証サービス等の企業[7)]が，認証機関（認証局）として認証をビジネスとしてサービスを提供している。

5.2 通信プロトコルにおける応用技術

現在，インターネットを利用した電子メールやWebサイトの利用等に伴う通信環境においては，ネットワークを介してコンピュータやネットワーク同士が通信を行ううえで，相互に決められた約束事の集合である通信プロトコルとしてTCP/IP（Transmission Control Protocol/Internet Protocol）が標準的に使われている。

TCP/IPは，インターネットやイントラネットで標準的に使われるプロトコルである。UNIXに標準で実装されたため，急速に普及し，現在世界で最も普及している。なお，UNIXは，コンピュータ用のマルチタスク・マルチユーザーのオペレーティングシステムの一種である。

TCP/IPにおける通信では，実際に通信データをやり取りする相手を特定する情報は，IPアドレス[8)]と呼ばれるインターネットやイントラネット等のIPネットワークに接続されたコンピュータやプリンタ1台1台に割り振られた，**図5-4**に示している「IPアドレスにおける設定状況の例」にあるように，各種機器に関する個別の識別番号である。

したがって，TCP/IPを用いた通信の仕組みでは，IPアドレスによって通信相手を特定しているので，通信相手が何者なのか，本当に自分が認識している相手なのか，間違いなく自分の通信したい相手なのか，といったことは何も保証しない仕組みとなっているのである。

そのため，TCP/IPを利用するアプリケーションプログラム自身が，それぞれに通信データを暗号化する仕組みや通信相手を認証する仕組みを持つようになっているのでる。このような仕組みを実現するものがセキュリティプロトコルである。このようにセキュリティプロトコルは，インターネット上の情報シ

図5-4　IPアドレスにおける設定状況の例

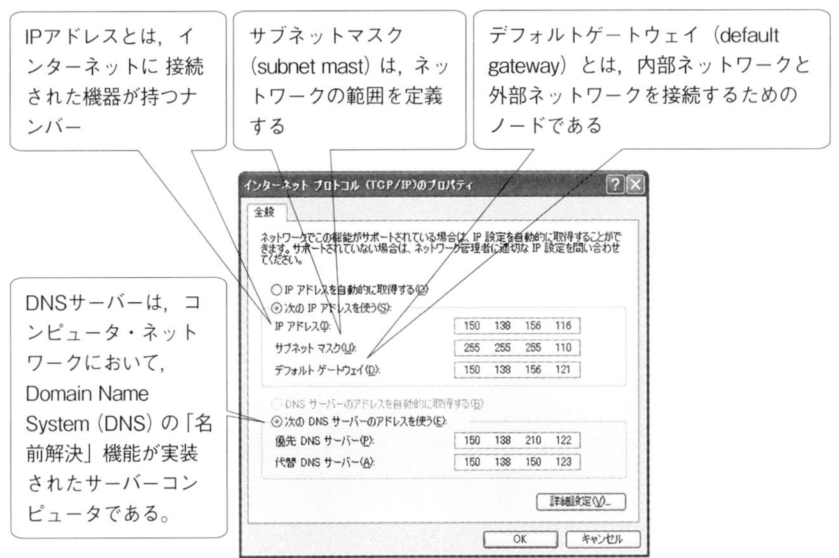

出所：筆者作成。

ステムや情報ネットワークに情報セキュリティ機能を実装するための情報セキュリティ技術で，その用途や暗号化方式によって，様々な種類のプロトコルが存在する。

また，コンピュータネットワーク上での安全確保のための防衛策として，クラッカー等のシステム攻撃者からコンピュータを守って，不正アクセスの防止や情報漏洩の阻止，情報システムの安定性保持を行うためのネットワークセキュリティが必要である。具体的には，システムの弱点の補強やアンチウイルスソフトの導入，適切なパスワード管理，機密データの暗号化等，様々な脅威からシステムを防衛するための行為であるネットワークセキュリティが存在する。

5. 2. 1 SSL

SSL（Secure Sockets Layer）は，1994年にNetscape Communications社が開発した仕組みで，通信データの暗号化と認証を行い，通信の傍受と改竄を防止して，情報セキュリティを確保するために利用される通信プロトコルに関する技術のことである。1995年にSSLバージョン2.0を開発し，Netscapeブラウザに実装している。その後，1996年にSSLバージョン3.0を開発，特定のセキュリティ攻撃を防ぐための改訂，非RSA暗号の追加，証明書階層構造のサポート等を行って，MicrosoftのInternet Explorerに対応している。現在，OpenSSL[9]として，SSLプロトコルがオープンソース実装されており，SSLだけでなくTLS（Transport Layer Security）もサポートしている。

TLSは，インターネット上で情報を暗号化して送受信するプロトコルで，現在インターネットで広く使われているWWWやFTP等のデータを暗号化し，プライバシーに関わる情報やクレジットカード番号，企業秘密等を安全に送受信することができる。

SSLバージョン3.0まではNetscape Communications社によって，その詳細仕様が決められていたが，1999年にIETFで標準化作業が行われ，MACレイヤーをHMACへ更新，ブロック暗号のblock padding，メッセージ順序の標準化，警告文の充実等を行って，現在ではTLS 1.0（SSL 3.1）がRFC 2246と

図5-5　OSI参照モデルにおけるSSLプロトコル

OSI参照モデル		SSL(Secure Sockets Layer)を使ったHTTP
アプリケーション層 プレゼンテーション層	⟺	HTTP (HyperText Transfer Protocol) FTP（File Trancefer Protcol），Telnet
セッション層	⟺	SSL (Secure Socket Layer)
トランスポート層	⟺	TCP (Transmission Control Protocol)
ネットワーク層	⟺	IP (Internet Protocol)

注：OSI参照モデルは，国際標準化機構(ISO：International Organization for Standardization)により制定された，異機種間のデータ通信を実現するためのネットワーク構造の設計方針であるOSI（Open Systems Interconnection）に基づき，コンピュータの持つべき通信機能を階層構造に分割したモデルである。
出所：筆者作成。

RFC 3268，TLS 1.1（SSL 3.2）がRFC 4346，TLS 1.2（SSL 3.3）がRFC 5246としてSSLの仕様が公開されている。

SSLは，**図5-5**に示している「OSI参照モデルにおけるSSLプロトコル」にあるように，HTTP（Hyper Text Transfer Protocol）やFTP（File Trancefer Protcol），Telnetといったプロトコルよりも下位のレイヤーに属しているために，TCP/IPプロトコルを利用するすべてのアプリケーション層，プレゼンテーション層におけるプロトコル（HTTP，FTP，Telnet等）からも利用することができる。また，これまで作ったコンテンツの変更を行わないで，そのままSSLへの切り替えが可能となる。

ところで，HTTPは，Webサーバーとクライアント（Webブラウザ等）がデータを送受信する際に使われるプロトコルである。HTML文書や，文書に関連付けられている画像，音声，動画等のファイルを，表現形式等の情報を含めてやり取りできる。FTPは，インターネットやイントラネット等のTCP/IPネットワークでファイルを転送する際に使われるプロトコルである。現在のインターネットでHTTPやSMTP/POPと並んで頻繁に利用されるプロトコルである。Telnetは，インターネットやイントラネット等のTCP/IPネットワークにおいて，ネットワークにつながれたコンピュータを遠隔操作する際に使われるプロトコルである。

このように切り替えが容易なこと，操作性が簡単なことなどから，SSLは情報セキュリティにおける一般的なプロトコルとして利用されているのである。

SSLによる通信では，クライアントのWebブラウザ（Web Browser）とWebサーバーとの間で，一時的な共通鍵暗号方式を使って，暗号化と復号を行う。Webブラウザは，パソコンやスマートフォン等を利用してWebサーバーに接続するためのソフトウェアであり，Webページを表示したり，ハイパーリンクをたどったりする等の機能がある。なお，ハイパーリンク（Hyperlink）は，ハイパーテキストにおいて，複数の文書を結び付ける役割を担う参照である。

この時に使われる秘密鍵は，一時的にクライアントが生成するもので，安全にWebサーバーに伝えなければならない。そのためにクライアントは，Webサーバー側の公開鍵を使ってこの秘密鍵を暗号化し，Webサーバーに送付する。また，Webサーバー側では，安全な方法でWebサーバーの公開鍵をクライアントに送付しなければならず，Webサーバーの公開鍵は認証機関（認証局）によって作成される証明書に含めて，電子証明書として送る必要がある。

実際のSSLの仕組みによる送信では，**図5-6**に示している「SSL（Secure Sockets Layer）の基本的な仕組み」にあるように，①から⑥までのそれぞれの手順によって通信が行われる。

①クライアントがSSLでのアクセスをWebサーバーに要求する。

②Webサーバーは，Webサーバーの公開鍵を含む電子証明書をクライアントに送付する。

③クライアントは，認証機関（認証局）の公開鍵を使って，電子証明書を復号したうえで検証を行い，Webサーバー側の公開鍵を入手する。

④クライアントは，一時的な秘密鍵を生成し，Webサーバーの公開鍵で暗号化して，Webサーバーに送付する。

⑤Webサーバーは，クライアントから暗号化された秘密鍵を受け取って，自分の秘密鍵（サーバー秘密鍵）で復号し，秘密鍵を手に入れる。

図5-6　SSL（Secure Sockets Layer）の基本的な仕組み

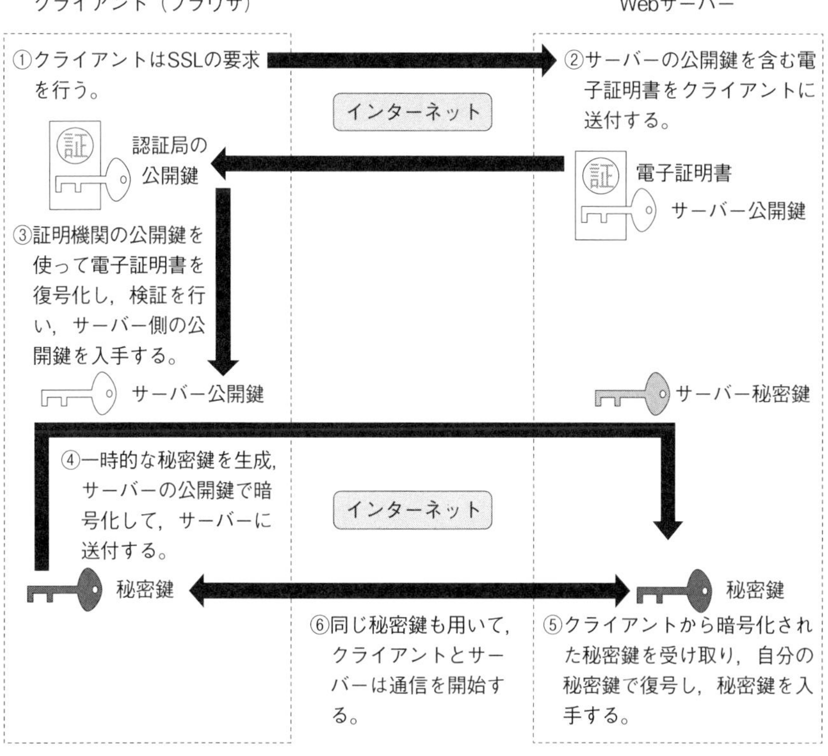

出所：筆者作成。

⑥同じ秘密鍵を用いて，クライアントとWebサーバーは通信を開始する。

この仕組みの特徴は，手順のようにWebサーバーが公開鍵を安全に送るために，サーバーの公開鍵を含む電子証明書が必要なことと，送られてきた電子証明書を検証するために，クライアント側では予め認証機関（認証局）の公開鍵が必要となることである。

現在，SSLはInternet ExplorerやNetscape等のWebブラウザに標準で搭載されている。これらのWebブラウザには，予め第三者の認証機関が発行した公開鍵（電子証明書）が組み込まれており，SSLによる通信を行うことでサーバーの存在の有無や間違いなくそのサーバーからのデータであること，及び当該データの内容が保証される。

また，クライアントでも認証機関が発行した電子証明書を取得していれば，サーバーからもクライアントの存在を確認し，当該サーバーへの接続を許可する手順を踏むことができる。

SSLの利用では，他の企業のサーバーに対しての成りすましや暗号化による盗聴防止，データの改竄防止にも活用されている。また，個人の利用では，クレジットカードの番号や氏名・住所等の個人情報をインターネット上のWebサーバーに送信する場合に，SSLを利用することで，より安全に送信することができる。

5. 2. 2 S/MIME

S/MIME（Secure/Multipurpose Internet Mail Extension）は，1995年にRSA Data Security Inc.（現RSA Security Inc.）社が開発した仕組みで，電子メールシステムを利用する場合における高度な認証や暗号通信を行い，情報セキュリティを確保するために利用される通信プロトコルに関する技術のことである。

画像，音声，動画等のバイナリ形式[10)]のメール内容を暗号化，添付ファイルをハイブリッド暗号方式で暗号化する機能が装備されている。また，デジタル署名の作成や認証も併せて行うことができ，PKI（Public Key Infrastructure）の仕組みに基づく公開鍵の正当性確認も可能となっている。PKIとは，公開鍵基盤のことで，公開鍵暗号方式に基づいて，電子署名や相手の認証等を実現するためのインフラとなる情報セキュリティ技術である。

RSAや楕円曲線暗号等の公開鍵暗号技術，SSLを組みこんだWebサーバー/ブラウザ，S/MIME・PGP等を使った暗号化電子メール，デジタル証明書を発行する認証機関（認証局）構築サーバー等が含まれる。S/MIMEはMIMEの機能拡張版で，MIMEの規格に基づいて認証を行い，メッセージ本文と送信者の明確化，及びプライバシーとデータの保護を実現している。MIMEは，インターネット電子メールの通信プロトコルで，バイナリデータをテキストデータに変換する国際標準規格である。

その後，IETFで議論され，現在はS/MIMEバージョン2として，RFC 2311（メッセージ仕様），RFC 2312（証明書の取り扱い），RFC 2313（PKCS #1：RSA暗号化），RFC 2314（PKCS #10：証明書要求構文）として，S/MINEの仕様が公開されている。

S/MIMEは，基盤となる暗号技術として公開鍵暗号方式を利用しており，送信者は受信者の公開鍵で暗号化処理を行い，受信者はメッセージを読むために自身の秘密鍵を用いることになる。このため，S/MIMEの暗号化プロトコルによって「盗聴」を，認証機関のデジタルIDによって「成りすまし」を，デジタル署名によって「改竄」を防止することが可能となる。

実際のS/MIMEの仕組みによる送信では，**図5-7**に示している「S/MINE（Secure/Multipurpose Internet Mail Extension）の基本的な仕組み」にある

図5-7　S/MINE（Secure/Multipurpose Internet Mail Extension）の基本的な仕組み

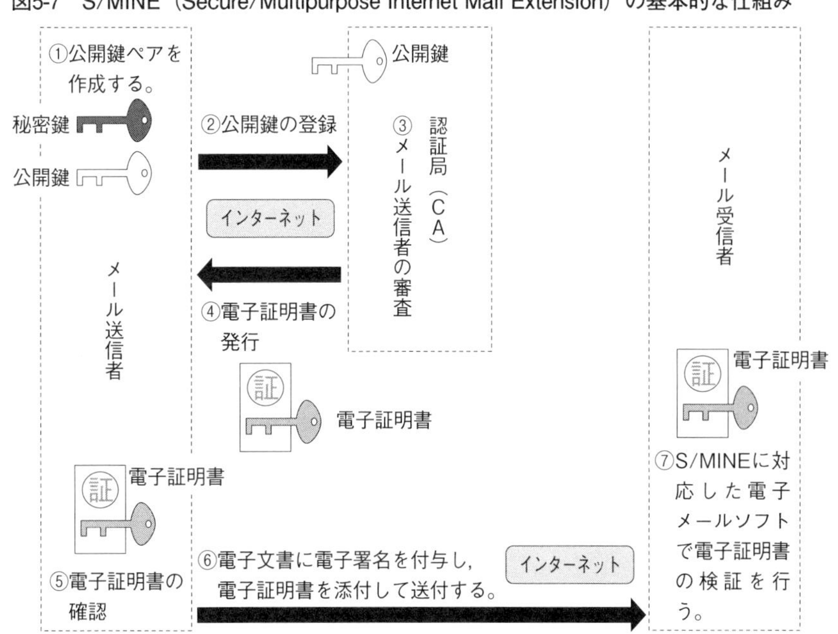

出所：筆者作成。

ように，①から⑦までのそれぞれの手順によって通信が行われる。

①企業等の組織内において，外部に対して電子メールを送信する担当者（メール送信者）は，公開鍵と秘密鍵のペアを作成する。

②メール送信者は，認証機関（認証局）に電子証明書の利用申請を行い，公開鍵の登録を行う。

③認証機関（認証局）は，電子証明書の発行基準に従ってメール送信者の審査を行う。

④認証局は，審査後，電子証明書を発行する。

⑤メール送信者は，発行された電子証明書の内容の確認を行う。

⑥メール送信者は，自社の顧客や取引先等のメール送付先（メール受信者）に対して，電子署名付きの電子メールを送信する。

⑦メール受信者は電子署名を検証し，電子メールの発信者の確認と，通信途中での改竄の有無の検知を行う。

メール受信者は，S/MIMEに対応したメールソフトで受信すれば，電子署名の検証，電子証明書の確認はアプリケーションが自動的に行うため，メール受信者に複雑な操作を強いることなく電子メールの成りすましを防ぐことができる。

電子メールに対する電子署名については，サーバー証明書と同様に，電子メールに付加されている電子証明書が，本当にその組織（企業や大学等）に所属している組織構成員（社員や学生等）の電子証明書であるのかを確認できることが求められる。

なお，アプリケーションに組み込まれているルート証明書（Root Certificate）を持つ認証機関（認証局）の下位認証局から発行された電子証明書であれば，証明書の信頼性を容易に確認することができる。ルート証明書とは，証明書の発行元である認証機関（認証局）の正当性を証明する証明書のことで，証明書の発行元である認証機関（認証局）を信頼の基点と呼んでいる。そのために，S/MIME導入の際には，ユーザーの利便性や認証機関（認証局）証明書の安全性といった面からもルート認証局の階層構造下の認証局であることが必要である。

現在，S/MIMEは多くの電子メールアプリケーションに標準搭載されており，代表的な電子メールソフトであるOutlook ExpressやNetscape Messenger等で簡単に使用することができる。

5. 2. 3 PGP

PGP（Pretty Good Privacy）は，1991年に米国のPhilip R. Zimmermann氏によって開発された仕組みで，電子メールメッセージの暗号化や電子署名等を行い，情報セキュリティを確保するために利用される通信プロトコルに関する技術のことである。現在では，フリーソフトウェアとして，広く一般に無償提供されている。

共通鍵暗号方式と公開鍵暗号方式の２つの暗号アルゴリズムを組み合わせたPGPは，公開鍵暗号方式における利便性と共通鍵暗号方式における処理速度の速さといった，電子メールの暗号化に必要な機能を兼ね備えたことで評価が高いプロトコルである。

PGPでは，電子メールをハイブリッド暗号方式で暗号化する機能，デジタル署名の作成と添付機能，デジタル署名の作成・認証機能に加えて，メッセージの圧縮，バイナリ形式のテキスト形式への変換機能も搭載されており，高い利便性も持ち合わせている。

また，送信者の同一性とメッセージの改竄を防ぐために電子認証の機能も備えており，鍵管理サーバーは国内でも利用できる。現在では，PGPは汎用的な暗号化ツールとして発展し，OpenPGPと称してRFC 4880（OpenPGP Message Format）として規格化されている。

実際のPGPの仕組みによるメッセージの送信では，**図5-8**に示している「PGP（Pretty Good Privacy）の基本的な仕組み」にあるように，①から⑩までのそれぞれの手順によって通信が行われる。

①電子メールの受信者は，公開鍵と秘密鍵のペアを作成する。

②予めメール受信者の公開鍵を送信者に送付する。

③電子メールメッセージは，全体を圧縮して小さくする。

図5-8　PGP（Pretty Good Privacy）の基本的な仕組み

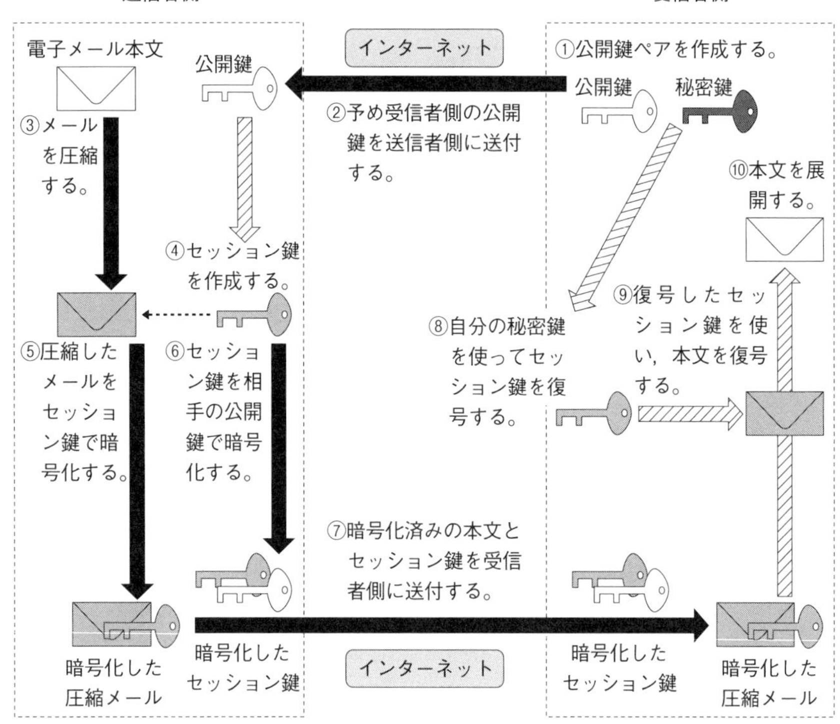

出所：筆者作成。

④セッション鍵と呼ばれる秘密鍵（メール送信時にランダムに生成される鍵）を作成する。

⑤圧縮したメールをセッション鍵で暗号化する。

⑥セッション鍵を相手の公開鍵で暗号化する。これは，公開鍵暗号の処理をセッション鍵の部分に限定することで，暗号処理にかかる時間を極力短くするためである。

⑦暗号化済みの電子メールメッセージとセッション鍵を受信者に送付する。

⑧電子メールの受信者は，自分の秘密鍵を使ってセッション鍵を復号する。

⑨また，復号したセッション鍵を使い，暗号化済みの電子メールメッセージを復号する。

⑩最後に圧縮を展開すれば，電子メールメッセージを元通りに読める。

PGPとS/MIMEの大きな違いとしては，S/MIMEが第三者の認証局によって発行された電子証明書の利用を前提とする仕組みとしているのに対して，PGPでは個人と個人のそれぞれが認証を行い，その信用の輪を広げていくという相互認証のモデルが採用されている仕組みとしている点である。

また，その他の大きな違いとしては，PGPはコンピュータのプログラムとして実行できるのに対して，S/MIMEはそのままで実行できるプログラムではない点である。

このように，多くの利点があるPGPであるが，欠点も存在する。それは，秘密鍵が何らかの理由で第三者に知られてしまった場合である。秘密鍵が漏れてしまうと，それとペアになる公開鍵をそのままにしておくと第三者に電子メールメッセージを解読されてしまう危険があるので，古い公開鍵を無効にして新しい公開鍵を用意しなければならない。

そのためには，電子メールの送信者側は，どの公開鍵が現在有効なのかを確認してからでないと，安心してメールが送れない。しかし，PGPには，相互信用のモデルが採用されているが，現在の有効な公開鍵を示すことを保証する機能が存在しないのである。

5. 2. 4 ファイアウォール

ファイアウォール（Firewall）とは，元々は火事が他へ広がらないように建物を２つの部分に隔てて，炎から建物を遮るという昔ながらの防火壁という意味である。

ファイアウォールの目的は，必要な通信のみを通過させ，不要な通信を遮断することであり，通常内部のネットワークから外部はアクセスできるが，外部から内部のネットワークにアクセスができないような制御である。

つまり，情報システムにおいて，組織内外の２つのネットワーク間に障壁を置くイメージで，機器やソフトウェアを設置し，情報セキュリティを確保するために利用される通信プロトコルに関する技術のことである。また，ファイアウォールでは，情報ネットワークのトラフィックの流れを制御することによって，社内LANやWAN等のプライベートネットワークにおける情報セキュリティを確保する機能を持つのである。

ファイアウォールを導入すれば，外部の攻撃から企業等の組織内ネットワークを守り，情報セキュリティレベルを大幅に高めることができる。しかし，ファイアウォールでは，すべての攻撃から完全に防げるわけではない。例えば，コンピュータウイルスの侵入や，ファイアウォールをバイパスするコネクション，あるいは未知の脅威，さらには内部的な脅威については保護することができない。

ファイアウォールでは，情報ネットワーク上のトラフィックの流れを制御して，情報セキュリティを確保している。具体的には，(1) パケットフィルタリングや(2) アプリケーションゲートウェイ等の制御機能を用いた方法が使われている。

実際の情報ネットワークの構成においては，どこにファイアウォールが配備するかは，情報ネットワークの規模や運用形態，使用するファイアウォール製品等で異なってくる。

(1) パケットフィルタリング

パケットフィルタリング（Packet Filtering）は，**図5-9**に示している「パケットフィルタリングの基本的な仕組み」にあるように，ルーターやファイアウォール等を経由して行われる通信（データ・パケット）に対して，IPアドレスやポート番号等の情報によって,送られてきたパケット（Packet）を中継（許可）するべきか，それとも遮断（拒否）するべきかの判断を行う機能である。パケットとは，コンピュータ通信において，送信先のアドレス等の制御情報を付加されたデータの小さなまとまりのことである。

通常は，ネットワーク層において個々のデータ・パケットを検証し，組織における情報セキュリティ方針に照らし合わせて，当該パケットを受け入れるか拒否するかを実行するのである。

パケットフィルタリングでは，送られてきた個々のパケットのみを基準にし

図5-9　パケットフィルタリングの基本的な仕組み

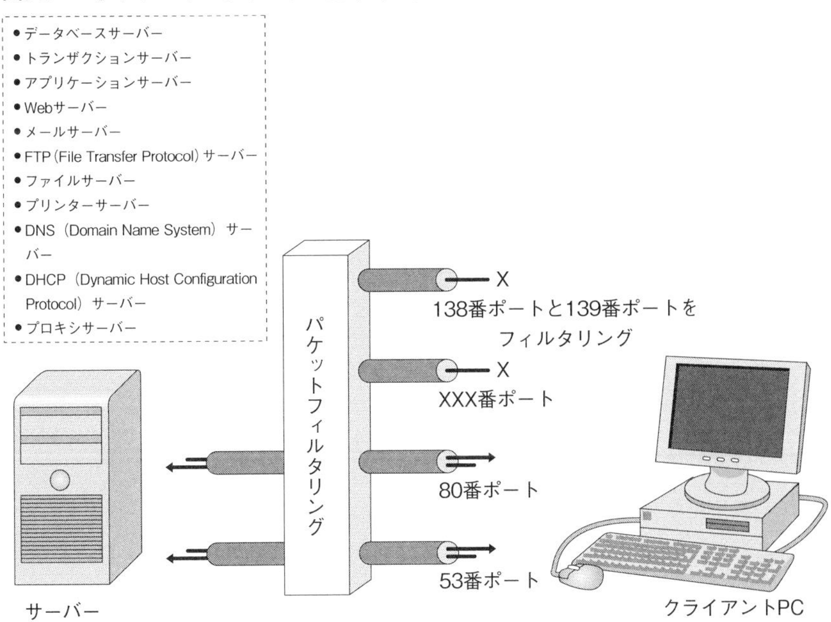

出所：筆者作成。

て意思決定を行うために，強固な認証メカニズムや上位レイヤーのアプリケーションが何かということは，情報セキュリティを確保する上においては関係ないものとなっている。

このように，パケットフィルタリングは，ファイアウォール製品だけでなくルーター（Router）やサーバーOSにも搭載することができる機能である。ルーターとは，ネットワーク上を流れるデータを他のネットワークに中継する機器である。OSI参照モデルでいうネットワーク層やトランスポート層の一部のプロトコルを解析して転送を行っている。

ところで，ネットワーク層では，パケットの先頭に必ずIPヘッダとTCPヘッダが付いている。パケットフィルタリングでは，パケットのヘッダに含まれている「プロトコル」，「送信元IPアドレス」，「宛先IPアドレス」のIPヘッダ，及び「送信元ポート番号」，「宛先ポート番号」，「フラグ」のTCPヘッダに基づいて当該アクセスの許諾や拒否を行い，情報セキュリティを確保する仕組みである。

なお，パケットフィルタリングは，通過を許可しているパケットの中身についてのチェックは行わないので，例えば，セキュリティホールを突いた受動的な攻撃やサービス停止攻撃（DDoS攻撃，DoS攻撃），コンピュータウイルス等の脅威は防ぐことができない。したがって，パケットフィルタリングで防ぐことのできる脅威については，不正アクセス攻撃の一部となる。

（2）アプリケーションゲートウェイ

パケットフィルタリングがネットワーク層で動作するのに対して，アプリケーションゲートウェイ（Application Gateway）ではアプリケーション層で動作する。

通常は，アプリケーションゲートウェイはサーバーに導入されているために，これをプロキシサーバー（Proxy Server）と呼んでいる。

プロキシサーバーは，**図5-10**に示している「アプリケーションゲートウェイの基本的な仕組み」にあるように，企業等の組織内ネットワークに出入りするアクセスを一元管理し，内部から特定の種類の接続のみを許可したり，外部からの不正なアクセスを遮断したりするために用いられている。

また，アプリケーションゲートウェイの仕組みでは，インターネットと企業

図5-10　アプリケーションゲートウェイの基本的な仕組み

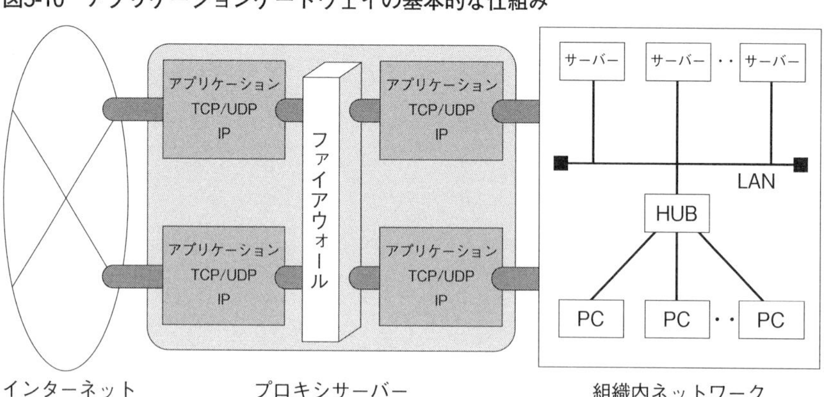

出所：筆者作成。

表5-4　ファイアウォールにおけるパケットフィルタリングとアプリケーションゲートウェイとの比較

	パケットフィルタリング (Packet Filtering)	アプリケーションゲートウェイ (Application Gateway)
制　御	IPパケットのヘッダ情報（アドレス，ポート番号等）等の静的ルールで判断	IPアドレス，ポート番号，アプリケーションレベルのデータの内容で判断
処理速度	高速	低速
メモリ資源	少ない	多い
安全性	低い	高い

出所：筆者作成。

等の組織内ネットワークとの間のTCP/IPは完全に切り離される形態となるので，パケットフィルタリングの機能よりも高い情報セキュリティを確保することができる特徴がある。

ところで，アプリケーションゲートウェイは，「データ」の内容を元にアクセス制御を行うので，コンピュータウイルスやセキュリティホールを狙った攻撃を防いだり，詳細なログを保存したりすることができるという利点がある。

一方，**表5-4**に示している「ファイアウォールにおけるパケットフィルタリングとアプリケーションゲートウェイとの比較」にあるように，アプリケーションゲートウェイはパケットフィルタリングよりも負荷が大きくなるとともに，多くのCPUやメモリといったコンピュータ性能といった資源の増設に加えて，アプリケーションごとに専用のソフトウェアが必要になるという欠点もある。

パケットフィルタリングとアプリケーションゲートウェイの特性を把握したうえで，費用対効果等といった観点で，それぞれの組織に最適なファイアウォールを構築していかなければならない。

5. 2. 5 IDS

IDS（Intrusion Detection System）は，侵入検知システムのことで，通信回線を監視し，組織内ネットワーク（LANやWAN等）への侵入を事前に検知して，それを管理者に通報し，情報セキュリティを確保するために利用される侵入検知に関する技術のことである。

このIDSは，オープンネットワークであるインターネット等の組織の外部ネットワーク上を流れるパケットを分析し，パターンマッチングによって不正アクセスと思われるパケットを検出して，不正アクセスが発生したと思われる時点で管理者にアラームを発する。

このシステムでは，不正アクセスでよく用いられる手段をパターン化して記録しておき，実際に送付されてくるパケットとアクセスパターンを比較することによって，正常な通信であるかどうかを判断して，情報セキュリティを確保する仕組みである。また，疑わしい通信をすべて切断する等の防衛措置を講じる機能も設定することが可能である。

IDSの形態には，監視する対象によって大きく２つに大別できる。**表5-5**に示している「侵入検知システムにおけるネットワーク型IDSとホスト型IDSとの比較」にあるように,（1）外部ネットワークを流れるパケットを監視する「ネットワーク型IDS」と，（2）特定のホストのアクティビティを監視する「ホスト型IDS」の２種類である。

現在のIDSでは，侵入検知システムであるネットワーク型IDS，ホスト型IDS，ともに予め登録されたパターンファイルであるシグネチャ・ファイル（Signature File）と，現在のアクセスパターンを付き合わせるパターンマッチングによって，不正アクセスを検出している。

シグネチャ・ファイルは，全文検索の高速化のために考案された索引機構のひとつである。シグネチャ・ファイルでは，索引ファイル中に索引の対象とな

表5-5　侵入検知システムにおけるネットワーク型IDSとホスト型IDSとの比較

	ネットワーク型IDS	ホスト型IDS
監視・検出	ネットワーク上の流れるパケットを監視し，不正なアクセスがないか検出する。	ホスト上のOSのログといった特定ファイルのリソースを監視し，変更や改竄があった場合に不正行為を検出する。
分析	ネットワーク上を流れるすべてのパケットをキャプチャして分析する。	システム自身が作成するログ情報やコマンド履歴，レジストリ情報，ファイルのチェックサム等を分析する。

出所：筆者作成。

る各データオブジェクトの識別子とシグネチャの組を収めることによって，索引付けを行っている。

したがって，このようなIDSでは，シグネチャ・ファイルに登録されてない攻撃や攻撃パターンを少し変更したような攻撃に対しては，不正アクセスを検出することができないという欠点がある。

また，IDSでは，チェックパターンが増えれば増えるほど，不正アクセスを検知するための処理負荷が重くなるので，それぞれの組織におけるシステム環境にあったシグネチャ・ファイルを利用することが重要である。例えば，HTTP（Hyper Text Transfer Protocol）サーバーを構築していなければ，HTTPへの攻撃パターンをチェックする必要はないからである。

（1）ネットワーク型IDS

ネットワーク型IDSは，**図5-11**の「IDS（Intrusion Detection System）の基本的な仕組み」に示しているように，専用のIDSサーバーが外部ネットワーク中に流れるトラフィックを監視し，不正アクセスと思われるパケットが送られてきた時点で管理者に警告する。

図5-11　IDS（Intrusion Detection System）の基本的な仕組み

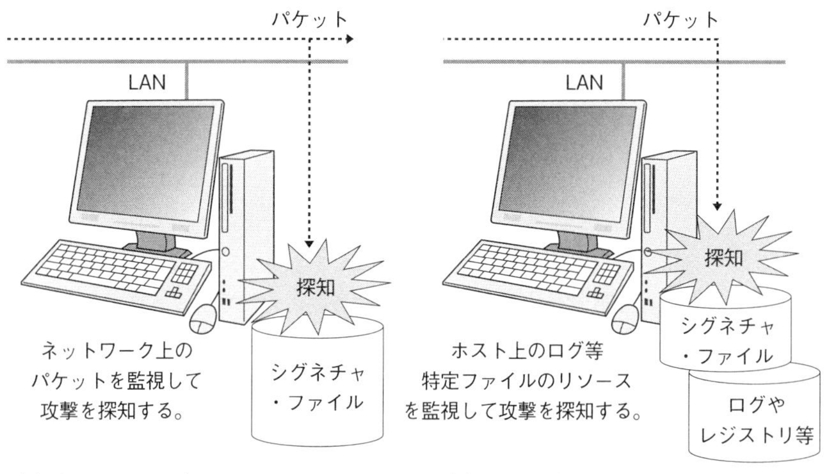

出所：筆者作成。

また，この仕組みでは，ホストコンピュータにIDSをインストールする必要はないので，そのための管理負荷を軽減でき，個々のホストの処理能力を犠牲にしなくてすむ利点がある。そのため，各ホストへ流れるパケットを監視できる場所に設置する必要がある。

ネットワーク型IDSは，インターネット等の外部ネットワークを流れるパケットを監視する観点から，ネットワークセグメント単位に，①ファイアウォール外，②DMZ（DeMilitarized Zone）上，③イントラネットに配置される。

①ファイアウォール外

組織におけるファイアウォール外にネットワーク型IDSを設置する場合は，内部ネットワークに対する通信のやり取りをそのままの状態で監視，記録（ロギング）することが目的になる。

外部ネットワークからのアクセスのすべてを監視対象とするため，すべてのシグネチャ・ファイルを対象とした監視となり，ログ情報も膨大となる傾向がある。そのため，ネットワーク型IDSを運用するシステムのCPUやディスクリソースの設計には十分検討が必要である。

②DMZ上

組織におけるDMZ上にネットワーク型IDSを設置する場合は，公開セグメント上のWebシステムやMailシステムのような特定のシステムに対する通信の監視が目的になる。

DMZとは，非武装地帯のことで，LANとインターネットとの間に設けた区域のことである。インターネットに接続されたネットワークにおいて，ファイアウォールによって外部ネットワークからも内部ネットワークからも隔離された区域のことである。外部に公開するサーバーをDMZに置けば，ファイアウォールによって外部からの不正なアクセスを排除でき，また万が一公開サーバーが乗っ取られた場合でも，内部ネットワークにまで被害が及ばない。

この場合は，ファイアウォールのルール基準によって通過するパケットが制限されるため，アプリケーションに特化したより詳細な監視が可能になる。

③イントラネット

組織におけるイントラネットにネットワーク型IDSを設置する場合は，外部ネットワークより組織内ネットワーク上を重点的に監視するのが目的である。

これは，ある統計によると，不正アクセスの70％以上が組織内部の人間に起因（内部犯行）しているからである。特に，組織運営上の重要な人事系や経理系等のネットワーク（LAN）に導入して，組織内ネットワーク上のパケットを監視する。

（2）ホスト型IDS

ホスト型IDSは，**図5-11**の「IDS（Intrusion Detection System）の基本的な仕組み」に示しているように，個々のホストコンピュータにIDSをインストールし，各ホストのIDSが送受信するパケットやアクセスログの内容を監視する。

この仕組みでは，専用のサーバーが必要ないという利点がある。ただし，監視対象となるアプリケーションソフトのホストコンピュータへのインストールが必要で，IDSが監視の際にリソースを消費するといった欠点がある。

なお，ホスト型IDSは，特定のホストのアクティビティを監視するという観点から，①DMZ上，②イントラネットに配置される。

①DMZ上

組織におけるDMZ上にホスト型IDSを配置する場合には，ファイアウォールによってパケットの通過が許可されているWebサーバー（Web Server），SMTPサーバー（Simple Mail Transfer Protocol Server），FTPサーバー（File Transfer Protocol Server）等のアプリケーションが稼働するシステムに対する通信の監視が目的になる。

Webサーバーは，WWWシステムにおいて情報送信を行うコンピュータ，あるいはWWWによる情報送信機能を持ったソフトウェアである。Webサーバーは，HTML文書や画像等の情報を蓄積しておき，Webブラウザ等のクライアントソフトウェアの要求に応じて，インターネット等のネットワークを通じて，これらの情報を送信する役割を果たすことになる。

SMTPサーバーは，電子メールの送信するためのサーバーである。サーバー間でメールのやり取りをしたり，クライアントがサーバーにメールを送信したりする際のプロトコル（通信規約）であるSMTPに対応しているサーバーである。

FTPサーバーは，インターネットやイントラネット等のTCP/IPネットワークでファイルを転送するときに使われるプロトコルに対応しているサーバーである。

②イントラネット

組織におけるイントラネットにホスト型IDSを配置する場合には，イントラネット上にある重要なサーバー（DBサーバーやグループウェア等）上に導入して，組織内ネットワークを重点的に監視するのが目的である。通常，イントラネットに存在するサーバー群に対する情報セキュリティは，「自らの組織の構成員は不正アクセスをしない」という性善説に基づいているからである。

このように，IDSでは通信回線を監視し，組織内ネットワークへの侵入を事前に検知して，それを管理者に通報する侵入検知システムのことである。

IDSは，組織の外部ネットワーク上を流れるパケットを分析し，パターンマッチングによって不正アクセスを検出して，不正アクセスが発生した時点で管理者に警告を発しているのである。

注

1) この場合の文章とは，メール等のデジタル文章（Digital Message）のことである。

2) 電子署名及び認証業務に関する法律（平成12年法律第102号，「電子署名法」）は，平成13年（2001年）4月1日から施行された。平成12年5月31日法律第102号，最終改正平成18年3月31日法律第10号による。その詳細は，同法律〈https://elaws.e-gov.go.jp/search/elawsSearch/elaws_search/lsg0500/detail?lawId=412AC0000000102〉（2020年2月9日確認）を参照のこと。

3) 地方公共団体の公的個人認証サービスの詳細については，地方公共団体情報システム機構のホームページ〈http://www.jpki.go.jp/〉（2020年2月9日確認）を参照のこと。

4) 国際電気通信連合（ITU：International Telecommunication Union）は，世界各国の政

府と民間セクターが集結して地球規模の通信ネットワーク及びサービスの調整を行う国際団体として，国際通信の発展に寄与することを目的とした国際標準化団体である。その詳細は，同連合のホームページ〈http://www.itu.ch/〉（2020年2月9日確認）を参照のこと。

5) 属性証明書（Attribute Certificate）は，RFC3281〈http://www.ietf.org/rfc/rfc3281.txt〉（2020年2月9日確認）に基づいて認証に利用されている。

6) 2004年1月29日より公的個人認証のサービスが開始されている。これは電子証明書などを検証する際に用いられ，書面手続で言えば本人確認のための印鑑証明書の役割を果たすものである。

7) わが国の認証会社であるデジサート・ジャパン合同会社の詳細は同社ホームページ〈https://www.digicert.co.jp〉（2020年2月9日確認）（1996年2月設立の日本ベリサインは，2010年8月にシマンテックへの認証サービスに係る事業の売却に伴いシマンテックの子会社となる。2012年11月にシマンテックの100%子会社となる。2014年4月に合同会社シマンテック・ウェブサイトセキュリティに社名変更される。2017年11月にデジサートへのウェブサイトセキュリティ事業の売却に伴いデジサートの子会社となる。また，同年12月にデジサート・ジャパン合同会社に社名変更される。），サイバートラスト株式会社の詳細は同社ホームページ〈https://www.cybertrust.ne.jp/〉（2020年2月9日確認），日本認証サービス株式会社の詳細は同社ホームページ〈https://www.bureauveritas.jp〉（2020年2月9日確認）（2009年1月設立の日本認証サービスは，2012年2月にビューローベリタスの100%子会社となる。）を参照のこと。

8) 現在，広く普及しているIPv4（Internet Protocol version 4）では，8ビットずつ4つに区切られた32ビットの数値が使われており，「214.142.118.28」等のように，0から255までの10進数の数字を4つ並べて表現する。

9) OpenSSLの詳細は，同組織ホームページ〈http://www.openssl.org/〉（2020年2月9日確認）を参照のこと。

10) バイナリ（Binary）とは，2進数のことである。テキスト形式（文字データ）以外のデータ形式全般，あるいはコンピュータが処理･記憶するために2進化されたファイル（バイナリファイル），またはその内部表現の形式（バイナリ形式）のことを指している。

参考文献

Amanda Andress (2003), "*Surviving Security: How to Integrate People, Process, and Technology (2nd)*," Auerbach Publications.

Antoon Bosselaers (2012), "*The hash function RIPEMD-160,*" Katholieke Universiteit Leuven. 〈http://homes.esat.kuleuven.be/~bosselae/ripemd160.html〉(2020年2月9日確認)

Arati Prabhakar (1993), "*Data Encryption Standard (DES)*," FIPS PUB 46-2, Federal Information Processing Standards Publication. 〈https://csrc.nist.gov/publications/detail/fips/46/2/archive/1993-12-30〉(2020年2月9日確認)

Bel G. Raggad (2010), "*Information Security Management: Concepts and Practice,*" CRC Press.

Bill Ballad, Tricia Ballad, Erin Banks (2010), "*Access Control, Authentication, and Public Key Infrastructure (Information Systems Security & Assurance)*," Jones & Bartlett Learning.

Brownlee N., Guttman E. (1998), "*Expectations for Computer Security Incident Response,*" RFC 2350, The Internet Engineering Task Force (IETF). 〈https://tools.ietf.org/pdf/rfc2350.pdf〉(2020年2月9日確認)

Carlisle Adams (1997), "*The CAST-128 Encryption Algorithm,*" RFC 2144, The Internet Engineering Task Force (IETF). 〈https://tools.ietf.org/pdf/rfc2144.pdf〉(2020 年2月9日確認)

Carlisle Adams (1998), "*CAST-256: Encryption Algorithm,*" RFC 2612, The Internet Engineering Task Force (IETF). 〈https://tools.ietf.org/pdf/rfc2612.pdf〉(2020年2月9日確認)

Christophe De Canniere, Bart Prenee (2006), "*Trivium Specifications,*" The College of Information Sciences and Technology, The Pennsylvania State University. 〈http://citeseerx.ist.psu.edu/viewdoc/download?doi=10.1.1.59.9030&rep=rep1&type=pdf〉(2020年2月9日確認)

Come Berbain, Olivier Billet, Anne Canteaut, Nicolas Courtois, Henri Gilbert, Louis Goubin, Aline Gouget, Louis Granboulan, Cédric Lauradoux, Marine Minier, Thomas Pornin, Hervé Sibert (2008), "*Sosemanuk, a fast software-oriented stream cipher,*" New Stream Cipher Designs, Springer.

Crawley E., Nair R., Rajagopalan B., Sandick H. (1998), "*A Framework for QoS-based Routing in the Internet,*" RFC 2386, The Internet Engineering Task Force (IETF). 〈https://tools.ietf.org/pdf/rfc2386.pdf〉(2020年2月9日確認)

Daniel J. Bernstein (2008), "*Salsa20 specification,*" New Stream Cipher Designs, Springer.

Darrel Hankerson, Alfred J. Menezes, Scott Vanstone (2013), "*Guide to Elliptic Curve Cryptography (Springer Professional Computing)*," Springer.

Darril Gibson (2010), "*Managing Risk in Information Systems (Information Systems Security & Assurance Series)*," Jones & Bartlett Learning.

Debra S. Herrmann (2002), "*Using the Common Criteria for IT Security Evaluation*," Auerbach Publications.

Doug Howard, Kevin Prince, Bruce Schneier (2010), "*Security 2020: Reduce Security Risks This Decade*," Wiley.

Douglas Landoll (2011), "*The Security Risk Assessment Handbook: A Complete Guide for Performing Security Risk Assessments, Second Edition*," CRC Press.

Eastlake D. (2001), "*US Secure Hash Algorithm 1 (SHA1)*," RFC 3174, The Internet Engineering Task Force (IETF). 〈https://tools.ietf.org/pdf/rfc3174.pdf〉(2020 年 2 月 9 日確認)

Egevang K., Francis P. (1994), "*The IP Network Address Translator (NAT)*," RFC 1631, The Internet Engineering Task Force (IETF). 〈https://tools.ietf.org/pdf/rfc1631.pdf〉(2020年 2 月 9 日確認)

Fielding R., Gettys J., Mogul J., Frystyk H., Masinter L., Leach P., Berners-Lee T. (1999), "*Hypertext Transfer Protocol--HTTP/1.1*," RFC 2616, The Internet Engineering Task Force (IETF). 〈https://tools.ietf.org/pdf/rfc2616.pdf〉(2020年 2 月 9 日確認)

FOCUS (2017), "*Seed Alliance - Evaluation Methodology Final Report*," The Seed Alliance. 〈https://seedalliance.net/wp-content/uploads/2015/11/Seed-Alliance-Final-Report.pdf〉(2020年 2 月 9 日確認)

Frank Swiderski, Window Snyder (2004), "*Threat Modeling (Microsoft Professional)*," Microsoft Press.

Fraser B. (1997), "*Site Security Handbook*," RFC 2196, The Internet Engineering Task Force (IETF). 〈https://tools.ietf.org/pdf/rfc2196.pdf〉(2020年 2 月 9 日確認)

Giannis Stamatellos (2007), "*Computer Ethics: A Global Perspective*," Jones & Bartlett Publishers.

Guttman E., Leong L., Malkin G. (1999), "*Users' Security Handbook*," RFC 2504, The Internet Engineering Task Force (IETF). 〈https://tools.ietf.org/pdf/rfc2504.pdf〉(2020年 2 月 9 日確認)

Hans Dobbertin, Antoon Bosselaers, Bart Preneel (1996), "*RIPEMD-160: A Strengthened Version of RIPEMD*," Katholieke Universiteit Leuven. 〈https://www.esat.kuleuven.be/cosic/publications/article-56.pdf〉(2020年 2 月 9 日確認)

Harold F. Tipton, Micki Krause, M. (2007), "*Information Security Management Handbook, 6th Edition (Isc2 Press) 4 vol set*," CRC Press.

Hinden R., Deering S. (1998), "*IP Version 6 Addressing Architecture*," RFC 2373, The Internet Engineering Task Force (IETF). 〈https://tools.ietf.org/pdf/rfc2373.pdf〉(2020年 2 月 9 日確認)

Hoffman, P. (1999), "*Enhanced Security Services for S/MIME*," RFC 2634, The Internet

Engineering Task Force（IETF）. 〈https://tools.ietf.org/pdf/rfc2634.pdf〉（2020 年 2 月 9 日確認）

Hongjun Wu（2004）, “*Stream Cipher HC-256,*” eSTREAM. 〈http://www.ecrypt.eu.org/stream/ciphers/hc256/hc256.pdf〉（2020年 2 月 9 日確認）

Housley R.（2004）, “*A 224-bit One-way Hash Function: SHA-224,*” RFC 3874, The Internet Engineering Task Force（IETF）. 〈https://tools.ietf.org/pdf/rfc3874.pdf〉（2020 年 2 月 9 日確認）

Hussain D. S., Hussain K. M.（1995）, “*Information Systems for Business, 2nd ed,*” Prentice-Hall.

Information Technology Laboratory（NIST）（1995）, “*Secure Hash Standard,*” FIPS PUB 180-1, Federal Information Processing Standards Publication. 〈http://www.itl.nist.gov/fipspubs/fip180-1.htm〉（2020年 2 月 9 日確認）

Information Technology Laboratory（NIST）（2001）, “*Advanced Encryption Standard*（*AES*）, ” FIPS 197, Federal Information Processing Standards Publication. 〈http://csrc.nist.gov/publications/fips/fips197/fips-197.pdf〉（2020年 2 月 9 日確認）

Information Technology Laboratory（NIST）（2002）, “*Secure Hash Standard,*” FIPS PUB 180-2, Federal Information Processing Standards Publication. 〈http://csrc.nist.gov/publications/fips/fips180-2/fips180-2.pdf〉（2020年 2 月 9 日確認）

Information Technology Laboratory（NIST）（2008）, “*Secure Hash Standard*（*SHS*）, ” FIPS PUB 180-3, Federal Information Processing Standards Publication. 〈http://ercbench.ece.wisc.edu/attachments/036_fips180-3_final.pdf〉（2020年 2 月 9 日確認）

Information Technology Laboratory（NIST）（2012）, “*Secure Hash Standard*（*SHS*）, ” FIPS PUB 180-4, Federal Information Processing Standards Publication. 〈http://csrc.nist.gov/publications/fips/fips180-4/fips-180-4.pdf〉（2020年 2 月 9 日確認）

James F. Broder, Gene Tucker（2012）, “*Risk Analysis and the Security Survey, Fourth Edition,*” Butterworth-Heinemann.

James J. DeLuccia IV（2008）, “*IT Compliance and Controls: Best Practices for Implementation,*” Wiley.

Jan Killmeyer（2006）, “*Information Security Architecture: An Integrated Approach to Security in the Organization, Second Edition,*” Auerbach Publications.

John A. Blackley, Justin Peltier, Thomas R. Peltier（2003）, “*Information Security Fundamentals,*” Auerbach Publications.

Kaliski. B.（1992）, “*The MD2 Message-Digest Algorithm,*” RFC 1319, The Internet Engineering Task Force（IETF）. 〈https://tools.ietf.org/pdf/rfc1319.pdf〉（2020 年 2 月 9 日確認）

Karim H. Vellani,（2006）, “*Strategic Security Management: A Risk Assessment Guide for Decision Makers,*” Butterworth-Heinemann.

Kent S., Atkinson R.（1998a）, “*Security Architecture for the Internet Protocol,*” RFC 2401,

The Internet Engineering Task Force (IETF). 〈https://tools.ietf.org/pdf/rfc2401.pdf〉 (2020年2月9日確認)

Kent S., Atkinson R. (1998b), "*IP Authentication Header,*" RFC 2402, The Internet Engineering Task Force (IETF). 〈https://tools.ietf.org/pdf/rfc2402.pdf〉 (2020 年2月9日確認)

Killalea T. (2000), "*Recommended Internet Service Provider Security Services and Procedures,*" RFC 3013, The Internet Engineering Task Force (IETF). 〈https://tools.ietf.org/pdf/rfc3013.pdf〉 (2020年2月9日確認)

M. David Ermann, Michele S. Shauf (2002), "*Computers, Ethics, and Society (3 edition),*" Oxford University Press.

Martin Boesgaard, Mette Vesterager, Thomas Christensen, Erik Zenner (2008), "*The Stream Cipher Rabbit,*" New Stream Cipher Designs, Springer.

Martin Hell, Thomas Johansson, Willi Meier (2005), "*Grain - A Stream Cipher for Constrained Environments,*" eSTREAM. 〈http://www.ecrypt.eu.org/stream/ciphers/grain/grain.pdf〉 (2020年2月9日確認)

MasterCard and Visa. (1997a), "*SET Secure Electronic Transaction Specification, Book 1: Business Description (ver.1.0),*" Maithean. 〈http://www.maithean.com/docs/set_bk1.pdf〉 (2020年2月9日確認)

MasterCard and Visa. (1997b), "*SET Secure Electronic Transaction Specification, Book 2: Programmer's Guide (ver.1.0),*" Maithean. 〈http://www.maithean.com/docs/set_bk2.pdf〉 (2020年2月9日確認)

McKenzie A. (1971), "*A Suggested Addition to File Transfer Protocol,*" RFC 281, The Internet Engineering Task Force (IETF). 〈https://tools.ietf.org/pdf/rfc281.pdf〉 (2020年2月9日確認)

Michael E. Whitman, Herbert J. Mattord (2010), "*Management of Information Security (3 edition),*" Course Technology.

Michael O. Rabin (1979), "*Digitalized Signatures and Public-Key Functions as Intractable as Factorization,*" MIT Laboratory for Computer Science. 〈http://publications.csail.mit.edu/lcs/pubs/pdf/MIT-LCS-TR-212.pdf〉 (2020年2月9日確認)

Michael Polanyi (1966), "The Tacit Dimension," Routledge (University of Chicago Press). (マイケル・ポランニー・高橋勇夫訳 (2003)『暗黙知の次元』, 筑摩書房(ちくま学芸文庫).)

National Bureau of Standards U.S. Department of Commerce (1979), "*Guideline for Automatic Data Processing Risk Analysis. FIPS Pub 65,*" GPO, Washington DC.

NCSC (National Center for State Courts) (1985), "*Trusted Computer System Evaluation Criteria,*" NCSC.

Neal Koblitz (1987), "*Elliptic curve cryptosystems,*" MATHEMATICS OF COMPUTATION, Vol.48. No.177, pp.203-209, AMERICAN MATHEMATICAL SOCIETY.

NRC (National Research Council, National) (1990), "*Improving Risk Communication,*"

National Academy Press.

OECD (Organisation for Economic Co-operation and Development) (1986), "*Analysis of Legal Policy: Computer Related Crime,*" OECD Publications and Information Centre.

OECD (Organisation for Economic Co-operation and Development) (1992), "*Guidelines for the Security of Information Systems,*" OECD Publications and Information Centre.

OECD (Organisation for Economic Co-operation and Development) (2002a), "*Guidelines for the Security of Information Systems and Networks: Towards a Culture of Security,*" OECD Publications. 〈https://www.oecd.org/internet/ieconomy/15582260.pdf〉 (2020年2月9日確認) (経済産業省商務情報政策局情報セキュリティ政策室・情報処理振興事業協会 セキュリティセンター (IPA/ISEC) 訳 (2002)『情報システム及びネットワークのセキュリティのためのガイドライン―セキュリティ文化の普及に向けて―』, IPA. 〈https://www.ipa.go.jp/security/fy14/reports/oecd/handout.pdf〉 (2020年2月9日確認))

OECD (Organisation for Economic Co-operation and Development) (2002b), "*Guidelines for the Security of Information Systems and Networks: Towards a Culture of Security,*" OECD Publications. 〈https://www.oecd.org/internet/ieconomy/15582260.pdf〉 (2020年2月9日確認) (経済協力開発機構 (2002)『情報システム及びネットワークのセキュリティのためのガイドライン―セキュリティ文化の普及に向けて― (仮訳)』, 外務省. 〈https://www.mofa.go.jp/mofaj/gaiko/oecd/security_gl_a.html〉 (2020年2月9日確認))

OECD (Organisation for Economic Co-operation and Development) (2013), "*OECD Guidelines on the Protection of Privacy and Transborder Flows of Personal Data,*" OECD. 〈http://www.oecd.org/document/18/0,3746,en_2649_34223_1815186_1_1_1_1,00.html〉 (2020年2月9日確認)

OECD (Organisation for Economic Co-operation and Development) (2016a), "*Managing Digital Security and Privacy Risk,*" OECD Digital Economy Papers No. 254, OECD. 〈https://www.oecd-ilibrary.org/docserver/5jlwt49ccklt-en.pdf〉 (2020年2月9日確認)

OECD (Organisation for Economic Co-operation and Development) (2016b), "*Digital Security Risk Management,*" Broadband Policies for Latin America and the Caribbean A Digital Economy Toolkit Chapter 14, OECD. 〈https://www.oecd-ilibrary.org/docserver/9789264251823-17-en.pdf〉 (2020年2月9日確認)

Phillip Rogaway, Don Coppersmith (1998), "*A Software-Optimized Encryption Algorithm,*" Journal of Cryptology, vol. 11, num 4, pp. 273-287, Springer Link.

Postel J. (1981a), "*Internet Protocol,*" RFC 791, The Internet Engineering Task Force (IETF). 〈https://tools.ietf.org/pdf/rfc791.pdf〉 (2020年2月9日確認)

Postel J. (1981b), "*Internet Control Message Protocol,*" RFC 792, The Internet Engineering Task Force (IETF). 〈https://tools.ietf.org/pdf/rfc792.pdf〉 (2020年2月9日確認)

Postel J. (1981c), "*Transmission Control Protocol,*" RFC 793, The Internet Engineering Task Force (IETF). 〈https://tools.ietf.org/pdf/rfc793.pdf〉 (2020年2月9日確認)

Postel J. (1982), "*Simple Mail Transfer Protocol,*" RFC 821, The Internet Engineering

Task Force (IETF). 〈https://tools.ietf.org/pdf/rfc821.pdf〉 (2020年2月9日確認)
Postel J., Reynolds J. (1983), "*Telnet Protocol Specification*," RFC 854, The Internet Engineering Task Force (IETF). 〈https://tools.ietf.org/pdf/rfc854.pdf〉 (2020年2月9日確認)
Postel J., Reynolds J. (1985), "*File Transfer Protocol (FTP)*," RFC 959, The Internet Engineering Task Force (IETF). 〈https://tools.ietf.org/pdf/rfc959.pdf〉 (2020年2月9日確認)
Quang Hieu Vu, Mihai Lupu, Beng Chin Ooi (2009), "*Peer-to-Peer Computing: Principles and Applications*," Springer.
Ramsdell B. (1999a), "*S/MIME Version 3 Certificate Handling*," RFC 2632, The Internet Engineering Task Force (IETF). 〈https://tools.ietf.org/pdf/rfc2632.pdf〉 (2020年2月9日確認)
Ramsdell B. (1999b), "*S/MIME Version 3 Message Specification*," RFC 2633, The Internet Engineering Task Force (IETF). 〈https://tools.ietf.org/pdf/rfc2633.pdf〉 (2020年2月9日確認)
Rick Lehtinen, G.T. Gangemi Sr. (2006), "*Computer Security Basics (Second Edition)*," O'Reilly Media.
Rivest R. (1992a), "*The MD4 Message-Digest Algorithm*," RFC 1320, The Internet Engineering Task Force (IETF). 〈https://tools.ietf.org/pdf/rfc1320.pdf〉 (2020年2月9日確認)
Rivest R. (1992b), "*The MD5 Message-Digest Algorithm*," RFC 1321, The Internet Engineering Task Force (IETF). 〈https://tools.ietf.org/pdf/rfc1321.pdf〉 (2020年2月9日確認)
Rolf Oppliger (2000), "*Secure Messaging with PGP and S/MIME*," Artech House.
Ross J. Anderson (2008), "Security Engineering: A Guide to Building Dependable Distributed Systems (2 edition)," Wiley.
RSA Laboratories (2000), "*RSAES-OAEP Encryption Scheme - Algorithm specification and supporting documentation -*," RSA Security Inc.. 〈https://www.inf.pucrs.br/~calazans/graduate/TPVLSI_I/RSA-oaep_spec.pdf〉 (2020年2月9日確認)
Sam Johnston (2009), "Cloud Computing Structure," wikimedia. 〈https://commons.wikimedia.org/wiki/File:Cloud_computing.svg〉 (2020年2月9日確認)
Sandra Senft, Frederick Gallegos (2008), "*Information Technology Control and Audit, Third Edition*," Auerbach Publications.
Spencer Pickett (2011), "*The Essential Guide to Internal Auditing (2 edition)*," Wiley.
Steve Babbage, Matthew Dodd (2006), "*The stream cipher MICKEY 2.0*," ECRYPT, eSTREAM. 〈http://www.ecrypt.eu.org/stream/p3ciphers/mickey/mickey_p3.pdf〉 (2020年2月9日確認)
Steve Babbage, Matthew Dodd (2006), "*The stream cipher MICKEY-128 2.0*," ECRYPT,

eSTREAM. 〈https://www.cosic.esat.kuleuven.be/ecrypt/stream/p3ciphers/mickey/mickey128_p3.pdf〉(2020年2月9日確認)

Taher Elgamal (1985), "*A Public-Key Cryptosystem and a Signature Scheme Based on Discrete Logarithms*," IEEE Transactions on Information Theory, Vol.IT-31, No.4, pp.469-472, IEEE.

Tatsuaki Okamoto, Eiichiro Fujisaki, Hikaru Morita (1999), "*PSEC: Provably Secure Elliptic Curve Encryption Scheme*," NTT Laboratories.

Teiwes S, Hartmann P, Kuenzi D. (2001), "*Use of the IDEA Encryption Algorithm in CMS*," RFC 3174, The Internet Engineering Task Force (IETF). 〈https://tools.ietf.org/pdf/rfc3174.pdf〉(2020年2月9日確認)

Thomas R. Peltier (2001), "*Information Security Policies, Procedures, and Standards: Guidelines for Effective Information Security Management*," Auerbach Publications.

Thomas R. Peltier (2004), "*Information Security Policies and Procedures: A Practitioner's Reference (2nd)*," Auerbach Publications.

Thomas R. Peltier (2010), "*Information Security Risk Analysis, Third Edition*," Auerbach Publications.

U.S. Department of Defense (1985), "*Trusted Computer System Evaluation Criteria*," DoD 5200.28-STD, Supersedes, CSC-STD-001-83, dtd 15 Aug 83, Library No.S225,711, NIST Computer Security Resource Center. 〈https://csrc.nist.gov/csrc/media/publications/conference-paper/1998/10/08/proceedings-of-the-21st-nissc-1998/documents/early-cs-papers/dod85.pdf〉(2020年2月9日確認)

U. S. Department of Veterans Affairs (2019), "*Triple Data Encryption Algorithm (TDEA) Block Cipher*," TRM Mgmt Group, One-VA TRM v19.4, National Institute of Standards and Technology (NIST).

U. S. Government (2011), "*Recommendation for the Triple Data Encryption Algorithm (Tdea) Block Cipher*," Books LLC.

William C. Barker, Elaine Barker (2012a), "*Recommendation for the Triple Revision 1 Data Encryption Algorithm (TDEA) Block Cipher*," 800-67 Version 1, NIST Special Publication. 〈https://csrc.nist.gov/publications/detail/sp/800-67/rev-1/archive/2012-01-23〉(2020年2月9日確認)

William C. Barker, Elaine Barker (2012b), "*Recommendation for the Triple Revision 1 Data Encryption Algorithm (TDEA) Block Cipher*," NIST Special Publication (SP) 800-67 Revision 1, Archived NIST Technical Series Publication. 〈https://nvlpubs.nist.gov/nistpubs/Legacy/SP/nistspecialpublication800-67r1.pdf〉(2020年2月9日確認)

Xiaoyun Wang, Dengguo Feng, Xuejia Lai, Hongbo Yu (2004), "*Collisions for Hash Functions MD4, MD5, HAVAL-128 and RIPEMD*," Cryptology ePrint Archive: Listing for 2004/199. 〈http://eprint.iacr.org/2004/199.pdf〉(2020年2月9日確認)"

あがつま農業協同組合（2005）『あがつま農業協同組合情報セキュリティ基本方針』，あがつま農業協同組合．〈http://www.aganet.or.jp/kojin/joho.htm〉（2020年2月9日確認）
生貝直人（2011）『情報社会と共同規制―インターネット政策の国際比較制度研究―』，勁草書房．
石井茂（2007）『量子暗号―絶対に盗聴されない暗号をつくる―』，日経BP社．
稲垣隆一（2004）『個人情報保護法と企業対応』，清文社．
宇賀村直紀（2006）『政府調達の統一基準 ISO 15408セキュリティ実践解説』，ソフトリサーチセンター．
内山政人（2000）『ISO15408情報セキュリティ入門』，東京電機大学出版局．
NRIセキュアテクノロジーズ編（2010）『クラウド時代の情報セキュリティ』，日経BP社．
NTTグループ（2005a）『NTTグループ情報セキュリティポリシー』，NTT．〈https://www.ntt.co.jp/g-policy/index.html〉（2020年2月9日確認）
―――（2005b）『プライバシーポリシー』，NTT．〈https://www.ntt.co.jp/privacy/index.html〉（2020年2月9日確認）
NTT情報流通プラットフォーム研究所データセキュリティプロジェクト（2002）「ESIGN紹介・FEAL紹介・ECAO紹介・E2紹介・EPOC紹介」『NTT暗号アーカイブ一覧』，NTT．〈https://info.isl.ntt.co.jp/crypt/archive/〉（2020年2月9日確認）
―――（2008）「PSEC-KEM（楕円曲線暗号）」『NTT暗号一覧』，NTT．〈https://info.isl.ntt.co.jp/crypt/psec/〉（2020年2月9日確認）
―――（2013）「Camellia」『NTT暗号一覧』，NTT．〈http://info.isl.ntt.co.jp/crypt/camellia/index.html〉（2020年2月9日確認）
榎本徹（2011）『意思決定のためのリスクマネジメント』，オーム社．
大阪教育大学（2017）「情報セキュリティ対策基準」『情報セキュリティポリシー』，大阪教育大学．〈http://osaka-kyoiku.ac.jp/university/kikaku/johopolicy/policy2.html〉（2020年2月9日確認）
大原学園グループ（2017）『大原学園グループ　プライバシーポリシー』，大原学園グループ．〈http://www.o-hara.ac.jp/about/privacy/〉（2020年2月9日確認）
岡村久道（2005）『個人情報保護法の知識』，日本経済新聞社．
―――（2011）『情報セキュリティの法律』，商事法務．
越智貢編（2004）『情報倫理学入門』，ナカニシヤ出版．
科学技術振興機構・日本電気（2007）『安全性を定量的に保証する量子暗号鍵配布システムを開発』，科学技術振興機構．〈http://www.jst.go.jp/pr/announce/20070117/index.html〉（2020年2月9日確認）
神永正博・山田聖・渡邊高志（2008）『Javaで作って学ぶ暗号技術―RSA,AES,SHAの基礎からSSLまで―』，森北出版．
辛島睦・小林善和・飯田耕一郎（2001）『Q&A電子署名法解説』，三省堂．
金融情報システムセンター編（2014）『平成27年金融情報システム白書』，財経詳報社．
―――（2015）『平成28年金融情報システム白書』，財経詳報社．

――― (2016)『平成29年金融情報システム白書』, 財経詳報社.
――― (2017)『平成30年金融情報システム白書』, 財経詳報社.
――― (2018)『平成31年金融情報システム白書』, 財経詳報社.
蔵原智行 (2016)『不正アクセス禁止法改正の概要』, 情報処理推進機構. 〈https://www.ipa.go.jp/files/000013552.pdf〉(2020年2月9日確認)
CRYPTREC (Cryptography Research and Evaluation Committees) (2003)『電子政府推奨暗号の仕様書』, CRYPTREC. 〈http://www.cryptrec.go.jp/method.html〉(2020年2月9日確認)
黒澤馨 (2010)『現代暗号への招待』, サイエンス社.
群馬県警察本部長 (2014)「群馬県警察情報セキュリティに係る情報の分類及び管理 体制運用要領の制定について (例規通達)」『群馬県警察の施策を示す訓令等の公表』, 群馬県. 〈https://www.police.pref.gunma.jp/keimubu/08kouhou/15koukai/keimubu/jyoukan/jyoukan_03.pdf〉(2020年2月9日確認)
群馬大学総合情報メディアセンター (2008)「群馬大学情報セキュリティポリシー/実施手順書・ガイドライン」『情報セキュリティポリシー』, 群馬大学. 〈https://www.media.gunma-u.ac.jp/security/security-guide.html〉(2020年2月9日確認)
群馬病院 (2017)「プライバシーポリシー」『患者さんの権利及びプライバシーポリシー』, 群馬病院. 〈http://www.ph-gunma.com/outpatient/pp.html〉(2020年2月9日確認)
経済産業省 (2017)「ソフトウエア製品等の脆弱性関連情報に関する取扱規程 (平成29年経済産業省告示第19号)」『情報セキュリティ政策』, 経済産業省. 〈https://www.meti.go.jp/policy/netsecurity/vul_notification.pdf〉(2020年2月9日確認)
――― (2018)「暗号技術検討会　報告書」『暗号技術評価関連』, 経済産業省. 〈https://www.meti.go.jp/policy/netsecurity/crypto.html〉(2020年2月9日確認)
――― (2019a)「サイバーセキュリティ経営ガイドライン」『情報セキュリティ政策』, 経済産業省. 〈https://www.meti.go.jp/policy/netsecurity/mng_guide.html〉(2020年2月9日確認)
――― (2019b)「情報セキュリティサービス審査登録制度」『情報セキュリティ政策』, 経済産業省. 〈https://www.meti.go.jp/policy/netsecurity/shinsatouroku/touroku.html〉(2020年2月9日確認)
――― (2019c)「電子署名及び認証業務に関する法律について」『情報セキュリティ政策』, 経済産業省. 〈https://www.meti.go.jp/policy/netsecurity/esig.html〉(2020年2月9日確認)
――― (2019d)「ITセキュリティ評価及び認証」『情報セキュリティ政策』, 経済産業省. 〈https://www.meti.go.jp/policy/netsecurity/cc.html〉(2020年2月9日確認)
――― (2019e)「情報セキュリティ監査制度」『情報セキュリティ政策』, 経済産業省. 〈https://www.meti.go.jp/policy/netsecurity/sys-kansa/〉(2020年2月9日確認)
――― (2019f)「暗号技術評価関連」『情報セキュリティ政策』, 経済産業省. 〈https://www.meti.go.jp/policy/netsecurity/crypto.html〉(2020年2月9日確認)

――― (2019g)「情報セキュリティガバナンス確立促進事業」『情報セキュリティ政策』，経済産業省.〈https://www.meti.go.jp/policy/netsecurity/secgov.html〉(2020年2月9日確認)
経済産業省商務情報政策局情報セキュリティ政策室編 (2009)『情報セキュリティガバナンス―情報化社会を勝ち抜く企業の経営戦略―』，経済産業調査会.
警察庁サイバー犯罪対策プロジェクト (1999)『不正アクセス行為の再発を防止するための都道府県公安委員会による援助に関する規則』，警察庁.〈http://www.npa.go.jp/cyber/legislation/kitei/enjyo_kitei.htm〉(2020年2月9日確認)
――― (2012)「不正アクセス行為の禁止等に関する法律の一部を改正する法律の概要 」『法令等』，警察庁.〈https://www.npa.go.jp/cyber/legislation/pdf/5_kaiseigaiyou.pdf〉(2020年2月9日確認)
KPMGビジネスアシュアランス (2003a)『コンプライアンスマネジメント―インテグリティ(組織の誠実性) 実現のための課題―』，東洋経済新報社.
――― (2003b)『情報セキュリティ監査制度―管理態勢の構築と監査の実施―』，中央経済社.
木暮仁 (2008)『教科書 情報倫理―高度情報化社会の発展と情報倫理，情報セキュリティ―』，日科技連出版社.
個人情報保護委員会 (2019)「法令・ガイドライン等」『個人情報保護法等』，個人情報保護委員会.〈https://www.ppc.go.jp/personalinfo/legal/〉(2020年2月9日確認)
税所哲郎 (2001)「情報ネットワーク社会を支える暗号技術」『情報文化学会論文誌』，Vol.7, No.2, pp.77-89, 情報文化学会.
――― (2002)『企業情報のコーディネーション化と情報セキュリティに関する研究』，中央大学大学院理工学研究科博士論文.
――― (2005)「情報セキュリティの理解」，立川丈夫・野々山隆幸監修『経営情報論への招待』，くんぷる.
――― (2005a)「企業を取り巻く環境変化とシステムリスク・マネジメント」『日本セキュリティ・マネジメント学会誌』，第19巻 第1号，pp.25-43, 日本セキュリティ・マネジメント学会.
――― (2005b)「金融機関におけるシステム連携の拡大とその弊害に関する一考察」『経済系』，225集，pp.30-46, 関東学院大学経済学会.
――― (2006a)「情報システム・リスク・マネジメント体制の確立―(前編) 金融機関のシステム障害～事例を見る―」『CYBER SECURITY MANAGEMENT』，Vol.7 No.78, pp.50-55, Japan Cyber Security Institute.
――― (2006b)「情報システム・リスク・マネジメント体制の確立―(後編) 金融機関のシステム障害～その原因と対策―」『CYBER SECURITY MANAGEMENT』，Vol.7 No.79, pp.66-70, Japan Cyber Security Institute.
――― (2006c)「情報化社会の進展によるマッチング・ビジネスの展開」『情報処理学会研究報告』，2006-EIP-17, pp.35-42, 情報処理学会.
――― (2006d)『情報セキュリティ・マネジメントの導入と展開』，関東学院大学出版会.

――― (2007)「現代企業における情報セキュリティの現状とその問題点」『DEVNET Review』, 創刊号, pp.12-13, 国連開発 Program DEVNET 協会.
――― (2008a)「金融業界における新しい情報セキュリティ・マネジメントの展開―クレジットカード分野によるセキュリティ基準の確立―」『情報経営・第56回全国大会予稿集【春号】』, pp.31-34, 日本情報経営学会.
――― (2008b)「中小企業における情報セキュリティ・マネジメント」『情報セキュリティコラム』, u-Kanagawa推進協議会編, 第5回所収, pp.34-38, u-Kanagawa推進協議会.
――― (2009)『現代企業の情報戦略と企業変容』, 白桃書房.
税所哲郎・齊藤泰一・鈴木昭正・土井洋・辻井重男 (2002)「準同型暗号を利用した1人複数投票可能な電子投票方式」『情報処理学会研究報告』, 2002-CSEC-17, pp.13-18, 情報処理学会.
税所哲郎・齊藤泰一・土井洋・辻井重男 (2002)「1人複数投票可能な電子投票に関する一考察―株主総会における議決権行使プロトコルの実現―」『情報処理学会研究報告』, 2002-CSEC-17, pp.13-18, 情報処理学会.
――― (2003)「重み付き投票の電子化とその安全性に関する考察」『情報処理学会論文誌』, 第44巻第8号, pp.1913-1923, 情報処理学会, 2003年8月15日.
斎藤尚志・NECソフトコンサルティング事業部 (2004)『ISMS認証取得ハンドブック』, 税務経理協会.
佐々木良一 (2008)『ITリスクの考え方』, 岩波書店.
佐々木良一監修 (2009)『情報セキュリティ入門―情報倫理を学ぶ人のために―』, 共立出版.
――― (2011)『情報セキュリティの基礎 (未来へつなぐ デジタルシリーズ 2)』, 共立出版.
佐々木良一・吉浦裕・手塚悟・三島久典 (2000)『インターネット時代の情報セキュリティ―暗号と電子透かし―』, 共立出版.
佐竹賢治・笠原正雄 (1993)「高速アルゴリズムを用いたElGamal暗号方式」『電子情報通信学会技術研究報告』, ISEC-93 (24), pp.65-71, 電子情報通信学会.
静谷啓樹 (2008)『情報倫理ケーススタディ』, サイエンス社.
島田裕次・澤田智輝・五井孝・榎木千昭・内山公雄 (2006)『ISO27001規格要求事項の解説とその実務―情報セキュリティマネジメントの国際認証制度への対応―』, 日科技連出版社.
志村満 (2006)『ISO/IEC27001 情報セキュリティマネジメントシステム (ISMS) 構築読本―情報資産の利便性と保護の両立を目指して―』, 日本コンサルタントグループ.
証券保管振替機構 (2016a)「情報セキュリティ基本方針」『リスク管理・情報セキュリティ・BCP』, 証券保管振替機構. 〈http://www.jasdec.com/download/rm/InformationSecurity.pdf〉(2020年2月9日確認)
――― (2016b)「BCP (事業継続計画) 基本方針」『リスク管理・情報セキュリティ・BCP』, 証券保管振替機構. 〈http://www.jasdec.com/download/rm/bcp.pdf〉(2020年2月9日確認)
――― (2017)「リスク管理基本方針」『リスク管理・情報セキュリティ・BCP』, 証券保管振替機構. 〈http://www.jasdec.com/download/rm/Basic_Policy_on_Risk_Management.

pdf〉（2020年2月9日確認）
情報処理推進機構（IPA：Information-technology Promotion Agency, Japan）編（2014）『情報セキュリティ白書2014』，IPA.
———（IPA：Information-technology Promotion Agency, Japan）編（2015）『情報セキュリティ白書2015』，IPA.
———（IPA：Information-technology Promotion Agency, Japan）編（2016）『情報セキュリティ白書2016』，IPA.
———（IPA：Information-technology Promotion Agency, Japan）技術本部セキュリティセンター（2017a）「対策のしおり」『情報セキュリティ啓発』，IPA.〈https://www.ipa.go.jp/security/antivirus/shiori.html〉（2020年2月9日確認）
———（IPA：Information-technology Promotion Agency, Japan）編（2017b）『情報セキュリティ白書2017』，IPA.
———（IPA：Information-technology Promotion Agency, Japan）編（2018a）『情報セキュリティ白書2018』，IPA.
———（IPA：Information-technology Promotion Agency, Japan）編（2018b）『情報セキュリティ読本 五訂版―IT時代の危機管理入門―』，実教出版.
———（IPA：Information-technology Promotion Agency, Japan）編（2019a）『情報セキュリティ白書2019』，IPA.
———（IPA：Information-technology Promotion Agency, Japan）編（2019b）「IPAの暗号技術に関する取組み」『暗号技術』，IPA.〈https://www.ipa.go.jp/security/ipg/crypt.html〉（2020年2月9日確認）
———（IPA：Information-technology Promotion Agency, Japan）編（2019c）「ITセキュリティ評価及び認証制度（JISEC）」『情報セキュリティ』，IPA.〈https://www.ipa.go.jp/security/jisec/index.html〉（2020年2月9日確認）
情報処理推進機構・通信・放送機構（現情報通信研究機構）（2003）『電子政府推奨暗号の仕様書』，IPA.〈http://www.ipa.go.jp/security/enc/CRYPTREC/fy15/cryptrec20030425_spec01.html〉（2020年2月9日確認）
情報セキュリティ政策会議（2005）『早期に着手すべき政府統一的・横断的課題』，内閣官房情報セキュリティセンター（NISC）.〈http://www.nisc.go.jp/conference/seisaku/dai1/1siryou5.html〉（2020年2月9日確認）
情報セキュリティ対策推進会議決定（2000）『情報セキュリティポリシーに関するガイドライン』，高度情報通信社会推進本部.〈http://www.kantei.go.jp/jp/it/security/taisaku/pdfs/ISP_Guideline.pdf〉（2020年2月9日確認）
情報通信技術戦略本部IT戦略会議（2000a）『IT基本戦略』，IT戦略会議.〈http://www.kantei.go.jp/jp/it/goudoukaigi/dai6/6siryou2.html〉（2020年2月9日確認）
———（2000b）『高度情報通信ネットワーク社会形成基本法（IT基本法）（平成12年法律第144号）』，IT戦略会議.〈http://www.kantei.go.jp/jp/it/kihonhou/pdfs/honbun.pdf〉（2020年2月9日確認）

情報通信技術戦略本部情報セキュリティ対策推進会議（2001）『電子政府の情報セキュリティ確保のためのアクションプラン』，情報セキュリティ対策推進会議．〈http://www.kantei.go.jp/jp/it/security/suisinkaigi/dai4/actionplan.html〉（2020年2月9日確認）

情報通信研究機構・情報処理推進機構（2019a）「CRYPTREC Report 2018 暗号技術評価委員会報告」『CRYPTREC Report 2018 の公開』，CRYPTREC．〈https://www.cryptrec.go.jp/report/cryptrec-rp-2000-2018.pdf〉（2020年2月9日確認）

――（2019b）「CRYPTREC Report 2018 暗号技術活用委員会報告」『CRYPTREC Report 2018 の公開』，CRYPTREC．〈https://www.cryptrec.go.jp/report/cryptrec-rp-3000-2018.pdf〉（2020年2月9日確認）

情報マネジメントシステム認定センター（2019a）『ISO/IEC 27000 ファミリーについて』，情報マネジメントシステム認定センター．〈https://www.jipdec.or.jp/smpo/u71kba000000jjgv-att/27000family_20190520.pdf〉（2020年2月9日確認）

――（2019b）「ISMS 認証登録数 6,000 件突破のお知らせ」『ニューストピックス』，情報マネジメントシステム認定センター．〈https://isms.jp/topics/news/20191112.html〉（2020年2月9日確認）

――（2019c）「情報セキュリティマネジメントシステム適合性評価制度」『ISMS 適合性評価制度』，情報マネジメントシステム認定センター．〈https://isms.jp/doc/JIP-ISMS120-61.pdf〉（2020年2月9日確認）

情報マネジメントシステム認定センター訳（2008）『対訳版 ISO/IEC 27011:2008（情報技術―セキュリティ技術―ISO/IEC27002 に基づく電気通信組織のための情報セキュリティマネジメント指針）』，情報マネジメントシステム認定センター．

――（2009）『対訳版 ISO/IEC 27004:2009（情報技術―セキュリティ技術―情報セキュリティマネジメント―測定）』，情報マネジメントシステム認定センター．

――（2011a）『対訳版 ISO/IEC 27005:2011（情報技術―セキュリティ技術―情報セキュリティリスクマネジメント）』，情報マネジメントシステム認定センター．

――（2011b）『対訳版 ISO/IEC 27031:2011（情報技術―セキュリティ技術―事業継続のための情報通信技術の準備態勢に関する指針）』，情報マネジメントシステム認定センター．

――（2013a）『対訳版 ISO/IEC 27001:2013（情報技術―セキュリティ技術―情報セキュリティマネジメントシステム―要求事項）』，情報マネジメントシステム認定センター．

――（2013b）『対訳版 ISO/IEC 27002:2013（情報技術―セキュリティ技術―情報セキュリティ管理策の実践のための規範）』，情報マネジメントシステム認定センター．

――（2015a）『対訳版 ISO/IEC 27006:2015（情報技術―セキュリティ技術―情報セキュリティマネジメントシステムの審査及び認証を行う機関に対する要求事項）』，情報マネジメントシステム認定センター．

――（2015b）『対訳版 ISO/IEC 27017:2015（情報技術―セキュリティ技術―ISO/IEC27002 に基づくクラウドサービスのための情報セキュリティ管理策の実践の規範）』，情報マネジメントシステム認定センター．

――（2017）『対訳版 ISO/IEC 27007:2017（情報技術―セキュリティ技術―情報セキュリ

ティマネジメントシステム監査のための指針)』，情報マネジメントシステム認定センター.
――― (2018)『対訳版 ISO/IEC 27000:2018（情報技術―セキュリティ技術―情報セキュリティマネジメントシステム―概要及び用語)』，情報マネジメントシステム認定センター.
新宿区役所（2016)『新宿区情報セキュリティ対策基準』，東京都新宿区.〈https://www1.g-reiki.net/shinjuku/reiki_honbun/g105RG00000731.html〉(2020年2月9日確認)
鈴木春洋・若山公威・杉江修・村瀬晋二・奥野琢人・高須紀樹・岩田彰（2002)『インターネット暗号化技術―PKI，RSA，SSL，S/MIME，etc.―』，ソフトリサーチセンター.
瀬戸洋一編（2003)『ユビキタス時代の情報セキュリティ技術』，日本工業出版.
総務省（2013)「情報セキュリティポリシーの策定」『企業・組織の対策』，総務省.〈http://www.soumu.go.jp/main_sosiki/joho_tsusin/security/business/executive/04-4.html〉(2020年2月9日確認).
――― (2019)「サイバー空間の在り方に関する国際議論の動向」『情報通信（ICT政策)』，総務省.〈http://www.soumu.go.jp/menu_seisaku/ictseisaku/cyberspace_rule/index.html〉(2020年2月9日確認)
ソフトバンクグループ（2015a)「情報セキュリティ」『マネジメント体制』，ソフトバンク.〈https://www.softbank.jp/corp/csr/responsibility/management/info_security/〉(2020年2月9日確認)
――― (2015b)「情報セキュリティポリシー」『企業・IR』，ソフトバンク.〈https://www.softbank.jp/corp/security/〉(2020年2月9日確認)
高取敏夫・竹田栄作（2006)『ISO/IEC 27001（JIS Q 27001）情報セキュリティマネジメント』，日本規格協会.
高橋和之・松井茂記編（2004)『インターネットと法（第3版)』，有斐閣.
田渕治樹（2003)『ISMS構築のための情報セキュリティポリシーとリスク管理』，オーム社.
中小企業庁（2006)「中小企業BCP策定運用指針」『策定運用指針』，経済産業省中小企業庁.〈https://www.chusho.meti.go.jp/bcp/contents/level_c/bcpgl_01_1.html〉(2020 年2月9日確認)
塚田孝則（2003)『企業を守るセキュリティポリシーとリスク（第2版）―情報セキュリティマネジメントシステムの構築と運用―』，日経BP.
辻井重男（1996)『暗号―ポストモダンの情報セキュリティ―』，講談社.
――― (1999)『暗号と情報社会』，文藝春秋.
――― (2012)『暗号　情報セキュリティの技術と歴史』，講談社.
辻井重男・岡本栄司編（2002)『暗号のすべて―ユビキタス社会の暗号技術―』，電波新聞社.
辻井重男・笠原正雄（2003)『情報セキュリティ―暗号，認証，倫理まで―』，昭晃堂.
辻井重男・笠原正雄編（2008)『暗号理論と楕円曲線―数学的土壌の上に花開く暗号技術―』，森北出版.
鶴巻暁・中康二（2005)『〈図解〉個人情報保護法―中小企業・個人事業者にも役立つビジュアル対策マニュアル―』，朝日新聞社.
ティーエムエス編 (2004)『システム監査・情報セキュリティ監査ハンドブック』，秀和システム.

電子情報通信学会編・黒沢馨・尾形わかは（2004）『現代暗号の基礎数理（電子情報通信レクチャーシリーズ）』，コロナ社.

電子情報通信学会編・辻井重男（2012）『情報社会・セキュリティ・倫理（電子情報通信レクチャーシリーズ A-3）』，日本評論社.

東芝研究開発センター（2013）『次世代共通鍵暗号 Hierocrypt』，東芝.〈http://www.toshiba.co.jp/rdc/security/hierocrypt/〉（2020年2月9日確認）

トーマツ編（2003）『セキュリティ・マネジメント戦略―ISMSによるリスク管理―』，日本経済新聞社.

内閣安全保障・危機管理室・情報セキュリティ対策推進室（2000a）「情報セキュリティポリシーに関するガイドラインの概要図」『情報セキュリティ対策』，高度情報通信社会推進本部.〈http://www.kantei.go.jp/jp/it/security/taisaku/gaiyouzu.html〉（2020年2月9日確認）

―――（2000b）「情報セキュリティポリシーに関するガイドライン」『情報セキュリティ対策』，高度情報通信社会推進本部.〈http://www.kantei.go.jp/jp/it/security/taisaku/guideline.html〉（2020年2月9日確認）

内閣内政審議室・個人情報保護担当室（2000）『我が国における個人情報の保護に関する現行制度等の概要』，高度情報通信社会推進本部.〈http://www.kantei.go.jp/jp/it/privacy/houseika/dai2/siryou2-1.html〉（2020年2月9日確認）

内閣府（2019）「マイナンバー（社会保障・税番号制度）」『内閣府の政策』，内閣府.〈https://www.cao.go.jp/bangouseido/card/index.html〉（2020年2月9日確認）

中尾康二・平野芳行・吉田健一郎・中野初美（2007）『ISO/IEC 17799:2005（JIS Q 27002:2006）―詳解 情報セキュリティマネジメントの実践のための規範―』，日本規格協会.

中尾康二編（2014）『ISO/IEC 27001:2013（JIS Q 27001:2014）情報セキュリティマネジメントシステム　要求事項の解説』，日本規格協会.

中野明（2008）『ISO27001 低コストで実現する情報セキュリティマネジメント』，オーム社.

夏井高人（2001）『電子署名法―電子文書の認証と運用のしくみ―』，リックテレコム.

日経BP社出版局編（2010）『クラウド大全 第2版 サービス詳細から基盤技術まで』，日経BP社.

日経メディカル編（2005）『医療機関のための個人情報保護法対応マニュアル』，日経BP社.

日本応用数理学会監修（2010）『数理的技法による情報セキュリティ』，共立出版.

―――（2011）『公開鍵暗号の数理』，共立出版.

日本規格協会訳（2013）『ISO/IEC 27001:2013 情報技術―セキュリティ技術―情報セキュリティマネジメントシステム―要求事項』，日本規格協会.

日本経済新聞社（2019）「個人情報の利用目的や取り扱い」『個人情報の取り扱い』，日本経済新聞社.〈https://www.nikkei.co.jp/nikkeiinfo/privacy/about.html〉（2020年2月9日確認）

日本情報経済社会推進協会 プライバシーマーク事務局（2019）『プライバシーマーク制度』，日本情報経済社会推進協会.〈http://privacymark.jp/〉（2020年2月9日確認）

日本情報経済社会推進協会（旧日本情報処理開発協会）訳（2011）『わかりやすい情報セキ

ュリティマネジメントシステム—ISO/IEC27001実践ガイド—』，日本規格協会.
日本情報セキュリティ認証機構（2007）『実務者のための情報セキュリティマネジメントシステム』，産経新聞出版.
日本電気（2019）「技術情報 - CIPHERUNICORN-A（128ビットブロック暗号）とは」『SecureWare/開発キット』，日本電気.〈http://www.hnes.co.jp/solution/code/index02.html〉（2020年2月9日確認）
日本ネットワークセキュリティ協会個人情報保護ガイドライン作成ワーキンググループ編（2005）『個人情報保護法対策セキュリティ実践マニュアル〈2005年度版〉』，インプレスネットビジネスカンパニー.
日本能率協会審査登録センター（2005）『審査員が教えるISMS（情報セキュリティマネジメントシステム）実践導入マニュアル—個人情報保護法対応—』，日本能率協会マネジメントセンター.
畠中伸敏・折原秀博・伊藤重隆・相沢健実・羽生田和正（2008）『情報セキュリティのためのリスク分析・評価［第2版］—官公庁・金融機関・一般企業におけるリスク分析・評価の実践—』，日科技連出版社.
パナソニック（2017）「セキュリティポリシー」『CSR情報』，パナソニック.〈https://is-c.panasonic.co.jp/jp/csr/security/securitypolicy/〉（2020年2月9日確認）
羽生田和正・池田秀司・荒川誠実（2008）『ISMS構築・認証取得ハンドブック—ISO/IEC 27001対応 情報セキュリティマネジメントシステムの事例集—』，日科技連出版社.
浜銀総合研究所（2017）『情報セキュリティ基本方針』，浜銀総合研究所.〈http://www.yokohama-ri.co.jp/html/security_policy/index.html〉（2020年2月9日確認）
日立製作所（2006）「日立の公開鍵暗号「HIME（R）［ハイムアール］」がISO国際標準規格に採用」『ニュースリリース総合』，日立製作所.〈http://www.hitachi.co.jp/New/cnews/month/2006/03/0316a.pdf〉（2020年2月9日確認）
———（2010）「株式会社日立製作所　個人情報保護に関して（保護方針と要旨）」『個人情報保護に関して』，日立製作所.〈http://www.hitachi.co.jp/utility/privacy/〉（2020年2月9日確認）
平野芳行・吉田健一郎（2006）『ISO/IEC27001:2005—詳解 情報セキュリティマネジメントシステム 要求事項—』，日本規格協会.
フィッシング対策協議会（Council of Anti-Phishing Japan）（2019）『報告書類』，フィッシング対策協議会.〈https://www.antiphishing.jp/report/〉（2020年2月9日確認）
富士通研究所（2017）「暗号アルゴリズム」『暗号技術』，富士通研究所.〈https://www.fujitsu.com/jp/group/labs/resources/tech/external-activities/crypto/algorithm.html〉（2020年2月9日確認）
藤原静雄（2005）『個人情報保護法の解説』，ぎょうせい.
古川泰弘・吉成大知（2006）『ペネトレーションテスト入門—情報システムセキュリティの実践的監査手法—』，ソフトバンククリエイティブ.

前橋市情報政策課（2016）「前橋市情報セキュリティポリシー（概要版）」『前橋市情報セキュリティポリシー』，前橋市．〈https://www.city.maebashi.gunma.jp/material/files/group/11/koukaiporicy.pdf〉（2020年２月９日確認）
牧野二郎・城所岩生・日本ボルチモアテクノロジーズ（2003）『電子認証のしくみとPKIの基本』，毎日コミュニケーションズ．
松田貴典（2005）『ビジネス情報の法とセキュリティ―情報システムの脆弱性と情報資産保護―』，白桃書房．
三上明輝（2005）『Q&A 個人情報保護法―ジュリストブックス―』，有斐閣．
三菱電機（2019a）「情報セキュリティーの課題」『情報セキュリティーとは』，三菱電機．〈http://www.mitsubishielectric.co.jp/security/learn/info/task.html〉（2020年２月９日確認）
―――（2019b）「個人情報保護法への対応」『情報セキュリティーとは』，三菱電機．〈http://www.mitsubishielectric.co.jp/security/learn/info/private.html〉（2020年２月９日確認）
―――（2019c）「ISMS（ISO27001）とは」『情報セキュリティーとは』，三菱電機．〈http://www.mitsubishielectric.co.jp/security/learn/info/isms.html〉（2020年２月９日確認）
―――（2019d）「情報セキュリティー対策の進め方」『情報セキュリティーとは』，三菱電機．〈http://www.mitsubishielectric.co.jp/security/learn/info/process.html〉（2020年２月９日確認）
―――（2019e）「About Misty」『情報セキュリティーとは』，三菱電機．〈http://www.mitsubishielectric.co.jp/security/info/misty/about.html〉（2020年２月９日確認）
―――（2019f）「暗号の歴史」『情報セキュリティーとは』，三菱電機．〈http://www.mitsubishielectric.co.jp/security/learn/info/misty/〉（2020年２月９日確認）
―――（2019g）「暗号アルゴリズムKASUMI」『共通鍵暗号』，三菱電機．〈https://www.mitsubishielectric.co.jp/corporate/randd/list/info_tel/b122/code/kasumi01_b.html〉（2020年２月９日確認）
―――（2019h）「暗号アルゴリズムMISTY」『共通鍵暗号』，三菱電機．〈https://www.mitsubishielectric.co.jp/corporate/randd/list/info_tel/b122/code/misty01_b.html〉（2020年２月９日確認）
―――（2019i）「暗号アルゴリズムCamellia」『共通鍵暗号』，三菱電機．〈https://www.mitsubishielectric.co.jp/corporate/randd/list/info_tel/b122/code/camellia01_b.html〉（2020年２月９日確認）
三菱UFJモルガン・スタンレー証券（2019）「情報セキュリティ管理について 」『ガバナンス』，三菱UFJモルガン・スタンレー証券．〈https://www.sc.mufg.jp/company/sustainability/governance_sec_manage.html〉（2020年２月９日確認）
宮地充子（2012）『代数学から学ぶ暗号理論―整数論の基礎から楕円曲線暗号の実装まで―』，日本評論社．
村島昭男（2007）『スリムに実現するISO27001完全実例集』，オーム社．
村田潔編（2004）『情報倫理―インターネット時代の人と組織―』，有斐閣．

盛合志帆（2005）『ハッシュ関数の安全性に関する技術調査報告書』，IPA，2005年２月18日.〈https://www.cryptrec.go.jp/exreport/cryptrec-ex-0213-2004.pdf〉（2020年２月９日確認）
森井昌克・寺村亮一（2009）「ストリーム暗号の現状と課題」『Fundamentals Review』，Vol. 2（2008）No. 3，pp.66-75，電子情報通信学会.
Yahoo! JAPAN（2015）「第２章　プライバシーポリシー」『利用規約 第１編 基本ガイドライン』，Yahoo.〈https://about.yahoo.co.jp/docs/info/terms/chapter1.html〉（2020年２月９日確認）
八巻直一監修（2007）『実践ISMS講座 情報セキュリティマネジメントと経営戦略』，静岡学術出版.
山口英・鈴木裕信編（2000）『情報セキュリティ』，共立出版.
渡辺忠雄・山口浩介・田所秀之・舘隆広（2016）「広域監視制御システムにおけるセキュリティ技術」『日立評論』，Vol.98 No.06，pp.406-407，日立製作所.

索　引

【アルファベット】

A

B

C

D

E

F

G

H

I

J

L

M

N

O

P

R

S

T

W

【かな】

あ行

か行

さ行

た行

な行

は行

ま行

ら行

著者紹介：

税所　哲郎（さいしょ　てつろう）
日本情報経営学会・理事，日本生産管理学会・理事，アジア経営学会・評議員
中央大学経済学部卒業，金融機関を経て，関東学院大学，群馬大学，国士舘大学勤務，横断型基幹科学技術研究団体連合・理事，日本セキュリティ・マネジメント学会・理事，経営情報学会・理事，地域デザイン学会・特任理事を歴任
中央大学大学院理工学研究科博士後期課程修了，博士（工学）

専門分野：
経営情報，情報戦略，情報セキュリティ，情報システム

主要著書：
（共　著）Sam Gounder (Editor), "*E-Services*", IN TECH d.o.o., 2019.
（共　著）Mustafa Ergen (Editor), "*Urban Agglomeration*", IN TECH d.o.o., 2018.
（共　著）Nepalese Academy of Management (Editor), "*Knowledge Transfer and Transformation: Global and Local Business for Competitiveness and Social Justice*", Nepalese Academy of Management., 2017.
（編　著）『産業クラスター戦略による地域創造の新潮流』，白桃書房，2017年.
（単　著）『マッチング・ビジネスが変える企業戦略―情報化社会がもたらす企業境界の変化―』，白桃書房，2016年.〈日本生産管理学会第18回（2016年度）学会賞受賞〉.
（単　著）『中国とベトナムのイノベーション・システム―産業クラスターによるイノベーション創出戦略―【第２版】』，白桃書房，2014年.
（共　著）小泉潔・野々山隆幸編，『最新ITを活用する経営情報論』，テンブックス，2014年.
（共編著）Akira Ishikawa (Editor), Tetsuro Saisho (Editor), "*Corporate Strategy for Dramatic Productivity Surge*", World Scientific Publishing Company., 2013.
（単　著）『現代企業の情報戦略と企業変容』，白桃書房，2009年.

主要所属学会・研究会：
日本情報経営学会，日本生産管理学会，日本セキュリティ・マネジメント学会，日本経営学会，アジア経営学会，組織学会，社会情報学会，経営戦略学会，戦略研究学会，地域デザイン学会，地域創成学会，情報通信技術研究会など

■ 現代組織の情報セキュリティ・マネジメント（改訂版）
—その戦略と導入・策定・運用—

■ 発行日——2012年9月6日　初版発行　〈検印省略〉
2020年5月26日　改訂版発行

■ 著　者——税所哲郎

■ 発行者——大矢栄一郎

■ 発行所——株式会社　白桃書房
〒101-0021　東京都千代田区外神田5-1-15
☎03-3836-4781　Ⓕ03-3836-9370　振替00100-4-20192
http://www.hakutou.co.jp/

■ 印刷・製本——藤原印刷

 ISBN 978-4-561-25743-1 C3034